高职高专"十一五"规划教材
编审委员会

顾　问	姜大源 教育部职业技术教育中心研究所研究员 《中国职业技术教育》主编
委　员	马必学　黄木生 刘青春　李友玉 刘民钢　蔡泽寰 李前程　彭汉庆 陈秋中　廖世平 张　玲　魏文芳 杨福林　顿祖义 陈年友　陈杰峰 赵儒铭　李家瑞 屠莲芳　张建军 饶水林　杨世金 杨文堂　王展宏 刘友江　韩洪建 盛建龙　黎家龙 王进思　郑　港 高　勇

高职高专"十一五"规划教材·财会系列
GAOZHI GAOZHUAN "SHIYIWU" GUIHUA JIAOCAI

会计职业技能仿真训练

主　编　余　浩
副主编　黎向华　罗桂兰
主　审　陈元芳

武汉大学出版社
WUHAN UNIVERSITY PRESS

高职高专"十一五"规划教材·财会系列

编 委 会

主　任	余　浩　杨季夫
副主任	（以下按姓氏笔画排序） 田家富　刘世青 何爱赟　李光富 胡志明
委　员	王学梅　冯　杰 叶叔昌　田家富 刘世青　何爱赟 余　浩　张相雄 李光富　杨季夫 罗昌宏　陈　彬 陈宏桥　段咏梅 胡志明　胡绍山 赵国明　郝一洁
主　审	陈元芳

凝聚集体智慧 研制优质教材

教材是教师教学的脚本，是学生学习的课本，是学校实现人才培养目标的载体。优秀教师研制优质教材，优质教材造就优秀教师，培育优秀学生。教材建设是学校教学最基本的建设，是提高教育教学质量最基础性的工作。

高职教育是中国特色的创举。我国创办高职教育时间不长，高职教材存在严重的"先天不足"，目前使用的教材多为中专延伸版、专科移植版、本科压缩版等，这在很大程度上制约着高职教育教学质量的提高。因此，根据高职教育培养"高素质技能型专门人才"的目标和教育教学实际需求，研制优质教材，势在必须。

2005年以来，湖北省高教学会高职高专教育管理专业委员会（简称"高职专委会"）高瞻远瞩，审时度势，深刻领会国家关于"大力发展职业教育"和"提高高等教育质量"之精神，准确把握高职教育发展之趋势，积极呼应全省高职院校发展之共同追求；大倡研究之风，大鼓合作之气；组织全省高职院校开展"教师队伍建设、专业建设、课程建设、教材建设"（简称"四个建设"）的合作研究与交流，旨在推进全省高职院校进一步全面贯彻党的教育方针，创新教育思想，以服务为宗旨，以就业为导向，工学结合、校企合作，走产学结合发展道路；推进高职院校培育特色专业、打造精品课程、研制优质教材、培养高素质的教师队伍，提升学校整体办学实力与核心竞争力；促进全省高职院校走内涵发展的道路，全面提高教育教学质量。

湖北省教育厅将高职专委会"四个建设"系列课题列为"湖北省教育科学'十一五'规划专项资助重点课题"。全省高职院校纷起响应，几千名骨干教师和一批生产、建设、服务、管理一线的专家，一起参加课题协同攻关。在科学研究过程中，坚持平等合作，相互交流；坚持研训结合，相互促进；坚持课题合作研究与教材合作研制有机结合，用新思想、新理念指导教材研制，塑造教材"新、特、活、实、精"的优良品质；坚持以学生为本，精心酿造学生成长的精神食粮。全省高职院校重学习研究、重合作创新蔚然成风。

这种以学会为平台，以学术研究为基础开展的"四个建设"，符合教育部关于提高教育教学质量的精神，符合高职院校发展的需求，符合高职教师发展的需求。

在湖北省教育厅和湖北省高教学会领导的大力支持下，在湖北省高教学会秘书处的指导下，经过两年多艰苦不懈的努力和深入细致的工作，"四个建设"合作研究初见成效。高职专委会与长江出版传媒集团、武汉大学出版社、复旦大学出版社等知名出版单位携手，正陆续推出课题研究成果："湖北高职'十一五'规划教材"，这是全省高职集体智慧的结晶。

交流出水平，研究出智慧，合作出成果，锤炼出精品。凝聚集体智慧，共创湖北高职教育品牌——这是全省高职教育工作者的共同心声！

湖北省高教学会高职专委会主任
黄木生
2008 年 5 月

前言

本教材是湖北高职"十一五"规划教材,是在湖北省教育厅立项的湖北省教育科学"十一五"规划专项资助重点课题《高等职业教育会计专业教学改革》(湖北高职"四个建设"系列规划课题)的成果基础上合作研制而成的。

本教材模拟设计了相互有经济往来的12家制造公司、4家贸易公司和2家银行,其中每家公司又分设财务科长、记账员、出纳员、业务员(商品材料会计)等岗位,每家银行设置2个岗位,负责处理与其客户间的往来结算等。通过经济业务的发生,产生原始凭证,形成了大量的会计业务,并通过制证、签章、传递凭证、往来结算、记账、审核、结账、编表等,使学生真实地感受实际会计业务处理的全过程。

研制《会计职业技能仿真训练》教材,花费了大量的心血。这本书不是闭门造车的产物,也不是若干企业一个月会计业务拼凑的产物,而是在大量收集资料,经过筛选整理、精心设计构思后研制而成的。教材融真实性、知识性、实用性、科学性于一体,独具特色。

为了保证质量,初稿完成后,我们内部印刷了70本,在黄冈职业技术学院会计专业试用。从试用结果看,本教材实现了会计实训教学的角色仿真、环境仿真、过程仿真。同时,我们还组织了全体研制人员和16所省内外高职院校的会计专家学者进行了研讨审稿,在此基础上修改完善,从而使本教材更具创造性、新颖性、适用性。

湖北省高等教育学会副秘书长、湖北省教育科学研究所高教研究中心主任李友玉研究员,湖北省高等教育学会高职高专教育管理专业委员会教学组组长李家瑞教授、秘书长屠莲芳,负责本教材研制队伍的组建、管理和本教材研制标准、研制计划的制定与实施。

本教材由黄冈职业技术学院余浩教授主编，黎向华、罗桂兰任副主编，参加编写的人员有：邓学浩（恩施职业技术学院）、吕均刚（襄樊职业技术学院）、黄菊先（荆州职业技术学院）、黄汉奎（武汉软件工程职业技术学院）、郭黎（武汉软件工程职业技术学院）、李小平（武汉交通职业技术学院）、覃峰（黄冈职业技术学院）、蔡秀玲（荆州职业技术学院）、兰芳（十堰职业技术学院）、黄云（贵州都匀黔南民族职业技术学院）、姜洁（武汉交通职业技术学院）、李亚男（湖北职业技术学院）、熊雅丽（武汉铁路职业技术学院）、欧阳丽君（湖北三峡职业技术学院）、闻乐剑（襄樊职业技术学院）、孙雅丽（长江职业技术学院）、徐盛秋（长江职业技术学院）、石磊芬（仙桃职业技术学院）、任春丽（仙桃职业技术学院）等。

本教材在研制过程中，参考了许多文献资料和成果，在此谨表深深的谢意。

希望得到读者尤其是同行读者的批评和帮助，以便今后修改完善。

湖北高职"十一五"规划教材
《会计职业技能仿真训练》研制组
2008 年 1 月

目 录

1 绪 论

1.1 会计职业技能仿真训练的意义 …………………………………… 1
1.2 企业会计实操岗位职责 …………………………………………… 2
1.3 企业会计实操的组织 ……………………………………………… 4

2 大兴公司会计实操

2.1 大兴公司出纳员岗位实操 ………………………………………… 5
2.2 大兴公司记账员岗位实操 ………………………………………… 12
2.3 大兴公司财务科长岗位实操 ……………………………………… 22
2.4 大兴公司业务员岗位实操 ………………………………………… 25

3 大华公司会计实操

3.1 大华公司出纳员岗位实操 ………………………………………… 35
3.2 大华公司记账员岗位实操 ………………………………………… 42
3.3 大华公司财务科长岗位实操 ……………………………………… 53
3.4 大华公司业务员岗位实操 ………………………………………… 55

4 兴隆公司会计实操

4.1 兴隆公司出纳员岗位实操 ………………………………………… 66
4.2 兴隆公司记账员岗位实操 ………………………………………… 73
4.3 兴隆公司财务科长岗位实操 ……………………………………… 85
4.4 兴隆公司业务员岗位实操 ………………………………………… 87

5 兴盛公司会计实操

5.1 兴盛公司出纳员岗位实操 ………………………………………… 98

5.2 兴盛公司记账员岗位实操 …………………………………… 105
5.3 兴盛公司财务科长岗位实操 ………………………………… 116
5.4 兴盛公司业务员岗位实操 …………………………………… 118

6　德源公司会计实操　129

6.1 德源公司出纳员岗位实操 …………………………………… 129
6.2 德源公司记账员岗位实操 …………………………………… 136
6.3 德源公司财务科长岗位实操 ………………………………… 147
6.4 德源公司业务员岗位实操 …………………………………… 149

7　德茂公司会计实操　160

7.1 德茂公司出纳员岗位实操 …………………………………… 160
7.2 德茂公司记账员岗位实操 …………………………………… 167
7.3 德茂公司财务科长岗位实操 ………………………………… 178
7.4 德茂公司业务员岗位实操 …………………………………… 180

8　昌平公司会计实操　191

8.1 昌平公司出纳员岗位实操 …………………………………… 191
8.2 昌平公司记账员岗位实操 …………………………………… 197
8.3 昌平公司财务科长岗位实操 ………………………………… 209
8.4 昌平公司业务员岗位实操 …………………………………… 211

9　昌安公司会计实操　223

9.1 昌安公司出纳员岗位实操 …………………………………… 223
9.2 昌安公司记账员岗位实操 …………………………………… 229
9.3 昌安公司财务科长岗位实操 ………………………………… 241
9.4 昌安公司业务员岗位实操 …………………………………… 243

10　宏源公司会计实操　255

10.1 宏源公司出纳员岗位实操 ………………………………… 255
10.2 宏源公司记账员岗位实操 ………………………………… 262

  10.3 宏源公司财务科长岗位实操 …………………………………… 273
  10.4 宏源公司业务员岗位实操 ………………………………………… 275

11 宏盛公司会计实操 286

  11.1 宏盛公司出纳员岗位实操 ………………………………………… 286
  11.2 宏盛公司记账员岗位实操 ………………………………………… 293
  11.3 宏盛公司财务科长岗位实操 …………………………………… 304
  11.4 宏盛公司业务员岗位实操 ………………………………………… 306

12 达昌公司会计实操 316

  12.1 达昌公司出纳员岗位实操 ………………………………………… 316
  12.2 达昌公司记账员岗位实操 ………………………………………… 323
  12.3 达昌公司财务科长岗位实操 …………………………………… 334
  12.4 达昌公司业务员岗位实操 ………………………………………… 336

13 达亿公司会计实操 346

  13.1 达亿公司出纳员岗位实操 ………………………………………… 346
  13.2 达亿公司记账员岗位实操 ………………………………………… 353
  13.3 达亿公司财务科长岗位实操 …………………………………… 364
  13.4 达亿公司业务员岗位实操 ………………………………………… 366

14 丰润公司会计实操 376

  14.1 丰润公司出纳员岗位实操 ………………………………………… 376
  14.2 丰润公司记账员岗位实操 ………………………………………… 383
  14.3 丰润公司财务科长岗位实操 …………………………………… 394
  14.4 丰润公司业务员岗位实操 ………………………………………… 396

15 丰利公司会计实操 406

  15.1 丰利公司出纳员岗位实操 ………………………………………… 406
  15.2 丰利公司记账员岗位实操 ………………………………………… 413
  15.3 丰利公司财务科长岗位实操 …………………………………… 423

15.4 丰利公司业务员岗位实操 …………………………………… 425

16 众生公司会计实操 436

16.1 众生公司出纳员岗位实操 …………………………………… 436
16.2 众生公司记账员岗位实操 …………………………………… 442
16.3 众生公司财务科长岗位实操 ………………………………… 454
16.4 众生公司业务员岗位实操 …………………………………… 456

17 众健公司会计实操 468

17.1 众健公司出纳员岗位实操 …………………………………… 468
17.2 众健公司记账员岗位实操 …………………………………… 474
17.3 众健公司财务科长岗位实操 ………………………………… 486
17.4 众健公司业务员岗位实操 …………………………………… 488

18 银行结算业务的岗位实操 500

18.1 中国工商银行江泽市支行结算业务实操 …………………… 500
18.2 中国工商银行崎峰市支行结算业务实操 …………………… 506

1 绪 论

1.1 会计职业技能仿真训练的意义

会计职业技能仿真训练是将实际经济业务经过筛选整理后搬进课堂，按真实业务要求，组织和指导学生进行实操的一种教学活动，是课堂教学的继续。在完成会计理论教学后组织企业会计实操活动，具有非常重要的意义。

1.1.1 组织企业会计实操，有利于巩固会计理论知识和深化教学内容

会计课理论教学是按照教材体系分章节逐一讲授的。每讲完一定内容，要求学生完成一定的作业，以消化和巩固教学内容。学生学完会计课程后，对会计理论知识有比较系统的了解，但对很多理论知识还缺乏深刻的认识，对于理论与实践的结合还缺乏深刻的印象。这主要是因为我们在组织会计课教学时一般是讲什么练什么，讲后练习，当时印象是清晰的，而时间一长，原来学过的知识很多都淡化了，有的甚至忘记了。因此通过企业会计实操，可以唤起学生对已学知识的记忆，或迫使他们去复习已学过的知识，并用以处理实操中遇到的问题。

此外，由于实操采用从原始凭证的填制、传递、签章到凭证的审核、记账凭证的编制、记账、结账、编表等，使整个实操过程比较接近实际，实操内容丰富，有些业务的处理是课堂教学无法讲清的。因此，企业会计实操深化了课堂教学内容。

1.1.2 组织企业会计实操，有利于学生毕业后迅速适应财会工作

按照专业对口的原则，财会专业的毕业生一般从事财务会计工作。学生在校所学与实际会计业务处理还有一定差距，这为学生毕业后迅速适应财务会计工作带来了一定困难。如我们目前在课堂教学中安排学生的记账练习，为每个学生提供一本铅印的资料，在老师的指导下，各自独立地完成制证、记账、编表的全部工作，这样的练习能让学生模拟处理一个企业一定时期（一般是一个月）的会计核算业务，对于培养学生的会计技能无疑会起到一定的作用。

但是不可否认,这种做法又存在很多不足:

(1) 缺乏角色仿真。每个学生都独立地处理一套账务,学生很难体会到自己到底充当的是一个什么角色。事实上,在处理会计业务时,学生充当了出纳员、记账员、财务科长、材料(商品)会计员等角色,在处理不同的会计业务时,学生所充当的角色也发生变换,这给学生的思想造成了一定的混乱。

(2) 缺乏环境仿真。实际的会计业务处理都是有一定的会计环境的,会计人员在处理会计业务时,要同有关人员和单位打交道,原始凭证就是会计人员在同外界打交道的过程中受理的,而我们安排的记账练习却没有让学生感觉到这种会计环境。

(3) 缺乏过程仿真。会计人员在受理、传递和处理凭证时,需要进行审核,有时要加盖有关印章,有的要到银行办理有关结算手续等,这些过程在安排的记账练习中也没有体现出来。

通过会计实操活动,可以让学生比较真实地感受实际会计业务活动。

首先,通过内部分工,分设财务科长、记账、出纳等会计岗位,让学生在实操中,分工协作地处理会计事项,一个循环完结后,再进行岗位交换,使学生体会不同的会计岗位的工作特点。

其次,会计实操室具有一个比较接近实际的会计环境,在这种环境下从事会计实操活动,会给学生一种亲临其境的感觉。

最后,会计实操是一个完整的过程,会计实操通过各种印章的签章、凭证的填制、传递、审核以及账务处理的全套过程,使学生对于会计核算的全过程有一个比较全面的了解。

由此可见,会计实操比较接近实际的会计业务处理,从而为学生毕业后从事会计工作打下比较坚实的基础。

1.2 企业会计实操岗位职责

为了使企业会计实操具有角色仿真功能,企业会计实操室应设置不同的岗位,各实操岗位担负起相应的职责。

1.2.1 出纳员岗位职责

出纳员的岗位职责是:负责现金的收付和保管、支票的签发以及银行结算业务;负责涉及货币资金业务的记账凭证的编制;负责库存现金日记账、银行存款日记账等的登记、结账、核对等工作。

为了有效地履行职责,对出纳员岗位的要求是:

(1) 正确、及时地反映货币资金的收入、付出和结存情况,保证货币资金的安全和完整。

（2）严格按现金结算管理制度的有关规定办理现金的收、付事项。

（3）严格按银行结算纪律和结算原则办理银行转账结算业务。

（4）做到凭证真实准确，账目清楚，日清月结，账款相符。

（5）做好其他有关工作。

1.2.2 记账员岗位职责

记账员的岗位职责是：负责部分记账凭证的编制；明细账的登记、结账和对账工作。

为了有效地履行职责，对记账员岗位的要求是：

（1）严格审核各种原始凭证，保证原始凭证的真实性、合理性、合法性。

（2）及时根据审核无误的原始凭证，编制正确的记账凭证，并根据记账凭证及时登记各种明细分类账。

（3）做好有关计算和账务结转工作。

（4）做好对账和结账工作。

（5）做好其他有关工作。

1.2.3 财务科长岗位职责

财务科长（主管会计）的职责是：负责记账凭证的复核、科目汇总表的编制、总账的登记以及会计报表的编制工作。负责协调财务科各种业务关系。

为了有效地履行职责，对财务科长岗位的要求是：

（1）全面组织财务科的会计工作，负责财务科人员的分工协作关系的协调。

（2）在审核记账凭证，保证记账凭证无误的基础上，做好科目汇总表的编制工作。

（3）及时登记总账，按月办理总账的月结工作，并将总账及时与出纳员所经管的库存现金日记账、银行存款日记账等，以及记账员所经管的各种明细分类账进行核对。

（4）根据账簿记录及有关资料，于月终编制"资产负债表"、"利润表"、"现金流量表"等会计报表。

1.2.4 业务员岗位职责

业务员的岗位职责是：按实操要求以各种不同的身份填制各种不同的原始凭证，办理相应手续，传递各种凭证等。

为了有效地履行职责，对业务员岗位的要求是：保质保量按时填制各种原始凭证,字迹清楚、手续齐全、内容正确,并按规定时间将准确无误的原始凭证及时传递到有关人员手中。

1.2.5 银行有关岗位职责

银行有关的岗位职责是:负责办理各企业的存、取、贷款业务及银行转账业务。

为了有效地履行职责,对银行有关岗位的要求是:

(1) 认真负责地办理有关银行业务。

(2) 在接受企业办理银行业务时,首先应认真审核企业名称、开户行、账号、印鉴等,如有不符或有疑问,则不予办理;如审核无误,加盖银行印章,及时办理。

(3) 按各开户单位(企业)分别认真地登记银行对账单,并于月末及时提供给各开户单位予以对账。如企业对账发现疑问,应及时配合查找,如系银行记录有误,应及时更正银行对账单,并通知企业予以更正。

1.3 企业会计实操的组织

企业会计实操在完成会计理论教学和会计模拟系统训练后进行。

为了仿真企业存、取、贷款业务以及企业间经济往来业务通过银行结算,设立中国工商银行江泽市支行和中国工商银行崎峰市支行两个银行,每行设两个岗位,共4人。

除银行机构外,设立大兴公司、大华公司、兴隆公司、兴盛公司、德源公司、德茂公司、昌平公司、昌安公司、宏源公司、宏盛公司、达昌公司、达亿公司、丰润公司、丰利公司、众生公司、众健公司等16家公司,每家公司均分设财务科长1人、记账员1人、出纳员1人、业务员1人,共64人。

会计实操机构设岗位68人,如参加实操的学生不足68人或多于68人,则由实操指导老师灵活安排。会计实操以10天为一个循环,每完成一个循环,交换岗位后从头实操,如此进行下去,直到实操结束。

2 大兴公司会计实操

2.1 大兴公司出纳员岗位实操

开设有关日记账。大兴公司 2002 年 11 月 30 日有关账户余额如下：
库存现金日记账　　　　　　1200（借）
银行存款日记账　　　　　　300000（借）
大兴公司及往来公司相关情况如表 2-1 所示：

表 2-1

开户行：中国工商银行江泽市支行		开户行：中国工商银行崎峰市支行	
公司名称	账　号	公司名称	账　号
大兴公司	1156674356321	众生公司	823653676516
大华公司	1156674356322	众健公司	823653676517
兴隆公司	1156674356323	丰润公司	823653676514
昌平公司	1156674356327	丰利公司	823653676515
昌安公司	1156674356328		

办理如下业务：

凡出纳业务，在业务办理完毕后，编制记账凭证，据以登记库存现金和银行存款日记账，并将记账凭证连同所附原始凭证一并转交记账员记账。

（1）12月1日，收到李军"旅差费报销单"（所附单据略），经审核无误，报销费用2086元，按原预支额2000元开出"收据"，超支86元当即补付现金，并在"旅差费报销单"上填写"付现金86元"。

（2）12月1日，收到业务员送来的"进账单"回单及"增值税专用发票"的记账联，进行账务处理。

（3）12月1日，填写"转账支票"2张，分别支付应付大华公司账款

100000元和应付兴隆公司账款110000元；填写"信汇"凭证1张，支付应付众健公司账款90000元。填好结算凭证后去开户银行办理相关手续，取回"转账支票"回单和"信汇"凭证回单，审核无误后进行账务处理。

（4）12月2日，填写"转账支票"1张，转出投资款200000元，存入亚洲证券营业部账户（亚洲证券营业部开户行：中国工商银行江泽市支行，账号：235673625588）准备用于购买股票。到银行办理转账手续，取回回单。

（5）12月2日，填写"现金支票"1张，提取现金5000元备用，到开户银行办理支款手续。

（6）12月2日，收到业务科张丰的"领款单"，经审核无误，当即支付现金3000元，作为业务科的备用金（在领款单上注明"现金付讫"）。

（7）12月3日，收到"亚洲证券营业部成交过户交割单"，购入股票划作交易性金融资产。

（8）12月3日，将专夹留存的10月3日签发的商业承兑汇票第二联取出（曾在10月3日发生销货业务时，已填写3份"商业承兑汇票"：签发日期为2002年10月3日，承兑期2个月，应收丰润公司货款200000元，应收丰利公司货款150000元，应收众生公司货款160000元），依据到期的3张"商业汇票"分别填写"委托收款"凭证后，到开户银行办理委托收款手续，取回"委托收款"凭证回单。

（9）12月3日，收到大华公司和兴隆公司出纳员送来的到期"商业承兑汇票"第二联，经审核无误，分别据以填写"转账支票"，到银行办理转账手续。

（10）12月5日，收到开户行转来丰润公司、丰利公司和众生公司"信汇"凭证收款通知。

（11）12月5日，收到中财保险股份有限公司机动车辆保险单（正本）和保费收据第一联，经审核无误，据以填写转账支票（中财保险股份有限公司开户行：中国工商银行江泽市支行，账号：115675368955），并到银行办理转账手续，经银行盖章，取回转账支票回单。

（12）12月6日，填写"中华人民共和国税收通用完税证"，将未交增值税、应交城市维护建设税、应交个人所得税、应交教育费附加上交国库，具体金额见明细分类账各该账户的月初余额。税收通用完税证填写好后，到开户行办理手续，经税务机关、银行盖章后取得完税凭证联，并据以进行账务处理。

（13）12月6日，收到律师事务所的"江泽市服务业发票"发票联，经审核无误，以现金付讫。

（14）12月7日，收到银行转来委托收款凭证的收款通知3张，系丰利公司、丰润公司和众生公司应收款。

（15）12月7日，收到银行转来委托收款凭证的付款通知1张，系应付众健公司的商业汇票到期款。

（16）12月8日，收到江泽市电视台的"江泽市服务业发票"发票联，经审核无误，据以填写转账支票（江泽市电视台开户行：中国工商银行江泽市支行，账号：115674356672），付广告费，并到银行办理转账手续，经银行盖章，取回转账支票回单。

（17）12月8日，本公司（大兴公司）委托债券发行公司发行5年期债券，按面值的10%溢价发行。现债券公司已发行债券面值1000000元，实收金额1100000元，款项今日全部交来，当即送存银行。据以填写"收据"及"进账单"，到银行办理手续后据"收据"记账联及"进账单"回单进行账务处理。

（18）12月9日，收到债券公司的"江泽市服务业发票"发票联，经审核无误，据以填写转账支票（债券公司开户行：中国工商银行江泽市支行，账号：115676283355），付手续费，并到银行办理转账手续，经银行盖章，取回转账支票回单。

（19）12月10日，收到金林"费用报销领款单"，经审核无误，以现金付讫。

（20）12月10日，收到房地产管理所的"江泽市服务业发票"发票联，经审核无误，以现金付讫。

（21）12月10日，收到江泽市汽车运输公司的"江泽市公路、内河货物运输业统一发票"发票联，经审核无误，据以填写转账支票（江泽市汽车运输公司开户行：中国工商银行江泽市支行，账号：115674356698），付运费，并到银行办理转账手续，经银行盖章，取回转账支票回单。

（22）12月10日，收到保险公司的"保险公司失业保险金收据"，签发"现金支票"付款，到银行办理手续，根据"现金支票"存根作账务处理。

（23）12月10日，签发"现金支票"，到银行办理取款手续，提回现金3000元备用。根据"现金支票"存根作账务处理。

（24）12月10日，收到张兴的"费用报销领款单"，经审核无误，以现金付讫。

（25）12月10日，收到司法局的"江泽市行政事业单位收款收据"，经审核无误，据以填写转账支票（司法局开户行：中国工商银行江泽市支行，账号：115674356989），付诉讼费，并到银行办理转账手续，经银行盖章，取回转账支票回单。

（26）12月11日，收到李军的"借款单"，经审核无误，以现金付讫。

(27) 12月11日，收到工程队的"江泽市建筑安装业统一发票"，经审核无误，如数签发"现金支票"，交李强到银行取款。

(28) 12月12日，收到证券公司的"收据"，经审核无误，据以填写转账支票（证券公司开户行：中国工商银行江泽市支行，账号：115674356719），付债券及手续费，并到银行办理转账手续，经银行盖章，取回转账支票回单。

(29) 12月13日，收到"工资结算汇总表"，根据实发工资总额签发"现金支票"，从银行提取现金，当即发放完毕。

(30) 12月13日，收到业务员送来的增值税专用发票的第二、三、四联，据以填写"委托收款凭证"，持委托收款凭证和增值税专用发票第二、三联到银行办理托收手续，经银行盖章后，将退回的"委托收款凭证"回单与"增值税专用发票"记账联一并作账务处理。

(31) 12月14日，收到业务科"管理费用支出汇总表"（所附单据54张略），经审核无误，以现金付讫。

(32) 12月14日，收到江泽市工学院的"收据"，经审核无误，开出"现金支票"付讫。

(33) 12月15日，收到职工食堂购买炊具发票，经审核无误，以现金付讫。

(34) 12月16日，收到银行转来委托收款凭证的收款通知1张，系众生公司应收款。

(35) 12月16日，收到"市税务局印花税票发售统一发票"，经审核无误，以现金付讫。

(36) 12月16日，收到保险公司收取员工养老保险金的"收据"，经审核无误，据以填写转账支票（保险公司开户行：中国工商银行江泽市支行，账号：115674363789），付保险金，并到银行办理转账手续，经银行盖章，取回转账支票回单。

(37) 12月17日，收到长丰建筑公司"江泽市建筑安装业统一发票"的发票联，经审核无误，据以填写转账支票（建筑公司开户行：中国工商银行江泽市支行，账号：115672785567），付工程款，并到银行办理转账手续，经银行盖章，取回转账支票回单。

(38) 12月17日，根据"综合奖金结算汇总表"（实际还应有按人头的奖金发放表，此处略），签发"现金支票"提回现金，当即发放完毕。

(39) 12月18日，收到新卫设计院的"江泽市服务业发票"发票联，经审核无误，以现金付讫。

(40) 12月18日，收到业务员送来的昌安公司转账支票的收账通知联及本公司的固定资产销售的"江泽市商业普通发票"的会计记账联，经审核无误进行账务处理。

（41）12月19日，收到大华公司出售设备的"江泽市商业普通发票"发票联及本公司业务员送来的"固定资产验收单"，经审核无误，据以填写"转账支票"付设备款，并到银行办理转账手续，经银行盖章，取回转账支票回单。

（42）12月19日，收到李军的"旅差费报销单"（所附单据略）和交来的现金378元，开出"收据"收讫。收据金额按李军原借支数填写。

（43）12月19日，收到业务科的"业务招待费汇总表"及所附23张单据（单据略），经审核无误后，当即签发"现金支票"补足其备用金。

（44）12月19日，收到周强的"费用报销领款单"，经审核无误，以现金付讫。

（45）12月19日，收到业务员送来的仓库租金收入"进账单"回单及"江泽市服务业发票"记账联。

（46）12月20日，收到业务员送来的"为民五金公司发票"和"物品领用单"，经审核无误后签发"现金支票"，从银行提回现金5000元，除支付灭火器款外，其余备用。

（47）12月20日，收到业务员送来的大华公司"转账支票"的收账通知联及本公司收取技术转让收入的"江泽市商业普通发票"记账联。

（48）12月21日，收到购买书籍的"江泽市文化教育、体育业发票"发票联，经审核无误，以现金付讫。

（49）12月21日，收到昌安公司的"江泽市商业普通发票"发票联，经审核无误后签发"转账支票"支付技术转让费。到银行办理转账手续，经银行盖章后，拿回转账支票回单。

（50）12月21日，收到汽车修配厂的"江泽市商业普通发票"发票联，经审核无误后以现金付讫。

（51）12月23日，收到自来水厂发票，审核无误后填写"转账支票"支付水费（自来水厂开户行：中国工商银行江泽市支行，账号：115674351125），到银行办理转账手续，经银行盖章后，拿回转账支票回单。

同时根据定额耗用量分配本月水费，定额耗用量如下：动力车间500吨，机修车间600吨，基本生产车间1800吨，公司管理部门1100吨，据以编制"水费分配表"。

根据"自来水厂发票"发票联、"转账支票"存根和"水费分配表"进行账务处理。

(52) 12月23日，收到业务科的"管理费用支出汇总表"及所附48张单据（单据略），经审核无误后，当即签发"现金支票"补足其备用金。

(53) 12月24日，收到电力局的"增值税专用发票"发票联，审核无误后填写"转账支票"支付电费（电力局开户行：中国工商银行江泽市支行，账号：115674356211），到银行办理转账手续，经银行盖章后，拿回转账支票回单。

同时根据表2-2所列定额耗用量资料编制"外购动力费分配表"。

表2-2

产品名称	定额耗用量	车间部门	定额耗用量
A-1产品	10200度	动力车间	800度
A-2产品	11000度	机修车间	900度
A-3产品	9000度	基本生产车间	700度
A-4产品	9800度	管理部门	7600度

根据电力局的发票联、"转账支票"存根和"外购动力费分配表"进行账务处理。

(54) 12月24日，收到大世界市场的"江泽市服务业发票"发票联，经审核无误后以现金付讫。

(55) 12月24日，为购进口设备，向开户行买入5000美元，以中国人民银行公布的人民币汇率中间价作为即期汇率，当日的即期汇率1美元=7.72元人民币，银行当日美元卖出价为1美元=8.10元人民币。签发"转账支票"支付人民币，填写"进账单"购入美元。到银行办理相关手续，根据"转账支票"存根和"进账单"作账务处理。

(56) 12月25日，签发"现金支票"，到银行办理取款手续，提回现金6000元备用。根据"现金支票"存根作账务处理。

(57) 12月25日，收到物价检查所"罚款没收专用收据"，以现金支付罚款。

(58) 12月25日，收到养路费征收站的"交通车辆养路费收据"，经审核无误，以现金付讫（2台东风汽车为送货用车，养路费为600元，1台小车的养路费为200元）。

(59) 12月26日，收到业务员送来的"固定资产验收单"及购买进口设备的"商业发票"，经审核无误后填写"信汇"凭证，到银行办理美元汇兑手续，取回"信汇"回单。当日的即期汇率1美元=7.85元人民币。

（60）12月26日，收到"副食商店销售发票"发票联，经审核无误后以现金付讫。

（61）12月26日，收到迅达搬运公司的"江泽市交通运输业发票"发票联，经审核无误后以现金付讫。

（62）12月26日，收到李军的"借款单"，经审核无误后以现金付讫。

（63）12月27日，收到本公司业务员送来销售商品给丰润公司、丰利公司和众生公司的3张增值税专用发票记账联和3张商业承兑汇票。

（64）12月27日，收到业务员送来的"专利申报表"和专利局的"江泽市行政事业单位收款收据"发票联，审核无误后填写"转账支票"支付专利注册登记费（专利局开户行：中国工商银行江泽市支行，账号：115675363286），到银行办理转账手续，经银行盖章后，拿回转账支票回单。

（65）12月27日，收到大华公司、兴隆公司、众健公司业务员送来的增值税专用发票第二、三联，经审核无误后分别填写为期2个月的"商业承兑汇票"3份，其中第一联在各收款人盖章签名后收回，在第二联的付款人盖章处盖上财务专用章，在负责、经办处签上名，填好后将第二联分别交大华公司、兴隆公司、众健公司业务员。

同时收到四通运输公司的"江泽市公路、内河货物运输业统一发票"发票联，经审核无误后填写"转账支票"支付材料运费（四通运输公司开户行：中国工商银行江泽市支行，账号：115675363298），到银行办理转账手续，经银行盖章后，拿回转账支票回单。

根据材料重量编制"材料采购费用分配表"。各种材料采购的重量：B-1材料9000千克，C-1材料8000千克，甲材料15000千克，乙材料15000千克，丙材料16000千克，丁材料15000千克。

根据增值税专用发票的发票联、商业汇票的留存联、转账支票存根联、"江泽市公路、内河货物运输业统一发票"发票联、"材料采购费用分配表"，作账务处理。

（66）12月30日，收到业务员送来的"增值税专用发票"的第二、三、四联，合同规定销货款采用委托收款结算方式，经审核无误后，据以填写"委托收款凭证"，持"委托收款凭证"和"增值税专用发票"第二、三联到银行办理托收手续，经银行盖章后，将退回的"委托收款凭证"回单与"增值税专用发票"的记账联一并作账务处理。

（67）12月31日，到开户行拿回贷款计息凭证，进行账务处理（预计应付利息9000元）。

(68) 12月31日，到开户行拿回存款计息凭证，进行账务处理。

(69) 12月31日，将账面价值为100000元的"交易性金融资产——基金"全部出售，实得现金105000元。填写"内部转账单"和"进账单"，将现金送存银行（全为百元券）。

(70) 12月31日的即期汇率1美元＝8.05元人民币，调整当期产生的汇兑差额。

2.2 大兴公司记账员岗位实操

开设有关账户。大兴公司2002年11月30日明细账期末资料如下：

其他货币资金——外埠存款	10000（借）
交易性金融资产——股票（成本）	100000（借）
交易性金融资产——债券（成本）	100000（借）
交易性金融资产——基金（成本）	100000（借）
应收票据——丰润公司	200000（借）
应收票据——丰利公司	150000（借）
应收票据——众生公司	160000（借）
应收账款——丰润公司	100000（借）
应收账款——丰利公司	180000（借）
应收账款——众生公司	200000（借）
坏账准备	14400（贷）
其他应收款——李军	2000（借）
其他应收款——代扣水电费	20000（借）
材料采购——原材料	35500（借）
原材料——原料及主要材料	410000（借）
原材料——其他材料	90000（借）
周转材料——包装物	20000（借）
周转材料——低值易耗品	60000（借）
材料成本差异——原材料	5000（借）
材料成本差异——包装物	200（贷）
材料成本差异——低值易耗品	600（借）
库存商品——A-1产品	100000（借）
库存商品——A-2产品	160000（借）
库存商品——A-3产品	2200000（借）
库存商品——A-4产品	250000（借）

长期股权投资——股票投资（宏源公司）	100000	（借）
持有至到期投资——成本	100000	（借）
持有至到期投资——利息调整	10000	（借）
持有至到期投资——应计利息	10000	（借）
固定资产——生产用固定资产	1250000	（借）
固定资产——非生产用固定资产	600000	（借）
固定资产——不需用固定资产	200000	（借）
固定资产——出租固定资产	250000	（借）
累计折旧	500000	（贷）
工程物资——专用材料	300000	（借）
工程物资——专用设备	500000	（借）
在建工程——机床大修工程	40000	（借）
在建工程——设备安装工程	500000	（借）
固定资产清理——报废	5000	（借）
无形资产——专利权	500000	（借）
无形资产——专有技术	450000	（借）
研发支出——资本化支出	30000	（借）
长期待摊费用——固定资产大修费用	79000	（借）
待处理财产损溢——待处理固定资产损溢	2000	（借）
生产成本——基本生产成本（A-1 产品）	7500	（借）
生产成本——基本生产成本（A-2 产品）	12000	（借）
生产成本——基本生产成本（A-3 产品）	14000	（借）
生产成本——基本生产成本（A-4 产品）	20000	（借）
短期借款——生产周转借款	1600000	（贷）
应付票据——大华公司	200000	（贷）
应付票据——兴隆公司	300000	（贷）
应付票据——众健公司	250000	（贷）
应付账款——大华公司	100000	（贷）
应付账款——兴隆公司	110000	（贷）
应付账款——众健公司	90000	（贷）
应付职工薪酬——职工教育经费	5000	（贷）
应付职工薪酬——职工福利	1400	（贷）
应付职工薪酬——社会保险费	9600	（贷）
应交税费——未交增值税	30000	（贷）
应交税费——应交所得税	50000	（借）

应交税费——应交城市维护建设税	2100（贷）
应交税费——应交个人所得税	3000（贷）
应交税费——应交教育费附加	600（贷）
应付利息	25000（贷）
长期借款——基建借款	1300000（贷）
长期应付款——应付设备款	100000（贷）
应付债券——面值	200000（贷）
应付债券——利息调整	20000（贷）
应付债券——应计利息	10000（贷）
实收资本——国家投资	2112500（贷）
实收资本——众健公司	200000（贷）
实收资本——其他	1000000（贷）
资本公积——资本溢价	500000（贷）
资本公积——其他	100000（贷）
盈余公积——法定盈余公积	600000（贷）
利润分配——未分配利润	200000（贷）
本年利润	400000（贷）

14　原材料明细账 2002 年 11 月 30 日期末资料见表 2-3。

表 2-3

	品　名	数量（千克）	计划单价（元）	金额（元）
原料及主要材料	甲材料	10000	4.12	41200
	乙材料	10000	3.14	31400
	丙材料	10000	5.13	51300
	丁材料	10000	6.09	60900
	B-1 材料	10000	7.5	75000
	C-1 材料	10000	15.02	150200
	小计			410000
	其他材料			90000
	合　计			500000

材料采购明细账 2002 年 11 月 30 日期末资料见表 2-4。

表 2-4   单位：元

供货单位	项目	借方			贷方			备注
		买价	运杂费	合计	计划成本	差异	合计	
众生公司	甲材料	5600	150	5750				
	乙材料	5800	150	5950				
众健公司	丙材料	5900	150	6050				
	丁材料	5600	150	5750				
大华公司	B-1 材料	5800	150	5950				
兴隆公司	C-1 材料	5900	150	6050				
合计		34600	900	35500				

库存商品明细账 2002 年 11 月 30 日期末资料见表 2-5。

表 2-5

商品名称	单位	数量	单位成本（元）	金额（元）
A-1 商品	千克	14286	7	100002
A-2 商品	件	10000	16	160000
A-3 商品	件	110000	20	2200000
A-4 商品	件	10000	25	250000
合计				2710002

生产成本明细账 2002 年 11 月 30 日期末在产品成本资料见表 2-6。

表 2-6

产品名称	数量	成本项目（元）			
		直接材料	直接人工	制造费用	合计
A-1 产品	2000 千克	3750	2500	1250	7500
A-2 产品	1200 件	6000	4000	2000	12000
A-3 产品	1400 件	7000	4500	2500	14000
A-4 产品	1600 件	10000	6500	3500	20000
合计					53500

按下列要求开设明细账：

(1) 下列账户使用三栏式账页（有期初余额的账户结转期初余额，没有期初余额的账户设户后待记发生额）：

其他货币资金——外埠存款
其他货币资金——存出投资款
交易性金融资产——股票（成本）
交易性金融资产——股票（公允价值变动）
交易性金融资产——债券（成本）
交易性金融资产——基金（成本）
应收票据——丰润公司
应收票据——丰利公司
应收票据——众生公司
应收账款——丰润公司
应收账款——丰利公司
应收账款——众生公司
坏账准备
其他应收款——李军
其他应收款——业务科
其他应收款——代扣水电费
原材料——原料及主要材料
原材料——其他材料
周转材料——包装物
周转材料——低值易耗品
材料成本差异——原材料
材料成本差异——包装物
材料成本差异——低值易耗品
长期股权投资——股票投资（宏源公司）
持有至到期投资——成本
持有至到期投资——利息调整
持有至到期投资——应计利息
固定资产——生产用固定资产
固定资产——非生产用固定资产
固定资产——不需用固定资产
固定资产——出租固定资产
累计折旧

工程物资——专用材料

工程物资——专用设备

在建工程——机床大修工程

在建工程——设备安装工程

在建工程——生产车间扩建工程

固定资产清理——报废

固定资产清理——出售不需用固定资产

无形资产——专利权

无形资产——专有技术

研发支出——资本化支出

累计摊销

长期待摊费用——固定资产大修费用

待处理财产损溢——待处理固定资产损溢

递延所得税资产

短期借款——生产周转借款

应付票据——大华公司

应付票据——兴隆公司

应付票据——众健公司

应付账款——大华公司

应付账款——兴隆公司

应付账款——众健公司

应付职工薪酬——工资

应付职工薪酬——职工福利

应付职工薪酬——社会保险费

应付职工薪酬——住房公积金

应付职工薪酬——工会经费

应付职工薪酬——职工教育经费

应付职工薪酬——非货币性福利

应交税费——未交增值税

应交税费——应交营业税

应交税费——应交所得税

应交税费——应交城市维护建设税

应交税费——应交个人所得税

应交税费——应交教育费附加

应付利息

应付股利
长期借款——基建借款
长期应付款——应付设备款
应付债券——面值
应付债券——利息调整
应付债券——应计利息
递延所得税负债
实收资本——国家投资
实收资本——众健公司
实收资本——其他
资本公积——资本溢价
资本公积——其他
盈余公积——法定盈余公积
利润分配——提取法定盈余公积
利润分配——应付现金股利
利润分配——未分配利润
本年利润
主营业务收入——A-1 产品
主营业务收入——A-2 产品
主营业务收入——A-3 产品
主营业务收入——A-4 产品
其他业务收入
投资收益
公允价值变动损益
营业外收入
主营业务成本——A-1 产品
主营业务成本——A-2 产品
主营业务成本——A-3 产品
主营业务成本——A-4 产品
营业税金及附加
其他业务成本
资产减值损失
营业外支出
所得税费用

(2) 下列账户使用多栏式账页（有期初余额的账户结转期初余额，没有

期初余额的账户设户后待记发生额）：

应交税费——应交增值税
材料采购——原材料
生产成本——基本生产成本（A-1 产品）
生产成本——基本生产成本（A-2 产品）
生产成本——基本生产成本（A-3 产品）
生产成本——基本生产成本（A-4 产品）
生产成本——辅助生产成本——机修车间
生产成本——辅助生产成本——动力车间
制造费用——基本生产车间
销售费用
财务费用
管理费用

（3）下列账户使用数量金额式账页（有期初余额的账户结转期初余额，没有期初余额的账户设户后待记发生额）：

库存商品——A-1 产品
库存商品——A-2 产品
库存商品——A-3 产品
库存商品——A-4 产品
原材料——原料及主要材料——甲材料
原材料——原料及主要材料——乙材料
原材料——原料及主要材料——丙材料
原材料——原料及主要材料——丁材料
原材料——原料及主要材料——B-1 材料
原材料——原料及主要材料——C-1 材料

办理记账业务：

（1）12月4日，收到业务员送来的材料入库验收单（留待月末汇总进行收料的账务处理）。

（2）12月9日，收到固定资产折旧计算表，经审核无误进行账务处理。

（3）12月9日，收到业务员交来本公司换出商品的增值税专用发票的记账联，换入材料的增值税发票的抵扣联与发票联及材料入库验收单的会计记账联，经审核无误进行非货币性交易的账务处理。

（4）12月12日，收到毕长胜、赵三平的"物品领用单"，经审核无误进行账务处理。

（5）12月18日，收到固定资产报废单，经审核无误进行账务处理。

(6) 12月20日，收到业务员送来的工程物资入库验收单。

(7) 12月20日，报废固定资产清理完毕，根据"固定资产清理——报废清理"账户余额编制"内部转账单"，结转清理损益。

(8) 12月27日，收到业务员送来的材料入库验收单（留待月末汇总进行收料的账务处理）。

(9) 12月28日，本月应摊销专利权50000元，应摊销专有技术40000元，应摊销基本生产车间固定资产大修费16000元，据以编制"无形资产、长期待摊费用分摊表"，经审核无误进行账务处理。

(10) 12月29日，收到"报废低值易耗品汇总表"及"材料入库验收单"（会计记账联），经审核无误进行账务处理。

(11) 12月29日，据前面留存的"材料入库验收单"登记"材料采购"明细账（横线登记式明细账）的贷方发生额，并计算入库材料成本差异，据此编制"本月已付款的入库材料汇总表"。

(12) 12月30日，本月生产产品领用包装物的计划成本汇总如下（根据领料单汇总，因为领料单不便一一列出，故略去）：

A-1 产品领用 2000 元

A-2 产品领用 2600 元

A-3 产品领用 2700 元

A-4 产品领用 2700 元

据"周转材料——包装物"与"材料成本差异——包装物"账户资料计算材料成本差异率、领用材料应分摊的差异额及领用材料实际成本，据计算结果编制"领用包装物汇总表"，经审核无误进行账务处理。

(13) 12月30日，本月领用低值易耗品的计划成本汇总如下（根据领料单汇总，因为领料单不便一一列出，故略去）：

基本生产车间领用 10000 元

动力车间领用 1000 元

机修车间领用 2000 元

公司管理部门领用 5000 元

据"周转材料——低值易耗品"与"材料成本差异——低值易耗品"账户资料计算材料成本差异率、领用材料应分摊的差异额及领用材料实际成本，据计算结果编制"领用低值易耗品汇总表"，经审核无误进行账务处理。

(14) 12月31日，收到"车间产品耗用工时汇总表"，结合"工资结算汇总表"与"奖金发放表"先编制"基本生产车间生产工人工资分配表"，后编制"应付职工薪酬分配表"，经审核无误进行账务处理。

(15) 12月31日，收到业务员送来的"发料凭证汇总表"及其"发料

单"（略），根据"发料单"上所载明的用途及下列材料耗用资料编制"发料凭证分配汇总表"。据"原材料——原料及主要材料"各数量金额式明细账及"材料成本差异——原材料"账户资料计算材料成本差异率、领用材料应分摊的差异额及领用材料实际成本。

材料耗用资料如下（按17%转出进项税额）：
生产A-1产品耗用主要材料130000元
生产A-2产品耗用主要材料140000元
生产A-3产品耗用主要材料160000元
生产A-4产品耗用主要材料150000元
基本生产车间一般耗用其他材料3000元（列入物料消耗项目）
动力车间耗用主要材料18000元，耗用其他材料2000元
机修车间耗用主要材料11000元，耗用其他材料2000元
管理部门领用其他材料2000元（列入公司经费项目）
销售部门领用其他材料2000元（列入包装费项目）
车间扩建工程耗用主要材料27000元，耗用其他材料9000元
经审核无误进行账务处理（材料成本差异率精确至小数点后四位）。

（16）12月31日，原作待处理的盘亏设备净值2000元，经批准转销。据以编制"内部转账单"，经审核无误进行账务处理。

（17）12月31日，收到"辅助生产情况表"，结合"生产成本——辅助生产成本——动力车间"和"生产成本——辅助生产成本——机修车间"账户资料，采取直接分配法分配辅助生产费用，编制"辅助生产费用分配表"（分配率精确至小数点后四位），经审核无误进行账务处理。

（18）12月31日，根据工时记录（生产A-1产品10000工时，生产A-2产品11000工时，生产A-3产品12000工时，生产A-4产品10800工时）和"制造费用——基本生产车间"账户资料编制"制造费用分配表"（分配率精确至小数点后四位），经审核无误进行账务处理。

（19）12月31日，收到"生产情况报告表"和"产品入库汇总表"，结合基本生产成本明细账资料，据以编制"生产成本计算表"（分别按四种产品进行计算），单位成本保留到分。经审核无误进行账务处理。

（20）12月31日，根据本月商品销售数量及"库存商品"明细账的加权平均单位成本，编制"产品销售汇总表"，结转产品销售成本。

（21）12月31日，"交易性金融资产——股票"的公允价值为220000元，依据"交易性金融资产——股票——成本"及"交易性金融资产——股票——公允价值变动"明细账户资料计算本期公允价值变动金额，据以填制"内部转账单"，经审核无误进行账务处理。

（22）12月31日，按应收款项百分比法计提坏账准备，提取比例为3%，依据"应收账款"、"其他应收款"、"预付账款"及"坏账准备"明细账资料分析计算本期应计提的坏账准备金，据以编制"内部转账单"，经审核无误进行账务处理。

（23）12月31日，依据"应交税费——应交增值税"明细账资料分析填写"增值税纳税申报表"，计算出未交增值税额，经审核无误进行账务处理。

（24）12月31日，依据"其他业务收入"和"固定资产"明细账及"增值税纳税申报表"资料，计算应交营业税、应交房产税、应交城市维护建设税、应交教育费附加，编制"地方税收综合纳税（费）申报表"，经审核无误进行账务处理。

（25）12月31日，依据"持有至到期投资"明细账期初资料计算本年利息收入，并进行利息调整（按票面利率10%，实际利率6%计算），据以填制"内部转账单"，经审核无误进行账务处理（本月发生数暂不计算利息）。

（26）12月31日，依据"应付债券"明细账期初资料计算本年利息费用（为安装工程而发行债券），并进行利息调整，按票面利率10%，实际利率6%计算。据以填制"内部转账单"，经审核无误进行账务处理（本月发生数暂不计算利息）。

（27）12月31日，结平"待处理财产损溢"账户。

（28）12月31日，将损益类账户的本月净发生额结转"本年利润"账户。

（29）12月31日，编制"利润表"初稿，据以编制"暂时性差异计算表"、"所得税纳税申报表"（所得税税率：33%），经审核无误进行账务处理。

（30）12月31日，将"所得税费用"账户发生额转入"本年利润"账户。

（31）12月31日，进行利润分配。法定盈余公积按净利润（"本年利润"账户年末余额）的10%分配，应付现金股利按"未分配利润"明细账期初余额加上本年净利润，减去本年提取的法定盈余公积后的30%分配。

（32）12月31日，将"本年利润"、"利润分配——提取盈余公积"、"利润分配——应付现金股利"账户余额转入"利润分配——未分配利润"账户。

2.3　大兴公司财务科长岗位实操

开设总账。根据下列资料开设总账账户，每个账户占一页。大兴公司2002年11月30日总账期末资料如下：

库存现金	1200（借）
银行存款	300000（借）
其他货币资金	10000（借）
交易性金融资产	300000（借）
应收票据	510000（借）
应收账款	480000（借）
坏账准备	14400（贷）
其他应收款	22000（借）
材料采购	35500（借）
原材料	500000（借）
周转材料	80000（借）
材料成本差异	5400（借）
库存商品	2710000（借）
长期股权投资	100000（借）
持有至到期投资	120000（借）
固定资产	2300000（借）
累计折旧	500000（贷）
工程物资	800000（借）
在建工程	540000（借）
固定资产清理	5000（借）
无形资产	950000（借）
研发支出	30000（借）
累计摊销	
长期待摊费用	79000（借）
待处理财产损溢	2000（借）
递延所得税资产	
生产成本	53500（借）
制造费用	
短期借款	1600000（贷）
应付票据	750000（贷）
应付账款	300000（贷）
应付职工薪酬	16000（贷）
其他应付款	
应交税费	14300（借）
应付利息	25000（贷）

应付股利	
长期借款	1300000（贷）
长期应付款	100000（贷）
应付债券	230000（贷）
递延所得税负债	
实收资本	3312500（贷）
资本公积	600000（贷）
盈余公积	600000（贷）
利润分配	200000（贷）
本年利润	400000（贷）
主营业务收入	
其他业务收入	
投资收益	
公允价值变动损益	
营业外收入	
主营业务成本	
营业税金及附加	
其他业务成本	
销售费用	
管理费用	
财务费用	
资产减值损失	
营业外支出	
所得税费用	

处理日常总账业务：

（1）复核上旬会计凭证，根据审核无误的上旬记账凭证编制记账凭证汇总表，并据以登记总账，结出账户余额，与出纳员所经管的日记账核对，如有不符，查明原因，予以更正；与记账员所经管的明细账进行核对，如有不符，查明原因，予以更正。

（2）复核中旬会计凭证，根据审核无误的中旬记账凭证编制记账凭证汇总表，并据以登记总账，结出账户余额，与出纳员所经管的日记账核对，如有不符，查明原因，予以更正；与记账员所经管的明细账进行核对，如有不符，查明原因，予以更正。

（3）复核下旬会计凭证，根据审核无误的下旬记账凭证编制记账凭证汇总表，并据以登记总账，结出账户余额，与出纳员所经管的日记账核对，如有不符,查明原因,予以更正;与记账员所经管的明细账进行核对,如有不符,查明原因,予以更正。

(4) 编制总账账户余额试算平衡表。

(5) 办理年结。

编制会计报表:

(1) 编制资产负债表,以 12 月份月初数作为年初数。

(2) 编制利润表,以 12 月份损益作为全年损益。

(3) 编制现金流量表,以 12 月份月初数作为年初数,以 12 月份现金流量作为全年现金流量。

2.4 大兴公司业务员岗位实操

按要求填制和传递 2002 年 12 月份凭证:

(1) 12 月 1 日,李军出差返回公司报账,出差相关内容如下:李军出差联系业务推销产品,2002 年 11 月 20 日从江泽市乘火车至北京(当日到达),火车票 180 元,在北京期间住宿费 300 元,2002 年 11 月 23 日从北京乘火车至哈尔滨(次日到达),火车票 408 元,在哈尔滨期间住宿费 500 元,2002 年 11 月 29 日从哈尔滨乘火车回江泽市(次日到达),火车票 500 元,出差补助每天 18 元,据以填写"旅差费报销单"(厂长姜斌在单上签字:同意报销),并持单以李军的名义向财务科出纳处报账(出差前已预支 2000 元)。

(2) 12 月 1 日,销售给甲公司 A-3 商品 5000 件,销售给乙公司 A-3 商品 5000 件,销售给丙公司 A-3 商品 10000 件,销售给丁公司 A-3 商品 10000 件,A-3 商品每件售价 29 元,增值税税率 17%,价税款均已收讫。据以填写"增值税专用发票",款项全部存入银行,填写"进账单",送银行办理进账手续后取回"进账单"回单。将"进账单"回单连同"增值税专用发票"的记账联送财务科记账员。

(3) 12 月 2 日,以业务科张丰的名义填写"领款单",领款金额 3000 元,领款单填写好后到财务科找出纳员领款,作为业务科的备用金。

(4) 12 月 3 日,以亚洲证券营业部的名义填写"亚洲证券营业部成交过户交割单" 1 张,内容如下:本交割单系大兴公司购买股票,成交编号为 12688,股东账户为 33665688,股东名称为大兴公司,申请编号为 685,公司代码为 M118,申报时间为 9 点 52 分 30 秒,成交时间为 9 点 53 分,实收金额为 82625 元,资金余额为 117375 元;证券代码为 500232,成交数量 10000 股,成交价格 8.2 元,佣金 287 元,印花税 328 元,附加费 10 元。

(5) 12 月 4 日,表 2-7 所列材料全部入库,据以填写"材料入库验

收单":

表 2-7

供货单位	材料名称	数量(千克)	单位买价(元)	运杂费(元)	计划单价(元)
众生公司	甲材料	1400	4	150	4.12
众生公司	乙材料	2000	2.90	150	3.14
众健公司	丙材料	1180	5	150	5.13
众健公司	丁材料	1000	5.60	150	6.09
大华公司	B-1 材料	800	7.25	150	7.50
兴隆公司	C-1 材料	400	14.75	150	15.02

将填写好的"材料入库验收单"记账联送本公司记账员。

(6) 12月5日,以中财保险股份有限公司的名义填写"机动车辆保险单"和"保费收据"各一张,填写内容如下:被保险人为大兴公司;投保险种为车辆损失险、第三责任险、盗抢险、玻璃险、他人恶意险等;车辆型号为皇冠(普);发动机号为358658;牌号为 A-35629;非营业用车;座位为5座;保险价值36万元,保险金额36万元;基本保费260元;车辆损失险费率0.8%;第三责任险最高赔偿限额为25万元;第三责任险保费为2300元;盗抢险保费据表计算;玻璃险保费为50元;他人恶意险保费为100元;保险期限自2002年12月5日零时起至2003年12月5日24时止。地址:十字街58号;电话:8666688;邮政编码:438000;总经理:洪源。填好后将"机动车辆保险单"正本和"保费收据"发票联送大兴公司记账员。

(7) 12月6日,以江泽市第一律师事务所陈海的名义填写"江泽市服务业发票",收取大兴公司本月律师顾问费用1000元,持其发票联找大兴公司出纳员收款。

(8) 12月8日,江泽市电视台收取大兴公司广告费20000元,代电视台填写"江泽市服务业发票",持其发票联找大兴公司出纳员收款。

(9) 12月9日,债券公司应向大兴公司收取债券印刷费及手续费10000元,代填写"江泽市服务业发票",并持其第二联到大兴公司财务科结算。

(10) 12月9日,根据下述资料编制"固定资产折旧表"(采用平均年限法),编制完成后将其送交大兴公司记账员。

11月30日,固定资产资料见表2-8。

表2-8

部 门	固定资产类型	固定资产原值（元）	预计净残值（元）	预计使用年限
基本车间	房屋	250000	15000	40
	机床加工设备	200000	10000	10
	专用电子设备	300000	20000	10
	其他专用设备	100000	10000	20
机修车间	房屋	100000	5000	40
	机床加工设备	50000	2500	10
	其他专用设备	10000	500	20
动力车间	房屋	100000	5000	40
	内燃发电机组	100000	5000	20
	其他专用设备	40000	2000	20
管理部门	房屋	600000	30000	40
	不需用设备	200000	20000	10
出租	仓库	250000	10000	10

（11）12月9日，大兴公司与昌平公司进行非货币交易，交易内容如下：

大兴公司向昌平公司销售A-3商品2000件，每件售价27元；向昌平公司购进甲材料14400千克，每千克价格3.75元。增值税税率均为17%，据以填写销售A-3商品的"增值税专用发票"和购进甲材料的"材料入库验收单"（材料已如数入库，甲材料的计划单位成本4.12元）。填写好后先持销售商品的增值税专用发票的第二、三联到昌平公司业务处换取购进材料的增值税专用发票的第二、三联；后将销售商品的"增值税专用发票"的记账联和购进材料的"增值税专用发票"的第二、三联及"材料入库验收单"一并送交大兴公司记账员。

（12）12月10日，以公司职工金林的名义填写"费用报销领款单"，到财务科领取独生子女费160元。

（13）12月10日，代房地产管理所开具"江泽市服务业发票"，应收取大兴公司办公用房租金1000元。制单人：李凤。持发票联到大兴公司财务科结算。

（14）12月10日，以江泽市汽车队的名义开具"江泽市公路、内河货物运输统一发票"，应收取大兴公司销货运费5600元。制单人：何春明。持发票联到大兴公司财务科结算。

（15）12月10日，大兴公司向保险公司交纳职工失业保险金1600元（保险公司开户行：中国工商银行江泽市支行，账号：115674353366），以保险公司的名义开具"保险公司失业保险金收据",持发票到大兴公司财务科结算。

(16) 12月10日,业务科张兴、李源、童伟等3人领取本年度烤火费,每人80元,经理赵胜签字:同意付款。代填写"费用报销领款单",到财务科出纳处领款。

(17) 12月10日,代司法局开具"江泽市行政事业单位收款收据",应收取大兴公司公证费用600元。收款人:王波。持发票联到大兴公司财务科结算。

(18) 12月11日,生产技术科李军去省城开生产技术会,经领导同意借款1500元。据以填写"借款单",持单向财务科出纳员借款。

(19) 12月11日,支付生产车间扩建工程款5000元,经公司经理签字同意付款,由李强统一领款,据以填写"江泽市建筑安装业统一发票",持发票联到财务科出纳处办理领款,取得出纳员签发的"现金支票"到银行取款。

(20) 12月12日,业务员毕长胜、赵三平各领计算器一个,单价110元,合计金额220元。经理洪生审批:同意领用,一次摊销。据以填写"物品领用单"并将其送交财务科记账员。

(21) 12月12日,大兴公司向证券公司购买1年期债券1000000元,手续费2000元,以证券公司名义开出"收据",持收据第二联到大兴公司财务科结算。

(22) 12月13日,根据表2-9所列资料编制"工资结算汇总表"(因工资结算原始资料比较复杂,实际工作中的工资发放表是根据岗位将每个人的工资计算出来加以汇总的,而表中资料直接以汇总的形式给出):

表2-9

车间、部门、类型	职工人数	标准工资	应扣工资		津贴	代扣款项			
			事假	病假		水电费	住房公积金	个人所得税	个人承担社保
基本生产车间生产工人	280	252000	1210	1350	26770	12460	9200	120	1150
基本生产车间管理人员	11	13210	310	470	550	1310	780	45	152
援外工程人员	2	3600			2200		80	100	65
在建工程人员	20	23000	750	200	3050	2310	805		160
机修车间人员	6	7010	340	70	570	640	240		25
动力车间人员	5	6020	270	80	570	540	200		20
公司管理人员	34	41000	750	350	1700	1980	1360	300	260
医务人员	4	4510	120	80	200	430	120		36
6个月以上长病人员	3	3430		1000	15	330	69		24

工资结算汇总表编制好后送交财务科出纳员。

（23）12月13日，销售给众生公司A-2商品5000件，每件售价23.80元，A-4商品5000件，每件售价35.80元，增值税税率17%，据以填写"增值税专用发票"后将其第二、三、四联送大兴财务科出纳员办理收款手续。

（24）12月14日，业务科各种费用支出汇总情况如下：差旅费350元（26张原始凭证）；办公费189元（23张原始凭证）；其他费用41元（5张原始凭证）；经核对，编制"管理费用支出汇总表"，持表到财务科报账。

（25）12月14日，刘清等五名职工参加江泽市工学院短期培训，支付学杂费3000元，以工学院名义开出"收据"，持第二联（付款人联）找大兴公司财务科出纳员办理领款，取得出纳员签发的"现金支票"到银行取款。

（26）12月15日，大兴公司职工食堂向为民日杂公司购买铁锅一口，计68元；菜刀两把，单价10元，计20元；合计88元。以为民日杂公司名义开具"为民日杂公司销售发票"，持发票联向大兴公司财务科出纳员报账（在发票备注上填写：列入职工福利）。

（27）12月16日，大兴公司向税务局购买20张5元券印花税票，20张2元券印花税票，20张1元券印花税票，以税务局名义开具"市税务局印花税票发售统一发票"，持发票联向大兴公司财务科出纳员报账。

（28）12月16日，江泽市保险公司向大兴公司收取员工养老保险金8000元，以保险公司名义开具"收据"，并持"收据"（付款人联）向大兴公司财务科结算。

（29）12月17日，大兴公司应付车间扩建工程包工款200000元，以长丰建筑公司的名义填写"江泽市建筑安装业统一发票"，持发票联到大兴公司财务科办理结算。

（30）12月17日，本月综合奖金结算汇总资料如下（表2-10）：

表2-10

车间、部门	奖金（元）
基本生产车间生产工人	33600
基本生产车间管理人员	1320
机修车间人员	720
动力车间人员	600
公司管理人员	4080
医务人员	480

据以编制"综合奖金结算汇总表",持表向财务科出纳员领取奖金。

(31) 12月18日,大兴公司应付新卫设计院产品设计费400元,以新卫设计院的名义填写"江泽市服务业发票",持发票联到大兴公司财务科办理结算。

(32) 12月18日,销售给昌安公司甲设备一台,原始价值5万元,已提折旧15000元,协商作价38000元。据以填写"江泽市商业普通发票",持其发票联到昌安公司财务科收款,要求昌安公司出纳员签发"转账支票",并与其一同去银行办理转账手续,取得银行盖章的"转账支票"的收账通知联后,将"转账支票"的收账通知联及"江泽市商业普通发票"记账联送交大兴公司财务科出纳员。

(33) 12月18日,一栋仓库300平方米,预计使用30年,已使用28年,原值100000元,已提折旧80000元,因重建提前报废。使用部门的意见:因陈旧要求报废;技术鉴定小组意见:情况属实;固定资产管理部门意见:同意转入清理;主管部门审批意见:同意报废重建。据以填写"固定资产报废单"后将其会计记账联送财务科记账员。

(34) 12月19日,向大华公司购进丁设备一台,交易价43000元,经验收交基本生产车间使用,据以填写"固定资产验收单",将其第二联送财务科出纳员。

(35) 12月19日,李军12月11日去省城参加工业生产技术会,12月18日返回,往返汽车票均为36元,住宿费700元,会议费用150元,其他费用80元,每天补助15元。以李军的名义填写"差旅费报销单",经理洪生在单上签字:同意报销。持单向财务科出纳员报账(原借支1500元)。

(36) 12月19日,业务科与业务往来单位洽谈业务,接待、就餐、补助及接送车费共计金额1586元,单据23张。据以填写"业务招待费汇总表",经理洪生在单上签字:同意报销。持单向财务科出纳员报账,取得出纳员签发的"现金支票"后到银行提取现金。

(37) 12月19日,报废固定资产的清理人员周强等人应领取清理费用300元,以周强的名义填写"费用报销领款单",经理洪生在单上签字:同意付款。持单向财务科出纳员领款。

(38) 12月19日,大兴公司向江泽商场收取仓库租金4000元,据以开出"江泽市服务业发票",收到现金4000元,当即填写"进账单"到开户行办理进账手续,收到银行盖章的"进账单"回单后,将"江泽市服务业发票"的发票联及"进账单"回单送交本公司出纳员。

(39) 12月20日,仓库清理残料如下:红砖100000块,每块0.20元,计20000元,其他材料6000元,合计26000元。材料全部入库作重建仓库用,据以编制"材料入库单",并将其记账联送财务科记账员。

（40）12月20日，大兴公司向为民五金公司购买灭火器5个，单价100元，计500元。灭火器购回后当即由仓库领用。先以为民五金公司名义开具"为民五金公司发票"，再以仓库保管员余仲兴名义填写"物品领用单"（经理洪生在单上签字：同意领用，一次摊销），最后将"为民五金公司发票"的发票联和"物品领用单"送财务科出纳员，并要求领款、领物。

（41）12月20日，向大华公司转让技术，收取技术转让费15000元，据以填写"江泽市商业普通发票"，持其发票联到大华公司财务科收款，要求大华公司出纳员签发"转账支票"，并与其一同去银行办理转账手续，取得银行盖章的"转账支票"的收账通知联后，将"转账支票"的收账通知联及"江泽市商业普通发票"记账联送交大兴公司财务科出纳员。

（42）12月21日，向会计局购买《新会计准则》等书籍，付款150元，以会计局的名义填写"江泽市文化教育、体育业发票"，并持其发票联到财务科报账。

（43）12月21日，大兴公司的汽车送汽车修配厂修理，具体修配项目如下：汽车补胎225元，汽车轮胎充气20元，车轮拆装35元。以汽车修配厂名义开具"江泽市服务业发票"，将"江泽市服务业发票"的发票联送交本公司出纳员。

（44）12月23日，大兴公司的水表记录是：本月止码为368535，上月止码为363535，实用水5000吨，每吨单价1元。以自来水厂名义开具"自来水厂水费发票"，持其发票联到大兴公司财务科结算。

（45）12月23日，业务科用备用金开支下列各种费用：差旅费850元（16张原始凭证）；办公费1150元（30张原始凭证）；修理费1200元（2张原始凭证）；经核对全部报销，编制"管理费用支出汇总表"，持表到财务科报账。

（46）12月24日，大兴公司电表的起码是636758，止码是691758，实用电55000度，每度单价0.50元，以电力局的名义填写"增值税专用发票"（电费增值税税率为13%），持发票联到大兴公司财务科结算。

（47）12月24日，大兴公司参加本市商品展销会，应付江泽大世界市场商品展位租用费600元，以大世界市场的名义填写"江泽市服务业发票"，持发票联到大兴公司财务科结算。

（48）12月25日，物价检查所对大兴公司商品销售情况进行检查，发现部分商品违反国家价格政策，罚款1600元，以物价检查所名义填写"罚款没收专用收据"，持单到大兴公司财务科结算。

（49）12月25日，养路费征收站向大兴公司收取汽车养路费用800元，以养路费征收站的名义填写"交通车辆养路费收据"（2台东风汽车为送货用车，养路费为 600 元，1 台小车的养路费 200 元），持单到大兴公司财务科结算。

（50）12 月 26 日，看望住院病人李立平，从副食品商店购买两袋奶粉，每袋 12 元，苹果 3 公斤，每公斤 3 元，据以填写"副食商店销售发票"，经理洪生签字：在福利费列支。持发票联到大兴公司财务科结算。

（51）12 月 26 日，迅达搬运公司为大兴公司装卸货物，应收取装卸费 1500 元，以迅达公司的名义开具"江泽市交通运输业发票"，持发票联到大兴公司财务科结算。

（52）12 月 26 日，李军出差预支差旅费 1000 元，据以填写"借款单"，持单向财务科出纳借款。

（53）12 月 26 日，本公司向美国 H 公司购入先进设备一台，交易价 4000 美元，以 H 公司名义填写"商业发票"，以本公司设备科名义填写"固定资产验收单"，设备交管理部门使用。"商业发票"与"固定资产验收单"交本公司出纳员（引进先进设备，减免关税及增值税；境内外运杂费均由供货方承担）。

（54）12 月 27 日，大兴公司自行开发一项实用新型专利成功，先根据下列资料填写"专利申报表"：申请单位：大兴公司；专利项目：实用新型专利；技术开发费：30000 元；注册登记费：3000 元；单位意见：同意申报；专利局审批：同意注册。再以专利局名义填写"江泽市行政事业单位收款收据"，收取大兴公司专利注册登记费 3000 元，然后持"专利申报表"和"江泽市行政事业单位收款收据"到大兴公司财务科结算。

（55）12 月 27 日，大兴公司销售给丰润公司 A-1 商品 6000 千克，每千克售价 10 元；销售给丰利公司 A-1 商品 6000 千克，每千克售价 10 元；销售给众生公司 A-3 商品 10000 件，每件售价 29 元；增值税税率均为 17%，据以分别填写"增值税专用发票"后持"增值税专用发票"的第二、三联到丰润公司、丰利公司、众生公司财务科结算，要求各公司出纳员根据购销合同填写"商业承兑汇票"，经付款人（各购货公司）承兑后取得"商业承兑汇票"的第二联，并在商业承兑汇票第一联的收款人盖章处盖上本公司财务专用章（由本公司出纳员盖章），在负责、经办处签名，将"增值税专用发票"的记账联和"商业承兑汇票"的第二联送交大兴公司出纳员。

（56）12 月 27 日，四通运输公司为大兴公司运输购入的材料，应收运费 7800 元。以四通运输公司的名义开具"江泽市公路、内河货物运输业统一发票"，持发票联到大兴公司财务科结算。

（57）12 月 27 日，外购材料全部验收入库。据表 2-11 所列资料填写"材料入库验收单"，将其记账联送财务科记账员。

表 2-11

供货单位	材料名称	数量（千克）	买价（元）	运杂费（元）	计划单价（元）
大华公司	B-1 材料	9000	72000	900	7.50
兴隆公司	C-1 材料	8000	120000	800	15.02
众健公司	甲材料	15000	60000	1500	4.12
	乙材料	15000	45000	1500	3.14
	丙材料	16000	80000	1600	5.13
	丁材料	15000	90000	1500	6.09

（58）12月29日，各部门报废低值易耗品（领用时均一次摊销），本月收回残值如下：基本生产车间500元，动力车间50元，机修车间60元，行政管理部门90元。报废材料均已入库（计划价按照700元计算）。据以编制"报废低值易耗品汇总表"和"材料入库验收单"，并将其送财务科记账员。

（59）12月30日，销售给众生公司A-2商品3000件，每件售价24元，A-3商品20000件，每件售价29元，增值税税率17%，据以填写"增值税专用发票"，将"增值税专用发票"第二、三、四联送本公司出纳员。

（60）12月31日，基本生产车间生产A-1产品耗用6800工时，生产A-2产品耗用6900工时，生产A-3产品耗用6960工时，生产A-4产品耗用6961工时，据以编制"产品耗用工时汇总表"，并将表送财务科记账员。

（61）12月31日，本月发出材料汇总资料见表2-12。

表 2-12

材料名称	数量（千克）	计划单价（元）	计划总价（元）
甲材料	30000	4.12	123600
乙材料	20000	3.14	62800
丙材料	20000	5.13	102600
丁材料	20000	6.09	121800
B-1 材料	10000	7.5	75000
C-1 材料	10000	15.02	150200
其他材料			20000
合 计			656000

据以编制"发料凭证汇总表",并将表送财务科记账员。

(62) 12 月 31 日,辅助生产车间本月提供劳务总量资料见表 2-13。

表 2-13

项　目	机修车间服务量（工时）	动力车间供电量（度）
A-1 产品耗用	——	8000
A-2 产品耗用	——	10000
A-3 产品耗用	——	9000
A-4 产品耗用	——	11000
基本生产车间耗用	1660	500
行政管理部门耗用	100	1000
车间扩建工程耗用	240	10500
动力车间耗用	100	——
机修车间耗用	——	1000
合　计	2100	51000

据以编制"辅助生产情况表",并将表送财务科记账员。

(63) 12 月 31 日,本月产品生产及入库情况见表 2-14。

表 2-14

产品名称	月初在产品	本月投产	本月完工入库	月末在产品	在产品完工程度	投料方式
A-1 产品	2000 千克	35500 千克	34500 千克	3000 千克	50%	逐步投料
A-2 产品	1200 件	16600 件	16000 件	1800 件	50%	逐步投料
A-3 产品	1400 件	14200 件	13800 件	1800 件	50%	逐步投料
A-4 产品	1600 件	10500 件	11000 件	1100 件	50%	逐步投料

代基本生产车间编制"生产情况报告表",代成品仓库编制"产品入库汇总表",将填写好的两张表送财务科记账员。

3 大华公司会计实操

3.1 大华公司出纳员岗位实操

开设有关日记账。大华公司 2002 年 11 月 30 日有关账户余额如下：
库存现金日记账　　　　　1050（借）
银行存款日记账　　　　　301000（借）
大华公司及往来公司相关情况如表 3-1 所示。

表 3-1

开户行：中国工商银行江泽市支行		开户行：中国工商银行崎峰市支行	
公司名称	账　号	公司名称	账　号
大华公司	1156674356322	众生公司	823653676516
大兴公司	1156674356321	众健公司	823653676517
兴隆公司	1156674356323	丰润公司	823653676514
兴盛公司	1156674356324	丰利公司	823653676515
昌平公司	1156674356327		
昌安公司	1156674356328		

办理如下业务：

凡出纳业务，在业务办理完毕后，编制记账凭证，据以登记库存现金和银行存款日记账，并将记账凭证连同所附原始凭证一并转交记账员记账。

（1）12 月 1 日，收到张兵"旅差费报销单"（所附单据略），经审核无误，报销费用 1138 元，按原预支额 1500 元开出"收据"，当即收回多余现金。

（2）12 月 1 日，收到业务员送来的"进账单"回单及"增值税专用发票"的记账联，进行账务处理。

（3）12 月 1 日，收到开户银行转来大兴公司"转账支票"的收账通知。

(4) 12月1日，填写"转账支票"2张，分别支付应付兴隆公司账款100000元和应付兴盛公司账款120000元；填写"信汇"凭证1张，支付应付众健公司账款150000元。填好结算凭证后去开户银行办理相关手续，取回"转账支票"回单和"信汇"凭证回单，审核无误后进行账务处理。

(5) 12月2日，填写"转账支票"1张，转出投资款180000元，存入亚洲证券营业部账户（亚洲证券营业部开户行：中国工商银行江泽市支行，账号：235673625588）准备用于购买股票。到银行办理转账手续，取回回单。

(6) 12月2日，填写"现金支票"1张，提取现金4000元备用，到开户银行办理支款手续。

(7) 12月2日，收到业务科李伟的"领款单"，经审核无误，当即支付现金2500元，作为业务科的备用金（在领款单上注明"现金付讫"）。

(8) 12月3日，收到"亚洲证券营业部成交过户交割单"，购入股票划作交易性金融资产。

(9) 12月3日，将专夹留存的10月3日签发的商业承兑汇票第二联取出（曾在10月3日发生销货业务时，已填写3份"商业承兑汇票"：签发日期为2002年10月3日，承兑期2个月，应收大兴公司货款200000元，应收丰利公司货款100000元，应收众生公司货款100000元），依据到期的3张"商业汇票"分别办理收款手续。

①应收大兴公司200000元，持其商业承兑汇票第二联去大兴公司，要求其出纳员签发"转账支票"，并到银行办理转账手续，收到银行转来大兴公司"转账支票"的收款通知联。

②应收丰利公司和众生公司的到期票据款各100000元，分别填写"委托收款"凭证后，持委托收款凭证和商业承兑汇票第二联到开户银行办理委托收款手续，银行盖章后，取回"委托收款"凭证回单。

(10) 12月3日，收到兴盛公司和兴隆公司出纳员送来的到期"商业承兑汇票"第二联，经审核无误，据以分别填写"转账支票"，到银行办理转账手续。

(11) 12月5日，收到开户行转来丰利公司和众生公司"信汇"凭证收款通知。

(12) 12月5日，收到中财保险股份有限公司机动车辆保险单（正本）和保费收据第一联，经审核无误，据以填写转账支票（中财保险股份有限公司开户行：中国工商银行江泽市支行；账号：115675368955），并到银行办理转账手续，经银行盖章，取回转账支票回单。

(13) 12月6日，填写"中华人民共和国税收通用完税证"，将未交增值税、应交城市维护建设税、应交个人所得税、应交教育费附加上交国库，具体金额见明细分类账各该账户的月初余额。税收通用完税证填写好后，到开户行办理手续，经税务机关、银行盖章后取得完税凭证联，并据以进行账务处理。

（14）12月6日，收到律师事务所的"江泽市服务业发票"发票联，经审核无误，以现金付讫。

（15）12月7日，收到银行转来委托收款凭证的收款通知2张，系丰利公司和众生公司应收款。

（16）12月7日，收到银行转来委托收款凭证的付款通知1张，系应付众健公司的商业汇票到期款。

（17）12月8日，收到江泽市电视台的"江泽市服务业发票"发票联，经审核无误，据以填写转账支票（江泽市电视台开户行：中国工商银行江泽市支行，账号：115674356672），付广告费，并到银行办理转账手续，经银行盖章，取回转账支票回单。

（18）12月8日，本公司（大华公司）委托债券发行公司发行5年期债券，按面值的10%溢价发行。现债券公司已发行债券面值900000元，实收金额990000元，款项今日全部交来，当即送存银行。据以填写"收据"及"进账单"，到银行办理手续后据"收据"记账联及"进账单"回单进行账务处理。

（19）12月9日，收到债券公司的"江泽市服务业发票"发票联，经审核无误，据以填写转账支票（债券公司开户行：中国工商银行江泽市支行，账号：115676283355），付手续费，并到银行办理转账手续，经银行盖章，取回转账支票回单。

（20）12月10日，收到张悦"费用报销领款单"，经审核无误，以现金付讫。

（21）12月10日，收到房地产管理所的"江泽市服务业发票"发票联，经审核无误，以现金付讫。

（22）12月10日，收到江泽市汽车运输公司的"江泽市公路、内河货物运输业统一发票"发票联，经审核无误，据以填写转账支票（江泽市汽车运输公司开户行：中国工商银行江泽市支行，账号：115674356698），付运费，并到银行办理转账手续，经银行盖章，取回转账支票回单。

（23）12月10日，收到保险公司的"保险公司失业保险金收据"，经审核无误，以现金支票付讫。

（24）12月10日，签发"现金支票"，到银行办理取款手续，提回现金4000元备用。根据"现金支票"存根作账务处理。

（25）12月10日，收到张悦等三人的"费用报销领款单"，经审核无误，以现金付讫。

（26）12月10日，收到司法局的"江泽市行政事业单位收款收据"，经审核无误，据以填写转账支票（司法局开户行：中国工商银行江泽市支行，账号：115674356989），付诉讼费，并到银行办理转账手续，经银行盖章，取回转账支票回单。

（27）12月11日，收到张兵的"借款单"，经审核无误，以现金付讫。

（28）12月11日，收到工程队的"江泽市建筑安装业统一发票"，经审核无误，如数签发"现金支票"，同到银行取款。

（29）12月12日，收到证券公司的"收据"，经审核无误，据以填写转账支票（证券公司开户行：中国工商银行江泽市支行，账号：115674356719），付债券及手续费，并到银行办理转账手续，经银行盖章，取回转账支票回单。

（30）12月13日，收到"工资结算汇总表"，根据实发工资总额签发"现金支票"，从银行提取现金，当即发放完毕。

（31）12月13日，收到业务员送来的增值税专用发票的第二、三、四联，据以填写"委托收款凭证"（应收众生公司款），持委托收款凭证和增值税专用发票第二、三联到银行办理托收手续，经银行盖章后，将退回的"委托收款凭证"回单与"增值税专用发票"记账联一并作账务处理。

（32）12月14日，收到业务科"管理费用支出汇总表"（所附单据57张略），经审核无误，以现金付讫。

（33）12月14日，收到江泽市工学院的"收据"，经审核无误，开出"现金支票"付讫。

（34）12月15日，收到职工食堂购买铁锅的发票，经审核无误，以现金付讫。

（35）12月16日，收到银行转来委托收款凭证的收款通知1张，系众生公司应收款。

（36）12月16日，收到"市税务局印花税票发售统一发票"，经审核无误，以现金付讫。

（37）12月17日，收到长丰建筑公司"江泽市建筑安装业统一发票"的发票联，经审核无误，据以填写转账支票（建筑公司开户行：中国工商银行江泽市支行，账号：115672785567），付工程款，并到银行办理转账手续，经银行盖章，取回转账支票回单。

（38）12月17日，根据"综合奖金结算汇总表"（实际还应有按人头的奖金发放表，此处略），签发"现金支票"提回现金，当即发放完毕。

（39）12月18日，收到新卫设计院的"江泽市服务业发票"发票联，经审核无误，以现金付讫。

（40）12月18日，收到兴隆公司出售设备的"江泽市商业普通发票"发票联及本公司业务员送来的"固定资产验收单"，经审核无误，据以填写"转账支票"付设备款，并到银行办理转账手续，经银行盖章，取回转账支票回单。

（41）12月19日，收到业务员送来的大兴公司转账支票的收账通知联及本公司的固定资产销售的"江泽市商业普通发票"的会计记账联，经审核无误，进行账务处理。

（42）12月19日，收到张兵的"旅差费报销单"（所附单据略）和交来的现金364元，开出"收据"收讫。收据金额按张兵原借支数填写。

（43）12月19日，收到业务科的"业务招待费汇总表"及所附20张单据（单据略），经审核无误后，当即签发"现金支票"补足其备用金。

（44）12月19日，收到李民的"费用报销领款单"，经审核无误，以现金付讫。

（45）12月19日，收到业务员送来的仓库租金收入"进账单"回单及"江泽市服务业发票"记账联。

（46）12月20日，收到业务员送来的"为民五金公司发票"和"物品领用单"。经审核无误后签发"现金支票"，从银行提回现金5600元，除支付灭火器款外，其余备用。

（47）12月20日，收到大兴公司的"江泽市商业普通发票"发票联，经审核无误后签发"转账支票"支付技术转让费。到银行办理转账手续，经银行盖章后，拿回转账支票回单。

（48）12月21日，收到购买书籍的"江泽市文化教育、体育业发票"发票联，经审核无误，以现金付讫。

（49）12月21日，收到业务员送来的兴隆公司"转账支票"的收账通知联及本公司收取技术转让收入的"江泽市商业普通发票"记账联。

（50）12月21日，收到汽车修配厂的"江泽市商业普通发票"发票联，经审核无误后以现金付讫。

（51）12月23日，收到自来水厂发票，审核无误后填写"转账支票"支付水费，到银行办理转账手续，经银行盖章后，拿回转账支票回单（自来水厂开户行：中国工商银行江泽市支行，账号：115674351125）。

同时根据定额耗用量分配本月水费，定额耗用量如下：动力车间500吨，机修车间600吨，基本生产车间2500吨，公司管理部门1400吨，据以编制"水费分配表"。

根据"自来水厂发票"发票联、"转账支票"存根和"水费分配表"进

行账务处理。

（52）12月23日，收到业务科的"管理费用支出汇总表"及所附49张单据（单据略），经审核无误后，当即签发"现金支票"补足其备用金。

（53）12月24日，收到电力局的"增值税专用发票"发票联，审核无误后填写"转账支票"支付电费，到银行办理转账手续，经银行盖章后，拿回转账支票回单（电力局开户行：中国工商银行江泽市支行，账号：115674356211）。

同时根据表3-2所列定额耗用量资料编制"外购动力费分配表"。

表3-2

产品名称	定额耗用量	车间部门	定额耗用量
B-1 产品	11000 度	动力车间	1000 度
B-2 产品	12000 度	机修车间	1100 度
B-3 产品	12500 度	基本生产车间	900 度
B-4 产品	13500 度	管理部门	8000 度

根据电力局的发票联、"转账支票"存根和"外购动力费分配表"进行账务处理。

（54）12月24日，收到大世界市场的"江泽市服务业发票"发票联，经审核无误后以现金付讫。

（55）12月24日，为购进口设备，向开户行买入5000美元，以中国人民银行公布的人民币汇率中间价作为即期汇率，当日的即期汇率1美元=7.72元人民币，银行当日美元卖出价为1美元=8.10元人民币。签发"转账支票"支付人民币，填写"进账单"购入美元。到银行办理相关手续，根据"转账支票"存根和"进账单"作账务处理。

（56）12月25日，签发"现金支票"，到银行办理取款手续，提回现金6500元备用。根据"现金支票"存根作账务处理。

（57）12月25日，收到物价检查所"罚款没收专用收据"，以现金支付罚款。

（58）12月25日，收到养路费征收站的"交通车辆养路费收据"，经审核无误，以现金付讫（2台东风汽车为送货用车，养路费为600元，1台小车的养路费为400元）。

（59）12月26日，收到"副食商店销售发票"发票联，经审核无误后以现金付讫。

（60）12月26日，收到迅达搬运公司的"江泽市交通运输业发票"发票联，经审核无误后以现金付讫。

（61）12月26日，收到张兵的"借款单"，经审核无误后以现金付讫。

（62）12月26日，收到业务员送来的"固定资产验收单"及购买进口设备的"商业发票"，经审核无误后填写"信汇"凭证，到银行办理美元汇兑手续，取回"信汇"回单。当日的即期汇率1美元=7.85元人民币。

（63）12月27日，收到本公司业务员送来销售商品给大兴公司、丰利公司和众生公司的"增值税专用发票"记账联和3张"商业承兑汇票"。

（64）12月27日，收到业务员送来的"专利申报表"和专利局的"江泽市行政事业单位收款收据"发票联，审核无误后填写"转账支票"支付专利注册登记费，到银行办理转账手续，经银行盖章后，拿回转账支票回单（专利局开户行：中国工商银行江泽市支行，账号：115675363286）。

（65）12月27日，收到兴盛公司、兴隆公司、众健公司业务员送来的增值税专用发票第二、三联，经审核无误后分别填写为期2个月的"商业承兑汇票"3份，其中第一联由各收款人盖章签名后收回，在第二联的付款人盖章处盖上财务专用章，在负责、经办处签上名，填好后将第二联分别交兴盛公司、兴隆公司、众健公司业务员。

同时收到四通运输公司的"江泽市公路、内河货物运输业统一发票"发票联，经审核无误后填写"转账支票"支付材料运费，到银行办理转账手续，经银行盖章后，拿回转账支票回单（四通运输公司开户行：中国工商银行江泽市支行，账号：115675363298）。

根据材料重量编制"材料采购费用分配表"。各种材料采购的重量：C-1材料8000千克，D-1材料7000千克，甲材料20000千克，乙材料20000千克，丙材料10000千克，丁材料10000千克。

根据增值税专用发票的发票联、商业汇票的留存联、转账支票存根联、"江泽市公路、内河货物运输业统一发票"发票联、"材料采购费用分配表"，作账务处理。

（66）12月30日，收到业务员送来的"增值税专用发票"的第二、三、四联，合同规定销货款采用委托收款结算方式，经审核无误后，据以填写"委托收款凭证"，持"委托收款凭证"和"增值税专用发票"第二、三联到银行办理托收手续，经银行盖章后，将退回的"委托收款凭证"回单与"增值税专用发票"的记账联一并作账务处理。

（67）12月31日，到开户行拿回贷款计息凭证，进行账务处理（预计应付利息10000元）。

(68) 12月31日，到开户行拿回存款计息凭证，进行账务处理。

(69) 12月31日，将账面价值为90000元的"交易性金融资产——基金"全部出售，实得现金94500元。填写"内部转账单"和"进账单"，将现金送存银行（全为百元券）。

(70) 12月31日的即期汇率1美元=8.05元人民币，调整当期产生的汇兑差额。

3.2 大华公司记账员岗位实操

开设有关账户。大华公司2002年11月30日明细账期末资料如下：

其他货币资金——外埠存款	11000（借）
交易性金融资产——股票（成本）	110000（借）
交易性金融资产——债券（成本）	80000（借）
交易性金融资产——基金（成本）	90000（借）
应收票据——大兴公司	200000（借）
应收票据——丰利公司	100000（借）
应收票据——众生公司	100000（借）
应收账款——大兴公司	100000（借）
应收账款——丰利公司	120000（借）
应收账款——众生公司	90000（借）
坏账准备	1230（贷）
其他应收款——张兵	1500（借）
其他应收款——代扣水电费	16000（借）
材料采购——原材料	38880（借）
原材料——原料及主要材料	442000（借）
原材料——其他材料	80000（借）
周转材料——包装物	18000（借）
周转材料——低值易耗品	58000（借）
材料成本差异——原材料	4420（借）
材料成本差异——包装物	180（贷）
材料成本差异——低值易耗品	580（借）
库存商品——B-1产品	140000（借）
库存商品——B-2产品	750000（借）
库存商品——B-3产品	540000（借）
库存商品——B-4产品	1100000（借）

长期股权投资——股票投资（宏盛公司）	100000（借）
持有至到期投资——成本	90000（借）
持有至到期投资——利息调整	5000（借）
持有至到期投资——应计利息	600（借）
固定资产——生产用固定资产	1360000（借）
固定资产——非生产用固定资产	650000（借）
固定资产——不需用固定资产	150000（借）
固定资产——出租固定资产	200000（借）
累计折旧	600000（贷）
工程物资——专用材料	280000（借）
工程物资——专用设备	480000（借）
在建工程——机床大修工程	50000（借）
在建工程——设备安装工程	400000（借）
固定资产清理——报废	5600（借）
无形资产——专利权	372000（借）
无形资产——专有技术	380000（借）
研发支出——资本化支出	28000（借）
长期待摊费用——固定资产大修费用	58500（借）
待处理财产损溢——待处理固定资产损溢	2000（借）
生产成本——基本生产成本（B-1 产品）	10000（借）
生产成本——基本生产成本（B-2 产品）	12000（借）
生产成本——基本生产成本（B-3 产品）	14000（借）
生产成本——基本生产成本（B-4 产品）	16000（借）
短期借款——生产周转借款	1600000（贷）
应付票据——兴盛公司	120000（贷）
应付票据——兴隆公司	150000（贷）
应付票据——众健公司	100000（贷）
应付账款——兴盛公司	120000（贷）
应付账款——兴隆公司	100000（贷）
应付账款——众健公司	150000（贷）
应付职工薪酬——职工教育经费	4000（贷）
应付职工薪酬——职工福利	1000（贷）
应付职工薪酬——社会保险费	9000（贷）
应交税费——未交增值税	30000（贷）
应交税费——应交所得税	48000（借）

应交税费——应交城市维护建设税	2000（贷）
应交税费——应交个人所得税	2600（贷）
应交税费——应交教育费附加	700（贷）
应付利息	25000（贷）
长期借款——基建借款	12900000（贷）
长期应付款——应付设备款	90000（贷）
应付债券——面值	300000（贷）
应付债券——利息调整	20000（贷）
应付债券——应计利息	15000（贷）
实收资本——国家投资	1600000（贷）
实收资本——众生公司	200000（贷）
实收资本——其他	1213420（贷）
资本公积——资本溢价	300000（贷）
资本公积——其他	80000（贷）
盈余公积——法定盈余公积	580000（贷）
利润分配——未分配利润	100000（贷）
本年利润	400000（贷）

原材料明细账 2002 年 11 月 30 日期末资料如表 3-3 所示。

表 3-3

	品　名	数量（千克）	计划单价（元）	金额（元）
原料及主要材料	甲材料	11000	4.06	44660
	乙材料	11000	2.96	32560
	丙材料	11000	5.08	55880
	丁材料	10000	5.94	59400
	C-1 材料	10000	14.88	148800
	D-1 材料	10000	10.07	100700
	小计			442000
	其他材料			80000
	合计			522000

材料采购明细账 2002 年 11 月 30 日期末资料如表 3-4 所示。

表3-4　　　　　　　　　　　　　　　　　　　　　　　　　　　单位：元

供货单位	项目	借方			贷方			备注
		买价	运杂费	合计	计划成本	差异	合计	
众生公司	甲材料	7000	150	7150				
	乙材料	6000	150	6150				
众健公司	丙材料	5000	150	5150				
	丁材料	10000	200	10200				
兴隆公司	C-1材料	5000	120	5120				
兴盛公司	D-1材料	5000	100	5100				
合　计		38000	870	38870				

库存商品明细账2002年11月30日期末资料如表3-5所示。

表3-5

商品名称	单位	数量	单位成本（元）	金额（元）
B-1商品	千克	25000	5.6	140000
B-2商品	件	50000	15	750000
B-3商品	件	30000	18	540000
B-4商品	件	55000	20	1100000
合　计				2530000

生产成本明细账2002年11月30日期末在产品成本资料如表3-6所示。

表3-6

产品名称	数量	成本项目（元）			
		直接材料	直接人工	制造费用	合计
B-1产品	4000千克	5000	3000	2000	10000
B-2产品	1600件	6000	3600	2400	12000
B-3产品	1600件	7000	4200	2800	14000
B-4产品	1600件	8000	4800	3200	16000
合　计					52000

按下列要求开设明细账：

(1) 下列账户使用三栏式账页（有期初余额的账户结转期初余额，没有期初余额的账户设户后待记发生额）：

其他货币资金——外埠存款
其他货币资金——存出投资款
交易性金融资产——股票（成本）
交易性金融资产——股票（公允价值变动）
交易性金融资产——债券（成本）
交易性金融资产——基金（成本）
应收票据——大兴公司
应收票据——丰利公司
应收票据——众生公司
应收账款——大兴公司
应收账款——丰利公司
应收账款——众生公司
坏账准备
其他应收款——张兵
其他应收款——业务科
其他应收款——代扣水电费
原材料——原料及主要材料
原材料——其他材料
周转材料——包装物
周转材料——低值易耗品
材料成本差异——原材料
材料成本差异——包装物
材料成本差异——低值易耗品
长期股权投资——股票投资（宏盛公司）
持有至到期投资——成本
持有至到期投资——利息调整
持有至到期投资——应计利息
固定资产——生产用固定资产
固定资产——非生产用固定资产
固定资产——不需用固定资产
固定资产——出租固定资产
累计折旧

工程物资——专用材料
工程物资——专用设备
在建工程——机床大修工程
在建工程——设备安装工程
在建工程——生产车间扩建工程
固定资产清理——报废
固定资产清理——出售不需用固定资产
无形资产——专利权
无形资产——专有技术
研发支出——资本化支出
累计摊销
长期待摊费用——固定资产大修费用
待处理财产损溢——待处理固定资产损溢
递延所得税资产
短期借款——生产周转借款
应付票据——兴盛公司
应付票据——兴隆公司
应付票据——众健公司
应付账款——兴盛公司
应付账款——兴隆公司
应付账款——众健公司
应付职工薪酬——工资
应付职工薪酬——职工福利
应付职工薪酬——社会保险费
应付职工薪酬——住房公积金
应付职工薪酬——工会经费
应付职工薪酬——职工教育经费
应付职工薪酬——非货币性福利
应交税费——未交增值税
应交税费——应交营业税
应交税费——应交所得税
应交税费——应交城市维护建设税
应交税费——应交个人所得税
应交税费——应交教育费附加
应付利息

应付股利
长期借款——基建借款
长期应付款——应付设备款
应付债券——面值
应付债券——利息调整
应付债券——应计利息
递延所得税负债
实收资本——国家投资
实收资本——众生公司
实收资本——其他
资本公积——资本溢价
资本公积——其他
盈余公积——法定盈余公积
利润分配——提取法定盈余公积
利润分配——应付现金股利
利润分配——未分配利润
本年利润
主营业务收入——B-1 产品
主营业务收入——B-2 产品
主营业务收入——B-3 产品
主营业务收入——B-4 产品
其他业务收入
投资收益
公允价值变动损益
营业外收入
主营业务成本——B-1 产品
主营业务成本——B-2 产品
主营业务成本——B-3 产品
主营业务成本——B-4 产品
营业税金及附加
其他业务成本
资产减值损失
营业外支出
所得税费用

(2) 下列账户使用多栏式账页（有期初余额的账户结转期初余额，没有

期初余额的账户设户后待记发生额）：

　　应交税费——应交增值税
　　材料采购——原材料
　　生产成本——基本生产成本（B-1 产品）
　　生产成本——基本生产成本（B-2 产品）
　　生产成本——基本生产成本（B-3 产品）
　　生产成本——基本生产成本（B-4 产品）
　　生产成本——辅助生产成本——机修车间
　　生产成本——辅助生产成本——动力车间
　　制造费用——基本生产车间
　　销售费用
　　财务费用
　　管理费用

（3）下列账户使用数量金额式账页（有期初余额的账户结转期初余额，没有期初余额的账户设户后待记发生额）：

　　库存商品——B-1 产品
　　库存商品——B-2 产品
　　库存商品——B-3 产品
　　库存商品——B-4 产品
　　原材料——原料及主要材料——甲材料
　　原材料——原料及主要材料——乙材料
　　原材料——原料及主要材料——丙材料
　　原材料——原料及主要材料——丁材料
　　原材料——原料及主要材料——C-1 材料
　　原材料——原料及主要材料——D-1 材料

办理记账业务：

（1）12月4日，收到业务员送来的材料入库验收单，留待月末汇总进行收料的账务处理。

（2）12月9日，收到固定资产折旧计算表，经审核无误进行账务处理。

（3）12月9日，收到业务员交来本公司换出商品的增值税专用发票的记账联，换入材料的增值税发票的抵扣联与发票联及材料入库验收单的会计记账联，经审核无误进行非货币性交易的账务处理。

（4）12月12日，收到侯川、周橙的"物品领用单"，经审核无误进行账务处理。

（5）12月18日，收到固定资产报废单，经审核无误进行账务处理。

(6) 12月20日，收到业务员送来的工程物资入库验收单。

(7) 12月20日，报废固定资产清理完毕，根据"固定资产清理——报废清理"账户余额编制"内部转账单"，结转清理损益。

(8) 12月27日，收到业务员送来的材料入库验收单，留待月末汇总进行收料的账务处理。

(9) 12月28日，本月应摊销专利权40000元，应摊销专有技术30000元，应摊销基本生产车间固定资产大修费18000元，据以编制"无形资产、长期待摊费用分摊表"，经审核无误进行账务处理。

(10) 12月29日，收到"报废低值易耗品汇总表"及"材料入库验收单"（会计记账联），经审核无误进行账务处理。

(11) 12月29日，据前面留存的"材料入库验收单"登记"材料采购"明细账（横线登记式明细账）的贷方发生额，并计算入库材料成本差异，据此编制"本月已付款的入库材料汇总表"。

(12) 12月30日，本月生产产品领用包装物的计划成本汇总如下（根据领料单汇总，因为领料单不便一一列出，故略去）：

B-1产品领用2000元
B-2产品领用2200元
B-3产品领用2500元
B-4产品领用2300元

据"周转材料——包装物"与"材料成本差异——包装物"账户资料计算材料成本差异率、领用材料应分摊的差异额及领用材料实际成本，据计算结果编制"领用包装物汇总表"，经审核无误进行账务处理。

(13) 12月30日，本月领用低值易耗品的计划成本汇总如下（根据领料单汇总，因为领料单不便一一列出，故略去）：

基本生产车间领用8000元
动力车间领用1200元
机修车间领用1600元
公司管理部门领用2000元

据"周转材料——低值易耗品"与"材料成本差异——低值易耗品"账户资料计算材料成本差异率、领用材料应分摊的差异额及领用材料实际成本，据计算结果编制"领用低值易耗品汇总表"，经审核无误进行账务处理。

(14) 12月31日，收到"车间产品耗用工时汇总表"，结合"工资结算汇总表"与"奖金发放表"先编制"基本生产车间生产工人工资分配表"，后编制"应付职工薪酬分配表"，经审核无误进行账务处理。

(15) 12月31日，收到业务员送来的"发料凭证汇总表"及其"发料

单"（略），根据"发料单"上所载明的用途及下列材料耗用资料编制"发料凭证分配汇总表"。据"原材料——原料及主要材料"各数量金额式明细账及"材料成本差异——原材料"账户资料计算材料成本差异率、领用材料应分摊的差异额及领用材料实际成本。

材料耗用的计划成本汇总如表3-7所示。

表3-7　　　　　　　　　　　　　　　　　　　　　　　　　　　单位：元

产品、车间、部门	主要材料	其他材料	备 注
B-1产品	125000		
B-2产品	135000		
B-3产品	165000		
B-4产品	150000		
基本生产车间一般耗用		4000	列入物料消耗
动力车间	12000	3000	
机修车间	6000	7000	
公司管理部门		3000	列入公司经费
销售部门		3000	列入包装费
车间扩建工程	27000	10000	按17%转出进项税额

经审核无误进行账务处理（材料成本差异率精确至小数点后四位）。

(16) 12月31日，原作待处理的盘亏设备净值2000元，经批准转销。据以编制"内部转账单"，经审核无误进行账务处理。

(17) 12月31日，收到"辅助生产情况表"，结合"生产成本——辅助生产成本——动力车间"和"生产成本——辅助生产成本——机修车间"账户资料，采取直接分配法分配辅助生产费用，编制"辅助生产费用分配表"（分配率精确至小数点后四位），经审核无误进行账务处理。

(18) 12月31日，根据工时记录（生产B-1产品10000工时，生产B-2产品11000工时，生产B-3产品11500工时，生产B-4产品12000工时）和"制造费用——基本生产车间"账户资料编制"制造费用分配表"（分配率精确至小数点后四位），经审核无误进行账务处理。

(19) 12月31日，收到"生产情况报告表"和"产品入库汇总表"，结合基本生产成本明细账资料，据以编制"生产成本计算表"（分别按四种产品进行计算),单位成本保留到分。经审核无误进行账务处理。

(20) 12月31日,根据本月商品销售数量及"库存商品"明细账的加权平均单位成本,编制"产品销售汇总表",结转产品销售成本。

(21) 12月31日,"交易性金融资产——股票"的公允价值为220000元,依据"交易性金融资产——股票——成本"及"交易性金融资产——股票——公允价值变动"明细账户资料计算本期公允价值变动金额,据以填制"内部转账单",经审核无误进行账务处理。

(22) 12月31日,按应收款项百分比法计提坏账准备,提取比例为3%,依据"应收账款"、"其他应收款"、"预付账款"及"坏账准备"明细账资料分析计算本期应计提的坏账准备金,据以编制"内部转账单",经审核无误进行账务处理。

(23) 12月31日,依据"应交税费——应交增值税"明细账资料分析填写"增值税纳税申报表",计算出未交增值税额,经审核无误进行账务处理。

(24) 12月31日,依据"其他业务收入"和"固定资产"明细账及"增值税纳税申报表"资料,计算应交营业税、应交房产税、应交城市维护建设税、应交教育费附加,编制"地方税收综合纳税(费)申报表",经审核无误进行账务处理。

(25) 12月31日,依据"持有至到期投资"明细账期初资料计算本年利息收入,并进行利息调整(按票面利率6%,实际利率4%计算),据以填制"内部转账单",经审核无误进行账务处理(本月发生数暂不计算利息)。

(26) 12月31日,依据"应付债券"明细账期初资料计算本年利息费用(为安装工程而发行债券),并进行利息调整,按票面利率5%,实际利率4%计算。据以填制"内部转账单",经审核无误进行账务处理(本月发生数暂不计算利息)。

(27) 12月31日,结平"待处理财产损溢"账户。

(28) 12月31日,将损益类账户的本月净发生额结转"本年利润"账户。

(29) 12月31日,编制"利润表"初稿,据以编制"暂时性差异计算表"、"所得税纳税申报表"(所得税税率:33%),经审核无误进行账务处理。

(30) 12月31日,将"所得税费用"账户发生额转入"本年利润"账户。

(31) 12月31日,进行利润分配。法定盈余公积按净利润("本年利润"账户年末余额)的10%分配,应付现金股利按"未分配利润"明细账期初余额加上本年净利润,减去本年提取的法定盈余公积后的30%分配。

(32) 12月31日,将"本年利润"、"利润分配——提取盈余公积"、

"利润分配——应付现金股利"账户余额转入"利润分配——未分配利润"账户。

3.3 大华公司财务科长岗位实操

开设总账。根据下列资料开设总账账户,每个账户占一页。大华公司2002年11月30日总账期末资料如下:

库存现金	1050(借)
银行存款	301000(借)
其他货币资金	11000(借)
交易性金融资产	280000(借)
应收票据	400000(借)
应收账款	310000(借)
坏账准备	1230(贷)
其他应收款	17500(借)
材料采购	38880(借)
原材料	522000(借)
周转材料	76000(借)
材料成本差异	4820(借)
库存商品	2530000(借)
长期股权投资	100000(借)
持有至到期投资	95600(借)
固定资产	2360000(借)
累计折旧	600000(贷)
工程物资	760000(借)
在建工程	450000(借)
固定资产清理	5600(借)
无形资产	752000(借)
研发支出	28000(借)
累计摊销	
长期待摊费用	58500(借)
待处理财产损溢	2000(借)
递延所得税资产	
生产成本	52000(借)
制造费用	

短期借款	1600000（贷）
应付票据	370000（贷）
应付账款	370000（贷）
应付职工薪酬	14000（贷）
其他应付款	
应交税费	12700（借）
应付利息	25000（贷）
应付股利	
长期借款	1290000（贷）
长期应付款	90000（贷）
应付债券	335000（贷）
递延所得税负债	
实收资本	3013420（贷）
资本公积	380000（贷）
盈余公积	580000（贷）
利润分配	100000（贷）
本年利润	400000（贷）
主营业务收入	
其他业务收入	
投资收益	
公允价值变动损益	
营业外收入	
主营业务成本	
营业税金及附加	
其他业务成本	
销售费用	
管理费用	
财务费用	
资产减值损失	
营业外支出	
所得税费用	

处理日常总账业务：

（1）复核上旬会计凭证，根据审核无误的上旬记账凭证编制记账凭证汇总表，并据以登记总账，结出账户余额，与出纳员所经管的日记账核对，如有不符，查明原因，予以更正；与记账员所经管的明细账进行核对，如有不符，查明原因，予以更正。

（2）复核中旬会计凭证，根据审核无误的中旬记账凭证编制记账凭证汇总表，并据以登记总账，结出账户余额，与出纳员所经管的日记账核对，如有不符，查明原因，予以更正；与记账员所经管的明细账进行核对，如有不符，查明原因，予以更正。

（3）复核下旬会计凭证，根据审核无误的下旬记账凭证编制记账凭证汇总表，并据以登记总账，结出账户余额，与出纳员所经管的日记账核对，如有不符，查明原因，予以更正；与记账员所经管的明细账进行核对，如有不符，查明原因，予以更正。

（4）编制总账账户余额试算平衡表。

（5）办理年结。

编制会计报表：

（1）编制资产负债表，以12月份月初数作为年初数。

（2）编制利润表，以12月份损益作为全年损益。

（3）编制现金流量表，以12月份月初数作为年初数，以12月份现金流量作为全年现金流量。

3.4 大华公司业务员岗位实操

按要求填制和传递2002年12月份凭证：

（1）12月1日，张兵出差返回公司报账，出差相关内容如下：张兵出差联系业务推销产品，2002年11月25日从江泽市乘火车至郑州市（当日到达），火车票200元，在郑州期间住宿费150元，2002年11月27日从郑州乘火车至武汉（次日到达），火车票120元，在武汉期间住宿费300元，2002年11月29日从武汉乘火车回江泽市（次日到达），火车票260元，出差补助每天18元，据以填写"旅差费报销单"（厂长洪放在单上签字：同意报销），并持单以张兵的名义向财务科出纳处报账（出差前已预支1500元）。

（2）12月1日，销售给MN公司B-4商品10000件，销售给AC公司B-4商品6000件，销售给DV公司B-4商品5000件，销售给BC公司B-4商品8000件，B-4商品每件售价29元，增值税税率17%，价税款均已收讫。据以填写"增值税专用发票"，款项全部存入银行，填写"进账单"，送银行办理进账手续后取回"进账单"回单。将"进账单"回单连同"增值税专用发票"的记账联送财务科记账员（开户行：中国工商银行江泽市支行，账号：1156674356322）。

(3) 12月2日，以业务科李伟的名义填写"领款单"，领款金额2500元，领款单填写好后到财务科找出纳员领款，作为业务科的备用金。

(4) 12月3日，以亚洲证券营业部的名义填写"亚洲证券营业部成交过户交割单"1张，内容如下：本交割单系大华公司购买股票，成交编号为12689，股东账户为33665689，股东名称为大华公司，申请编号为686，公司代码为M119，申报时间为9点52分30秒，成交时间为9点53分，实收金额为90631元，资金余额为89369元；证券代码为500232，成交数量11000股，成交价格8.18元，佣金290元，印花税350元，附加费11元。

(5) 12月4日，表3-8所列材料全部入库，据以填写"材料入库验收单"：

表3-8

供货单位	材料名称	数量（千克）	单位买价（元）	运杂费（元）	计划单价
众生公司	甲材料	2000	3.50	160	见本公司记账员数量金额式明细账
	乙材料	2000	3.00	150	
众健公司	丙材料	1000	5.00	150	
	丁材料	2000	5.00	200	
兴盛公司	D-1材料	500	10.00	100	
兴隆公司	C-1材料	250	20.00	120	

将填写好的"材料入库验收单"记账联送本公司记账员。

(6) 12月5日，以中财保险股份有限公司的名义填写"机动车辆保险单"和"保费收据"各一张，填写内容如下：被保险人为大华公司；投保险种为车辆损失险、第三责任险、盗抢险、玻璃险、他人恶意险等；车辆型号为皇冠（普）；发动机号为358650；牌号为A-35620；非营业用车；座位为5座；保险价值40万元，保险金额40万元；基本保费280元；车辆损失险费率0.8%；第三责任险最高赔偿限额为28万元；第三责任险保费为2500元；盗抢险保费据表计算；玻璃险保费为60元；他人恶意险保费为100元；保险期限自2002年12月5日零时起至2003年12月5日24时止。地址：十字街58号；电话：8666688；邮政编码：438000；总经理：洪源。填好后将"机动车辆保险单"正本和"保费收据"发票联送大华公司记账员。

(7) 12月6日，以江泽市第一律师事务所陈海的名义填写"江泽市服务业发票",收取大华公司本月律师顾问费用900元,持其发票联找大华公司出纳员收款。

(8) 12月8日,江泽市电视台收取大华公司广告费22000元,代电视台填写"江泽市服务业发票",持其发票联找大华公司出纳员收款。

(9) 12月9日,债券公司应向大华公司收取债券印刷费及手续费9000元,代填写"江泽市服务业发票",并持其第二联到大华公司财务科结算。

(10) 12月9日,根据下述资料编制"固定资产折旧表"(采用平均年限法),编制完成后将其送交大华公司记账员。

11月30日,固定资产资料见表3-9。

表3-9

部门	固定资产类型	固定资产原值（元）	预计净残值（元）	预计使用年限
基本车间	房屋	200000	15000	40
	机床加工设备	260000	13000	10
	专用电子设备	300000	20000	10
	其他专用设备	200000	10000	20
机修车间	房屋	100000	5000	40
	机床加工设备	50000	2500	10
	其他专用设备	10000	500	20
动力车间	房屋	100000	5000	40
	内燃发电机组	100000	5000	20
	其他专用设备	40000	2000	20
管理部门	房屋	650000	32000	40
	不需用设备	150000	10000	10
出租	仓库	200000	10000	10

(11) 12月9日,大华公司与昌平公司进行非货币交易,交易内容如下:

大华公司向昌平公司销售B-3商品2000件,每件售价25元;向昌平公司购进乙材料14400千克,每千克价格3.15元。增值税税率均为17%,据以填写销售B-3商品的"增值税专用发票"和购进乙材料的"材料入库验收单"(材料已如数入库,乙材料的计划单位成本见记账员岗位的数量金额式明细账),填写好后先持销售商品的增值税专用发票的第二、三联到昌平公司业务处换取购进材料的增值税专用发票的第二、三联;后将销售商品的"增值税专用发票"的记账联和购进材料的"增值税专用发票"的第二、三联及"材料入库验收单"一并送交大华公司记账员。

(12) 12月10日,以公司职工张悦的名义填写"费用报销领款单",到财务科领取独生子女费160元。

(13) 12月10日,代房地产管理所开具"江泽市服务业发票",应收取大华公司办公用房租金1200元。制单人:李风。持发票联到大华公司财务科结算。

(14) 12月10日,以江泽市汽车队的名义开具"江泽市公路、内河货物运输统一发票",应收取大华公司销货运费6000元。制单人:何春明。持发票联到大华公司财务科结算。

(15) 12月10日,大华公司向保险公司交纳职工失业保险金1500元(保险公司开户行:中国工商银行江泽市支行,账号:115674353366)以保险公司的名义开具"保险公司失业保险金收据",持发票联到大华公司财务科结算。

(16) 12月10日,业务科张悦、王华、韦利等3人领取本年度烤火费,每人80元,经理张凡签字:同意付款。代填写"费用报销领款单",到财务科出纳处领款。

(17) 12月10日,代司法局开具"江泽市行政事业单位收款收据",应收取大华公司公证费用800元。收款人:王波。持发票联到大华公司财务科结算。

(18) 12月11日,生产技术科张兵去省城开生产技术会,经领导同意借款1600元。据以填写"借款单",持单向财务科出纳员借款。

(19) 12月11日,支付生产车间扩建工程款6000元,经公司经理签字同意付款,由向东统一领款,据以填写"江泽市建筑安装业统一发票",持发票联到财务科出纳处办理领款,取得出纳员签发的"现金支票"到银行取款。

(20) 12月12日,业务员侯川、周橙各领计算器一个,单价120元,合计金额240元。经理张凡审批:同意领用,一次摊销。据以填写"物品领用单"并将其送交财务科记账员。

(21) 12月12日,大华公司向证券公司购买1年期债券1000000元,手续费2000元,以证券公司名义开出"收据",持收据第二联到大华公司财务科结算。

(22) 12月13日,根据表3-10所列资料编制"工资结算汇总表"(因工资结算原始资料比较复杂,实际工作中的工资发放表是根据岗位将每个人的工资计算出来加以汇总的,而表中资料直接以汇总的形式给出):

表 3-10

车间、部门、类型	职工人数	标准工资	应扣工资		津贴	代扣款项			
			事假	病假		水电费	住房公积金	个人所得税	个人承担社保
基本生产车间生产工人	270	250000	1120	1050	25000	12185	16000	300	1200
基本生产车间管理人员	10	12100	280	410	500	450	580	20	180
援外工程人员	3	4900			3000	135	88	15	145
在建工程人员	22	24000	700	180	3100	990	900		101
机修车间人员	5	6010	300	70	580	230	200		52
动力车间人员	4	4700	200	60	490	180	160		26
公司管理人员	35	42000	700	360	1800	1500	1300	50	210
医务人员	5	5600	120	90	250	240	160		60
6个月以上长病人员	2	2500		1000	10	90	62		25

工资结算汇总表编制好后送交财务科出纳员。

(23) 12月13日，销售给众生公司 B-1 商品 5000 千克，每千克售价 7.80 元，B-2 商品 5000 件，每件售价 21.80 元，增值税税率 17%，据以填写"增值税专用发票"后将其第二、三、四联送大华公司财务科出纳员办理收款手续。

(24) 12月14日，业务科各种费用支出汇总情况如下：差旅费 480 元（30 张原始凭证）；办公费 200 元（22 张原始凭证）；其他费用 58 元（3 张原始凭证）；经核对，编制"管理费用支出汇总表"，持表到财务科报账。

(25) 12月14日，张敏等 6 名职工参加江泽市工学院短期培训，支付学杂费 3600 元，以工学院名义开出"收据"，持第二联（付款人联）找大华公司财务科出纳员办理领款，取得出纳员签发的"现金支票"到银行取款。

(26) 12月15日，大华公司职工食堂向为民日杂公司购买铁锅 2 口，计 136 元。以为民日杂公司名义开具"为民日杂公司销售发票"，持发票联向大华公司财务科出纳员报账（在发票备注上填写：列入职工福利）。

(27) 12月16日，大华公司向税务局购买 20 张 5 元券印花税票，20 张 2 元券印花税票，30 张 1 元券印花税票，以税务局名义开具"市税务局印花税票发售统一发票"，持发票联向大华公司财务科出纳员报账。

(28) 12月16日，江泽市保险公司向大华公司收取职工养老保险金 7500

元，以保险公司名义开具收据，并持收据（付款人联）向大华公司财务科结算。

（29）12月17日，大华公司应付车间扩建工程包工款180000元，以长丰建筑公司的名义填写"江泽市建筑安装业统一发票"，持发票联到大华公司财务科办理结算。

（30）12月17日，本月综合奖金结算汇总资料见表3-11：

表3-11

车间、部门	奖金（元）
基本生产车间生产工人	27000
基本生产车间管理人员	1000
机修车间人员	500
动力车间人员	400
公司管理人员	3500
医务人员	500

据以编制"综合奖金结算汇总表"，持表向财务科出纳员领取奖金。

（31）12月18日，大华公司应付新卫设计院产品设计费1000元，以新卫设计院的名义填写"江泽市服务业发票"，持发票联到大华公司财务科办理结算。

（32）12月18日，向兴隆公司购进甲设备一台，交易价42000元，经验收交基本生产车间使用，据以填写"固定资产验收单"，将其第二联送财务科出纳员。

（33）12月18日，一栋仓库260平方米，预计使用28年，已使用26年，原值80000元，已提折旧70000元，因重建提前报废。使用部门的意见：因陈旧要求报废；技术鉴定小组意见：情况属实；固定资产管理部门意见：同意转入清理；主管部门审批意见：同意报废重建。据以填写"固定资产报废单"后将其会计记账联送财务科记账员。

（34）12月19日，销售给大兴公司不需用乙设备一台，原始价值6万元，已提折旧20000元，协商作价43000元。据以填写"江泽市商业普通发票"，持其发票联到大兴公司财务科收款，要求大兴公司出纳员签发"转账支票"，并与其一同去银行办理转账手续，取得银行盖章的"转账支票"的收账通知联后，将"转账支票"的收账通知联及"江泽市商业普通发票"记账联送交本公司财务科出纳员。

（35）12月19日，张兵12月11日去省城参加工业生产技术会，12月18日返回，往返汽车票均为38元，住宿费用700元，会议费用150元，其他费用90元，每天补助15元。以张兵的名义填写"差旅费报销单"，经理张凡在单上签字：同意报销。持单向财务科出纳员报账（原借支1500元）。

（36）12月19日，业务科与业务往来单位洽谈业务，接待、就餐、补助及接送车费共计金额2184元，单据26张。据以填写"业务招待费汇总表"，经理张凡在单上签字：同意报销。持单向财务科出纳员报账，取得出纳员签发的"现金支票"后到银行提取现金。

（37）12月19日，报废固定资产的清理人员李民等6人应领取清理费用530元，以李民的名义填写"费用报销领款单"，经理张凡在单上签字：同意付款。持单向财务科出纳员领款。

（38）12月19日，大华公司向江泽商场收取仓库租金4200元，据以开出"江泽市服务业发票"，收到现金4200元，当即填写"进账单"到开户行办理进账手续，收到银行盖章的"进账单"回单后，将"江泽市服务业发票"的发票联及"进账单"回单送交本公司出纳员。

（39）12月20日，仓库清理残料如下：红砖60000块，每块0.20元，计12000元，其他材料5000元，合计17000元。材料全部入库作重建仓库用，据以编制"材料入库单"，并将其记账联送财务科记账员。

（40）12月20日，大华公司向为民五金公司购买灭火器6个，单价100元，计600元。灭火器购回后当即由仓库领用。先以为民五金公司名义开具"为民五金公司发票"，再以仓库保管员张帅名义填写"物品领用单"（经理张凡在单上签字：同意领用，一次摊销），最后将"为民五金公司发票"的发票联和"物品领用单"送财务科出纳员，并要求领款、领物。

（41）12月20日，向兴隆公司转让技术，收取技术转让费18000元，据以填写"江泽市商业普通发票"，持其发票联到兴隆公司财务科收款，要求兴隆公司出纳员签发"转账支票"，并与其一同去银行办理转账手续，取得银行盖章的"转账支票"的收账通知联后，将"转账支票"的收账通知联及"江泽市商业普通发票"记账联送交本公司财务科出纳员。

（42）12月21日，向会计局购买《新会计准则》等书籍，付款160元，以会计局的名义填写"江泽市文化教育、体育业发票"，并持其发票联到财务科报账。

（43）12月21日，大华公司的汽车送汽车修配厂修理，具体修配项目如下：汽车补胎300元，汽车轮胎充气30元，车轮拆装30元。以汽车修配厂名义开具"江泽市服务业发票"，将"江泽市服务业发票"的发票联送交本公司出纳员。

（44）12月23日，大华公司的水表记录是：本月止码为378656，上月止码为 372656，实用水 6000 吨，每吨单价 1 元。以自来水厂名义开具"自来水厂水费发票"，持其发票联到大华公司财务科结算。

（45）12 月 23 日，业务科用备用金开支下列各种费用：差旅费 870 元（19 张原始凭证）；办公费 950 元（25 张原始凭证）；修理费 1180 元（4 张原始凭证）；经核对全部报销，编制"管理费用支出汇总表"，持表到财务科报账。

（46）12 月 24 日，大华公司电表的起码是 580567，止码是 646576，实用电 66000 度，每度单价 0.50 元，以电力局的名义填写"增值税专用发票"（电费增值税税率为 13%），持发票联到大华公司财务科结算。

（47）12 月 24 日，大华公司参加本市商品展销会，应付江泽大世界市场商品展位租用费 1000 元，以大世界市场的名义填写"江泽市服务业发票"，持发票联到大华公司财务科结算。

（48）12 月 25 日，物价检查所对大华公司商品销售情况进行检查，发现部分商品违反国家价格政策，罚款 1500 元，以物价检查所名义填写"罚款没收专用收据"，持单到大华公司财务科结算。

（49）12 月 25 日，养路费征收站向大华公司收取汽车养路费用 1000 元，以养路费征收站的名义填写"交通车辆养路费收据"，2 台东风汽车为送货用车，养路费为 600 元，2 台小车的养路费 400 元，持单到大华公司财务科结算。

（50）12 月 26 日，看望住院病人张胜，从副食品商店购买 3 袋奶粉，每袋 12 元，苹果 4 公斤，每公斤 3 元，据以填写"副食商店销售发票"，经理张凡签字：在福利费列支。持发票联到大华公司财务科结算。

（51）12 月 26 日，迅达搬运公司为大华公司装卸货物，应收取装卸费 1600 元，以迅达公司的名义开具"江泽市交通运输业发票"，持发票联到大华公司财务科结算。

（52）12 月 26 日，张兵出差预支差旅费 1600 元，据以填写"借款单"，持单向财务科出纳借款。

（53）12 月 26 日，本公司向美国 H 公司购入先进设备一台，交易价 4000 美元，以 H 公司名义填写"商业发票"，以本公司设备科名义填写"固定资产验收单"（设备交管理部门使用）。"商业发票"与"固定资产验收单"交本公司出纳员（引进先进设备，减免关税及增值税；境内外运杂费均由供货方承担）。

（54）12 月 27 日，大华公司自行开发一项实用新型专利成功，先根据下列资料填写"专利申报表"：申请单位：大华公司；专利项目：实用新型专利；技术开发费：28000 元；注册登记费：3100 元；单位意见：同意申报；专利局审批：同意注册。再以专利局名义填写"江泽市行政事业单位收款收据"，收取大华公司专利注册登记费 3100 元，然后持"专利申报表"和"江泽市行政事业单位收款收据"到大华公司财务科结算。

(55) 12月27日，大华公司销售给大兴公司B-1商品9000千克，每千克售价8元；销售给丰利公司B-1商品9000千克，每千克售价8元；销售给众生公司B-2商品10000件，每件售价22元；增值税税率均为17%，据以分别填写"增值税专用发票"后持"增值税专用发票"的第二、三联到大兴公司、丰利公司、众生公司财务科结算，要求各公司出纳员根据购销合同填写"商业承兑汇票"，经付款人（各购货公司）承兑后取得"商业承兑汇票"的第二联，并在商业承兑汇票第一联的收款人盖章处盖上本公司财务专用章（由本公司出纳员盖章），在负责、经办处签名，将"增值税专用发票"的记账联和"商业承兑汇票"的第二联送交大华公司出纳员。

(56) 12月27日，四通运输公司为大华公司运输购入的材料，应收运费7500元。以四通运输公司的名义开具"江泽市公路、内河货物运输业统一发票"，持发票联到大华公司财务科结算。

(57) 12月27日，外购材料全部验收入库。据表3-12所列资料填写"材料入库验收单"，将其记账联送财务科记账员。

表3-12

供货单位	材料名称	数量（千克）	买价（元）	运杂费（元）	计划单价
兴盛公司	D-1材料	7000	70000	700	见本公司记账员数量金额式明细账资料
兴隆公司	C-1材料	8000	120000	800	
众健公司	甲材料	20000	80000	2000	
	乙材料	20000	60000	2000	
	丙材料	10000	50000	1000	
	丁材料	10000	60000	1000	

(58) 12月29日，各部门报废低值易耗品（领用时均一次摊销），本月收回残值如下：基本生产车间380元，动力车间60元，机修车间65元，行政管理部门75元。报废材料均已入库（计划价按照580元计算）。据以编制"报废低值易耗品汇总表"和"材料入库验收单"，并将其送财务科记账员。

(59) 12月30日，销售给众生公司B-2商品10000件，每件售价22元，B-3商品10000件，每件售价26元，增值税税率17%，据以填写"增值税专用发票"，将"增值税专用发票"第二、三、四联送本公司出纳员。

(60) 12月31日，基本生产车间生产B-1产品耗用6600工时，生产B-2产品耗用7000工时，生产B-3产品耗用7100工时，生产B-4产品耗用6580

工时，据以编制"产品耗用工时汇总表"，并将表送财务科记账员。

(61) 12月31日，本月发出材料汇总资料如表3-13所示：

表3-13

材料名称	数量（千克）	计划单价（元）	计划总价（元）
甲材料	25000	4.06	101500
乙材料	40000	2.96	118400
丙材料	12000	5.08	60960
丁材料	15000	5.94	89100
C-1材料	10000	14.88	148800
D-1材料	10000	10.07	100700
小计			619460
其他材料			30000

据以编制"发料凭证汇总表"，并将表送财务科记账员。

(62) 12月31日，辅助生产车间本月提供劳务总量资料如表3-14所示：

表3-14

项目	机修车间服务量（工时）	动力车间供电量（度）
B-1产品耗用	——	10000
B-2产品耗用	——	9000
B-3产品耗用	——	10000
B-4产品耗用	——	9000
基本生产车间耗用	1748	400
行政管理部门耗用	100	1000
车间扩建工程耗用	652	10600
动力车间耗用	80	——
机修车间耗用	——	2000
合计	2580	52000

据以编制"辅助生产情况表",并将表送财务科记账员。

(63) 12月31日,本月产品生产及入库情况如表3-15所示:

表3-15

产品名称	月初在产品	本月投产	本月完工入库	月末在产品	在产品完工程度	投料方式
B-1产品	4000千克	41400千克	42000千克	3400千克	50%	逐步投料
B-2产品	1600件	16600件	17000件	1200件	50%	逐步投料
B-3产品	1600件	15600件	16000件	1200件	50%	逐步投料
B-4产品	1600件	13440件	13000件	2040件	50%	逐步投料

代基本生产车间编制"生产情况报告表",代成品仓库编制"产品入库汇总表",将填写好的两张表送财务科记账员。

4 兴隆公司会计实操

4.1 兴隆公司出纳员岗位实操

开设有关日记账。兴隆公司2002年11月30日有关账户余额如下：

库存现金日记账　　　　　　　　980（借）
银行存款日记账　　　　　　　　298000（借）

兴隆公司及往来公司相关情况如表4-1所示：

表4-1

开户行：中国工商银行江泽市支行		开户行：中国工商银行崎峰市支行	
公司名称	账　号	公司名称	账　号
兴隆公司	1156674356323	众生公司	823653676516
大兴公司	1156674356321	众健公司	823653676517
大华公司	1156674356322		
兴盛公司	1156674356324		
德源公司	1156674356325		
昌平公司	1156674356327		
昌安公司	1156674356328		

办理如下业务：

凡出纳业务，在业务办理完毕后，编制记账凭证，据以登记库存现金和银行存款日记账，并将记账凭证连同所附原始凭证一并转交记账员记账。

(1) 12月1日，收到李红"旅差费报销单"（所附单据略），经审核无误，报销费用1572元，按原预支额1800元开出"收据"，当即收回多余现金228元。

(2) 12月1日，收到业务员送来的"进账单"回单及"增值税专用发票"的记账联，进行账务处理。

(3) 12月1日，收到开户银行转来大兴公司和大华公司的"转账支票"收账通知联。

(4) 12月1日，填写"转账支票"2张，分别支付应付兴盛公司账款90000元和应付德源公司账款100000元；填写"信汇"凭证1张，支付应付众健公司账款110000元。填好结算凭证后去开户银行办理相关手续，取回"转账支票"回单和"信汇"凭证回单，审核无误后进行账务处理。

(5) 12月2日，填写"转账支票"1张，转出投资款200000元，存入亚洲证券营业部账户（亚洲证券营业部开户行：中国工商银行江泽市支行，账号：235673625588）准备用于购买股票。到银行办理转账手续，取回回单。

(6) 12月2日，填写"现金支票"1张，提取现金5000元备用，到开户银行办理支款手续。

(7) 12月2日，收到业务科鲁冈的"领款单"，经审核无误，当即支付现金3000元，作为业务科的备用金（在领款单上注明"现金付讫"）。

(8) 12月3日，收到"亚洲证券营业部成交过户交割单"，购入股票划作交易性金融资产。

(9) 12月3日，将专夹留存的10月3日签发的商业承兑汇票第二联取出（曾在10月3日发生销货业务时，已填写3份"商业承兑汇票"：签发日期为2002年10月3日，承兑期2个月，应收大兴公司货款300000元，应收大华公司货款150000元，应收众生公司货款100000元），依据到期的3张"商业汇票"分别办理收款手续。

① 应收大兴公司300000元和大华公司150000元，持其"商业承兑汇票"第二联去大兴公司、大华公司，要求其出纳员签发"转账支票"，并到银行办理转账手续，收到银行转来大兴公司、大华公司"转账支票"的收款通知联。

② 应收众生公司的到期票据款100000元，填写"委托收款"凭证后，持"委托收款凭证"和"商业承兑汇票"第二联到开户银行办理委托收款手续，银行盖章后，取回"委托收款"凭证回单。

(10) 12月3日，收到兴盛公司和德源公司出纳员送来的到期"商业承兑汇票"第二联，经审核无误，据以分别填写"转账支票"，到银行办理转账手续。

(11) 12月5日，收到开户行转来众生公司"信汇"凭证收款通知联。

(12) 12月5日，收到中财保险股份有限公司机动车辆保险单（正本）

和保费收据第一联,经审核无误,据以填写转账支票(中财保险股份有限公司开户行:中国工商银行江泽市支行,账号:115675368955),并到银行办理转账手续,经银行盖章,取回转账支票回单。

(13) 12月6日,填写"中华人民共和国税收通用完税证",将未交增值税、应交城市维护建设税、应交个人所得税、应交教育费附加上交国库,具体金额见明细分类账各该账户的月初余额。税收通用完税证填写好后,到开户行办理手续,经税务机关、银行盖章后取得完税凭证联,并据以进行账务处理。

(14) 12月6日,收到律师事务所的"江泽市服务业发票"发票联,经审核无误,以现金付讫。

(15) 12月7日,收到银行转来委托收款凭证的收款通知1张,系众生公司应收账款。

(16) 12月7日,收到银行转来委托收款凭证的付款通知1张,系应付众健公司的商业汇票到期款。

(17) 12月8日,收到江泽市电视台的"江泽市服务业发票"发票联,经审核无误,据以填写转账支票(江泽市电视台开户行:中国工商银行江泽市支行,账号:115674356672),付广告费,并到银行办理转账手续,经银行盖章,取回转账支票回单。

(18) 12月8日,本公司(兴隆公司)委托债券发行公司发行5年期债券,按面值的10%溢价发行。现债券公司已发行债券面值800000元,实收金额880000元,款项今日全部交来,当即送存银行。据以填写"收据"及"进账单",到银行办理手续后据"收据"记账联及"进账单"回单进行账务处理。

(19) 12月9日,收到债券公司的"江泽市服务业发票"发票联,经审核无误,据以填写转账支票(债券公司开户行:中国工商银行江泽市支行,账号:115676283355),付手续费,并到银行办理转账手续,经银行盖章,取回转账支票回单。

(20) 12月10日,收到张平"费用报销领款单",经审核无误,以现金付讫。

(21) 12月10日,收到房地产管理所的"江泽市服务业发票"发票联,经审核无误,以现金付讫。

(22) 12月10日,收到江泽市汽车运输公司的"江泽市公路、内河货物运输业统一发票"发票联,经审核无误,据以填写转账支票(江泽市汽车运输公司开户行:中国工商银行江泽市支行,账号:115674356698),付运费,并到银行办理转账手续,经银行盖章,取回转账支票回单。

（23）12月10日，收到保险公司的"保险公司失业保险金收据"，经审核无误，以现金支票付讫。

（24）12月10日，签发"现金支票"，到银行办理取款手续，提回现金3500元备用。根据"现金支票"存根作账务处理。

（25）12月10日，收到王兰等三人的"费用报销领款单"，经审核无误，以现金付讫。

（26）12月10日，收到司法局的"江泽市行政事业单位收款收据"，经审核无误，据以填写转账支票（司法局开户行：中国工商银行江泽市支行，账号：115674356989），付诉讼费，并到银行办理转账手续，经银行盖章，取回转账支票回单。

（27）12月11日，收到李红的"借款单"，经审核无误，以现金付讫。

（28）12月11日，收到工程队的"江泽市建筑安装业统一发票"，经审核无误，如数签发"现金支票"，交冯列到银行取款。

（29）12月12日，收到证券公司的"收据"，经审核无误，据以填写转账支票（证券公司开户行：中国工商银行江泽市支行，账号：115674356719），付债券及手续费，并到银行办理转账手续，经银行盖章，取回转账支票回单。

（30）12月13日，收到"工资结算汇总表"，根据实发工资总额签发"现金支票"，从银行提取现金，当即发放完毕。

（31）12月13日，收到业务员送来的增值税专用发票的第二、三、四联，据以填写"委托收款凭证"（应收众生公司款），持委托收款凭证和增值税专用发票第二、三联到银行办理托收手续，经银行盖章后，将退回的"委托收款凭证"回单与"增值税专用发票"记账联一并作账务处理。

（32）12月14日，收到业务科"管理费用支出汇总表"（所附单据50张略），经审核无误，以现金付讫。

（33）12月14日，收到江泽市工学院的"收据"，经审核无误，开出"现金支票"付讫。

（34）12月15日，收到职工食堂购买铁锅的发票，经审核无误，以现金付讫。

（35）12月16日，收到银行转来"委托收款凭证"的收款通知联，系众生公司应收款。

（36）12月16日，收到"市税务局印花税票发售统一发票"，经审核无误，以现金付讫。

（37）12月16日，收到保险公司收取员工养老保险金的"收据"，经审核无误，据以填写转账支票（保险公司开户行：中国工商银行江泽市支行，账号：115674363789），付保险金，并到银行办理转账手续，经银行盖章，取回转账支票回单。

(38) 12月17日，收到长丰建筑公司"江泽市建筑安装业统一发票"的发票联，经审核无误，据以填写转账支票（建筑公司开户行：中国工商银行江泽市支行，账号：115672785567），付工程款，并到银行办理转账手续，经银行盖章，取回转账支票回单。

(39) 12月17日，根据"综合奖金结算汇总表"（实际还应有按人头的奖金发放表，此处略），签发"现金支票"提回现金，当即发放完毕。

(40) 12月18日，收到新卫设计院的"江泽市服务业发票"发票联，经审核无误，以现金付讫。

(41) 12月18日，收到业务员送来的大华公司转账支票的收账通知联及本公司的固定资产销售的"江泽市商业普通发票"的会计记账联，经审核无误，进行账务处理。

(42) 12月19日，收到兴盛公司出售设备的"江泽市商业普通发票"发票联及本公司业务员送来的"固定资产验收单"，经审核无误，据以填写"转账支票"付设备款，并到银行办理转账手续，经银行盖章，取回转账支票回单。

(43) 12月19日，收到李红的"旅差费报销单"（所附单据略）和交来的现金590元，开出"收据"收讫。收据金额按原借支数填写。

(44) 12月19日，收到业务科的"业务招待费汇总表"及所附20张单据（单据略），经审核无误后，当即签发"现金支票"补足其备用金。

(45) 12月19日，收到张虎的"费用报销领款单"，经审核无误，以现金付讫。

(46) 12月19日，收到业务员送来的仓库租金收入"进账单"回单及"江泽市服务业发票"记账联。

(47) 12月20日，收到业务员送来的"为民五金公司发票"和"物品领用单"，经审核无误后签发"现金支票"，从银行提回现金6000元，除支付灭火器款外，其余备用。

(48) 12月20日，收到业务员送来的兴盛公司"转账支票"的收账通知联及本公司收取技术转让收入的"江泽市商业普通发票"记账联。

(49) 12月21日，收到购买书籍的"江泽市文化教育、体育业发票"发票联，经审核无误，以现金付讫。

(50) 12月21日，收到大华公司的"江泽市商业普通发票"发票联，经审核无误后签发"转账支票"支付技术转让费。到银行办理转账手续，经银行盖章后，拿回转账支票回单。

(51) 12月21日，收到汽车修配厂的"江泽市商业普通发票"发票联，经审核无误后以现金付讫。

(52) 12月23日，收到自来水厂发票，审核无误后填写"转账支票"支付水费，到银行办理转账手续，经银行盖章后，拿回转账支票回单（自来水厂开户行：中国工商银行江泽市支行，账号：115674351125）。

同时根据定额耗用量分配本月水费，定额耗用量如下：动力车间400吨，机修车间550吨，基本生产车间2000吨，公司管理部门1300吨，据以编制"水费分配表"。

根据"自来水厂发票"发票联、"转账支票"存根和"水费分配表"进行账务处理。

(53) 12月23日，收到业务科的"管理费用支出汇总表"及所附52张单据（单据略），经审核无误后，当即签发"现金支票"补足其备用金。

(54) 12月24日，收到电力局的"增值税专用发票"发票联，审核无误后填写"转账支票"支付电费，到银行办理转账手续，经银行盖章后，拿回转账支票回单（电力局开户行：中国工商银行江泽市支行，账号：115674356211）。

同时根据表4-2所列定额耗用量资料编制"外购动力费分配表"：

表4-2

产品名称	定额耗用量	车间部门	定额耗用量
C-1产品	11000度	动力车间	700度
C-2产品	12000度	机修车间	1000度
C-3产品	10000度	基本生产车间	800度
C-4产品	11000度	管理部门	8500度

根据电力局的发票联、"转账支票"存根和"外购动力费分配表"进行账务处理。

(55) 12月24日，收到大世界市场的"江泽市服务业发票"发票联，经审核无误后以现金付讫。

(56) 12月24日，为购进口设备，向开户行买入5000美元，以中国人民银行公布的人民币汇率中间价作为即期汇率，当日的即期汇率1美元=7.72元人民币，银行当日美元卖出价为1美元=8.10元人民币。签发"转账支票"

支付人民币，填写"进账单"购入美元。到银行办理相关手续，根据"转账支票"存根和"进账单"作账务处理。

(57) 12月25日，签发"现金支票"，到银行办理取款手续，提回现金7000元备用。根据"现金支票"存根作账务处理。

(58) 12月25日，收到物价检查所"罚款没收专用收据"，以现金支付罚款。

(59) 12月25日，收到养路费征收站的"交通车辆养路费收据"，经审核无误，以现金付讫（2台东风汽车为送货用车，养路费为600元，1台小车的养路费为300元）。

(60) 12月26日，收到业务员送来的"固定资产验收单"及购买进口设备的"商业发票"，经审核无误后填写"信汇"凭证，到银行办理美元汇兑手续，取回"信汇"回单。当日的即期汇率1美元=7.85元人民币。

(61) 12月26日，收到"副食商店销售发票"发票联，经审核无误后以现金付讫。

(62) 12月26日，收到迅达搬运公司的"江泽市交通运输业发票"发票联，经审核无误后以现金付讫。

(63) 12月26日，收到李红的"借款单"，经审核无误后以现金付讫。

(64) 12月27日，收到本公司业务员送来销售商品给大兴公司、大华公司和众生公司的"增值税专用发票"记账联和3张"商业承兑汇票"。

(65) 12月27日，收到业务员送来的"专利申报表"和专利局的"江泽市行政事业单位收款收据"发票联，审核无误后填写"转账支票"支付专利注册登记费，到银行办理转账手续，经银行盖章后，拿回转账支票回单（专利局开户行：中国工商银行江泽市支行，账号：115675363286）。

(66) 12月27日，收到兴盛公司、德源公司、众健公司业务员送来的增值税专用发票第二、三联，经审核无误后分别填写为期2个月的"商业承兑汇票"3份，其中第一联由各收款人盖章签名后收回，在第二联的付款人盖章处盖上财务专用章，在负责、经办处签上名，填好后将第二联分别交兴盛公司、德源公司、众健公司业务员。

同时收到四通运输公司的"江泽市公路、内河货物运输业统一发票"发票联，经审核无误后填写"转账支票"支付材料运费，到银行办理转账手续，经银行盖章后，拿回转账支票回单（四通运输公司开户行：中国工商银行江泽市支行，账号：115675363298）。

根据材料重量编制"材料采购费用分配表"。各种材料采购的重量：D-1

材料7000千克，E-1材料7000千克，甲材料15000千克，乙材料15000千克，丙材料14000千克，丁材料15000千克。

根据增值税专用发票的发票联、商业汇票的留存联、转账支票存根联、"江泽市公路、内河货物运输业统一发票"发票联、"材料采购费用分配表"，作账务处理。

（67）12月30日，收到业务员送来的"增值税专用发票"的第二、三、四联，合同规定销货款采用委托收款结算方式，经审核无误后，据以填写"委托收款凭证"，持"委托收款凭证"和"增值税专用发票"第二、三联到银行办理托收手续，经银行盖章后，将退回的"委托收款凭证"回单与"增值税专用发票"的记账联一并作账务处理。

（68）12月31日，到开户行拿回贷款计息凭证，进行账务处理（预计应付利息10000元）。

（69）12月31日，到开户行拿回存款计息凭证，进行账务处理。

（70）12月31日，将账面价值为100000元的"交易性金融资产——基金"全部出售，实得现金105100元。填写"内部转账单"和"进账单"，将现金送存银行（全为百元券）。

（71）12月31日的即期汇率1美元＝8.05元人民币，调整当期产生的汇兑差额。

4.2 兴隆公司记账员岗位实操

开设有关账户：兴隆公司2002年11月30日明细账期末资料如下：

其他货币资金——外埠存款	10900（借）
交易性金融资产——股票（成本）	109000（借）
交易性金融资产——债券（成本）	80000（借）
交易性金融资产——基金（成本）	100000（借）
应收票据——大兴公司	300000（借）
应收票据——大华公司	150000（借）
应收票据——众生公司	100000（借）
应收账款——大兴公司	110000（借）
应收账款——大华公司	100000（借）
应收账款——众生公司	90000（借）
坏账准备	1900（贷）

其他应收款——李红	1800（借）
其他应收款——代扣水电费	18000（借）
材料采购——原材料	39750（借）
原材料——原料及主要材料	428000（借）
原材料——其他材料	78000（借）
周转材料——包装物	19000（借）
周转材料——低值易耗品	50000（借）
材料成本差异——原材料	4280（借）
材料成本差异——包装物	190（贷）
材料成本差异——低值易耗品	500（借）
库存商品——C-1产品	180000（借）
库存商品——C-2产品	640000（借）
库存商品——C-3产品	480000（借）
库存商品——C-4产品	1080000（借）
长期股权投资——股票投资（达昌公司）	100000（借）
持有至到期投资——成本	100000（借）
持有至到期投资——利息调整	8000（借）
持有至到期投资——应计利息	2000（借）
固定资产——生产用固定资产	1280000（借）
固定资产——非生产用固定资产	600000（借）
固定资产——不需用固定资产	180000（借）
固定资产——出租固定资产	200000（借）
累计折旧	580000（贷）
工程物资——专用材料	270000（借）
工程物资——专用设备	430000（借）
在建工程——机床大修工程	60000（借）
在建工程——设备安装工程	340000（借）
固定资产清理——报废	5000（借）
无形资产——专利权	334000（借）
无形资产——专有技术	340000（借）
研发支出——资本化支出	26000（借）
长期待摊费用——固定资产大修费用	53800（借）
待处理财产损溢——待处理固定资产损溢	1800（借）

生产成本——基本生产成本（C-1 产品）	10000（借）
生产成本——基本生产成本（C-2 产品）	14000（借）
生产成本——基本生产成本（C-3 产品）	16000（借）
生产成本——基本生产成本（C-4 产品）	18000（借）
短期借款——生产周转借款	1200000（贷）
应付票据——兴盛公司	100000（贷）
应付票据——德源公司	110000（贷）
应付票据——众健公司	100000（贷）
应付账款——兴盛公司	90000（贷）
应付账款——德源公司	100000（贷）
应付账款——众健公司	110000（贷）
应付职工薪酬——职工教育经费	2840（贷）
应付职工薪酬——职工福利	1000（贷）
应付职工薪酬——社会保险费	8160（贷）
应交税费——未交增值税	36000（贷）
应交税费——应交所得税	40000（借）
应交税费——应交城市维护建设税	3000（贷）
应交税费——应交个人所得税	2500（贷）
应交税费——应交教育费附加	700（贷）
应付利息	25000（贷）
长期借款——基建借款	12500000（贷）
长期应付款——应付设备款	100000（贷）
应付债券——面值	310000（贷）
应付债券——利息调整	10000（贷）
应付债券——应计利息	30000（贷）
实收资本——国家投资	1800000（贷）
实收资本——众生公司	200000（贷）
实收资本——其他	1185520（贷）
资本公积——资本溢价	250000（贷）
资本公积——其他	90000（贷）
盈余公积——法定盈余公积	700000（贷）
利润分配——未分配利润	90000（贷）
本年利润	410000（贷）

原材料明细账 2002 年 11 月 30 日期末资料见表 4-3：

表 4-3

	品　名	数量（千克）	计划单价（元）	金额（元）
原料及主要材料	甲材料	10000	3.85	38500
	乙材料	10000	3.06	30600
	丙材料	12000	5.07	60840
	丁材料	11000	5.86	64460
	D-1 材料	10000	10.38	103800
	E-1 材料	11000	11.80	129800
	小计			428000
	其他材料			78000
	合　计			506000

材料采购明细账 2002 年 11 月 30 日期末资料如表 4-4 所示：

表 4-4　　　　　　　　　　　　　　　　　　　　　　　　　　单位：元

供货单位	项目	借方			贷方			备注
		买价	运杂费	合　计	计划成本	差异	合　计	
众生公司	甲材料	8000	150	8150				
	乙材料	5000	100	5100				
众健公司	丙材料	6000	120	6120				
	丁材料	9000	180	9180				
兴盛公司	D-1 材料	6000	100	6100				
德源公司	E-1 材料	5000	100	5100				
	合　计	39000	750	39750				

库存商品明细账 2002 年 11 月 30 日期末资料如表 4-5 所示：

表 4-5

商品名称	单 位	数 量	单位成本（元）	金额（元）
C-1 商品	千克	20000	9	180000
C-2 商品	件	40000	16	640000
C-3 商品	件	32000	15	480000
C-4 商品	件	60000	18	1080000
合 计				2380000

生产成本明细账 2002 年 11 月 30 日期末在产品成本资料如表 4-6 所示：

表 4-6

产品名称	数 量	成本项目（元）			
		直接材料	直接人工	制造费用	合 计
C-1 产品	2000 千克	5000	3000	2000	10000
C-2 产品	2000 件	7000	4200	2800	14000
C-3 产品	2100 件	8000	4800	3200	16000
C-4 产品	2000 件	9000	5400	3600	18000
合 计					58000

按下列要求开设明细账：

（1）下列账户使用三栏式账页（有期初余额的账户结转期初余额，没有期初余额的账户设户后待记发生额）：

其他货币资金——外埠存款

其他货币资金——存出投资款

交易性金融资产——股票（成本）

交易性金融资产——股票（公允价值变动）

交易性金融资产——债券（成本）

交易性金融资产——基金（成本）

应收票据——大兴公司

应收票据——大华公司
应收票据——众生公司
应收账款——大兴公司
应收账款——大华公司
应收账款——众生公司
坏账准备
其他应收款——李红
其他应收款——业务科
其他应收款——代扣水电费
原材料——原料及主要材料
原材料——其他材料
周转材料——包装物
周转材料——低值易耗品
材料成本差异——原材料
材料成本差异——包装物
材料成本差异——低值易耗品
长期股权投资——股票投资（达昌公司）
持有至到期投资——成本
持有至到期投资——利息调整
持有至到期投资——应计利息
固定资产——生产用固定资产
固定资产——非生产用固定资产
固定资产——不需用固定资产
固定资产——出租固定资产
累计折旧
工程物资——专用材料
工程物资——专用设备
在建工程——机床大修工程
在建工程——设备安装工程
在建工程——生产车间扩建工程
固定资产清理——报废
固定资产清理——出售不需用固定资产
无形资产——专利权
无形资产——专有技术
研发支出——资本化支出

累计摊销
长期待摊费用——固定资产大修费用
待处理财产损溢——待处理固定资产损溢
递延所得税资产
短期借款——生产周转借款
应付票据——兴盛公司
应付票据——德源公司
应付票据——众健公司
应付账款——兴盛公司
应付账款——德源公司
应付账款——众健公司
应付职工薪酬——工资
应付职工薪酬——职工福利
应付职工薪酬——社会保险费
应付职工薪酬——住房公积金
应付职工薪酬——工会经费
应付职工薪酬——职工教育经费
应付职工薪酬——非货币性福利
应交税费——未交增值税
应交税费——应交营业税
应交税费——应交所得税
应交税费——应交城市维护建设税
应交税费——应交个人所得税
应交税费——应交教育费附加
应付利息
应付股利
长期借款——基建借款
长期应付款——应付设备款
应付债券——面值
应付债券——利息调整
应付债券——应计利息
递延所得税负债
实收资本——国家投资
实收资本——丰利公司
实收资本——其他

资本公积——资本溢价
资本公积——其他
盈余公积——法定盈余公积
利润分配——提取法定盈余公积
利润分配——应付现金股利
利润分配——未分配利润
本年利润
主营业务收入——C-1 产品
主营业务收入——C-2 产品
主营业务收入——C-3 产品
主营业务收入——C-4 产品
其他业务收入
投资收益
公允价值变动损益
营业外收入
主营业务成本——C-1 产品
主营业务成本——C-2 产品
主营业务成本——C-3 产品
主营业务成本——C-4 产品
营业税金及附加
其他业务成本
资产减值损失
营业外支出
所得税费用

（2）下列账户使用多栏式账页（有期初余额的账户结转期初余额，没有期初余额的账户设户后待记发生额）：

应交税费——应交增值税
材料采购——原材料
生产成本——基本生产成本（C-1 产品）
生产成本——基本生产成本（C-2 产品）
生产成本——基本生产成本（C-3 产品）
生产成本——基本生产成本（C-4 产品）
生产成本——辅助生产成本——机修车间
生产成本——辅助生产成本——动力车间

制造费用——基本生产车间
销售费用
财务费用
管理费用

（3）下列账户使用数量金额式账页（有期初余额的账户结转期初余额，没有期初余额的账户设户后待记发生额）：

库存商品——C-1产品
库存商品——C-2产品
库存商品——C-3产品
库存商品——C-4产品
原材料——原料及主要材料——甲材料
原材料——原料及主要材料——乙材料
原材料——原料及主要材料——丙材料
原材料——原料及主要材料——丁材料
原材料——原料及主要材料——E-1材料
原材料——原料及主要材料——D-1材料

办理记账业务：

（1）12月4日，收到业务员送来的材料入库验收单，留待月末汇总进行收料的账务处理。

（2）12月9日，收到固定资产折旧计算表，经审核无误进行账务处理。

（3）12月9日，收到业务员交来本公司换出商品的增值税专用发票的记账联，换入材料的增值税发票的抵扣联与发票联及材料入库验收单的会计记账联，经审核无误进行非货币性交易的账务处理。

（4）12月12日，收到毕贺圣、黄平的"物品领用单"，经审核无误进行账务处理。

（5）12月18日，收到固定资产报废单，经审核无误进行账务处理。

（6）12月20日，收到业务员送来的工程物资入库验收单。

（7）12月20日，报废固定资产清理完毕，根据"固定资产清理——报废清理"账户余额编制"内部转账单"，结转清理损益。

（8）12月27日，收到业务员送来的材料入库验收单，留待月末汇总进行收料的账务处理。

（9）12月28日，本月应摊销专利权39000元，应摊销专有技术34000元，应摊销基本生产车间固定资产大修费19000元，据以编制"无形资产、长期待摊费用分摊表"，经审核无误进行账务处理。

(10) 12月29日，收到"报废低值易耗品汇总表"及"材料入库验收单"（会计记账联），经审核无误进行账务处理。

(11) 12月29日，据前面留存的"材料入库验收单"登记"材料采购"明细账（横线登记式明细账）的贷方发生额，并计算入库材料成本差异，据此编制"本月已付款的入库材料汇总表"。

(12) 12月30日，本月生产产品领用包装物的计划成本汇总如下（根据领料单汇总，因为领料单不便一一列出，故略去）：

C-1 产品领用 2100 元

C-2 产品领用 2300 元

C-3 产品领用 2800 元

C-4 产品领用 2800 元

据"周转材料——包装物"与"材料成本差异——包装物"账户资料计算材料成本差异率、领用材料应分摊的差异额及领用材料实际成本，据计算结果编制"领用包装物汇总表"，经审核无误进行账务处理。

(13) 12月30日，本月领用低值易耗品的计划成本汇总如下（根据领料单汇总，因为领料单不便一一列出，故略去）：

基本生产车间领用 10000 元

动力车间领用 800 元

机修车间领用 1200 元

公司管理部门领用 1600 元

据"周转材料——低值易耗品"与"材料成本差异——低值易耗品"账户资料计算材料成本差异率、领用材料应分摊的差异额及领用材料实际成本，据计算结果编制"领用低值易耗品汇总表"，经审核无误进行账务处理。

(14) 12月31日，收到"车间产品耗用工时汇总表"，结合"工资结算汇总表"与"奖金发放表"先编制"基本生产车间生产工人工资分配表"，后编制"应付职工薪酬分配表"，经审核无误进行账务处理。

(15) 12月31日，收到业务员送来的"发料凭证汇总表"及其"发料单"（略），根据"发料单"上所载明的用途及下列材料耗用资料编制"发料凭证分配汇总表"。据"原材料——原料及主要材料"各数量金额式明细账及"材料成本差异——原材料"账户资料计算材料成本差异率、领用材料应分摊的差异额及领用材料实际成本。

材料耗用的计划成本汇总如下（表4-7）：

表4-7 单位：元

产品、车间、部门	主要材料	其他材料	备 注
C-1 产品	120000		
C-2 产品	150000		
C-3 产品	130000		
C-4 产品	150000		
基本生产车间一般耗用		5000	列入物料消耗
动力车间	8000	5000	
机修车间	10640	3000	
公司管理部门		5000	列入公司经费
销售部门		3000	列入包装费
车间扩建工程	32000	19000	按17%转出进项税额

经审核无误进行账务处理（材料成本差异率精确至小数点后四位）。

（16）12月31日，原作待处理的盘亏设备净值1800元，经批准转销。据以编制"内部转账单"，经审核无误进行账务处理。

（17）12月31日，收到"辅助生产情况表"，结合"生产成本——辅助生产成本——动力车间"和"生产成本——辅助生产成本——机修车间"账户资料，采取直接分配法分配辅助生产费用，编制"辅助生产费用分配表"（分配率精确至小数点后四位）。经审核无误进行账务处理。

（18）12月31日，根据工时记录（生产C-1产品10000工时，生产C-2产品11000工时，生产C-3产品12000工时，生产C-4产品12500工时）和"制造费用——基本生产车间"账户资料编制"制造费用分配表"（分配率精确至小数点后四位）。经审核无误进行账务处理。

（19）12月31日，收到"生产情况报告表"和"产品入库汇总表"，结合基本生产成本明细账资料，据以编制"生产成本计算表"（分别按四种产品进行计算），单位成本保留到分。经审核无误进行账务处理。

（20）12月31日，根据本月商品销售数量及"库存商品"明细账的加权平均单位成本，编制"产品销售汇总表"，结转产品销售成本。

（21）12月31日，"交易性金融资产——股票"的公允价值为220000元，依据"交易性金融资产——股票——成本"及"交易性金融资产——股票——公允价值变动"明细账户资料计算本期公允价值变动金额,据以填制"内部转账单",经审核无误进行账务处理。

(22) 12月31日,按应收款项百分比法计提坏账准备,提取比例为3%,依据"应收账款"、"其他应收款"、"预付账款"及"坏账准备"明细账资料分析计算本期应计提的坏账准备金,据以编制"内部转账单",经审核无误进行账务处理。

(23) 12月31日,依据"应交税费——应交增值税"明细账资料分析填写"增值税纳税申报表",计算出未交增值税额,经审核无误进行账务处理。

(24) 12月31日,依据"其他业务收入"和"固定资产"明细账及"增值税纳税申报表"资料,计算应交营业税、应交房产税、应交城市维护建设税、应交教育费附加,编制"地方税收综合纳税(费)申报表",经审核无误进行账务处理。

(25) 12月31日,依据"持有至到期投资"明细账期初资料计算本年利息收入,并进行利息调整(按票面利率9%,实际利率8%计算),据以填制"内部转账单",经审核无误进行账务处理(本月发生数暂不计算利息)。

(26) 12月31日,依据"应付债券"明细账期初资料计算本年利息费用(为安装工程而发行债券),并进行利息调整,按票面利率10%,实际利率8%计算,据以填制"内部转账单",经审核无误进行账务处理(本月发生数暂不计算利息)。

(27) 12月31日,结平"待处理财产损溢"账户。

(28) 12月31日,将损益类账户的本月净发生额结转"本年利润"账户。

(29) 12月31日,编制"利润表"初稿,据以编制"暂时性差异计算表"、"所得税纳税申报表"(所得税税率:33%),经审核无误进行账务处理。

(30) 12月31日,将"所得税费用"账户发生额转入"本年利润"账户。

(31) 12月31日,进行利润分配。法定盈余公积按净利润("本年利润"账户年末余额)的10%分配,应付现金股利按"未分配利润"明细账期初余额加上本年净利润,减去本年提取的法定盈余公积后的30%分配。

(32) 12月31日,将"本年利润"、"利润分配——提取盈余公积"、"利润分配——应付现金股利"账户余额转入"利润分配——未分配利润"账户。

4.3 兴隆公司财务科长岗位实操

开设总账。根据下列资料开设总账账户，每个账户占一页。兴隆公司2002年11月30日总账期末资料如下：

库存现金	980（借）
银行存款	298000（借）
其他货币资金	10900（借）
交易性金融资产	289000（借）
应收票据	550000（借）
应收账款	300000（借）
坏账准备	1900（贷）
其他应收款	19800（借）
材料采购	39750（借）
原材料	506000（借）
周转材料	69000（借）
材料成本差异	4590（借）
库存商品	2380000（借）
长期股权投资	100000（借）
持有至到期投资	110000（借）
固定资产	2260000（借）
累计折旧	580000（贷）
工程物资	700000（借）
在建工程	400000（借）
固定资产清理	5000（借）
无形资产	674000（借）
研发支出	26000（借）
累计摊销	
长期待摊费用	53800（借）
待处理财产损溢	1800（借）
递延所得税资产	
生产成本	58000（借）
制造费用	
短期借款	1200000（贷）
应付票据	310000（贷）

应付账款	300000（贷）
应付职工薪酬	12000（贷）
应交税费	2200（贷）
应付利息	25000（贷）
应付股利	
其他应付款	
长期借款	1250000（贷）
长期应付款	100000（贷）
应付债券	350000（贷）
递延所得税负债	
实收资本	3185520（贷）
资本公积	340000（贷）
盈余公积	700000（贷）
利润分配	90000（贷）
本年利润	410000（贷）
主营业务收入	
其他业务收入	
投资收益	
公允价值变动损益	
营业外收入	
主营业务成本	
营业税金及附加	
其他业务成本	
销售费用	
管理费用	
财务费用	
资产减值损失	
营业外支出	
所得税费用	

处理日常总账业务：

（1）复核上旬会计凭证，根据审核无误的上旬记账凭证编制记账凭证汇总表，并据以登记总账，结出账户余额，与出纳员所经管的日记账核对，如有不符，查明原因，予以更正；与记账员所经管的明细账进行核对，如有不符，查明原因，予以更正。

（2）复核中旬会计凭证，根据审核无误的中旬记账凭证编制记账凭证汇

总表,并据以登记总账,结出账户余额,与出纳员所经管的日记账核对,如有不符,查明原因,予以更正;与记账员所经管的明细账进行核对,如有不符,查明原因,予以更正。

(3) 复核下旬会计凭证,根据审核无误的下旬记账凭证编制记账凭证汇总表,并据以登记总账,结出账户余额,与出纳员所经管的日记账核对,如有不符,查明原因,予以更正;与记账员所经管的明细账进行核对,如有不符,查明原因,予以更正。

(4) 编制总账账户余额试算平衡表。

(5) 办理年结。

编制会计报表:

(1) 编制资产负债表,以12月份月初数作为年初数。

(2) 编制利润表,以12月份损益作为全年损益。

(3) 编制现金流量表,以12月份月初数作为年初数,以12月份现金流量作为全年现金流量。

4.4 兴隆公司业务员岗位实操

按要求填制和传递2002年12月份凭证:

(1) 12月1日,李红出差返回公司报账,出差相关内容如下:李红出差联系业务推销产品,2002年11月23日从江泽市乘火车至北京市(当日到达),火车票180元,在北京期间住宿费200元,2002年11月25日从北京乘火车至大连(次日到达),火车票398元,在大连期间住宿费350元,2002年11月29日从大连乘客轮回江泽市(次日到达),船票300元,出差补助每天18元,据以填写"旅差费报销单"(厂长张胜德在单上签字:同意报销),并持单以李红的名义向财务科出纳处报账(出差前已预支1800元)。

(2) 12月1日,销售给MA公司C-4商品10000件,销售给MB公司C-4商品8000件,销售给MC公司C-4商品7000件,销售给MD公司C-4商品6000件,C-4商品每件售价26元,增值税税率17%,价税款均已收讫。据以填写"增值税专用发票",款项全部存入银行,填写"进账单",送银行办理进账手续后取回"进账单"回单。将"进账单"回单连同"增值税专用发票"的记账联送财务科记账员(开户行:中国工商银行江泽市支行,账号:115674356323)。

(3) 12月2日,以业务科鲁冈的名义填写"领款单",领款金额3000元,领款单填写好后到财务科找出纳员领款,作为业务科的备用金。

(4) 12月3日,以亚洲证券营业部的名义填写"亚洲证券营业部成交过户交割单"1张,内容如下:本交割单系兴隆公司购买股票,成交编号为12690,股东账户为33665690,股东名称为兴隆公司,申请编号为687,公司代码为M120,申报时间为9点52分40秒,成交时间为9点53分10秒,实收金额为123475元,资金余额为76525元;证券代码为500232,成交数量15000股,成交价格8.17元,佣金430元,印花税480元,附加费15元。填好后送兴隆公司出纳员。

(5) 12月4日,表4-8所列材料全部入库,据以填写"材料入库验收单":

表4-8

供货单位	材料名称	数量(千克)	单位买价(元)	运杂费(元)	计划单价(元)
众生公司	甲材料	2000	4.00	150	3.85
	乙材料	2000	2.50	100	3.06
众健公司	丙材料	1200	5.00	120	5.07
	丁材料	1500	6.00	180	5.86
兴盛公司	D-1 材料	600	10.00	100	10.38
德源公司	E-1 材料	500	10.00	100	11.80

将填写好的"材料入库验收单"记账联送本公司记账员。

(6) 12月5日,以中财保险股份有限公司的名义填写"机动车辆保险单"和"保费收据"各一张,填写内容如下:被保险人为兴隆公司;投保险种为车辆损失险、第三责任险、盗抢险、玻璃险、他人恶意险等;车辆型号为红旗(豪);发动机号358769;牌号为A-42563;非营业用车;座位为5座;保险价值38万元,保险金额38万元;基本保费270元;车辆损失险费率0.8%;第三责任险最高赔偿限额为26万元;第三责任险保费为2500元;盗抢险保费据表计算;玻璃险保费为50元;他人恶意险保费为100元;保险期限自2002年12月5日零时起至2003年12月5日24时止。地址:十字街58号;电话:8666688;邮政编码:438000;总经理:洪源。填好后将"机动车辆保险单"正本和"保费收据"发票联送兴隆公司记账员。

(7) 12月6日,以江泽市第一律师事务所陈海的名义填写"江泽市服务业发票",收取兴隆公司本月律师顾问费用1100元,持其发票联找兴隆公司出纳员收款。

（8）12月8日，江泽市电视台收取兴隆公司广告费21000元，代电视台填写"江泽市服务业发票"，持其发票联找兴隆公司出纳员收款。

（9）12月9日，债券公司应向兴隆公司收取债券印刷费及手续费8000元，代填写"江泽市服务业发票"，并持其第二联到兴隆公司财务科结算。

（10）12月9日，根据下述资料编制"固定资产折旧表"（采用平均年限法），编制完成后将其送交兴隆公司记账员。

11月30日，固定资产资料如表4-9所示：

表4-9

部门	固定资产类型	固定资产原值（元）	预计净残值（元）	预计使用年限
基本车间	房屋	200000	15000	40
	机床加工设备	200000	10000	10
	专用电子设备	300000	20000	10
	其他专用设备	200000	10000	20
机修车间	房屋	100000	5000	40
	机床加工设备	50000	2500	10
	其他专用设备	10000	500	20
动力车间	房屋	100000	5000	40
	内燃发电机组	100000	5000	20
	其他专用设备	20000	2000	20
管理部门	房屋	600000	30000	40
	不需用设备	180000	20000	10
出租	仓库	200000	10000	10

（11）12月9日，兴隆公司与昌平公司进行非货币交易，交易内容如下：

兴隆公司向昌平公司销售C-3商品4900件，每件售价20元；向昌平公司购进丙材料20000千克，每千克进价4.90元。增值税税率均为17%，据以填写销售C-3商品的"增值税专用发票"和购进丙材料的"材料入库验收单"（材料已如数入库，丙材料的计划单位成本见记账员岗位的数量金额式明细账），填写好后先持销售商品的增值税专用发票的第二、三联到昌平公司业务处换取购进材料的增值税专用发票的第二、三联；后将销售商品的"增值税专用发票"的记账联和购进材料的"增值税专用发票"的第二、三联及"材料入库验收单"一并送交兴隆公司记账员。

(12) 12月10日，以公司职工张平的名义填写"费用报销领款单"，到财务科领取独生子女费170元。

(13) 12月10日，代房地产管理所开具"江泽市服务业发票"，应收取兴隆公司办公用房租金1100元。制单人：李风。持发票联到兴隆公司财务科结算。

(14) 12月10日，以江泽市汽车队的名义开具"江泽市公路、内河货物运输统一发票"，应收取兴隆公司销货运费5800元。制单人：何春明。持发票联到兴隆公司财务科结算。

(15) 12月10日，兴隆公司向保险公司交纳职工失业保险金1360元（保险公司开户行：中国工商银行江泽市支行，账号：115674353366）。以保险公司的名义开具"保险公司失业保险金收据"，持发票联到兴隆公司财务科结算。

(16) 12月10日，业务科王兰、徐政、邱新等3人领取本年度烤火费，每人80元，经理陈凯签字：同意付款。代填写"费用报销领款单"，到财务科出纳处领款。

(17) 12月10日，代司法局开具"江泽市行政事业单位收款收据"，应收取兴隆公司公证费用1000元。收款人：王波。持发票联到兴隆公司财务科结算。

(18) 12月11日，生产技术科李红去省城开生产技术会，经领导同意借款2000元。据以填写"借款单"，持单向财务科出纳员借款。

(19) 12月11日，支付生产车间扩建工程款6800元，经公司经理签字同意付款，由冯列统一领款，据以填写"江泽市建筑安装业统一发票"，持发票联到财务科出纳处办理领款，取得出纳员签发的"现金支票"到银行取款。

(20) 12月12日，业务员贺圣、黄平各领计算器一个，单价115元，合计金额230元。经理陈凯审批：同意领用，一次摊销。据以填写"物品领用单"并将其送交财务科记账员。

(21) 12月12日，兴隆公司向证券公司购买1年期债券900000元，手续费1800元，以证券公司名义开出"收据"，持收据第二联到兴隆公司财务科结算。

(22) 12月13日，根据表4-10所列资料编制"工资结算汇总表"（因工资结算原始资料比较复杂，实际工作中的工资发放表是根据岗位将每个人的工资计算出来加以汇总的，而表中资料直接以汇总的形式给出）：

表 4-10

车间、部门、类型	职工人数	标准工资	应扣工资		津贴	代扣款项			
			事假	病假		水电费	住房公积金	个人所得税	个人承担社保
基本生产车间生产工人	290	261000	1300	1500	28000	14680	10600	300	1080
基本生产车间管理人员	12	13300	300	150	600	700	600	20	180
援外工程人员	4	6000			4000		90		320
在建工程人员	25	28000	700	200	1600	130	1050		265
机修车间人员	6	7020	300	100	300	250	300		106
动力车间人员	4	6000	100		200	200	210		65
公司管理人员	35	45000	350	150	1600	1700	1500	80	720
医务人员	5	5600		100	260	240	200		80
6个月以上长病人员	2	2800		800	10	100	42		45

工资结算汇总表编制好后送交财务科出纳员。

(23) 12 月 13 日，销售给众生公司 C-1 商品 2000 千克，每千克售价 14.80 元，C-2 商品 3000 件，每件售价 22.60 元，增值税税率 17%，据以填写"增值税专用发票"后将其第二、三、四联送兴隆公司财务科出纳员办理收款手续。

(24) 12 月 14 日，业务科各种费用支出汇总情况如下：差旅费 280 元（31 张原始凭证）；办公费 170 元（13 张原始凭证）；其他费用 50 元（6 张原始凭证）；经核对，编制"管理费用支出汇总表"，持表到财务科报账。

(25) 12 月 14 日，赵华等 4 名职工参加江泽市工学院短期培训，支付学杂费 2400 元，以工学院名义开出"收据"，持第二联（付款人联）找兴隆公司财务科出纳员办理领款，取得出纳员签发的"现金支票"到银行取款。

(26) 12 月 15 日，兴隆公司职工食堂向为民日杂公司购买铁锅 1 口，计 70 元，铁铲 2 把计 30 元，合计 100 元。以为民日杂公司名义开具"为民日杂公司销售发票"，持发票联向兴隆公司财务科出纳员报账（在发票备注上填写：列入职工福利）。

(27) 12 月 16 日，兴隆公司向税务局购买 20 张 5 元券印花税票，30 张 2 元券印花税票，20 张 1 元券印花税票，以税务局名义开具"市税务局印花税票发售统一发票"，持发票联向兴隆公司财务科出纳员报账。

(28) 12月16日，江泽市保险公司向兴隆公司收取员工养老保险金6800元，以保险公司名义开具"收据"，并持"收据"（付款人联）向兴隆公司财务科结算。

(29) 12月17日，兴隆公司应付车间扩建工程包工款210000元，以长丰建筑公司的名义填写"江泽市建筑安装业统一发票"，持发票联到兴隆公司财务科办理结算。

(30) 12月17日，本月综合奖金结算汇总资料如下（表4-11）：

表4-11

车间、部门	奖　金（元）
基本生产车间生产工人	29000
基本生产车间管理人员	1200
机修车间人员	600
动力车间人员	400
公司管理人员	3500
医务人员	500

据以编制"综合奖金结算汇总表"，持表向财务科出纳员领取奖金。

(31) 12月18日，兴隆公司应付新卫设计院产品设计费500元，以新卫设计院的名义填写"江泽市服务业发票"，持发票联到兴隆公司财务科办理结算。

(32) 12月18日，销售给大华公司不需用甲设备一台，原始价值6万元，已提折旧20000元，协商作价42000元。据以填写"江泽市商业普通发票"，持其发票联到大华公司财务科收款，要求大华公司出纳员签发"转账支票"，并与其一同去银行办理转账手续，取得银行盖章的"转账支票"的收账通知联后，将"转账支票"的收账通知联及"江泽市商业普通发票"记账联送交本公司财务科出纳员。

(33) 12月18日，一栋仓库280平方米，预计使用30年，已使用28年，原值95000元，已提折旧80000元，因重建提前报废。使用部门的意见：因陈旧要求报废；技术鉴定小组意见：情况属实；固定资产管理部门意见：同意转入清理；主管部门审批意见：同意报废重建。据以填写"固定资产报废单"后将其会计记账联送财务科记账员。

(34) 12月19日，向兴盛公司购进丙设备一台，交易价37000元，经验收交基本生产车间使用，据以填写"固定资产验收单"，将其第二联送财务科出纳员。

(35) 12月19日，李红12月11日去省城参加工业生产技术会，12月18日返回，往返汽车票均为40元，住宿费用700元，会议费用150元，其他费用360元，每天补助15元。以李红的名义填写"差旅费报销单"，经理陈凯在单上签字：同意报销。持单向财务科出纳员报账（原借支2000元）。

(36) 12月19日，业务科与业务往来单位洽谈业务，接待、就餐、补助及接送车费共计金额2086元，单据20张。据以填写"业务招待费汇总表"，经理陈凯在单上签字：同意报销。持单向财务科出纳员报账，取得出纳员签发的"现金支票"后到银行提取现金。

(37) 12月19日，报废固定资产的清理人员张虎等5人应领取清理费用500元，以张虎的名义填写"费用报销领款单"，经理陈凯在单上签字：同意付款。持单向财务科出纳员领款。

(38) 12月19日，兴隆公司向江泽商场收取仓库租金4600元，据以开出"江泽市服务业发票"，收到现金4600元，当即填写"进账单"到开户行办理进账手续，收到银行盖章的"进账单"回单后，将"江泽市服务业发票"的发票联及"进账单"回单送交本公司出纳员。

(39) 12月20日，仓库清理残料如下：红砖80000块，每块0.20元，计16000元，其他材料5200元，合计21200元。材料全部入库作重建仓库用，据以编制"材料入库单"，并将其记账联送财务科记账员。

(40) 12月20日，兴隆公司向为民五金公司购买灭火器5个，单价100元，计500元。灭火器购回后当即由仓库领用。先以为民五金公司名义开具"为民五金公司发票"，再以仓库保管员李兴名义填写"物品领用单"（经理陈凯在单上签字：同意领用，一次摊销），最后将"为民五金公司发票"的发票联和"物品领用单"送财务科出纳员，并要求领款、领物。

(41) 12月20日，向兴盛公司转让技术，收取技术转让费16000元，据以填写"江泽市商业普通发票"，持其发票联到兴盛公司财务科收款，要求兴盛公司出纳员签发"转账支票"，并与其一同去银行办理转账手续，取得银行盖章的"转账支票"的收账通知联后，将"转账支票"的收账通知联及"江泽市商业普通发票"记账联送交本公司财务科出纳员。

(42) 12月21日，向会计局购买《新会计准则》等书籍，付款156元，以会计局的名义填写"江泽市文化教育、体育业发票"，并持其发票联到财务科报账。

(43) 12月21日，兴隆公司的汽车送汽车修配厂修理，具体修配项目如下：汽车补胎280元，汽车轮胎充气35元，车轮拆装45元。以汽车修配厂名义开具"江泽市服务业发票"，将"江泽市服务业发票"的发票联送交本公司出纳员。

(44) 12月23日，兴隆公司的水表记录是：本月止码为357356，上月止码为352256，实用水5100吨，每吨单价1元。以自来水厂名义开具"自来水厂水费发票"，持其发票联到兴隆公司财务科结算。

（45）12月23日，业务科用备用金开支下列各种费用：差旅费1300元（21张原始凭证）；办公费1200元（23张原始凭证）；修理费1100元（4张原始凭证）；经核对全部报销，编制"管理费用支出汇总表"，持表到财务科报账。

（46）12月24日，兴隆公司电表的起码是325631，止码是386131，实用电60500度，每度单价0.50元，以电力局的名义填写"增值税专用发票"（电费增值税税率为13%），持发票联到兴隆公司财务科结算。

（47）12月24日，兴隆公司参加本市商品展销会，应付江泽大世界市场商品展位租用费900元，以大世界市场的名义填写"江泽市服务业发票"，持发票联到兴隆公司财务科结算。

（48）12月25日，物价检查所对兴隆公司商品销售情况进行检查，发现部分商品违反国家价格政策，罚款1700元，以物价检查所名义填写"罚款没收专用收据"，持单到兴隆公司财务科结算。

（49）12月25日，养路费征收站向兴隆公司收取汽车养路费用900元，以养路费征收站的名义填写"交通车辆养路费收据"（2台东风汽车为送货用车，养路费为600元，2台小车的养路费300元），持单到兴隆公司财务科结算。

（50）12月26日，看望住院病人赵全胜，从副食品商店购买3袋奶粉，每袋15元，苹果3公斤，每公斤3元，据以填写"副食商店销售发票"，经理陈凯签字：在福利费列支。持发票联到兴隆公司财务科结算。

（51）12月26日，迅达搬运公司为兴隆公司装卸货物，应收取装卸费1700元，以迅达公司的名义开具"江泽市交通运输业发票"，持发票联到兴隆公司财务科结算。

（52）12月26日，李红出差预支差旅费1500元，据以填写"借款单"，持单向财务科出纳借款。

（53）12月26日，本公司向美国H公司购入先进设备一台，交易价4000美元，以H公司名义填写"商业发票"，以本公司设备科名义填写"固定资产验收单"（设备交管理部门使用）。"商业发票"与"固定资产验收单"交本公司出纳员（引进先进设备，减免关税及增值税；境内外运杂费均由供货方承担）。

（54）12月27日，兴隆公司自行开发一项实用新型专利成功，先根据下列资料填写"专利申报表"：申请单位：兴隆公司；专利项目：实用新型专利；技术开发费：26000元；注册登记费：3500元；单位意见：同意申报；专利局审批：同意注册。再以专利局名义填写"江泽市行政事业单位收款收据"，收取兴隆公司专利注册登记费3500元，然后持"专利申报表"和"江泽市行政事业单位收款收据"到兴隆公司财务科结算。

(55) 12月27日，兴隆公司销售给大兴公司C-1商品8000千克，每千克售价15元；销售给大华公司C-1商品8000千克，每千克售价15元；销售给众生公司C-2商品10000件，每件售价23元；增值税税率均为17%，据以分别填写"增值税专用发票"后持"增值税专用发票"的第二、三联到大兴公司、大华公司、众生公司财务科结算，要求各公司出纳员根据购销合同填写"商业承兑汇票"，经付款人（各购货公司）承兑后取得"商业承兑汇票"的第二联，并在商业承兑汇票第一联的收款人盖章处盖上本公司财务专用章（由本公司出纳员盖章），在负责、经办处签名，将"增值税专用发票"的记账联和"商业承兑汇票"的第二联送交兴隆公司出纳员。

(56) 12月27日，四通运输公司为兴隆公司运输购入的材料，应收运费7300元。以四通运输公司的名义开具"江泽市公路、内河货物运输业统一发票"，持发票联到兴隆公司财务科结算。

(57) 12月27日，外购材料全部验收入库。据表4-12所列资料填写"材料入库验收单"，将其记账联送财务科记账员。

表4-12

供货单位	材料名称	数量（千克）	买价（元）	运杂费（元）	计划单价（元）
兴盛公司	D-1材料	7000	70000	700	10.38
德源公司	E-1材料	7000	84000	700	11.80
众健公司	甲材料	15000	60000	1500	3.85
	乙材料	15000	45000	1500	3.06
	丙材料	14000	70000	1400	5.07
	丁材料	15000	90000	1500	5.86

(58) 12月29日，各部门报废低值易耗品（领用时均一次摊销），本月收回残值如下：基本生产车间430元，动力车间46元，机修车间52元，行政管理部门72元。报废材料均已入库（计划价按照600元计算）。据以编制"报废低值易耗品汇总表"和"材料入库验收单"，并将其送财务科记账员。

(59) 12月30日，销售给众生公司C-2商品10000件，每件售价23元，C-3商品10000件，每件售价22元，C-4商品4000件，每件售价26元，增值税税率17%，据以填写"增值税专用发票"，将"增值税专用发票"第二、三、四联送本公司出纳员。

(60) 12月31日，基本生产车间生产C-1产品耗用7000工时，生产C-2

产品耗用 7150 工时,生产 C-3 产品耗用 7200 工时,生产 C-4 产品耗用 7270 工时,据以编制"产品耗用工时汇总表",并将表送财务科记账员。

(61) 12 月 31 日,本月发出材料汇总资料见表 4-13:

表 4-13

材料名称	数量(千克)	计划单价(元)	计划总价(元)
甲材料	20000	3.85	77000
乙材料	20000	3.06	61200
丙材料	40000	5.07	202800
丁材料	10000	5.86	58600
D-1 材料	8000	10.38	83040
E-1 材料	10000	11.80	118000
小 计			600640
其他材料			40000

据以编制"发料凭证汇总表",并将表送财务科记账员。

(62) 12 月 31 日,辅助生产车间本月提供劳务总量资料见表 4-14:

表 4-14

项 目	机修车间服务量(工时)	动力车间供电量(度)
C-1 产品耗用	——	8000
C-2 产品耗用	——	9000
C-3 产品耗用	——	10000
C-4 产品耗用	——	9000
基本生产车间耗用	3100	1000
行政管理部门耗用	100	2000
车间扩建工程耗用	800	11000
动力车间耗用	80	——
机修车间耗用	——	800
合 计	4080	50800

据以编制"辅助生产情况表",并将表送财务科记账员。

(63) 12月31日,本月产品生产及入库情况见表4-15:

表4-15

产品名称	月初在产品	本月投产	本月完工入库	月末在产品	在产品完工程度	投料方式
C-1产品	2000千克	26300千克	26000千克	2860千克	50%	逐步投料
C-2产品	2000件	16760件	16500件	2300件	50%	逐步投料
C-3产品	2100件	17200件	16200件	3400件	50%	逐步投料
C-4产品	2000件	15200件	15000件	2200件	50%	逐步投料

代基本生产车间编制"生产情况报告表",代成品仓库编制"产品入库汇总表",将填写好的两张表送财务科记账员。

5 兴盛公司会计实操

5.1 兴盛公司出纳员岗位实操

开设有关日记账。兴盛公司2002年11月30日有关账户余额如下：
库存现金日记账　　　　　　　1000（借）
银行存款日记账　　　　　　　306000（借）
兴盛公司及往来公司相关情况如表5-1所示：

表5-1

开户行：中国工商银行江泽市支行		开户行：中国工商银行崎峰市支行	
公司名称	账　号	公司名称	账　号
兴盛公司	1156674356324	众生公司	823653676516
兴隆公司	1156674356323	众健公司	823653676517
德源公司	1156674356325		
德茂公司	1156674356326		
昌平公司	1156674356327		
昌安公司	1156674356328		

办理如下业务：

凡出纳业务，在业务办理完毕后，编制记账凭证，据以登记库存现金和银行存款日记账，并将记账凭证连同所附原始凭证一并转交记账员记账。

（1）12月1日，收到陈锋"旅差费报销单"（所附单据略），经审核无误，报销费用1696元，按原预支额1400元开出"收据"，当即补付现金296元。

（2）12月1日，收到业务员送来的"进账单"回单及"增值税专用发票"的记账联，进行账务处理。

（3）12月1日，收到开户银行转来兴隆公司和大华公司的"转账支票"

收账通知联。

（4）12月1日，填写"转账支票"2张，分别支付应付德茂公司账款100000元和应付德源公司账款120000元；填写"信汇"凭证1张，支付应付众生公司账款90000元。填好结算凭证后去开户银行办理相关手续，取回"转账支票"回单和"信汇"凭证回单，审核无误后进行账务处理。

（5）12月2日，填写"转账支票"1张，转出投资款220000元，存入亚洲证券营业部账户（亚洲证券营业部开户行：中国工商银行江泽市支行，账号：235673625588）准备用于购买股票。到银行办理转账手续，取回回单。

（6）12月2日，填写"现金支票"1张，提取现金6000元备用，到开户银行办理支款手续。

（7）12月2日，收到业务科刘正涛的"领款单"，经审核无误，当即支付现金3200元，作为业务科的备用金（在领款单上注明"现金付讫"）。

（8）12月3日，收到"亚洲证券营业部成交过户交割单"，购入股票划作交易性金融资产。

（9）12月3日，将专夹留存的10月3日签发的商业承兑汇票第二联取出（曾在10月3日发生销货业务时，已填写3份"商业承兑汇票"：签发日期为2002年10月3日，承兑期2个月，应收大华公司货款120000元，应收兴隆公司货款100000元，应收众健公司货款110000元），依据到期的3张"商业汇票"分别办理收款手续。

① 应收大华公司120000元和兴隆公司100000元，持其"商业承兑汇票"第二联去大华公司、兴隆公司，要求其出纳员签发"转账支票"，并到银行办理转账手续，收到银行转来兴隆公司、大华公司"转账支票"的收款通知联。

② 应收众健公司的到期票据款110000元，填写"委托收款"凭证后，持"委托收款凭证"和"商业承兑汇票"第二联到开户银行办理委托收款手续，银行盖章后，取回"委托收款"凭证回单。

（10）12月3日，收到德茂公司和德源公司出纳员送来的到期"商业承兑汇票"第二联，经审核无误，据以分别填写"转账支票"，到银行办理转账手续。

（11）12月5日，收到开户行转来众健公司"信汇"凭证收款通知联。

（12）12月5日，收到中财保险股份有限公司机动车辆保险单（正本）和保费收据第一联，经审核无误，据以填写转账支票（中财保险股份有限公司开户行：中国工商银行江泽市支行，账号：115675368955），并到银行办理转账手续，经银行盖章，取回转账支票回单。

（13）12月6日，填写"中华人民共和国税收通用完税证"，将未交增值税、应交城市维护建设税、应交个人所得税、应交教育费附加上交国库，具体金额见明细分类账各该账户的月初余额。税收通用完税证填写好后，到开户行办理手续，经税务机关、银行盖章后取得完税凭证联，并据以进行账务处理。

(14) 12月6日，收到律师事务所的"江泽市服务业发票"发票联，经审核无误，以现金付讫。

(15) 12月7日，收到银行转来委托收款凭证的收款通知1张，系众健公司应收账款110000元。

(16) 12月7日，收到银行转来委托收款凭证的付款通知1张，系应付众生公司的商业汇票到期款100000元。

(17) 12月8日，收到江泽市电视台的"江泽市服务业发票"发票联，经审核无误，据以填写转账支票（江泽市电视台开户行：中国工商银行江泽市支行，账号：115674356672），付广告费，并到银行办理转账手续，经银行盖章，取回转账支票回单。

(18) 12月8日，本公司（兴盛公司）委托债券发行公司发行5年期债券，按面值的10%溢价发行。现债券公司已发行债券面值1000000元，实收金额1100000元，款项今日全部交来，当即送存银行。据以填写"收据"及"进账单"，到银行办理手续后据"收据"记账联及"进账单"回单进行账务处理。

(19) 12月9日，收到债券公司的"江泽市服务业发票"发票联，经审核无误，据以填写转账支票（债券公司开户行：中国工商银行江泽市支行，账号：115676283355），付手续费，并到银行办理转账手续，经银行盖章，取回转账支票回单。

(20) 12月10日，收到李兰"费用报销领款单"，经审核无误，以现金付讫。

(21) 12月10日，收到房地产管理所的"江泽市服务业发票"发票联，经审核无误，以现金付讫。

(22) 12月10日，收到江泽市汽车运输公司的"江泽市公路、内河货物运输业统一发票"发票联，经审核无误，据以填写转账支票（江泽市汽车运输公司开户行：中国工商银行江泽市支行，账号：115674356698），付运费，并到银行办理转账手续，经银行盖章，取回转账支票回单。

(23) 12月10日，收到保险公司的"保险公司失业保险金收据"，经审核无误，以现金支票付讫。

(24) 12月10日，签发"现金支票"，到银行办理取款手续，提回现金3600元备用。根据"现金支票"存根作账务处理。

(25) 12月10日，收到李伟等四人的"费用报销领款单"，经审核无误，以现金付讫。

(26) 12月10日，收到司法局的"江泽市行政事业单位收款收据"，经审核无误，据以填写转账支票（司法局开户行：中国工商银行江泽市支行，

账号：115674356989），付诉讼费，并到银行办理转账手续，经银行盖章，取回转账支票回单。

(27) 12月11日，收到陈锋的"借款单"，经审核无误，以现金付讫。

(28) 12月11日，收到工程队的"江泽市建筑安装业统一发票"，经审核无误，如数签发"现金支票"，交余致到银行取款。

(29) 12月12日，收到证券公司的"收据"，经审核无误，据以填写转账支票（证券公司开户行：中国工商银行江泽市支行，账号：115674356719），付债券及手续费，并到银行办理转账手续，经银行盖章，取回转账支票回单。

(30) 12月13日，收到"工资结算汇总表"，根据实发工资总额签发"现金支票"，从银行提取现金，当即发放完毕。

(31) 12月13日，收到业务员送来的增值税专用发票的第二、三、四联，据以填写"委托收款凭证"（应收众健公司款），持委托收款凭证和增值税专用发票第二、三联到银行办理托收手续，经银行盖章后，将退回的"委托收款凭证"回单与"增值税专用发票"记账联一并作账务处理。

(32) 12月14日，收到业务科"管理费用支出汇总表"（所附单据47张略），经审核无误，以现金付讫。

(33) 12月14日，收到江泽市工学院的"收据"，经审核无误，开出"现金支票"付讫。

(34) 12月15日，收到职工食堂购买炊具的发票，经审核无误，以现金付讫。

(35) 12月16日，收到银行转来"委托收款凭证"的收款通知联，系众健公司应收款。

(36) 12月16日，收到"市税务局印花税票发售统一发票"，经审核无误，以现金付讫。

(37) 12月16日，收到保险公司收取员工养老保险金的"收据"，经审核无误，据以填写转账支票（保险公司开户行：中国工商银行江泽市支行，账号：115674363789），付保险金，并到银行办理转账手续，经银行盖章，取回转账支票回单。

(38) 12月17日，收到长丰建筑公司"江泽市建筑安装业统一发票"的发票联，经审核无误，据以填写转账支票（建筑公司开户行：中国工商银行江泽市支行，账号：115672785567），付工程款，并到银行办理转账手续，经银行盖章，取回转账支票回单。

(39) 12月17日，根据"综合奖金结算汇总表"（实际还应有按人头的奖金发放表，此处略），签发"现金支票"提回现金，当即发放完毕。

(40) 12月18日，收到新卫设计院的"江泽市服务业发票"发票联，经审核无误，以现金付讫。

(41) 12月18日，收到业务员送来的德源公司转账支票的收账通知联及本公司的固定资产销售的"江泽市商业普通发票"的会计记账联，经审核无误进行账务处理。

(42) 12月19日，收到兴隆公司出售设备的"江泽市商业普通发票"发票联及本公司业务员送来的"固定资产验收单"，经审核无误，据以填写"转账支票"付设备款，并到银行办理转账手续，经银行盖章，取回转账支票回单。

(43) 12月19日，收到陈锋的"旅差费报销单"（所附单据略）和交来的现金364元，开出"收据"收讫。收据金额按陈锋原借支数填写。

(44) 12月19日，收到业务科的"业务招待费汇总表"及所附26张单据（单据略），经审核无误后，当即签发"现金支票"补足其备用金。

(45) 12月19日，收到刘正的"费用报销领款单"，经审核无误，以现金付讫。

(46) 12月19日，收到业务员送来的仓库租金收入"进账单"回单及"江泽市服务业发票"记账联。

(47) 12月20日，收到业务员送来的"为民五金公司发票"和"物品领用单"。经审核无误后签发"现金支票"，从银行提回现金5800元，除支付灭火器款外，其余备用。

(48) 12月20日，收到兴隆公司的"江泽市商业普通发票"发票联，经审核无误后签发"转账支票"支付技术转让费。到银行办理转账手续，经银行盖章后，拿回转账支票回单。

(49) 12月21日，收到购买书籍的"江泽市文化教育、体育业发票"发票联，经审核无误，以现金付讫。

(50) 12月21日，收到业务员送来的德源公司"转账支票"的收账通知联及本公司收取技术转让收入的"江泽市商业普通发票"记账联。

(51) 12月21日，收到汽车修配厂的"江泽市商业普通发票"发票联，经审核无误后以现金付讫。

(52) 12月23日，收到自来水厂发票，审核无误后填写"转账支票"支付水费，到银行办理转账手续，经银行盖章后，拿回转账支票回单（自来水厂开户行：中国工商银行江泽市支行，账号：115674351125）。

同时根据定额耗用量分配本月水费，定额耗用量如下：动力车间510吨，机修车间550吨，基本生产车间2500吨，公司管理部门1640吨，据以编制"水费分配表"。

根据"自来水厂发票"发票联、"转账支票"存根和"水费分配表"进

行账务处理。

(53) 12月23日，收到业务科的"管理费用支出汇总表"及所附38张单据（单据略），经审核无误后，当即签发"现金支票"补足其备用金。

(54) 12月24日，收到电力局的"增值税专用发票"发票联，审核无误后填写"转账支票"支付电费，到银行办理转账手续，经银行盖章后，拿回转账支票回单（电力局开户行：中国工商银行江泽市支行，账号：115674356211）。

同时根据表5-2所列定额耗用量资料编制"外购动力费分配表"：

表5-2

产品名称	定额耗用量	车间部门	定额耗用量
D-1 产品	10500 度	动力车间	800 度
D-2 产品	11000 度	机修车间	1000 度
D-3 产品	10000 度	基本生产车间	800 度
D-4 产品	11500 度	管理部门	7400 度

根据电力局的发票联、"转账支票"存根和"外购动力费分配表"进行账务处理。

(55) 12月24日，收到大世界市场的"江泽市服务业发票"发票联，经审核无误后以现金付讫。

(56) 12月24日，为购进口设备，向开户行买入5000美元，以中国人民银行公布的人民币汇率中间价作为即期汇率，当日的即期汇率1美元=7.72元人民币，银行当日美元卖出价为1美元=8.10元人民币。签发"转账支票"支付人民币，填写"进账单"购入美元。到银行办理相关手续，根据"转账支票"存根和"进账单"作账务处理。

(57) 12月25日，签发"现金支票"，到银行办理取款手续，提回现金5600元备用。根据"现金支票"存根作账务处理。

(58) 12月25日，收到物价检查所"罚款没收专用收据"，以现金支付罚款。

(59) 12月25日，收到养路费征收站的"交通车辆养路费收据"，经审核无误，以现金付讫（2台东风汽车为送货用车，养路费为600元，1台小车的养路费为400元）。

(60) 12月26日，收到"副食商店销售发票"发票联，经审核无误后以

现金付讫。

(61) 12月26日，收到迅达搬运公司的"江泽市交通运输业发票"发票联，经审核无误后以现金付讫。

(62) 12月26日，收到陈锋的"借款单"，经审核无误后以现金付讫。

(63) 12月26日，收到业务员送来的"固定资产验收单"及购买进口设备的"商业发票"，经审核无误后填写"信汇"凭证，到银行办理美元汇兑手续，取回"信汇"回单。当日的即期汇率1美元=7.85元人民币。

(64) 12月27日，收到本公司业务员送来销售商品给大华公司、兴隆公司和众健公司的"增值税专用发票"记账联和3张"商业承兑汇票"。

(65) 12月27日，收到业务员送来的"专利申报表"和专利局的"江泽市行政事业单位收款收据"发票联，审核无误后填写"转账支票"支付专利注册登记费，到银行办理转账手续，经银行盖章后，拿回转账支票回单（专利局开户行：中国工商银行江泽市支行，账号：115675363286）。

(66) 12月27日，收到德源公司、德茂公司、众生公司业务员送来的增值税专用发票第二、三联，经审核无误后分别填写为期2个月的"商业承兑汇票"3份，其中第一联由各收款人盖章签名后收回，在第二联的付款人盖章处盖上财务专用章，在负责、经办处签上名，填好后将第二联分别交德源公司、德茂公司、众生公司业务员。

同时收到四通运输公司的"江泽市公路、内河货物运输业统一发票"发票联，经审核无误后填写"转账支票"支付材料运费，到银行办理转账手续，经银行盖章后，拿回转账支票回单（四通运输公司开户行：中国工商银行江泽市支行，账号：115675363298）。

根据材料重量编制"材料采购费用分配表"。各种材料采购的重量：E-1材料7000千克，F-1材料7000千克，甲材料20000千克，乙材料20000千克，丙材料11000千克，丁材料10000千克。

根据增值税专用发票的发票联、商业汇票的留存联、转账支票存根联、"江泽市公路、内河货物运输业统一发票"发票联、"材料采购费用分配表"，作账务处理。

(67) 12月30日，收到业务员送来的"增值税专用发票"的第二、三、四联，合同规定销货款采用委托收款结算方式，经审核无误后，据以填写"委托收款凭证"，持"委托收款凭证"和"增值税专用发票"第二、三联到银行办理托收手续，经银行盖章后，将退回的"委托收款凭证"回单与"增值税专用发票"的记账联一并作账务处理。

(68) 12月31日，到开户行拿回贷款计息凭证，进行账务处理（预计应付利息12000元）。

(69) 12月31日，到开户行拿回存款计息凭证，进行账务处理。

(70) 12月31日，将账面价值为80000元的"交易性金融资产——基金"全部出售，实得现金84000元。填写"内部转账单"和"进账单"，将现金送存银行（全为百元券）。

(71) 12月31日的即期汇率1美元=8.05元人民币，调整当期产生的汇兑差额。

5.2 兴盛公司记账员岗位实操

开设有关账户。兴盛公司2002年11月30日明细账期末资料如下：

其他货币资金——外埠存款	10000（借）
交易性金融资产——股票（成本）	100000（借）
交易性金融资产——债券（成本）	90000（借）
交易性金融资产——基金（成本）	80000（借）
应收票据——大华公司	120000（借）
应收票据——兴隆公司	100000（借）
应收票据——众健公司	110000（借）
应收账款——大华公司	120000（借）
应收账款——兴隆公司	90000（借）
应收账款——众健公司	120000（借）
坏账准备	1320（贷）
其他应收款——陈锋	1400（借）
其他应收款——代扣水电费	15000（借）
材料采购——原材料	42880（借）
原材料——原料及主要材料	443000（借）
原材料——其他材料	143000（借）
周转材料——包装物	15000（借）
周转材料——低值易耗品	55000（借）
材料成本差异——原材料	5860（借）
材料成本差异——包装物	150（贷）
材料成本差异——低值易耗品	550（借）
库存商品——D-1产品	140000（借）
库存商品——D-2产品	640000（借）
库存商品——D-3产品	680000（借）
库存商品——D-4产品	950000（借）

长期股权投资——股票投资（达亿公司）	100000	（借）
持有至到期投资——成本	100000	（借）
持有至到期投资——利息调整	6000	（借）
持有至到期投资——应计利息	8000	（借）
固定资产——生产用固定资产	1300000	（借）
固定资产——非生产用固定资产	600000	（借）
固定资产——不需用固定资产	150000	（借）
固定资产——出租固定资产	200000	（借）
累计折旧	550000	（贷）
工程物资——专用材料	270000	（借）
工程物资——专用设备	430000	（借）
在建工程——机床大修工程	50000	（借）
在建工程——设备安装工程	350000	（借）
固定资产清理——报废	5000	（借）
无形资产——专利权	355000	（借）
无形资产——专有技术	320000	（借）
研发支出——资本化支出	25000	（借）
长期待摊费用——固定资产大修费用	45000	（借）
待处理财产损溢——待处理固定资产损溢	3000	（借）
生产成本——基本生产成本（D-1 产品）	12000	（借）
生产成本——基本生产成本（D-2 产品）	10000	（借）
生产成本——基本生产成本（D-3 产品）	16000	（借）
生产成本——基本生产成本（D-4 产品）	20000	（借）
短期借款——生产周转借款	1500000	（贷）
应付票据——德源公司	100000	（贷）
应付票据——德茂公司	110000	（贷）
应付票据——众生公司	100000	（贷）
应付账款——德源公司	120000	（贷）
应付账款——德茂公司	100000	（贷）
应付账款——众生公司	90000	（贷）
应付职工薪酬——职工教育经费	5000	（贷）
应付职工薪酬——职工福利	1600	（贷）
应付职工薪酬——社会保险费	8400	（贷）
应交税费——未交增值税	30000	（贷）
应交税费——应交所得税	40000	（借）

应交税费——应交城市维护建设税　　　　　　　3000（贷）
应交税费——应交个人所得税　　　　　　　　　2500（贷）
应交税费——应交教育费附加　　　　　　　　　 800（贷）
应付利息　　　　　　　　　　　　　　　　　　27000（贷）
长期借款——基建借款　　　　　　　　　　　13000000（贷）
长期应付款——应付设备款　　　　　　　　　　80000（贷）
应付债券——面值　　　　　　　　　　　　　 300000（贷）
应付债券——利息调整　　　　　　　　　　　　15000（贷）
应付债券——应计利息　　　　　　　　　　　　20000（贷）
实收资本——国家投资　　　　　　　　　　　1500000（贷）
实收资本——丰润公司　　　　　　　　　　　 150000（贷）
实收资本——其他　　　　　　　　　　　　　1185920（贷）
资本公积——资本溢价　　　　　　　　　　　 320000（贷）
资本公积——其他　　　　　　　　　　　　　　80000（贷）
盈余公积——法定盈余公积　　　　　　　　　 550000（贷）
利润分配——未分配利润　　　　　　　　　　　50000（贷）
本年利润　　　　　　　　　　　　　　　　　500000（贷）

原材料明细账2002年11月30日期末资料见表5-3：

表5-3

	品　名	数量（千克）	计划单价（元）	金额（元）
原料及主要材料	甲材料	10000	4.08	40800
	乙材料	11000	2.90	31900
	丙材料	12000	5.60	67200
	丁材料	10000	6.60	66000
	E-1材料	10000	11.50	115000
	F-1材料	10000	12.21	122100
	小　计			443000
其他材料				143000
合　计				586000

材料采购明细账2002年11月30日期末资料如表5-4所示：

表 5-4
单位：元

供货单位	项目	借方			贷方			备注
		买价	运杂费	合计	计划成本	差异	合计	
众生公司	甲材料	8000	170	8170				
	乙材料	7000	160	7160				
众健公司	丙材料	5000	150	5150				
	丁材料	10000	200	10200				
德源公司	E-1 材料	6000	100	6100				
德茂公司	F-1 材料	6000	100	6100				
	合计	42000	880	42880				

库存商品明细账 2002 年 11 月 30 日期末资料如表 5-5 所示：

表 5-5

商品名称	单位	数量	单位成本（元）	金额（元）
D-1 商品	千克	20000	7	140000
D-2 商品	件	40000	16	640000
D-3 商品	件	40000	17	680000
D-4 商品	件	50000	19	950000
合计				2410000

生产成本明细账 2002 年 11 月 30 日期末在产品成本资料如表 5-6 所示：

表 5-6

产品名称	数量	成本项目（元）			
		直接材料	直接人工	制造费用	合计
D-1 产品	3400 千克	6000	3600	2400	12000
D-2 产品	1500 件	5000	3000	2000	10000
D-3 产品	2000 件	8000	4800	3200	16000
D-4 产品	1700 件	10000	6000	4000	20000
合计					58000

按下列要求开设明细账：

（1）下列账户使用三栏式账页（有期初余额的账户结转期初余额，没有期初余额的账户设户后待记发生额）：

其他货币资金——外埠存款

其他货币资金——存出投资款

交易性金融资产——股票（成本）

交易性金融资产——股票（公允价值变动）

交易性金融资产——债券（成本）

交易性金融资产——基金（成本）

应收票据——大华公司

应收票据——兴隆公司

应收票据——众健公司

应收账款——大华公司

应收账款——兴隆公司

应收账款——众健公司

坏账准备

其他应收款——陈锋

其他应收款——业务科

其他应收款——代扣水电费

原材料——原料及主要材料

原材料——其他材料

周转材料——包装物

周转材料——低值易耗品

材料成本差异——原材料

材料成本差异——包装物

材料成本差异——低值易耗品

长期股权投资——股票投资（达亿公司）

持有至到期投资——成本

持有至到期投资——利息调整

持有至到期投资——应计利息

固定资产——生产用固定资产

固定资产——非生产用固定资产

固定资产——不需用固定资产

固定资产——出租固定资产

累计折旧

工程物资——专用材料
工程物资——专用设备
在建工程——机床大修工程
在建工程——设备安装工程
在建工程——生产车间扩建工程
固定资产清理——报废
固定资产清理——出售不需用固定资产
无形资产——专利权
无形资产——专有技术
研发支出——资本化支出
累计摊销
长期待摊费用——固定资产大修费用
待处理财产损溢——待处理固定资产损溢
递延所得税资产
短期借款——生产周转借款
应付票据——德茂公司
应付票据——德源公司
应付票据——众生公司
应付账款——德茂公司
应付账款——德源公司
应付账款——众生公司
应付职工薪酬——工资
应付职工薪酬——职工福利
应付职工薪酬——社会保险费
应付职工薪酬——住房公积金
应付职工薪酬——工会经费
应付职工薪酬——职工教育经费
应付职工薪酬——非货币性福利
应交税费——未交增值税
应交税费——应交营业税
应交税费——应交所得税
应交税费——应交城市维护建设税
应交税费——应交个人所得税
应交税费——应交教育费附加
应付利息

应付股利
长期借款——基建借款
长期应付款——应付设备款
应付债券——面值
应付债券——利息调整
应付债券——应计利息
递延所得税负债
实收资本——国家投资
实收资本——丰润公司
实收资本——其他
资本公积——资本溢价
资本公积——其他
盈余公积——法定盈余公积
利润分配——提取法定盈余公积
利润分配——应付现金股利
利润分配——未分配利润
本年利润
主营业务收入——D-1产品
主营业务收入——D-2产品
主营业务收入——D-3产品
主营业务收入——D-4产品
其他业务收入
投资收益
公允价值变动损益
营业外收入
主营业务成本——D-1产品
主营业务成本——D-2产品
主营业务成本——D-3产品
主营业务成本——D-4产品
营业税金及附加
其他业务成本
资产减值损失
营业外支出
所得税费用

（2）下列账户使用多栏式账页（有期初余额的账户结转期初余额，没有

期初余额的账户设户后待记发生额）：

应交税费——应交增值税

材料采购——原材料

生产成本——基本生产成本（D-1产品）

生产成本——基本生产成本（D-2产品）

生产成本——基本生产成本（D-3产品）

生产成本——基本生产成本（D-4产品）

生产成本——辅助生产成本——机修车间

生产成本——辅助生产成本——动力车间

制造费用——基本生产车间

销售费用

财务费用

管理费用

（3）下列账户使用数量金额式账页（有期初余额的账户结转期初余额，没有期初余额的账户设户后待记发生额）：

库存商品——D-1产品

库存商品——D-2产品

库存商品——D-3产品

库存商品——D-4产品

原材料——原料及主要材料——甲材料

原材料——原料及主要材料——乙材料

原材料——原料及主要材料——丙材料

原材料——原料及主要材料——丁材料

原材料——原料及主要材料——E-1材料

原材料——原料及主要材料——F-1材料

办理记账业务：

（1）12月4日，收到业务员送来的材料入库验收单，留待月末汇总进行收料的账务处理。

（2）12月9日，收到固定资产折旧计算表，经审核无误进行账务处理。

（3）12月9日，收到业务员交来本公司换出商品的增值税专用发票的记账联，换入材料的增值税发票的抵扣联与发票联及材料入库验收单的会计记账联，经审核无误进行非货币性交易的账务处理。

（4）12月12日，收到姚祥、白云的"物品领用单"，经审核无误进行账务处理。

（5）12月18日，收到固定资产报废单，经审核无误进行账务处理。

(6) 12月20日，收到业务员送来的工程物资入库验收单。

(7) 12月20日，报废固定资产清理完毕，根据"固定资产清理——报废清理"账户余额编制"内部转账单"，结转清理损益。

(8) 12月27日，收到业务员送来的材料入库验收单，留待月末汇总进行收料的账务处理。

(9) 12月28日，本月应摊销专利权40000元，应摊销专有技术32000元，应摊销基本生产车间固定资产大修费185000元，据以编制"无形资产、长期待摊费用分摊表"，经审核无误进行账务处理。

(10) 12月29日，收到"报废低值易耗品汇总表"及"材料入库验收单"（会计记账联），经审核无误进行账务处理。

(11) 12月29日，据前面留存的"材料入库验收单"登记"材料采购"明细账（横线登记式明细账）的贷方发生额，并计算入库材料成本差异，据此编制"本月已付款的入库材料汇总表"。

(12) 12月30日，本月生产产品领用包装物的计划成本汇总如下（根据领料单汇总，因为领料单不便一一列出，故略去）：

D-1产品领用2100元

D-2产品领用2300元

D-3产品领用2800元

D-4产品领用2800元

据"周转材料——包装物"与"材料成本差异——包装物"账户资料计算材料成本差异率、领用材料应分摊的差异额及领用材料实际成本，据计算结果编制"领用包装物汇总表"，经审核无误进行账务处理。

(13) 12月30日，本月领用低值易耗品的计划成本汇总如下（根据领料单汇总，因为领料单不便一一列出，故略去）：

基本生产车间领用12000元

动力车间领用1200元

机修车间领用1600元

公司管理部门领用2000元

据"周转材料——低值易耗品"与"材料成本差异——低值易耗品"账户资料计算材料成本差异率、领用材料应分摊的差异额及领用材料实际成本，据计算结果编制"领用低值易耗品汇总表"，经审核无误进行账务处理。

(14) 12月31日，收到"车间产品耗用工时汇总表"，结合"工资结算汇总表"与"奖金发放表"先编制"基本生产车间生产工人工资分配表"，后编制"应付职工薪酬分配表"，经审核无误进行账务处理。

(15) 12月31日，收到业务员送来的"发料凭证汇总表"及其"发料

单"（略），根据"发料单"上所载明的用途及下列材料耗用资料编制"发料凭证分配汇总表"。据"原材料——原料及主要材料"各数量金额式明细账及"材料成本差异——原材料"账户资料计算材料成本差异率、领用材料应分摊的差异额及领用材料实际成本。

材料耗用的计划成本汇总如下（表5-7）：

表5-7　　　　　　　　　　　　　　　　　　　　　　　　　　　单位：元

产品、车间、部门	主要材料	其他材料	备注
D-1产品	130000		
D-2产品	135000		
D-3产品	150000		
D-4产品	156000		
基本生产车间一般耗用		3000	列入物料消耗
动力车间	12000	3000	
机修车间	21600	2000	
公司管理部门		2000	列入公司经费
销售部门		3000	列入包装费
车间扩建工程	31000	13000	按17%转出进项税额

经审核无误进行账务处理（材料成本差异率精确至小数点后四位）。

（16）12月31日，原作待处理的盘亏设备净值3000元，经批准转销。据以编制"内部转账单"，经审核无误进行账务处理。

（17）12月31日，收到"辅助生产情况表"，结合"生产成本——辅助生产成本——动力车间"和"生产成本——辅助生产成本——机修车间"账户资料，采取直接分配法分配辅助生产费用，编制"辅助生产费用分配表"（分配率精确至小数点后四位）。经审核无误进行账务处理。

（18）12月31日，根据工时记录（生产D-1产品8000工时，生产D-2产品12000工时，生产D-3产品13000工时，生产D-4产品13000工时）和"制造费用——基本生产车间"账户资料编制"制造费用分配表"（分配率精确至小数点后四位）。经审核无误进行账务处理。

（19）12月31日，收到"生产情况报告表"和"产品入库汇总表"，结合基本生产成本明细账资料，据以编制"生产成本计算表"（分别按四种产品进行计算），单位成本保留到分。经审核无误进行账务处理。

（20）12月31日，根据本月商品销售数量及"库存商品"明细账的加权平均单位成本，编制"产品销售汇总表"，结转产品销售成本。

（21）12月31日，"交易性金融资产——股票"的公允价值为210000元，依据"交易性金融资产——股票——成本"及"交易性金融资产——股票——公允价值变动"明细账户资料计算本期公允价值变动金额，据以填制"内部转账单"，经审核无误进行账务处理。

（22）12月31日，按应收款项百分比法计提坏账准备，提取比例为3%，依据"应收账款"、"其他应收款"、"预付账款"及"坏账准备"明细账资料分析计算本期应计提的坏账准备金，据以编制"内部转账单"，经审核无误进行账务处理。

（23）12月31日，依据"应交税费——应交增值税"明细账资料分析填写"增值税纳税申报表"，计算出未交增值税额，经审核无误进行账务处理。

（24）12月31日，依据"其他业务收入"和"固定资产"明细账及"增值税纳税申报表"资料，计算应交营业税、应交房产税、应交城市维护建设税、应交教育费附加，编制"地方税收综合纳税（费）申报表"，经审核无误进行账务处理。

（25）12月31日，依据"持有至到期投资"明细账期初资料计算本年利息收入，并进行利息调整（按票面利率9%，实际利率8%计算），据以填制"内部转账单"，经审核无误进行账务处理（本月发生数暂不计算利息）。

（26）12月31日，依据"应付债券"明细账期初资料计算本年利息费用（为安装工程而发行债券），并进行利息调整，按票面利率10%，实际利率8%计算，据以填制"内部转账单"，经审核无误进行账务处理（本月发生数暂不计算利息）。

（27）12月31日，结平"待处理财产损溢"账户。

（28）12月31日，将损益类账户的本月净发生额结转"本年利润"账户。

（29）12月31日，编制"利润表"初稿，据以编制"暂时性差异计算表"、"所得税纳税申报表"（所得税税率：33%），经审核无误进行账务处理。

（30）12月31日，将"所得税费用"账户发生额转入"本年利润"账户。

（31）12月31日，进行利润分配。法定盈余公积按净利润（"本年利润"账户年末余额）的10%分配，应付现金股利按"未分配利润"明细账期初余额加上本年净利润，减去本年提取的法定盈余公积后的30%分配。

(32) 12月31日，将"本年利润"、"利润分配——提取盈余公积"、"利润分配——应付现金股利"账户余额转入"利润分配——未分配利润"账户。

5.3 兴盛公司财务科长岗位实操

开设总账。根据下列资料开设总账账户，每个账户占一页。兴盛公司2002年11月30日总账期末资料如下：

库存现金	1000（借）
银行存款	306000（借）
其他货币资金	10000（借）
交易性金融资产	270000（借）
应收票据	330000（借）
应收账款	330000（借）
坏账准备	1320（贷）
其他应收款	16400（借）
材料采购	42880（借）
原材料	586000（借）
周转材料	70000（借）
材料成本差异	6260（借）
库存商品	2410000（借）
长期股权投资	100000（借）
持有至到期投资	114000（借）
固定资产	2250000（借）
累计折旧	550000（贷）
工程物资	700000（借）
在建工程	400000（借）
固定资产清理	5000（借）
无形资产	675000（借）
研发支出	25000（借）
累计摊销	
长期待摊费用	52000（借）
待处理财产损溢	3000（借）
递延所得税资产	
生产成本	58000（借）

制造费用	
短期借款	1500000（贷）
应付票据	310000（贷）
应付账款	310000（贷）
应付职工薪酬	15000（贷）
其他应付款	
应交税费	3700（贷）
应付利息	27000（贷）
应付股利	
长期借款	1300000（贷）
长期应付款	80000（贷）
应付债券	335000（贷）
递延所得税负债	
实收资本	2835920（贷）
资本公积	400000（贷）
盈余公积	550000（贷）
利润分配	50000（贷）
本年利润	500000（贷）
主营业务收入	
其他业务收入	
投资收益	
公允价值变动损益	
营业外收入	
主营业务成本	
营业税金及附加	
其他业务成本	
销售费用	
管理费用	
财务费用	
资产减值损失	
营业外支出	
所得税费用	

处理日常总账业务：

（1）复核上旬会计凭证，根据审核无误的上旬记账凭证编制记账凭证汇总表，并据以登记总账，结出账户余额，与出纳员所经管的日记账核对，如有不符，查明原因，予以更正；与记账员所经管的明细账进行核对，如有不符，查明原因，予以更正。

（2）复核中旬会计凭证，根据审核无误的中旬记账凭证编制记账凭证汇总表，并据以登记总账，结出账户余额，与出纳员所经管的日记账核对，如有不符，查明原因，予以更正；与记账员所经管的明细账进行核对，如有不符，查明原因，予以更正。

（3）复核下旬会计凭证，根据审核无误的下旬记账凭证编制记账凭证汇总表，并据以登记总账，结出账户余额，与出纳员所经管的日记账核对，如有不符，查明原因，予以更正；与记账员所经管的明细账进行核对，如有不符，查明原因，予以更正。

（4）编制总账账户余额试算平衡表。

（5）办理年结。

编制会计报表：

（1）编制资产负债表，以12月份月初数作为年初数。

（2）编制利润表，以12月份损益作为全年损益。

（3）编制现金流量表，以12月份月初数作为年初数，以12月份现金流量作为全年现金流量。

5.4 兴盛公司业务员岗位实操

按要求填制和传递2002年12月份凭证：

（1）12月1日，陈锋出差返回公司报账，出差相关内容如下：陈锋出差联系业务推销产品，2002年11月23日从江泽市乘火车至哈尔滨市（当日到达），火车票560元，在哈尔滨期间住宿费450元，2002年11月29日从哈尔滨乘火车回江泽市（次日到达），火车票560元，出差补助每天18元，据以填写"旅差费报销单"（厂长金星在单上签字：同意报销），并持单以陈锋的名义向财务科出纳处报账（出差前已预支1400元）。

（2）12月1日，销售给ME公司D-4商品9000件，销售给MG公司D-4商品8000件，销售给MH公司D-4商品8000件，销售给MF公司D-4商品6000件，D-4商品每件售价27元，增值税税率17%，价税款均已收讫。据以填写"增值税专用发票"，款项全部存入银行，填写"进账单"，送银行办理进账手续后取回"进账单"回单。将"进账单"回单连同"增值税专用发票"的记账联送财务科记账员（开户行：中国工商银行江泽市支行，账号：1156674356324）。

（3）12月2日，以业务科刘正涛的名义填写"领款单"，领款金额3200

元,领款单填写好后到财务科找出纳员领款,作为业务科的备用金。

(4) 12月3日,以亚洲证券营业部的名义填写"亚洲证券营业部成交过户交割单"1张,内容如下:本交割单系兴盛公司购买股票,成交编号为12691,股东账户为33665691,股东名称为兴盛公司,申请编号为688,公司代码为M121,申报时间为9点52分45秒,成交时间为9点53分15秒,实收金额为131696元,资金余额为88304元;证券代码为500232,成交数量16000股,成交价格8.17元,佣金450元,印花税510元,附加费16元,填好后送兴盛公司出纳员。

(5) 12月4日,表5-8所列材料全部入库,据以填写"材料入库验收单":

表5-8

供货单位	材料名称	数量(千克)	单位买价(元)	运杂费(元)	计划单价(元)
众生公司	甲材料	2000	4.00	170	4.08
	乙材料	2000	3.50	160	2.90
众健公司	丙材料	1000	5.00	150	5.60
	丁材料	2000	5.00	200	6.60
德茂公司	F-1材料	500	12.00	100	12.21
德源公司	E-1材料	600	10.00	100	11.50

将填写好的"材料入库验收单"记账联送本公司记账员。

(6) 12月5日,以中财保险股份有限公司的名义填写"机动车辆保险单"和"保费收据"各一张,填写内容如下:被保险人为兴盛公司;投保险种为车辆损失险、第三责任险、盗抢险、玻璃险、他人恶意险等;车辆型号为红旗(豪);发动机号558867;牌号为A-45663;非营业用车;座位为5座;保险价值39万元,保险金额39万元;基本保费280元;车辆损失险费率0.8%;第三责任险最高赔偿限额为26万元;第三责任险保费为2350元;盗抢险保费据表计算;玻璃险保费为50元;他人恶意险保费为100元;保险期限自2002年12月5日零时起至2003年12月5日24时止。地址:十字街58号;电话:8666688;邮政编码:438000;总经理:洪源。填好后将"机动车辆保险单"正本和"保费收据"发票联送兴盛公司记账员。

(7) 12月6日,以江泽市第一律师事务所陈海的名义填写"江泽市服务业发票",收取兴盛公司本月律师顾问费用1200元,持其发票联找兴盛公司出纳员收款。

(8) 12月8日,江泽市电视台收取兴盛公司广告费23000元,代电视台填写"江泽市服务业发票",持其发票联找兴盛公司出纳员收款。

(9) 12月9日,债券公司应向兴盛公司收取债券印刷费及手续费10000元,代填写"江泽市服务业发票",并持其第二联到兴盛公司财务科结算。

(10) 12月9日,根据下述资料编制"固定资产折旧表"(采用平均年限法),编制完成后将其送交兴盛公司记账员。

11月30日,固定资产资料如表5-9所示:

表5-9

部门	固定资产类型	固定资产原值(元)	预计净残值(元)	预计使用年限
基本车间	房屋	200000	15000	40
	机床加工设备	200000	10000	10
	专用电子设备	300000	20000	10
	其他专用设备	200000	10000	20
机修车间	房屋	100000	5000	40
	机床加工设备	50000	2500	10
	其他专用设备	10000	500	20
动力车间	房屋	100000	5000	40
	内燃发电机组	100000	5000	20
	其他专用设备	40000	2000	20
管理部门	房屋	600000	30000	40
	不需用设备	150000	10000	10
出租	仓库	20000	10000	10

(11) 12月9日,兴盛公司与昌安公司进行非货币交易,交易内容如下:

兴盛公司向昌安公司销售D-2商品2500件,每件售价20元;向昌安公司购进丁材料10000千克,每千克进价5元。增值税税率均为17%,据以填写销售D-2商品的"增值税专用发票"和购进丁材料的"材料入库验收单"(材料已如数入库,丁材料的计划单位成本见记账员岗位的数量金额式明细账),填写好后先持销售商品的增值税专用发票的第二、三联到昌安公司业务处换取购进材料的增值税专用发票的第二、三联;后将销售商品的"增值税专用发票"的记账联和购进材料的"增值税专用发票"第二、三联及"材料入库验收单"一并送交兴盛公司记账员。

（12）12月10日，以公司职工李兰的名义填写"费用报销领款单"，到财务科领取独生子女费180元。

（13）12月10日，代房地产管理所开具"江泽市服务业发票"，应收取兴盛公司办公用房租金1100元。制单人：李风。持发票联到兴盛公司财务科结算。

（14）12月10日，以江泽市汽车队的名义开具"江泽市公路、内河货物运输统一发票"，应收取兴盛公司销货运费6100元。制单人：何春明。持发票联到兴盛公司财务科结算。

（15）12月10日，兴盛公司向保险公司交纳职工失业保险金1400元（保险公司开户行：中国工商银行江泽市支行，账号：115674353366），以保险公司的名义开具"保险公司失业保险金收据"，持发票联到兴盛公司财务科结算。

（16）12月10日，业务科李伟、赵宝胜、孙国平、钱途等4人领取本年度烤火费，每人80元，经理贺胜签字：同意付款。代填写"费用报销领款单"，到财务科出纳处领款。

（17）12月10日，代司法局开具"江泽市行政事业单位收款收据"，应收取兴盛公司公证费用1100元。收款人：王波。持发票联到兴盛公司财务科结算。

（18）12月11日，生产技术科陈锋去省城开生产技术会，经领导同意借款1500元。据以填写"借款单"，持单向财务科出纳员借款。

（19）12月11日，支付生产车间扩建工程款5800元，经公司经理签字同意付款，由段兴统一领款，据以填写"江泽市建筑安装业统一发票"，持发票联到财务科出纳处办理领款，取得出纳员签发的"现金支票"到银行取款。

（20）12月12日，业务员姚祥、白云各领计算器一个，单价125元，合计金额250元。经理贺胜审批：同意领用，一次摊销。据以填写"物品领用单"并将其送交财务科记账员。

（21）12月12日，兴盛公司向证券公司购买1年期债券1100000元，手续费2200元，以证券公司名义开出"收据"，持收据第二联到兴盛公司财务科结算。

（22）12月13日，根据表5-10所列资料编制"工资结算汇总表"（因工资结算原始资料比较复杂，实际工作中的工资发放表是根据岗位将每个人的工资计算出来加以汇总的，而表中资料直接以汇总的形式给出）：

表5-10

车间、部门、类型	职工人数	标准工资	应扣工资		津贴	代扣款项			
			事假	病假		水电费	住房公积金	个人所得税	个人承担社保
基本生产车间生产工人	270	261000	1300	1100	27000	10400	9600	80	1240
基本生产车间管理人员	10	11000	300	50	1100	500	460	20	85
援外工程人员	4	4600			3000		150		265
在建工程人员	24	23000		150	2500	960	700		450
机修车间人员	6	5800	300		500	240	160		85
动力车间人员	4	4100	150		300	260	120		65
公司管理人员	35	36000		300	3100	2400	1200	50	450
医务人员	4	3800			310	160	160		85
6个月以上长病人员	2	2100		500	10	80	60		40

工资结算汇总表编制好后送交财务科出纳员。

(23) 12月13日，销售给众健公司D-1商品5000千克，每千克售价9.80元，D-2商品5000件，每件售价23.80元，增值税税率17%，据以填写"增值税专用发票"后将其第二、三、四联送兴盛公司财务科出纳员办理收款手续。

(24) 12月14日，业务科各种费用支出汇总情况如下：差旅费310元（30张原始凭证）；办公费280元（15张原始凭证）；其他费用110元（9张原始凭证）；经核对，编制"管理费用支出汇总表"，持表到财务科报账。

(25) 12月14日，张清等7名职工参加江泽市工学院短期培训，支付学杂费4200元，以工学院名义开出"收据"，持第二联（付款人联）找兴盛公司财务科出纳员办理领款，取得出纳员签发的"现金支票"到银行取款。

(26) 12月15日，兴盛公司职工食堂向为民日杂公司购买铁锅1口，计85元；刀2把，每把单价15元，计30元；盘子10个，每个单价3元，计30元，合计145元。以为民日杂公司名义开具"为民日杂公司销售发票"，持发票联向兴盛公司财务科出纳员报账（在发票备注上填写：列入职工福利）。

(27) 12月16日，兴盛公司向税务局购买20张5元券印花税票，25张2元券印花税票，30张1元券印花税票，以税务局名义开具"市税务局印花税票发售统一发票"，持发票联向兴盛公司财务科出纳员报账。

(28) 12月16日，江泽市保险公司向兴盛公司收取员工养老保险金7000

元,以保险公司名义开具"收据",并持"收据"(付款人联)向兴盛公司财务科结算。

(29) 12月17日,兴盛公司应付车间扩建工程包工款 220000 元,以长丰建筑公司的名义填写"江泽市建筑安装业统一发票",持发票联到兴盛公司财务科办理结算。

(30) 12月17日,本月综合奖金结算汇总资料如下(表5-11):

表5-11

车间、部门	奖金(元)
基本生产车间生产工人	27000
基本生产车间管理人员	1000
机修车间人员	600
动力车间人员	400
公司管理人员	3500
医务人员	400

据以编制"综合奖金结算汇总表",持表向财务科出纳员领取奖金。

(31) 12月18日,兴盛公司应付新卫设计院产品设计费700元,以新卫设计院的名义填写"江泽市服务业发票",持发票联到兴盛公司财务科办理结算。

(32) 12月18日,向德源公司购进乙设备一台,交易价40000元,经验收交基本生产车间使用,据以填写"固定资产验收单",将其第二联送财务科出纳员。

(33) 12月18日,一栋仓库320平方米,预计使用28年,已使用26年,原值110000元,已提折旧90000元,因重建提前报废。使用部门的意见:因陈旧要求报废;技术鉴定小组意见:情况属实;固定资产管理部门意见:同意转入清理;主管部门审批意见:同意报废重建。据以填写"固定资产报废单"后将其会计记账联送财务科记账员。

(34) 12月19日,销售给兴隆公司不需用丙设备一台,原始价值5万元,已提折旧15000元,协商作价37000元。据以填写"江泽市商业普通发票",持其发票联到兴隆公司财务科收款,要求兴隆公司出纳员签发"转账支票",并与其一同去银行办理转账手续,取得银行盖章的"转账支票"的收账通知联后,将"转账支票"的收账通知联及"江泽市商业普通发票"记账联送交本公司财务科出纳员。

(35) 12月19日，陈锋12月11日去省城参加工业生产技术会，12月18日返回，往返汽车票均为38元，住宿费用700元，会议费用150元，其他费用90元，每天补助15元。以陈锋的名义填写"差旅费报销单"，经理贺胜在单上签字：同意报销。持单向财务科出纳员报账（原借支1500元）。

(36) 12月19日，业务科与业务往来单位洽谈业务，接待、就餐、补助及接车费共计金额1680元，单据28张。据以填写"业务招待费汇总表"，经理贺胜在单上签字：同意报销。持单向财务科出纳员报账，取得出纳员签发的"现金支票"后到银行提取现金。

(37) 12月19日，报废固定资产的清理人员刘正等4人应领取清理费用320元，以刘正的名义填写"费用报销领款单"，经理贺胜在单上签字：同意付款。持单向财务科出纳员领款。

(38) 12月19日，兴盛公司向江泽商场收取仓库租金4800元，据以开出"江泽市服务业发票"，收到现金4800元，当即填写"进账单"到开户行办理进账手续，收到银行盖章的"进账单"回单后，将"江泽市服务业发票"的发票联及"进账单"回单送交本公司出纳员。

(39) 12月20日，仓库清理残料如下：红砖100000块，每块0.20元，计20000元，其他材料6000元，合计26000元。材料全部入库作重建仓库用，据以编制"材料入库单"，并将其记账联送财务科记账员。

(40) 12月20日，兴盛公司向为民五金公司购买灭火器6个，单价100元，计600元。灭火器购回后当即由仓库领用。先以为民五金公司名义开具"为民五金公司发票"，再以仓库保管员张军名义填写"物品领用单"（经理贺胜在单上签字：同意领用，一次摊销），最后将"为民五金公司发票"的发票联和"物品领用单"送财务科出纳员，并要求领款、领物。

(41) 12月20日，向德源公司转让技术，收取技术转让费16000元，据以填写"江泽市商业普通发票"，持其发票联到德源公司财务科收款，要求德源公司出纳员签发"转账支票"，并与其一同去银行办理转账手续，取得银行盖章的"转账支票"的收账通知联后，将"转账支票"的收账通知联及"江泽市商业普通发票"记账联送交本公司财务科出纳员。

(42) 12月21日，向会计局购买《新会计准则》等书籍，付款170元，以会计局的名义填写"江泽市文化教育、体育业发票"，并持其发票联到财务科报账。

(43) 12月21日，兴盛公司的汽车送汽车修配厂修理，具体修配项目如下：汽车补胎260元，汽车轮胎充气38元，车轮拆装58元。以汽车修配厂名义开具"江泽市服务业发票"，将"江泽市服务业发票"的发票联送交本公司出纳员。

(44) 12月23日，兴盛公司的水表记录是：本月止码为3698566，上月止码为3692846，实用水5720吨，每吨单价1元。以自来水厂名义开具"自来水厂水费发票"，持其发票联到兴盛公司财务科结算。

（45）12月23日，业务科用备用金开支下列各种费用：差旅费1300元（11张原始凭证）；办公费1100元（21张原始凭证）；修理费800元（2张原始凭证）；经核对全部报销，编制"管理费用支出汇总表"，持表到财务科报账。

（46）12月24日，兴盛公司电表的起码是257636，止码是315936，实用电58300度，每度单价0.50元，以电力局的名义填写"增值税专用发票"（电费增值税税率13%），持发票联到兴盛公司财务科结算。

（47）12月24日，兴盛公司参加本市商品展销会，应付江泽大世界市场商品展位租用费1000元，以大世界市场的名义填写"江泽市服务业发票"，持发票联到兴盛公司财务科结算。

（48）12月25日，物价检查所对兴盛公司商品销售情况进行检查，发现部分商品违反国家价格政策，罚款1800元，以物价检查所名义填写"罚款没收专用收据"，持单到兴盛公司财务科结算。

（49）12月25日，养路费征收站向兴盛公司收取汽车养路费用1000元，以养路费征收站的名义填写"交通车辆养路费收据"（2台东风汽车为送货用车，养路费为600元，2台小车的养路费400元），持单到兴盛公司财务科结算。

（50）12月26日，看望住院病人钱木，从副食品商店购买2袋奶粉，每袋16元，苹果4公斤，每公斤3元，据以填写"副食商店销售发票"，经理贺胜签字：在福利费列支，持发票联到兴盛公司财务科结算。

（51）12月26日，迅达搬运公司为兴盛公司装卸货物，应收取装卸费1000元，以迅达公司的名义开具"江泽市交通运输业发票"，持发票联到兴盛公司财务科结算。

（52）12月26日，陈锋出差预支差旅费1000元，据以填写"借款单"，持单向财务科出纳借款。

（53）12月26日，本公司向美国H公司购入先进设备一台，交易价4000美元，以H公司名义填写"商业发票"，以本公司设备科名义填写"固定资产验收单"，设备交管理部门使用。"商业发票"与"固定资产验收单"交本公司出纳员（引进先进设备，减免关税及增值税；境内外运杂费均由供货方负担）。

（54）12月27日，兴盛公司自行开发一项实用新型专利成功，先根据下列资料填写"专利申报表"：申请单位：兴盛公司；专利项目：实用新型专利；技术开发费：25000元；注册登记费：3800元；单位意见：同意申报；专利局审批：同意注册。再以专利局名义填写"江泽市行政事业单位收款收据"，收取兴盛公司专利注册登记费3100元，然后持"专利申报表"和"江泽市行政事业单位收款收据"到兴盛公司财务科结算。

(55) 12月27日，兴盛公司销售给大华公司 D-1 商品 7000 千克，每千克售价 10 元；销售给兴隆公司 D-1 商品 7000 千克，每千克售价 10 元；销售给众健公司 D-2 商品 10000 件，每件售价 23 元；增值税税率均为 17%，据以分别填写"增值税专用发票"后持"增值税专用发票"的第二、三联到兴隆公司、大华公司、众健公司财务科结算，要求各公司出纳员根据购销合同填写"商业承兑汇票"，经付款人（各购货公司）承兑后取得"商业承兑汇票"的第二联，并在商业承兑汇票第一联的收款人盖章处盖上本公司财务专用章（由本公司出纳员盖章），在负责、经办处签名，将"增值税专用发票"的记账联和"商业承兑汇票"的第二联送交兴盛公司出纳员。

(56) 12月27日，四通运输公司为兴盛公司运输购入的材料，应收运费 7500 元。以四通运输公司的名义开具"江泽市公路、内河货物运输业统一发票"，持发票联到兴盛公司财务科结算。

(57) 12月27日，外购材料全部验收入库。据表 5-12 所列资料填写"材料入库验收单"，将其记账联送财务科记账员。

表5-12

供货单位	材料名称	数量（千克）	买价（元）	运杂费（元）	计划单价（元）
德茂公司	F-1 材料	7000	91000	700	12.21
德源公司	E-1 材料	7000	84000	700	11.50
众生公司	甲材料	20000	80000	2000	4.08
	乙材料	20000	60000	2000	2.90
	丙材料	11000	55000	1100	5.60
	丁材料	10000	60000	1000	6.60

(58) 12月29日，各部门报废低值易耗品（领用时均一次摊销），本月收回残值如下：基本生产车间 520 元，动力车间 70 元，机修车间 80 元，行政管理部门 130 元。报废材料均已入库（计划价按照 800 元计算）。据以编制"报废低值易耗品汇总表"和"材料入库验收单"，并将其送财务科记账员。

(59) 12月30日，销售给众健公司 D-2 商品 10000 件，每件售价 23 元，D-3 商品 10000 件，每件售价 24 元，增值税税率 17%，据以填写"增值税专用发票"，将"增值税专用发票"第二、三、四联送本公司出纳员。

(60) 12月31日，基本生产车间生产 D-1 产品耗用 7100 工时，生产 D-2 产品耗用 7080 工时，生产 D-3 产品耗用 7200 工时，生产 D-4 产品耗用 7180

工时，据以编制"产品耗用工时汇总表"，并将表送财务科记账员。

（61）12月31日，本月发出材料汇总资料如表5-13所示：

表5-13

材料名称	数量（千克）	计划单价（元）	计划总价（元）
甲材料	25000	4.08	102000
乙材料	30000	2.90	87000
丙材料	20000	5.60	112000
丁材料	20000	6.60	132000
E-1材料	7000	11.50	80500
F-1材料	10000	12.21	122100
小 计			635600
其他材料			26000

据以编制"发料凭证汇总表"，并将表送财务科记账员。

（62）12月31日，辅助生产车间本月提供劳务总量资料如表5-14所示：

表5-14

项 目	机修车间服务量（工时）	动力车间供电量（度）
D-1产品耗用	——	8000
D-2产品耗用	——	9000
D-3产品耗用	——	8000
D-4产品耗用	——	10000
基本生产车间耗用	4100	1000
行政管理部门耗用	200	4000
车间扩建工程耗用	700	9000
动力车间耗用	100	——
机修车间耗用	——	2000
合 计	5100	52000

据以编制"辅助生产情况表",并将表送财务科记账员。

(63) 12 月 31 日,本月产品生产及入库情况如表 5-15 所示:

表 5-15

产品名称	月初在产品	本月投产	本月完工入库	月末在产品	在产品完工程度	投料方式
D-1 产品	3400 千克	35600 千克	35000 千克	4000 千克	50%	逐步投料
D-2 产品	1500 件	15300 件	16000 件	800 件	50%	逐步投料
D-3 产品	2000 件	15600 件	16000 件	1600 件	50%	逐步投料
D-4 产品	1700 件	14900 件	15000 件	1600 件	50%	逐步投料

代基本生产车间编制"生产情况报告表",代成品仓库编制"产品入库汇总表",将填写好的两张表送财务科记账员。

6 德源公司会计实操

6.1 德源公司出纳员岗位实操

开设有关日记账。德源公司 2002 年 11 月 30 日有关账户余额如下：
库存现金日记账　　　　　　　1000（借）
银行存款日记账　　　　　　310000（借）
德源公司及往来公司相关情况如表 6-1 所示：

表 6-1

开户行：中国工商银行江泽市支行		开户行：中国工商银行崎峰市支行	
公司名称	账　号	公司名称	账　号
兴盛公司	1156674356324	众生公司	823653676516
兴隆公司	1156674356323	众健公司	823653676517
德源公司	1156674356325		
德茂公司	1156674356326		
昌平公司	1156674356327		
昌安公司	1156674356328		

办理如下业务：

凡出纳业务，在业务办理完毕后，编制记账凭证，据以登记库存现金和银行存款日记账，并将记账凭证连同所附原始凭证一并转交记账员记账。

(1) 12 月 1 日，收到陈鹏"旅差费报销单"（所附单据略），经审核无误，报销费用 1384 元，按原预支额 1300 元开出"收据"，当即支付现金 84 元，并在差旅费报销单上填写"付现金 84 元"。

(2) 12 月 1 日，收到业务员送来的"进账单"回单及"增值税专用发票"的记账联，进行账务处理。

(3) 12 月 1 日，收到开户银行转来兴隆公司和兴盛公司的"转账支票"

收账通知联。

（4）12月1日，填写"转账支票"1张，支付应付德茂公司账款100000元；填写"信汇"凭证2张，分别支付应付宏源公司账款110000元和应付众生公司账款120000元。填好结算凭证后去开户银行办理相关手续，取回"转账支票"回单和"信汇"凭证回单，审核无误后进行账务处理。

（5）12月2日，填写"转账支票"1张，转出投资款190000元，存入亚洲证券营业部账户（亚洲证券营业部开户行：中国工商银行江泽市支行，账号：235673625588）准备用于购买股票。到银行办理转账手续，取回回单。

（6）12月2日，填写"现金支票"1张，提取现金5000元备用，到开户银行办理支款手续。

（7）12月2日，收到业务科陆源的"领款单"，经审核无误，当即支付现金2800元，作为业务科的备用金（在领款单上注明"现金付讫"）。

（8）12月3日，收到"亚洲证券营业部成交过户交割单"，购入股票划作交易性金融资产。

（9）12月3日，将专夹留存的10月3日签发的商业承兑汇票第二联取出（曾在10月3日发生销货业务时，已填写3份"商业承兑汇票"：签发日期为2002年10月3日，承兑期2个月，应收兴隆公司货款110000元，应收兴盛公司货款100000元，应收众健公司货款120000元），依据到期的3张"商业汇票"分别办理收款手续。

① 应收兴隆公司110000元和兴盛公司100000元，持其"商业承兑汇票"第二联去兴盛公司、兴隆公司，要求其出纳员签发"转账支票"，并到银行办理转账手续，收到银行转来兴隆公司、兴盛公司"转账支票"的收款通知联。

② 应收众健公司的到期票据款120000元，填写"委托收款"凭证后，持"委托收款凭证"和"商业承兑汇票"第二联到开户银行办理委托收款手续，银行盖章后，取回"委托收款"凭证回单。

（10）12月3日，收到德茂公司出纳员送来的到期"商业承兑汇票"第二联，经审核无误，据以填写"转账支票"，到银行办理转账手续。

（11）12月5日，收到开户行转来众健公司"信汇"凭证收款通知联。

（12）12月5日，收到中财保险股份有限公司机动车辆保险单（正本）和保费收据第一联，经审核无误，据以填写转账支票（中财保险股份有限公司开户行：中国工商银行江泽市支行，账号：115675368955），并到银行办理转账手续，经银行盖章，取回转账支票回单。

（13）12月6日，填写"中华人民共和国税收通用完税证"，将未交增值税、应交城市维护建设税、应交个人所得税、应交教育费附加上交国库，具体金额见明细分类账各该账户的月初余额。税收通用完税证填写好后，到开户行办理手续，经税务机关、银行盖章后取得完税凭证联，并据以进行账务处理。

(14) 12月6日，收到律师事务所的"江泽市服务业发票"发票联，经审核无误，以现金付讫。

(15) 12月7日，收到银行转来委托收款凭证的收款通知1张，系众健公司应收账款120000元。

(16) 12月7日，收到银行转来委托收款凭证的付款通知2张，系应付众生公司的商业汇票到期款100000元和宏源公司商业汇票到期款110000元。

(17) 12月8日，收到江泽市电视台的"江泽市服务业发票"发票联，经审核无误，据以填写转账支票（江泽市电视台开户行：中国工商银行江泽市支行，账号：115674356672），付广告费，并到银行办理转账手续，经银行盖章，取回转账支票回单。

(18) 12月8日，德源公司委托债券发行公司发行5年期债券，按面值的10%溢价发行。现债券公司已发行债券面值9500000元，实收金额10450000元，款项今日全部交来，当即送存银行。据以填写"收据"及"进账单"，到银行办理手续后据"收据"记账联及"进账单"回单进行账务处理。

(19) 12月9日，收到债券公司的"江泽市服务业发票"发票联，经审核无误，据以填写转账支票（债券公司开户行：中国工商银行江泽市支行，账号：115676283355），付手续费，并到银行办理转账手续，经银行盖章，取回转账支票回单。

(20) 12月10日，收到本公司职工许源"费用报销领款单"，经审核无误，以现金付讫。

(21) 12月10日，收到房地产管理所的"江泽市服务业发票"发票联，经审核无误，以现金付讫。

(22) 12月10日，收到江泽市汽车运输公司的"江泽市公路、内河货物运输业统一发票"发票联，经审核无误，据以填写转账支票（江泽市汽车运输公司开户行：中国工商银行江泽市支行，账号：115674356698），付运费，并到银行办理转账手续，经银行盖章，取回转账支票回单。

(23) 12月10日，收到保险公司的"保险公司失业保险金收据"，经审核无误，以现金支票付讫。

(24) 12月10日，签发"现金支票"，到银行办理取款手续，提回现金4100元备用。根据"现金支票"存根作账务处理。

(25) 12月10日，收到孙立等3人的"费用报销领款单"，经审核无误，以现金付讫。

(26) 12月10日，收到司法局的"江泽市行政事业单位收款收据"，经审核无误，据以填写转账支票（司法局开户行：中国工商银行江泽市支行，

账号：115674356989），付诉讼费，并到银行办理转账手续，经银行盖章，取回转账支票回单。

（27）12月11日，收到陈鹏的"借款单"，经审核无误，以现金付讫。

（28）12月11日，收到工程队的"江泽市建筑安装业统一发票"，经审核无误，如数签发"现金支票"，交张扬到银行取款。

（29）12月12日，收到证券公司的"收据"，经审核无误，据以填写转账支票（证券公司开户行：中国工商银行江泽市支行，账号：115674356719），付债券及手续费，并到银行办理转账手续，经银行盖章，取回转账支票回单。

（30）12月13日，收到"工资结算汇总表"，根据实发工资总额签发"现金支票"，从银行提取现金，当即发放完毕。

（31）12月13日，收到业务员送来的增值税专用发票的第二、三、四联，据以填写"委托收款凭证"（应收众健公司款），持委托收款凭证和增值税专用发票第二、三联到银行办理托收手续，经银行盖章后，将退回的"委托收款凭证"回单与"增值税专用发票"记账联一并作账务处理。

（32）12月14日，收到业务科"管理费用支出汇总表"（所附单据47张略），经审核无误，以现金付讫。

（33）12月14日，收到江泽市工学院的"收据"，经审核无误，开出"现金支票"付讫。

（34）12月15日，收到职工食堂购买炊具的发票，经审核无误，以现金付讫。

（35）12月16日，收到银行转来"委托收款凭证"的收款通知联，系众健公司应收款。

（36）12月16日，收到"市税务局印花税票发售统一发票"，经审核无误，以现金付讫。

（37）12月16日，收到保险公司收取员工养老保险金的"收据"，经审核无误，据以填写转账支票（保险公司开户行：中国工商银行江泽市支行，账号：115674363789），付保险金，并到银行办理转账手续，经银行盖章，取回转账支票回单。

（38）12月17日，收到长丰建筑公司"江泽市建筑安装业统一发票"的发票联，经审核无误，据以填写转账支票（建筑公司开户行：中国工商银行江泽市支行，账号：115672785567），付工程款，并到银行办理转账手续，经银行盖章，取回转账支票回单。

（39）12月17日，根据"综合奖金结算汇总表"（实际还应有按人头的奖金发放表，此处略），签发"现金支票"提回现金，当即发放完毕。

（40）12月18日，收到新卫设计院的"江泽市服务业发票"发票联，经审核无误，以现金付讫。

（41）12月18日，收到业务员送来的兴盛公司转账支票的收账通知联及本公司的固定资产销售的"江泽市商业普通发票"的会计记账联，经审核无误进行账务处理。

（42）12月19日，收到德茂公司出售设备的"江泽市商业普通发票"发票联及本公司业务员送来的"固定资产验收单"，经审核无误，据以填写"转账支票"付设备款，并到银行办理转账手续，经银行盖章，取回转账支票回单。

（43）12月19日，收到陈鹏的"旅差费报销单"（所附单据略）和交来的现金620元，开出"收据"收讫。收据金额按陈鹏原借支数填写。

（44）12月19日，收到业务科的"业务招待费汇总表"及所附21张单据（单据略），经审核无误后，当即签发"现金支票"补足其备用金。

（45）12月19日，收到韩金的"费用报销领款单"，经审核无误，以现金付讫。

（46）12月19日，收到业务员送来的仓库租金收入"进账单"回单及"江泽市服务业发票"记账联。

（47）12月20日，收到业务员送来的"为民五金公司发票"和"物品领用单"，经审核无误后签发"现金支票"，从银行提回现金5000元，除支付灭火器款外，其余备用。

（48）12月20日，收到业务员送来的昌平公司"转账支票"的收账通知联及本公司收取技术转让收入的"江泽市商业普通发票"记账联。

（49）12月21日，收到购买书籍的"江泽市文化教育、体育业发票"发票联，经审核无误，以现金付讫。

（50）12月21日，收到兴盛公司的"江泽市商业普通发票"发票联，经审核无误后签发"转账支票"支付技术转让费。到银行办理转账手续，经银行盖章后，拿回转账支票回单。

（51）12月21日，收到汽车修配厂的"江泽市商业普通发票"发票联，经审核无误后以现金付讫。

（52）12月23日，收到自来水厂发票，审核无误后填写"转账支票"支付水费，到银行办理转账手续，经银行盖章后，拿回转账支票回单（自来水厂开户行：中国工商银行江泽市支行，账号：115674351125）。

同时根据定额耗用量分配本月水费，定额耗用量如下：动力车间500吨，机修车间560吨，基本生产车间2100吨，公司管理部门1740吨，据以编制"水费分配表"。

根据"自来水厂发票"发票联、"转账支票"存根和"水费分配表"进

行账务处理。

(53) 12月23日，收到业务科的"管理费用支出汇总表"及所附31张单据（单据略），经审核无误后，当即签发"现金支票"补足其备用金。

(54) 12月24日，收到电力局的"增值税专用发票"发票联，审核无误后填写"转账支票"支付电费，到银行办理转账手续，经银行盖章后，拿回转账支票回单（电力局开户行：中国工商银行江泽市支行，账号：115674356211）。

同时根据表6-2所列定额耗用量资料编制"外购动力费分配表"：

表6-2

产品名称	定额耗用量	车间部门	定额耗用量
E-1产品	11200度	动力车间	800度
E-2产品	12100度	机修车间	1200度
E-3产品	10000度	基本生产车间	1000度
E-4产品	12000度	管理部门	7700度

根据电力局的发票联、"转账支票"存根和"外购动力费分配表"进行账务处理。

(55) 12月24日，收到大世界市场的"江泽市服务业发票"发票联，经审核无误后以现金付讫。

(56) 12月24日，为购进口设备，向开户行买入5000美元，以中国人民银行公布的人民币汇率中间价作为即期汇率，当日的即期汇率1美元=7.72元人民币，银行当日美元卖出价为1美元=8.10元人民币。签发"转账支票"支付人民币，填写"进账单"购入美元。到银行办理相关手续，根据"转账支票"存根和"进账单"作账务处理。

(57) 12月25日，签发"现金支票"，到银行办理取款手续，提回现金5800元备用。根据"现金支票"存根作账务处理。

(58) 12月25日，收到物价检查所"罚款没收专用收据"，以现金支付罚款。

(59) 12月25日，收到养路费征收站的"交通车辆养路费收据"，经审核无误，以现金付讫（2台东风汽车为送货用车，养路费为700元，1台小车的养路费为300元）。

(60) 12月26日，收到"副食商店销售发票"发票联，经审核无误后以

现金付讫。

(61) 12月26日，收到迅达搬运公司的"江泽市交通运输业发票"发票联，经审核无误后以现金付讫。

(62) 12月26日，收到业务员送来的"固定资产验收单"及购买进口设备的"商业发票"，经审核无误后填写"信汇"凭证，到银行办理美元汇兑手续，取回"信汇"回单。当日的即期汇率1美元=7.85元人民币。

(63) 12月26日，收到陈鹏的"借款单"，经审核无误后以现金付讫。

(64) 12月27日，收到本公司业务员送来销售商品给兴盛公司、兴隆公司和众健公司的"增值税专用发票"记账联和3张"商业承兑汇票"。

(65) 12月27日，收到业务员送来的"专利申报表"和专利局的"江泽市行政事业单位收款收据"发票联，审核无误后填写"转账支票"支付专利注册登记费，到银行办理转账手续，经银行盖章后，拿回转账支票回单（专利局开户行：中国工商银行江泽市支行，账号：115675363286）。

(66) 12月27日，收到宏源公司、德茂公司、众生公司业务员送来的增值税专用发票第二、三联，经审核无误后分别填写为期2个月的"商业承兑汇票"3份，其中第一联由各收款人盖章签名后收回，在第二联的付款人盖章处盖上财务专用章，在负责、经办处签上名，填好后将第二联分别交宏源公司、德茂公司、众生公司业务员。

同时收到四通运输公司的"江泽市公路、内河货物运输业统一发票"发票联，经审核无误后填写"转账支票"支付材料运费，到银行办理转账手续，经银行盖章后，拿回转账支票回单（四通运输公司开户行：中国工商银行江泽市支行，账号：115675363298）。

根据材料重量编制"材料采购费用分配表"。各种材料采购的重量：F-1材料7000千克，G-1材料5000千克，甲材料20000千克，乙材料20000千克，丙材料10000千克，丁材料10000千克。

根据增值税专用发票的发票联、商业汇票的留存联、转账支票存根联、"江泽市公路、内河货物运输业统一发票"发票联、"材料采购费用分配表"，作账务处理。

(67) 12月30日，收到业务员送来的"增值税专用发票"的第二、三、四联，合同规定销货款采用委托收款结算方式，经审核无误后，据以填写"委托收款凭证"，持"委托收款凭证"和"增值税专用发票"第二、三联到银行办理托收手续，经银行盖章后，将退回的"委托收款凭证"回单与"增值税专用发票"的记账联一并作账务处理。

(68) 12月31日，到开户行拿回贷款计息凭证，进行账务处理（预计应付利息12000元）。

(69) 12月31日，到开户行拿回存款计息凭证，进行账务处理。

(70) 12月31日，将账面价值为80000元的"交易性金融资产——基金"全部出售，实得现金84000元。填写"内部转账单"和"进账单"，将现金送存银行（全为百元券）。

(71) 12月31日的即期汇率1美元＝8.05元人民币，调整当期产生的汇兑差额。

6.2 德源公司记账员岗位实操

开设有关账户。德源公司2002年11月30日明细账期末资料如下：

其他货币资金——外埠存款	10000（借）
交易性金融资产——股票（成本）	100000（借）
交易性金融资产——债券（成本）	90000（借）
交易性金融资产——基金（成本）	80000（借）
应收票据——兴隆公司	110000（借）
应收票据——兴盛公司	100000（借）
应收票据——众健公司	120000（借）
应收账款——兴隆公司	100000（借）
应收账款——兴盛公司	120000（借）
应收账款——众健公司	110000（借）
坏账准备	1320（贷）
其他应收款——陈鹏	1300（借）
其他应收款——代扣水电费	15000（借）
材料采购——原材料	37840（借）
原材料——原料及主要材料	410000（借）
原材料——其他材料	70000（借）
周转材料——包装物	16000（借）
周转材料——低值易耗品	50000（借）
材料成本差异——原材料	4800（借）
材料成本差异——包装物	160（贷）
材料成本差异——低值易耗品	500（借）
库存商品——E-1产品	160000（借）
库存商品——E-2产品	600000（借）
库存商品——E-3产品	640000（借）
库存商品——E-4产品	1000000（借）

长期股权投资——股票投资（丰润公司）	100000（借）
持有至到期投资——成本	100000（借）
持有至到期投资——利息调整	6000（借）
持有至到期投资——应计利息	5000（借）
固定资产——生产用固定资产	1200000（借）
固定资产——非生产用固定资产	600000（借）
固定资产——不需用固定资产	200000（借）
固定资产——出租固定资产	200000（借）
累计折旧	800000（贷）
工程物资——专用材料	200000（借）
工程物资——专用设备	400000（借）
在建工程——机床大修工程	60000（借）
在建工程——设备安装工程	300000（借）
固定资产清理——报废	6000（借）
无形资产——专利权	273000（借）
无形资产——专有技术	350000（借）
研发支出——资本化支出	27000（借）
长期待摊费用——固定资产大修费用	49000（借）
待处理财产损溢——待处理固定资产损溢	3000（借）
生产成本——基本生产成本（E-1产品）	7000（借）
生产成本——基本生产成本（E-2产品）	13000（借）
生产成本——基本生产成本（E-3产品）	13500（借）
生产成本——基本生产成本（E-4产品）	14500（借）
短期借款——生产周转借款	1500000（贷）
应付票据——德茂公司	120000（贷）
应付票据——宏源公司	110000（贷）
应付票据——众生公司	100000（贷）
应付账款——德茂公司	100000（贷）
应付账款——宏源公司	110000（贷）
应付账款——众生公司	120000（贷）
应付职工薪酬——职工教育经费	3400（贷）
应付职工薪酬——职工福利	1100（贷）
应付职工薪酬——社会保险费	8500（贷）
应交税费——未交增值税	40000（贷）
应交税费——应交所得税	45000（借）

应交税费——应交城市维护建设税	2000（贷）
应交税费——应交个人所得税	2500（贷）
应交税费——应交教育费附加	800（贷）
应付利息	25000（贷）
长期借款——基建借款	1280000（贷）
长期应付款——应付设备款	100000（贷）
应付债券——面值	360000（贷）
应付债券——利息调整	30000（贷）
应付债券——应计利息	20000（贷）
实收资本——国家投资	1500000（贷）
实收资本——达亿公司	180000（贷）
实收资本——其他	473660（贷）
资本公积——资本溢价	280000（贷）
资本公积——其他	90000（贷）
盈余公积——法定盈余公积	670000（贷）
利润分配——未分配利润	40000（贷）
本年利润	360000（贷）

原材料明细账 2002 年 11 月 30 日期末资料如表 6-3 所示：

表 6-3

	品 名	数量（千克）	计划单价（元）	金额（元）
原料及主要材料	甲材料	10000	4.20	42000
	乙材料	10000	2.80	28000
	丙材料	10000	4.80	48000
	丁材料	10000	6.20	62000
	F-1 材料	10000	13.20	132000
	G-1 材料	10000	9.80	98000
	小 计			410000
	其他材料			70000
	合 计			480000

材料采购明细账 2002 年 11 月 30 日期末资料如表 6-4 所示：

表6-4   单位：元

供货单位	项目	借方			贷方			备注
		买价	运杂费	合　计	计划成本	差异	合　计	
众生公司	甲材料	8000	160	8160				
	乙材料	6000	150	6150				
众健公司	丙材料	5000	150	5150				
	丁材料	8000	160	8160				
德茂公司	F-1材料	5000	120	5120				
宏源公司	G-1材料	5000	100	5100				
合　计		37000	840	37840				

库存商品明细账2002年11月30日期末资料如表6-5所示：

表6-5

商品名称	单位	数　量	单位成本（元）	金额（元）
E-1商品	千克	20000	8	160000
E-2商品	件	40000	15	600000
E-3商品	件	40000	16	640000
E-4商品	件	50000	20	1000000
合　计				2400000

生产成本明细账2002年11月30日期末在产品成本资料如表6-6所示：

表6-6

产品名称	数　量	成本项目（元）			
		直接材料	直接人工	制造费用	合　计
E-1产品	1750千克	4000	2000	1000	7000
E-2产品	1500件	7000	4000	2000	13000
E-3产品	1700件	7500	4000	2000	13500
E-4产品	1460件	8000	4000	2500	14500
合　计					48000

按下列要求开设明细账：

(1) 下列账户使用三栏式账页（有期初余额的账户结转期初余额，没有期初余额的账户设户后待记发生额）：

其他货币资金——外埠存款
其他货币资金——存出投资款
交易性金融资产——股票（成本）
交易性金融资产——股票（公允价值变动）
交易性金融资产——债券（成本）
交易性金融资产——基金（成本）
应收票据——兴盛公司
应收票据——兴隆公司
应收票据——众健公司
应收账款——兴隆公司
应收账款——兴盛公司
应收账款——众健公司
坏账准备
其他应收款——陈鹏
其他应收款——业务科
其他应收款——代扣水电费
原材料——原料及主要材料
原材料——其他材料
周转材料——包装物
周转材料——低值易耗品
材料成本差异——原材料
材料成本差异——包装物
材料成本差异——低值易耗品
长期股权投资——股票投资（丰润公司）
持有至到期投资——成本
持有至到期投资——利息调整
持有至到期投资——应计利息
固定资产——生产用固定资产
固定资产——非生产用固定资产
固定资产——不需用固定资产
固定资产——出租固定资产
累计折旧

工程物资——专用材料
工程物资——专用设备
在建工程——机床大修工程
在建工程——设备安装工程
在建工程——生产车间扩建工程
固定资产清理——报废
固定资产清理——出售不需用固定资产
无形资产——专利权
无形资产——专有技术
研发支出——资本化支出
累计摊销
长期待摊费用——固定资产大修费用
待处理财产损溢——待处理固定资产损溢
递延所得税资产
短期借款——生产周转借款
应付票据——德茂公司
应付票据——宏源公司
应付票据——众生公司
应付账款——德茂公司
应付账款——宏源公司
应付账款——众生公司
应付职工薪酬——工资
应付职工薪酬——职工福利
应付职工薪酬——社会保险费
应付职工薪酬——住房公积金
应付职工薪酬——工会经费
应付职工薪酬——职工教育经费
应付职工薪酬——非货币性福利
应交税费——未交增值税
应交税费——应交营业税
应交税费——应交所得税
应交税费——应交城市维护建设税
应交税费——应交个人所得税
应交税费——应交教育费附加
应付利息

应付股利
长期借款——基建借款
长期应付款——应付设备款
应付债券——面值
应付债券——利息调整
应付债券——应计利息
递延所得税负债
实收资本——国家投资
实收资本——达亿公司
实收资本——其他
资本公积——资本溢价
资本公积——其他
盈余公积——法定盈余公积
利润分配——提取法定盈余公积
利润分配——应付现金股利
利润分配——未分配利润
本年利润
主营业务收入——E-1 产品
主营业务收入——E-2 产品
主营业务收入——E-3 产品
主营业务收入——E-4 产品
其他业务收入
投资收益
公允价值变动损益
营业外收入
主营业务成本——E-1 产品
主营业务成本——E-2 产品
主营业务成本——E-3 产品
主营业务成本——E-4 产品
营业税金及附加
其他业务成本
资产减值损失
营业外支出
所得税费用

(2) 下列账户使用多栏式账页（有期初余额的账户结转期初余额，没有

期初余额的账户设户后待记发生额）：
　　应交税费——应交增值税
　　材料采购——原材料
　　生产成本——基本生产成本（E-1 产品）
　　生产成本——基本生产成本（E-2 产品）
　　生产成本——基本生产成本（E-3 产品）
　　生产成本——基本生产成本（E-4 产品）
　　生产成本——辅助生产成本——机修车间
　　生产成本——辅助生产成本——动力车间
　　制造费用——基本生产车间
　　销售费用
　　财务费用
　　管理费用
　　(3) 下列账户使用数量金额式账页（有期初余额的账户结转期初余额，没有期初余额的账户设户后待记发生额）：
　　库存商品——E-1 产品
　　库存商品——E-2 产品
　　库存商品——E-3 产品
　　库存商品——E-4 产品
　　原材料——原料及主要材料——甲材料
　　原材料——原料及主要材料——乙材料
　　原材料——原料及主要材料——丙材料
　　原材料——原料及主要材料——丁材料
　　原材料——原料及主要材料——G-1 材料
　　原材料——原料及主要材料——F-1 材料
办理记账业务：
　　(1) 12月4日，收到业务员送来的材料入库验收单，留待月末汇总进行收料的账务处理。
　　(2) 12月9日，收到固定资产折旧计算表，经审核无误进行账务处理。
　　(3) 12月9日，收到业务员交来本公司换出商品的增值税专用发票的记账联，换入材料的增值税发票的抵扣联与发票联及材料入库验收单的会计记账联，经审核无误进行非货币性交易的账务处理。
　　(4) 12月12日，收到雷声、乐飞的"物品领用单"，经审核无误进行账务处理。
　　(5) 12月18日，收到固定资产报废单，经审核无误进行账务处理。

(6) 12月20日，收到业务员送来的工程物资入库验收单。

(7) 12月20日，报废固定资产清理完毕，根据"固定资产清理——报废清理"账户余额编制"内部转账单"，结转清理损益。

(8) 12月27日，收到业务员送来的材料入库验收单，留待月末汇总进行收料的账务处理。

(9) 12月28日，本月应摊销专利权40000元，应摊销专有技术35000元，应摊销基本生产车间固定资产大修费20000元，据以编制"无形资产、长期待摊费用分摊表"，经审核无误进行账务处理。

(10) 12月29日，收到"报废低值易耗品汇总表"及"材料入库验收单"（会计记账联），经审核无误进行账务处理。

(11) 12月29日，据前面留存的"材料入库验收单"登记"材料采购"明细账（横线登记式明细账）的贷方发生额，并计算入库材料成本差异，据此编制"本月已付款的入库材料汇总表"。

(12) 12月30日，本月生产产品领用包装物的计划成本汇总如下（根据领料单汇总，因为领料单不便一一列出，故略去）：

E-1产品领用2100元

E-2产品领用2300元

E-3产品领用2500元

E-4产品领用2000元

据"周转材料——包装物"与"材料成本差异——包装物"账户资料计算材料成本差异率、领用材料应分摊的差异额及领用材料实际成本，据计算结果编制"领用包装物汇总表"，经审核无误进行账务处理。

(13) 12月30日，本月领用低值易耗品的计划成本汇总如下（根据领料单汇总，因为领料单不便一一列出，故略去）：

基本生产车间领用8000元

动力车间领用800元

机修车间领用1200元

公司管理部门领用1600元

据"周转材料——低值易耗品"与"材料成本差异——低值易耗品"账户资料计算材料成本差异率、领用材料应分摊的差异额及领用材料实际成本，据计算结果编制"领用低值易耗品汇总表"，经审核无误进行账务处理。

(14) 12月31日，收到"车间产品耗用工时汇总表"，结合"工资结算汇总表"与"奖金发放表"先编制"基本生产车间生产工人工资分配表"，后编制"应付职工薪酬分配表"，经审核无误进行账务处理。

(15) 12月31日，收到业务员送来的"发料凭证汇总表"及其"发料单"（略），根据"发料单"上所载明的用途及下列材料耗用资料编制"发料凭证分配汇总表"。据"原材料——原料及主要材料"各数量金额式明细账及"材料成本差异——原材料"账户资料计算材料成本差异率、领用材料应分摊的差异额及领用材料实际成本。

材料耗用的计划成本汇总如表6-7所示：

表6-7　　　　　　　　　　　　　　　　　　　　　　　　　单位：元

产品、车间、部门	主要材料	其他材料	备注
E-1产品	140000		
E-2产品	150000		
E-3产品	146000		
E-4产品	152000		
基本生产车间一般耗用		4000	列入物料消耗
动力车间	9000	3000	
机修车间	7000	2000	
公司管理部门		3000	列入公司经费
销售部门		3000	列入包装费
车间扩建工程	25000	15000	按17%转出进项税额

经审核无误进行账务处理（材料成本差异率精确至小数点后四位）。

(16) 12月31日，原作待处理的盘亏设备净值3000元，经批准转销。据以编制"内部转账单"，经审核无误进行账务处理。

(17) 12月31日，收到"辅助生产情况表"，结合"生产成本——辅助生产成本——动力车间"和"生产成本——辅助生产成本——机修车间"账户资料，采取直接分配法分配辅助生产费用，编制"辅助生产费用分配表"（分配率精确至小数点后四位）。经审核无误进行账务处理。

(18) 12月31日，根据工时记录（生产E-1产品10000工时，生产E-2产品12000工时，生产E-3产品12000工时，生产E-4产品12100工时）和"制造费用——基本生产车间"账户资料编制"制造费用分配表"（分配率精确至小数点后四位）。经审核无误进行账务处理。

(19) 12月31日，收到"生产情况报告表"和"产品入库汇总表"，结合基本生产成本明细账资料,据以编制"生产成本计算表"(分别按四种产品进行计算),单位成本保留到分。经审核无误进行账务处理。

(20) 12月31日,根据本月商品销售数量及"库存商品"明细账的加权平均单位成本,编制"产品销售汇总表",结转产品销售成本。

(21) 12月31日,"交易性金融资产——股票"的公允价值为210000元,依据"交易性金融资产——股票——成本"及"交易性金融资产——股票——公允价值变动"明细账户资料计算本期公允价值变动金额,据以填制"内部转账单",经审核无误进行账务处理。

(22) 12月31日,按应收款项百分比法计提坏账准备,提取比例为3%,依据"应收账款"、"其他应收款"、"预付账款"及"坏账准备"明细账资料分析计算本期应计提的坏账准备金,据以编制"内部转账单",经审核无误进行账务处理。

(23) 12月31日,依据"应交税费——应交增值税"明细账资料分析填写"增值税纳税申报表",计算出未交增值税额,经审核无误进行账务处理。

(24) 12月31日,依据"其他业务收入"和"固定资产"明细账及"增值税纳税申报表"资料,计算应交营业税、应交房产税、应交城市维护建设税、应交教育费附加,编制"地方税收综合纳税(费)申报表",经审核无误进行账务处理。

(25) 12月31日,依据"持有至到期投资"明细账期初资料计算本年利息收入,并进行利息调整(按票面利率6%,实际利率5%计算),据以填制"内部转账单",经审核无误进行账务处理(本月发生数暂不计算利息)。

(26) 12月31日,依据"应付债券"明细账期初资料计算本年利息费用(为安装工程而发行债券),并进行利息调整,按票面利率8%,实际利率5%计算,据以填制"内部转账单",经审核无误进行账务处理(本月发生数暂不计算利息)。

(27) 12月31日,结平"待处理财产损溢"账户。

(28) 12月31日,将损益类账户的本月净发生额结转"本年利润"账户。

(29) 12月31日,编制"利润表"初稿,据以编制"暂时性差异计算表"、"所得税纳税申报表"(所得税税率:33%),经审核无误进行账务处理。

(30) 12月31日,将"所得税费用"账户发生额转入"本年利润"账户。

(31) 12月31日,进行利润分配。法定盈余公积按净利润("本年利润"账户年末余额)的10%分配,应付现金股利按"未分配利润"明细账期初余额加上本年净利润，减去本年提取的法定盈余公积后的30%分配。

(32) 12月31日，将"本年利润"、"利润分配——提取盈余公积"、"利润分配——应付现金股利"账户余额转入"利润分配——未分配利润"账户。

6.3 德源公司财务科长岗位实操

开设总账。根据下列资料开设总账账户，每个账户占一页。德源公司2002年11月30日总账期末资料如下：

库存现金	1000（借）
银行存款	310000（借）
其他货币资金	10000（借）
交易性金融资产	270000（借）
应收票据	330000（借）
应收账款	330000（借）
坏账准备	1320（贷）
其他应收款	16300（借）
材料采购	37840（借）
原材料	480000（借）
周转材料	66000（借）
材料成本差异	5140（借）
库存商品	2400000（借）
长期股权投资	100000（借）
持有至到期投资	111000（借）
固定资产	2200000（借）
累计折旧	800000（贷）
工程物资	600000（借）
在建工程	360000（借）
固定资产清理	6000（借）
无形资产	623000（借）
研发支出	27000（借）
累计摊销	
长期待摊费用	49000（借）
待处理财产损溢	3000（借）
递延所得税资产	
生产成本	48000（借）

制造费用	
短期借款	1500000（贷）
应付票据	330000（贷）
应付账款	330000（贷）
应付职工薪酬	13000（贷）
应交税费	300（贷）
应付利息	25000（贷）
应付股利	
其他应付款	
长期借款	1280000（贷）
长期应付款	100000（贷）
应付债券	410000（贷）
递延所得税负债	
实收资本	2153660（贷）
资本公积	370000（贷）
盈余公积	670000（贷）
利润分配	40000（贷）
本年利润	360000（贷）
主营业务收入	
其他业务收入	
投资收益	
公允价值变动损益	
营业外收入	
主营业务成本	
营业税金及附加	
其他业务成本	
销售费用	
管理费用	
财务费用	
资产减值损失	
营业外支出	
所得税费用	

处理日常总账业务：

(1) 复核上旬会计凭证，根据审核无误的上旬记账凭证编制记账凭证汇总表，并据以登记总账，结出账户余额，与出纳员所经管的日记账核对，如有不符，查明原因，予以更正；与记账员所经管的明细账进行核对，如有不符，查明原因，予以更正。

（2）复核中旬会计凭证，根据审核无误的中旬记账凭证编制记账凭证汇总表，并据以登记总账，结出账户余额，与出纳员所经管的日记账核对，如有不符，查明原因，予以更正；与记账员所经管的明细账进行核对，如有不符，查明原因，予以更正。

（3）复核下旬会计凭证，根据审核无误的下旬记账凭证编制记账凭证汇总表，并据以登记总账，结出账户余额，与出纳员所经管的日记账核对，如有不符，查明原因，予以更正；与记账员所经管的明细账进行核对，如有不符，查明原因，予以更正。

（4）编制总账账户余额试算平衡表。

（5）办理年结。

编制会计报表：

（1）编制资产负债表，以12月份月初数作为年初数。

（2）编制利润表，以12月份损益作为全年损益。

（3）编制现金流量表，以12月份月初数作为年初数，以12月份现金流量作为全年现金流量。

6.4 德源公司业务员岗位实操

按要求填制和传递2002年12月份凭证：

（1）12月1日，陈鹏出差返回公司报账，出差相关内容如下：陈鹏出差联系业务推销产品，2002年11月25日从江泽市乘火车至大连市（当日到达），火车票408元，在大连期间住宿费460元，2002年11月29日从大连乘火车回江泽市（次日到达），火车票408元，出差补助每天18元，据以填写"旅差费报销单"（经理丰收在单上签字：同意报销），并持单以陈鹏的名义向财务科出纳处报账（出差前已预支1300元）。

（2）12月1日，销售给AB公司E-4商品10000件，销售给AC公司E-4商品8000件，销售给AD公司E-4商品6000件，销售给AE公司E-4商品6000件，E-4商品每件售价29元，增值税税率17%，价税款均已收讫。据以填写"增值税专用发票"，款项全部存入银行，填写"进账单"，送银行办理进账手续后取回"进账单"回单。将"进账单"回单连同"增值税专用发票"的记账联送财务科记账员（开户行：中国工商银行江泽市支行；账号：115674356325）。

（3）12月2日，以业务科陆源的名义填写"领款单"，领款金额2800元，领款单填写好后到财务科找出纳员领款,作为业务科的备用金。

(4) 12月3日,以亚洲证券营业部的名义填写"亚洲证券营业部成交过户交割单"1张,内容如下:本交割单系德源公司购买股票,成交编号为12692,股东账户为33665692,股东名称为德源公司,申请编号为689,公司代码为M122,申报时间为9点52分45秒,成交时间为9点53分15秒,实收金额为98772元,资金余额为91228元;证券代码为500232,成交数量12000股,成交价格8.17元,佣金340元,印花税380元,附加费12元。填好后送德源公司出纳员。

(5) 12月4日,表6-8所列材料全部入库,据以填写"材料入库验收单":

表6-8

供货单位	材料名称	数量(千克)	单位买价(元)	运杂费(元)	计划单价(元)
众生公司	甲材料	2000	4.00	160	4.20
	乙材料	2000	3.00	150	2.80
众健公司	丙材料	1000	4.00	150	4.80
	丁材料	1600	5.00	160	6.20
德茂公司	F-1材料	400	12.50	120	13.20
宏源公司	G-1材料	500	10.00	100	9.80

将填写好的"材料入库验收单"记账联送本公司记账员。

(6) 12月5日,以中财保险股份有限公司的名义填写"机动车辆保险单"和"保费收据"各一张,填写内容如下:被保险人为德源公司;投保险种为车辆损失险、第三责任险、盗抢险、玻璃险、他人恶意险等;车辆型号为三菱(普);发动机号367586;牌号为A-35688;非营业用车;座位为5座;保险价值30万元,保险金额30万元;基本保费250元;车辆损失险费率0.8%;第三责任险最高赔偿限额为20万元;第三责任险保费为1800元;盗抢险保费据表计算;玻璃险保费为50元;他人恶意险保费为100元;保险期限自2002年12月5日零时起至2003年12月5日24时止。地址:十字街58号;电话:8666688;邮政编码:438000;总经理:洪源。填好后将"机动车辆保险单"正本和"保费收据"发票联送德源公司记账员。

(7) 12月6日,以江泽市第一律师事务所陈海的名义填写"江泽市服务业发票",收取德源公司本月律师顾问费用1000元,持其发票联找德源公司出纳员收款。

(8) 12月8日,江泽市电视台收取德源公司广告费18000元,代电视台填写"江泽市服务业发票",持其发票联找德源公司出纳员收款。

(9) 12月9日,债券公司应向德源公司收取债券印刷费及手续费95000元,代填写"江泽市服务业发票",并持其第二联到德源公司财务科结算。

(10) 12月9日,根据下述资料编制"固定资产折旧表"(采用平均年限法),编制完成后将其送德源公司记账员。

11月30日,固定资产资料如表6-9所示:

表6-9

部门	固定资产类型	固定资产原值(元)	预计净残值(元)	预计使用年限
基本车间	房屋	200000	15000	40
	机床加工设备	200000	10000	10
	专用电子设备	300000	20000	10
	其他专用设备	100000	5000	20
机修车间	房屋	100000	5000	40
	机床加工设备	50000	2500	10
	其他专用设备	10000	500	20
动力车间	房屋	100000	5000	40
	内燃发电机组	100000	5000	20
	其他专用设备	40000	2000	20
管理部门	房屋	600000	30000	40
	不需用设备	200000	20000	10
出租	仓库	200000	8000	10

(11) 12月9日,德源公司与昌安公司进行非货币交易,交易内容如下:

德源公司向昌安公司销售E-2商品2005件,每件售价20元;向昌安公司购进甲材料10000千克,每千克进价4元。增值税税率均为17%,据以填写销售E-2商品的"增值税专用发票"和购进甲材料的"材料入库验收单"(材料已如数入库,甲材料的计划单位成本见记账员岗位的数量金额式明细账),填写好后先持销售商品的增值税专用发票的第二、三联到昌安公司业务处换取购进材料的增值税专用发票的第二、三联;后将销售商品的"增值税专用发票"的记账联和购进材料的"增值税专用发票"的第二、三联及"材料入库验收单"一并送交德源公司记账员。

(12) 12月10日，以公司职工许源的名义填写"费用报销领款单"，到财务科领取独生子女费150元。

(13) 12月10日，代房地产管理所开具"江泽市服务业发票"，应收取德源公司办公用房租金980元。制单人：李凤。持发票联到德源公司财务科结算。

(14) 12月10日，以江泽市汽车队的名义开具"江泽市公路、内河货物运输统一发票"，应收取德源公司销货运费6200元。制单人：何春明。持发票联到德源公司财务科结算。

(15) 12月10日，德源公司向保险公司交纳职工失业保险金1500元（保险公司开户行：中国工商银行江泽市支行，账号：115674353366）。以保险公司的名义开具"保险公司失业保险金收据"，持发票联到德源公司财务科结算。

(16) 12月10日，业务科孙立、陆平、秦伟等3人领取本年度烤火费，每人90元，经理孙勇签字：同意付款。代填写"费用报销领款单"，到财务科出纳处领款。

(17) 12月10日，代司法局开具"江泽市行政事业单位收款收据"，应收取德源公司公证费用1000元。收款人：王波。持发票联到德源公司财务科结算。

(18) 12月11日，生产技术科陈鹏去省城开生产技术会，经领导同意借款1800元。据以填写"借款单"，持单向财务科出纳员借款。

(19) 12月11日，支付生产车间扩建工程款7000元，经公司经理签字同意付款，由张杨统一领款，据以填写"江泽市建筑安装业统一发票"，持发票联到财务科出纳处办理领款，取得出纳员签发的"现金支票"到银行取款。

(20) 12月12日，业务员雷声、乐飞各领计算器一个，单价130元，合计金额260元。经理丰收审批：同意领用，一次摊销。据以填写"物品领用单"并将其送交财务科记账员。

(21) 12月12日，德源公司向证券公司购买1年期债券1000000元，手续费2000元，以证券公司名义开出"收据"，持收据第二联到德源公司财务科结算。

(22) 12月13日，根据表6-10所列资料编制"工资结算汇总表"（因工资结算原始资料比较复杂，实际工作中的工资发放表是根据岗位将每个人的工资计算出来加以汇总的，而表中资料直接以汇总的形式给出）：

表6-10

车间、部门、类型	职工人数	标准工资	应扣工资		津贴	代扣款项			
			事假	病假		水电费	住房公积金	个人所得税	个人承担社保
基本生产车间生产工人	281	252000	1210	1350	26770	11260	8500	30	1160
基本生产车间管理人员	11	13210	310	470	550	700	480	20	150
援外工程人员	2	3600			2200				125
在建工程人员	21	23000	750	200	3050	1000	805		165
机修车间人员	6	7010	340	70	570	350	240		75
动力车间人员	5	6020	270	80	570	300	200		60
公司管理人员	35	41000	750	350	1700	1200	1360	30	850
医务人员	4	4510	120	80	200	130	180		115
6个月以上长病人员	3	3400		1000	15	60	120		80

工资结算汇总表编制好后送交财务科出纳员。

（23）12月13日，销售给众健公司E-1商品5000千克，每千克售价11.80元，E-2商品5000件，每件售价22.80元，增值税税率17%，据以填写"增值税专用发票"后将其第二、三、四联送德源公司财务科出纳员办理收款手续。

（24）12月14日，业务科各种费用支出汇总情况如下：差旅费410元（32张原始凭证）；办公费230元（12张原始凭证）；其他费用120元（4张原始凭证）；经核对，编制"管理费用支出汇总表"，持表到财务科报账。

（25）12月14日，陆明等5名职工参加江泽市工学院短期培训，支付学杂费3000元，以工学院名义开出"收据"，持第二联（付款人联）找德源公司财务科出纳员办理领款，取得出纳员签发的"现金支票"到银行取款。

（26）12月15日，德源公司职工食堂向为民日杂公司购买碗30个，单价3元，计90元；盘子30个，每个2.50元，计75元，合计165元。以为民日杂公司名义开具"为民日杂公司销售发票"，持发票联向德源公司财务科出纳员报账（在发票备注上填写：列入职工福利）。

（27）12月16日，德源公司向税务局购买20张5元券印花税票，30张2元券印花税票，30张1元券印花税票，以税务局名义开具"市税务局印花税票发售统一发票"，持发票联向德源公司财务科出纳员报账。

（28）12月16日，江泽市保险公司向德源公司收取员工养老保险金7500元，以保险公司名义开具"收据"，并持"收据"（付款人联）向德源公司财务科结算。

(29) 12月17日,德源公司应付车间扩建工程包工款200000元,以长丰建筑公司的名义填写"江泽市建筑安装业统一发票",持发票联到德源公司财务科办理结算。

(30) 12月17日,本月综合奖金结算汇总资料如表6-11所示:

表6-11

车间、部门	奖金(元)
基本生产车间生产工人	27100
基本生产车间管理人员	1100
机修车间人员	600
动力车间人员	500
公司管理人员	3500
医务人员	400

据以编制"综合奖金结算汇总表",持表向财务科出纳员领取奖金。

(31) 12月18日,德源公司应付新卫设计院产品设计费1000元,以新卫设计院的名义填写"江泽市服务业发票",持发票联到德源公司财务科办理结算。

(32) 12月18日,销售给兴盛公司不需用乙设备一台,原始价值55000元,已提折旧16000元,协商作价40000元。据以填写"江泽市商业普通发票",持其发票联到兴盛公司财务科收款,要求兴盛公司出纳员签发"转账支票",并与其一同去银行办理转账手续,取得银行盖章的"转账支票"的收账通知联后,将"转账支票"的收账通知联及"江泽市商业普通发票"记账联送交本公司财务科出纳员。

(33) 12月18日,一栋仓库290平方米,预计使用30年,已使用28年,原值98000元,已提折旧80000元,因重建提前报废。使用部门的意见:因陈旧要求报废;技术鉴定小组意见:情况属实;固定资产管理部门意见:同意转入清理;主管部门审批意见:同意报废重建。据以填写"固定资产报废单"后将其会计记账联送财务科记账员。

(34) 12月19日,向德茂公司购进丁设备一台,交易价42000元,经验收交基本生产车间使用,据以填写"固定资产验收单",将其第二联送财务科出纳员。

(35) 12月19日,陈鹏12月11日去省城参加工业生产技术会,12月18

日返回，往返汽车票均为45元，住宿费用700元，会议费用150元，其他费用120元，每天补助15元。以陈鹏的名义填写"差旅费报销单"，经理丰收在单上签字：同意报销。持单向财务科出纳员报账（原借支1800元）。

（36）12月19日，业务科与业务往来单位洽谈业务，接待、就餐、补助及接车费共计金额2250元，单据28张。据以填写"业务招待费汇总表"，经理丰收在单上签字：同意报销。持单向财务科出纳员报账，取得出纳员签发的"现金支票"后到银行提取现金。

（37）12月19日，报废固定资产的清理人员韩金等5人应领取清理费用500元，以韩金的名义填写"费用报销领款单"，经理丰收在单上签字：同意付款。持单向财务科出纳员领款。

（38）12月19日，德源公司向江泽商场收取仓库租金5000元，据以开出"江泽市服务业发票"，收到现金5000元，当即填写"进账单"到开户行办理进账手续，收到银行盖章的"进账单"回单后，将"江泽市服务业发票"的发票联及"进账单"回单送交本公司出纳员。

（39）12月20日，仓库清理残料如下：红砖100000块，每块0.20元，计20000元，其他材料5100元，合计25100元。材料全部入库作重建仓库用，据以编制"材料入库单"，并将其记账联送财务科记账员。

（40）12月20日，德源公司向为民五金公司购买灭火器5个，单价100元，计500元。灭火器购回后当即由仓库领用。先以为民五金公司名义开具"为民五金公司发票"，再以仓库保管员王丰名义填写"物品领用单"（经理丰收在单上签字：同意领用，一次摊销），最后将"为民五金公司发票"的发票联和"物品领用单"送财务科出纳员，并要求领款、领物。

（41）12月20日，向昌平公司转让技术，收取技术转让费18000元，据以填写"江泽市商业普通发票"，持其发票联到昌平公司财务科收款，要求昌平公司出纳员签发"转账支票"，并与其一同去银行办理转账手续，取得银行盖章的"转账支票"的收账通知联后，将"转账支票"的收账通知联及"江泽市商业普通发票"记账联送交本公司财务科出纳员。

（42）12月21日，向会计局购买《新会计准则》等书籍，付款188元，以会计局的名义填写"江泽市文化教育、体育业发票"，并持其发票联到财务科报账。

（43）12月21日，德源公司的汽车送汽车修配厂修理，具体修配项目如下：汽车补胎320元，汽车轮胎充气50元，车轮拆装28元。以汽车修配厂名义开具"江泽市服务业发票"，将"江泽市服务业发票"的发票联送交本公司出纳员。

（44）12月23日，德源公司的水表记录是：本月止码为568756，上月止码为563366，实用水5390吨，每吨单价1元。以自来水厂名义开具"自来水厂水费发票",持其发票联到德源公司财务科结算。

(45) 12月23日,业务科用备用金开支下列各种费用:差旅费1250元(12张原始凭证);办公费1050元(22张原始凭证);修理费900元(3张原始凭证);经核对全部报销,编制"管理费用支出汇总表",持单到财务科报账。

(46) 12月24日,德源公司电表的起码是563327,止码是624927,实用电61600度,每度单价0.50元,以电力局的名义填写"增值税专用发票"(电费增值税税率13%),持发票联到德源公司财务科结算。

(47) 12月24日,德源公司参加本市商品展销会,应付江泽大世界市场商品展位租用费600元,以大世界市场的名义填写"江泽市服务业发票",持发票联到德源公司财务科结算。

(48) 12月25日,物价检查所对德源公司商品销售情况进行检查,发现部分商品违反国家价格政策,罚款1500元,以物价检查所名义填写"罚款没收专用收据",持单到德源公司财务科结算。

(49) 12月25日,养路费征收站向德源公司收取汽车养路费用1000元,以养路费征收站的名义填写"交通车辆养路费收据"(2台东风汽车为送货用车,养路费为600元,2台小车的养路费400元),持单到德源公司财务科结算。

(50) 12月26日,看望住院病人刘兰菊,从副食品商店购买2袋奶粉,每袋15元,苹果3公斤,每公斤3元,据以填写"副食商店销售发票",经理丰收签字:在福利费列支。持发票联到德源公司财务科结算。

(51) 12月26日,迅达搬运公司为德源公司装卸货物,应收取装卸费1200元,以迅达公司的名义开具"江泽市交通运输业发票",持发票联到德源公司财务科结算。

(52) 12月26日,陈鹏出差预支差旅费900元,据以填写"借款单",持单向财务科出纳借款。

(53) 12月26日,本公司向美国H公司购入先进设备一台,交易价4000美元,以H公司名义填写"商业发票",以本公司设备科名义填写"固定资产验收单"设备交管理部门使用。"商业发票"与"固定资产验收单"交本公司出纳员(引进先进设备,减免关税及增值税;境内外运杂费均由供货方承担)。

(54) 12月27日,德源公司自行开发一项实用新型专利成功,先根据下列资料填写"专利申报表":申请单位:德源公司;专利项目:实用新型专利;技术开发费:27000元;注册登记费:3200元;单位意见:同意申报;专利局审批:同意注册。再以专利局名义填写"江泽市行政事业单位收款收据",收取德源公司专利注册登记费3200元,然后持"专利申报表"和"江泽市行政事业单位收款收据"到德源公司财务科结算。

(55) 12月27日,德源公司销售给兴隆公司E-1商品7000千克,每千克售价12元；销售给兴盛公司E-1商品7000千克，每千克售价12元；销售给众健公司E-2商品10000件，每件售价23元；增值税税率均为17%，据以分别填写"增值税专用发票"后持"增值税专用发票"的第二、三联到兴隆公司、兴盛公司、众健公司财务科结算，要求各公司出纳员根据购销合同填写"商业承兑汇票"，经付款人（各购货公司）承兑后取得"商业承兑汇票"的第二联，并在商业承兑汇票第一联的收款人盖章处盖上本公司财务专用章（由本公司出纳员盖章），在负责、经办处签名，将"增值税专用发票"的记账联和"商业承兑汇票"的第二联送交德源公司出纳员。

（56）12月27日，四通运输公司为德源公司运输购入的材料，应收运费7200元。以四通运输公司的名义开具"江泽市公路、内河货物运输业统一发票"，持发票联到德源公司财务科结算。

（57）12月27日，外购材料全部验收入库。据表6-12所列资料填写"材料入库验收单"，将其记账联送财务科记账员。

表6-12

供货单位	材料名称	数量（千克）	买价（元）	运杂费（元）	计划单价（元）
德茂公司	F-1材料	7000	91000	700	13.20
宏源公司	G-1材料	5000	50000	500	9.80
众生公司	甲材料	20000	80000	2000	4.20
	乙材料	20000	60000	2000	2.80
	丙材料	10000	50000	1000	4.80
	丁材料	10000	60000	1000	6.20

（58）12月29日，各部门报废低值易耗品（领用时均一次摊销），本月收回残值如下：基本生产车间460元，动力车间47元，机修车间63元，行政管理部门80元。报废材料均已入库（计划价按照650元计算）。据以编制"报废低值易耗品汇总表"和"材料入库验收单"，并将其送财务科记账员。

（59）12月30日，销售给众健公司E-2商品10000件，每件售价22元，E-3商品10000件，每件售价23元，增值税税率17%，据以填写"增值税专用发票"，将"增值税专用发票"第二、三、四联送本公司出纳员。

（60）12月31日，基本生产车间生产E-1产品耗用6800工时，生产E-2产品耗用7000工时，生产E-3产品耗用6900工时，生产E-4产品耗用6920工时，据以编制"产品耗用工时汇总表"，并将表送财务科记账员。

(61) 12月31日,本月发出材料汇总资料如表6-13所示:

表6-13

材料名称	数量(千克)	计划单价(元)	计划总价(元)
甲材料	30000	4.20	126000
乙材料	30000	2.80	84000
丙材料	20000	4.80	96000
丁材料	15000	6.20	93000
F-1材料	10000	13.20	132000
G-1材料	10000	9.80	98000
小 计			629000
其他材料			30000

据以编制"发料凭证汇总表",并将表送财务科记账员。

(62) 12月31日,辅助生产车间本月提供劳务总量资料如表6-14所示:

表6-14

项 目	机修车间服务量(工时)	动力车间供电量(度)
E-1产品耗用	——	9000
E-2产品耗用	——	10000
E-3产品耗用	——	8000
E-4产品耗用	——	10000
基本生产车间耗用	1670	1000
行政管理部门耗用	100	2000
车间扩建工程耗用	230	10000
动力车间耗用	50	——
机修车间耗用	——	800
合 计	2050	50800

据以编制"辅助生产情况表",并将表送财务科记账员。

(63) 12月31日,本月产品生产及入库情况如表6-15所示:

表6-15

产品名称	月初在产品	本月投产	本月完工入库	月末在产品	在产品完工程度	投料方式
E-1产品	1750千克	31400千克	30000千克	3150千克	50%	逐步投料
E-2产品	1500件	18484件	18000件	1984件	50%	逐步投料
E-3产品	1700件	17070件	16000件	2770件	50%	逐步投料
E-4产品	1460件	13240件	14000件	700件	50%	逐步投料

代基本生产车间编制"生产情况报告表",代成品仓库编制"产品入库汇总表",将填写好的两张表送财务科记账员。

7 德茂公司会计实操

7.1 德茂公司出纳员岗位实操

开设有关日记账。德茂公司 2002 年 11 月 30 日有关账户余额如下：
库存现金日记账　　　　　　1000（借）
银行存款日记账　　　　　　299000（借）
德茂公司及往来公司相关情况如表 7-1 所示：

表 7-1

开户行：中国工商银行江泽市支行		开户行：中国工商银行崎峰市支行	
公司名称	账　号	公司名称	账　号
兴隆公司	11566743563 23	宏源公司	823653676510
兴盛公司	11566743563 24	宏盛公司	823653676511
德源公司	11566743563 25	众生公司	823653676516
德茂公司	11566743563 26	众健公司	823653676517
昌平公司	11566743563 27		
昌安公司	11566743563 28		

办理如下业务：

凡出纳业务，在业务办理完毕后，编制记账凭证，据以登记库存现金和银行存款日记账，并将记账凭证连同所附原始凭证一并转交记账员记账。

(1) 12 月 1 日，收到张丰"旅差费报销单"（所附单据略），经审核无误，报销费用 1392 元，按原预支额 1600 元开出"收据"，当即交回现金 208 元，并在差旅费报销单上填写"收现金 208 元"。

(2) 12 月 1 日，收到业务员送来的"进账单"回单及"增值税专用发票"的记账联，进行账务处理。

（3）12月1日，收到开户银行转来兴盛公司和德源公司的"转账支票"收账通知联。

（4）12月1日，填写"信汇"凭证3张，分别支付应付宏源公司账款100000元、应付宏盛公司账款110000元和应付众生公司账款120000元。填好结算凭证后去开户银行办理相关手续，取回"信汇"凭证回单，审核无误后进行账务处理。

（5）12月2日，填写"转账支票"1张，转出投资款210000元，存入亚洲证券营业部账户（亚洲证券营业部开户行：中国工商银行江泽市支行，账号：235673625588）准备用于购买股票。到银行办理转账手续，取回回单。

（6）12月2日，填写"现金支票"1张，提取现金4000元备用，到开户银行办理支款手续。

（7）12月2日，收到业务科陈刚民的"领款单"，经审核无误，当即支付现金2500元，作为业务科的备用金（在领款单上注明"现金付讫"）。

（8）12月3日，收到"亚洲证券营业部成交过户交割单"，购入股票划作交易性金融资产。

（9）12月3日，将专夹留存的10月3日签发的商业承兑汇票第二联取出（曾在10月3日发生销货业务时，已填写3份"商业承兑汇票"：签发日期为2002年10月3日，承兑期2个月，应收兴盛公司货款110000元，应收德源公司货款120000元，应收众健公司货款100000元），依据到期的3张"商业汇票"分别办理收款手续。

① 应收兴盛公司110000元和德源公司120000元，持其"商业承兑汇票"第二联去兴盛公司、德源公司，要求其出纳员签发"转账支票"，并到银行办理转账手续，收到银行转来德源公司、兴盛公司"转账支票"的收款通知联。

② 应收众健公司的到期票据款100000元，填写"委托收款"凭证后，持"委托收款凭证"和"商业承兑汇票"第二联到开户银行办理委托收款手续，银行盖章后，取回"委托收款"凭证回单。

（10）12月5日，收到开户行转来众健公司"信汇"凭证收款通知联。

（11）12月5日，收到中财保险股份有限公司机动车辆保险单（正本）和保费收据第一联，经审核无误，据以填写转账支票（中财保险股份有限公司开户行：中国工商银行江泽市支行，账号：115675368955），并到银行办理转账手续，经银行盖章，取回转账支票回单。

（12）12月6日，填写"中华人民共和国税收通用完税证"，将未交增值税、应交城市维护建设税、应交个人所得税、应交教育费附加上交国库，具体金额见明细分类账各该账户的月初余额。税收通用完税证填写好后，到开户行办理手续，经税务机关、银行盖章后取得完税凭证联，并据以进行账务处理。

(13) 12月6日，收到律师事务所的"江泽市服务业发票"发票联，经审核无误，以现金付讫。

(14) 12月7日，收到银行转来委托收款凭证的收款通知1张，系众健公司应收账款100000元。

(15) 12月7日，收到银行转来委托收款凭证的付款通知3张，系应付宏源公司商业汇票到期款110000元、宏盛公司商业汇票到期款120000元、众生公司的商业汇票到期款100000元。

(16) 12月8日，收到江泽市电视台的"江泽市服务业发票"发票联，经审核无误，据以填写转账支票（江泽市电视台开户行：中国工商银行江泽市支行，账号：115674356672），付广告费，并到银行办理转账手续，经银行盖章，取回转账支票回单。

(17) 12月8日，德茂公司委托债券发行公司发行5年期债券，按面值的10%溢价发行。现债券公司已发行债券面值1000000元，实收金额1100000元，款项今日全部交来，当即送存银行。据以填写"收据"及"进账单"，到银行办理手续后据"收据"记账联及"进账单"回单进行账务处理。

(18) 12月9日，收到债券公司的"江泽市服务业发票"发票联，经审核无误，据以填写转账支票（债券公司开户行：中国工商银行江泽市支行，账号：115676283355），付手续费，并到银行办理转账手续，经银行盖章，取回转账支票回单。

(19) 12月10日，收到本公司职工洪新"费用报销领款单"，经审核无误，以现金付讫。

(20) 12月10日，收到房地产管理所的"江泽市服务业发票"发票联，经审核无误，以现金付讫。

(21) 12月10日，收到江泽市汽车运输公司的"江泽市公路、内河货物运输业统一发票"发票联，经审核无误，据以填写转账支票（江泽市汽车运输公司开户行：中国工商银行江泽市支行，账号：115674356698），付运费，并到银行办理转账手续，经银行盖章，取回转账支票回单。

(22) 12月10日，收到保险公司的"保险公司失业保险金收据"，经审核无误，以现金支票付讫。

(23) 12月10日，签发"现金支票"，到银行办理取款手续，提回现金3000元备用。根据"现金支票"存根作账务处理。

(24) 12月10日，收到郝一平等3人的"费用报销领款单"，经审核无误，以现金付讫。

(25) 12月10日，收到司法局的"江泽市行政事业单位收款收据"，经审核无误，据以填写转账支票（司法局开户行：中国工商银行江泽市支行，

账号：115674356989），付诉讼费，并到银行办理转账手续，经银行盖章，取回转账支票回单。

（26）12月11日，收到张丰的"借款单"，经审核无误，以现金付讫。

（27）12月11日，收到工程队的"江泽市建筑安装业统一发票"，经审核无误，如数签发"现金支票"，交张档到银行取款。

（28）12月12日，收到证券公司的"收据"，经审核无误，据以填写转账支票（证券公司开户行：中国工商银行江泽市支行，账号：115674356719），付债券及手续费，并到银行办理转账手续，经银行盖章，取回转账支票回单。

（29）12月13日，收到"工资结算汇总表"，根据实发工资总额签发"现金支票"，从银行提取现金，当即发放完毕。

（30）12月13日，收到业务员送来的增值税专用发票的第二、三、四联，据以填写"委托收款凭证"（应收众生公司款），持委托收款凭证和增值税专用发票第二、三联到银行办理托收手续，经银行盖章后，将退回的"委托收款凭证"回单与"增值税专用发票"记账联一并作账务处理。

（31）12月14日，收到业务科"管理费用支出汇总表"（所附单据47张略），经审核无误，以现金付讫。

（32）12月14日，收到江泽市工学院的"收据"，经审核无误，开出"现金支票"付讫。

（33）12月15日，收到职工食堂购买炊具的发票，经审核无误，以现金付讫。

（34）12月16日，收到银行转来"委托收款凭证"的收款通知联，系众健公司应收款。

（35）12月16日，收到"市税务局印花税票发售统一发票"，经审核无误，以现金付讫。

（36）12月16日，收到保险公司收取员工养老保险金的"收据"，经审核无误，据以填写转账支票（保险公司开户行：中国工商银行江泽市支行，账号：115674363789），付保险金，并到银行办理转账手续，经银行盖章，取回转账支票回单。

（37）12月17日，收到长丰建筑公司"江泽市建筑安装业统一发票"的发票联，经审核无误，据以填写转账支票（建筑公司开户行：中国工商银行江泽市支行；账号：115672785567），付工程款，并到银行办理转账手续，经银行盖章，取回转账支票回单。

（38）12月17日，根据"综合奖金结算汇总表"（实际还应有按人头的奖金发放表，此处略），签发"现金支票"提回现金，当即发放完毕。

(39) 12月18日，收到新卫设计院的"江泽市服务业发票"发票联，经审核无误，以现金付讫。

(40) 12月18日，收到昌平公司出售设备的"江泽市商业普通发票"发票联及本公司业务员送来的"固定资产验收单"，经审核无误，据以填写"转账支票"付设备款，并到银行办理转账手续，经银行盖章，取回转账支票回单。

(41) 12月19日，收到业务员送来的德源公司转账支票的收账通知联及本公司的固定资产销售的"江泽市商业普通发票"的会计记账联，经审核无误进行账务处理。

(42) 12月19日，收到张丰的"旅差费报销单"（所附单据略）和交来的现金620元，开出"收据"收讫。收据金额按张丰原借支数填写。

(43) 12月19日，收到业务科的"业务招待费汇总表"及所附21张单据（单据略），经审核无误后，当即签发"现金支票"补足其备用金。

(44) 12月19日，收到余刚的"费用报销领款单"，经审核无误，以现金付讫。

(45) 12月19日，收到业务员送来的仓库租金收入"进账单"回单及"江泽市服务业发票"记账联。

(46) 12月20日，收到业务员送来的"为民五金公司发票"和"物品领用单"。经审核无误后签发"现金支票"，从银行提回现金6000元，除支付灭火器款外，其余备用。

(47) 12月20日，收到业务员送来的昌安公司"转账支票"的收账通知联及本公司收取技术转让收入的"江泽市商业普通发票"记账联。

(48) 12月21日，收到购买书籍的"江泽市文化教育、体育业发票"发票联，经审核无误，以现金付讫。

(49) 12月21日，收到昌安公司的"江泽市商业普通发票"发票联，经审核无误后签发"转账支票"支付技术转让费。到银行办理转账手续，经银行盖章后，拿回转账支票回单。

(50) 12月21日，收到汽车修配厂的"江泽市商业普通发票"发票联，经审核无误后以现金付讫。

(51) 12月23日，收到自来水厂发票，审核无误后填写"转账支票"支付水费，到银行办理转账手续，经银行盖章后，拿回转账支票回单（自来水厂开户行：中国工商银行江泽市支行，账号：115674351125）。

同时根据定额耗用量分配本月水费，定额耗用量如下：动力车间510吨，机修车间560吨，基本生产车间2400吨，公司管理部门1330吨，据以编制"水费分配表"。

根据"自来水厂发票"发票联、"转账支票"存根和"水费分配表"进

行账务处理。

(52) 12月23日，收到业务科的"管理费用支出汇总表"及所附29张单据（单据略），经审核无误后，当即签发"现金支票"补足其备用金。

(53) 12月24日，收到电力局的"增值税专用发票"发票联，审核无误后填写"转账支票"支付电费，到银行办理转账手续，经银行盖章后，拿回转账支票回单（电力局开户行：中国工商银行江泽市支行，账号：115674356211）。

同时根据表7-2所列定额耗用量资料编制"外购动力费分配表"：

表7-2

产品名称	定额耗用量	车间部门	定额耗用量
F-1产品	10800度	动力车间	900度
F-2产品	11200度	机修车间	1000度
F-3产品	11000度	基本生产车间	900度
F-4产品	11500度	管理部门	8200度

根据电力局的发票联、"转账支票"存根和"外购动力费分配表"进行账务处理。

(54) 12月24日，收到大世界市场的"江泽市服务业发票"发票联，经审核无误后以现金付讫。

(55) 12月24日，为购进口设备，向开户行买入5000美元，以中国人民银行公布的人民币汇率中间价作为即期汇率，当日的即期汇率1美元=7.72元人民币，银行当日美元卖出价为1美元=8.10元人民币。签发"转账支票"支付人民币，填写"进账单"购入美元。到银行办理相关手续，根据"转账支票"存根和"进账单"作账务处理。

(56) 12月25日，签发"现金支票"，到银行办理取款手续，提回现金6200元备用。根据"现金支票"存根作账务处理。

(57) 12月25日，收到物价检查所"罚款没收专用收据"，以现金支付罚款。

(58) 12月25日，收到养路费征收站的"交通车辆养路费收据"，经审核无误，以现金付讫（2台东风汽车为送货用车，养路费为600元，1台小车的养路费为400元）。

(59) 12月26日，收到"副食商店销售发票"发票联，经审核无误后以

现金付讫。

（60）12月26日，收到业务员送来的"固定资产验收单"及购买进口设备的"商业发票"，经审核无误后填写"信汇"凭证，到银行办理美元汇兑手续，取回"信汇"回单。当日的即期汇率1美元=7.85元人民币。

（61）12月26日，收到迅达搬运公司的"江泽市交通运输业发票"发票联，经审核无误后以现金付讫。

（62）12月26日，收到张丰的"借款单"，经审核无误后以现金付讫。

（63）12月27日，收到本公司业务员送来销售商品给兴盛公司、德源公司和众健公司的"增值税专用发票"记账联和3张"商业承兑汇票"。

（64）12月27日，收到业务员送来的"专利申报表"和专利局的"江泽市行政事业单位收款收据"发票联，审核无误后填写"转账支票"支付专利注册登记费，到银行办理转账手续，经银行盖章后，拿回转账支票回单（专利局开户行：中国工商银行江泽市支行，账号：115675363286）。

（65）12月27日，收到宏源公司、宏盛公司、众生公司业务员送来的增值税专用发票第二、三联，经审核无误后分别填写为期2个月的"商业承兑汇票"3份，其中第一联由各收款人盖章签名后收回，在第二联的付款人盖章处盖上财务专用章，在负责、经办处签上名，填好后将第二联分别交宏源公司、宏盛公司、众生公司业务员。

同时收到四通运输公司的"江泽市公路、内河货物运输业统一发票"发票联，经审核无误后填写"转账支票"支付材料运费，到银行办理转账手续，经银行盖章后，拿回转账支票回单（四通运输公司开户行：中国工商银行江泽市支行，账号：115675363298）。

根据材料重量编制"材料采购费用分配表"。各种材料采购的重量：G-1材料4800千克，H-1材料5000千克，甲材料15000千克，乙材料20000千克，丙材料12000千克，丁材料15000千克。

根据增值税专用发票的发票联、商业汇票的留存联、转账支票存根联、"江泽市公路、内河货物运输业统一发票"发票联、"材料采购费用分配表"，作账务处理。

（66）12月30日，收到业务员送来的"增值税专用发票"的第二、三、四联，合同规定销货款采用委托收款结算方式，经审核无误后，据以填写"委托收款凭证"，持"委托收款凭证"和"增值税专用发票"第二、三联到银行办理托收手续，经银行盖章后，将退回的"委托收款凭证"回单与"增值税专用发票"的记账联一并作账务处理。

（67）12月31日，到开户行拿回贷款计息凭证，进行账务处理（预计应付利息12000元）。

(68) 12月31日，到开户行拿回存款计息凭证，进行账务处理。

(69) 12月31日，将账面价值为90000元的"交易性金融资产——基金"全部出售，实得现金94500元。填写"内部转账单"和"进账单"，将现金送存银行（全为百元券）。

(70) 12月31日的即期汇率1美元＝8.05元人民币，调整当期产生的汇兑差额。

7.2 德茂公司记账员岗位实操

开设有关账户。德茂公司2002年11月30日明细账期末资料如下：

其他货币资金——外埠存款	11000（借）
交易性金融资产——股票（成本）	100000（借）
交易性金融资产——债券（成本）	90000（借）
交易性金融资产——基金（成本）	90000（借）
应收票据——兴盛公司	110000（借）
应收票据——德源公司	120000（借）
应收票据——众健公司	100000（借）
应收账款——兴盛公司	100000（借）
应收账款——德源公司	100000（借）
应收账款——众健公司	110000（借）
坏账准备	1240（贷）
其他应收款——张丰	1600（借）
其他应收款——代扣水电费	15000（借）
材料采购——原材料	45080（借）
原材料——原料及主要材料	416000（借）
原材料——其他材料	104000（借）
周转材料——包装物	20000（借）
周转材料——低值易耗品	50000（借）
材料成本差异——原材料	4508（借）
材料成本差异——包装物	200（贷）
材料成本差异——低值易耗品	500（借）
库存商品——F-1产品	180000（借）
库存商品——F-2产品	550000（借）
库存商品——F-3产品	480000（借）
库存商品——F-4产品	1200000（借）

长期股权投资——股票投资（丰利公司）	100000（借）
持有至到期投资——成本	80000（借）
持有至到期投资——利息调整	6000（借）
持有至到期投资——应计利息	4000（借）
固定资产——生产用固定资产	1300000（借）
固定资产——非生产用固定资产	600000（借）
固定资产——不需用固定资产	100000（借）
固定资产——出租固定资产	200000（借）
累计折旧	500000（贷）
工程物资——专用材料	200000（借）
工程物资——专用设备	300000（借）
在建工程——机床大修工程	40000（借）
在建工程——设备安装工程	360000（借）
固定资产清理——报废	6000（借）
无形资产——专利权	321000（借）
无形资产——专有技术	350000（借）
研发支出——资本化支出	29000（借）
长期待摊费用——固定资产大修费用	46000（借）
待处理财产损溢——待处理固定资产损溢	5000（借）
生产成本——基本生产成本（F-1产品）	9800（借）
生产成本——基本生产成本（F-2产品）	11600（借）
生产成本——基本生产成本（F-3产品）	13700（借）
生产成本——基本生产成本（F-4产品）	15800（借）
短期借款——生产周转借款	1500000（贷）
应付票据——宏源公司	110000（贷）
应付票据——宏盛公司	120000（贷）
应付票据——众生公司	100000（贷）
应付账款——宏源公司	100000（贷）
应付账款——宏盛公司	110000（贷）
应付账款——众生公司	120000（贷）
应付职工薪酬——职工教育经费	4000（贷）
应付职工薪酬——职工福利	2600（贷）
应付职工薪酬——社会保险费	8400（贷）
应交税费——未交增值税	40000（贷）
应交税费——应交所得税	40000（借）

应交税费——应交城市维护建设税　　　　　3000（贷）
应交税费——应交个人所得税　　　　　　　2500（贷）
应交税费——应交教育费附加　　　　　　　1000（贷）
应付利息　　　　　　　　　　　　　　　　24000（贷）
长期借款——基建借款　　　　　　　　　1200000（贷）
长期应付款——应付设备款　　　　　　　100000（贷）
应付债券——面值　　　　　　　　　　　280000（贷）
应付债券——利息调整　　　　　　　　　　20000（贷）
应付债券——应计利息　　　　　　　　　　20000（贷）
实收资本——国家投资　　　　　　　　　1438648（贷）
实收资本——达昌公司　　　　　　　　　150000（贷）
实收资本——其他　　　　　　　　　　　1000000（贷）
资本公积——资本溢价　　　　　　　　　300000（贷）
资本公积——其他　　　　　　　　　　　100000（贷）
盈余公积——法定盈余公积　　　　　　　600000（贷）
利润分配——未分配利润　　　　　　　　　80000（贷）
本年利润　　　　　　　　　　　　　　　400000（贷）

原材料明细账2002年11月30日期末资料如表7-3所示：

表7-3

	品　名	数量（千克）	计划单价（元）	金额（元）
原料及主要材料	甲材料	11000	3.80	41800
	乙材料	10000	3.20	32000
	丙材料	10000	5.20	52000
	丁材料	12000	5.80	69600
	G-1材料	11000	10.20	112200
	H-1材料	10000	10.84	108400
	小计			416000
	其他材料			104000
	合　计			520000

材料采购明细账2002年11月30日期末资料如表7-4所示：

表7-4　　　　　　　　　　　　　　　　　　　　　　　　　　　　　　　　　　　单位：元

供货单位	项目	借方			贷方			备注
		买价	运杂费	合计	计划成本	差异	合计	
众生公司	甲材料	8000	200	8200				
	乙材料	7000	180	7180				
众健公司	丙材料	9000	200	9200				
	丁材料	8000	200	8200				
宏源公司	G-1材料	6000	150	6150				
宏盛公司	H-1材料	6000	150	6150				
合计		44000	1080	45080				

库存商品明细账2002年11月30日期末资料如表7-5所示：

表7-5

商品名称	单位	数量	单位成本（元）	金额（元）
F-1商品	千克	20000	9	180000
F-2商品	件	50000	11	550000
F-3商品	件	40000	12	480000
F-4商品	件	60000	20	1200000
合计				2410000

生产成本明细账2002年11月30日期末在产品成本资料如表7-6所示：

表7-6

产品名称	数量	成本项目（元）			
		直接材料	直接人工	制造费用	合计
F-1产品	2200千克	5000	3000	1800	9800
F-2产品	2100件	6000	3600	2000	11600
F-3产品	2300件	7000	4200	2500	13700
F-4产品	1580件	8000	4800	3000	15800
合计					50900

按下列要求开设明细账：

（1）下列账户使用三栏式账页（有期初余额的账户结转期初余额，没有期初余额的账户设户后待记发生额）：

其他货币资金——外埠存款
其他货币资金——存出投资款
交易性金融资产——股票（成本）
交易性金融资产——股票（公允价值变动）
交易性金融资产——债券（成本）
交易性金融资产——基金（成本）
应收票据——兴盛公司
应收票据——德源公司
应收票据——众健公司
应收账款——兴盛公司
应收账款——德源公司
应收账款——众健公司
坏账准备
其他应收款——张丰
其他应收款——业务科
其他应收款——代扣水电费
原材料——原料及主要材料
原材料——其他材料
周转材料——包装物
周转材料——低值易耗品
材料成本差异——原材料
材料成本差异——包装物
材料成本差异——低值易耗品
长期股权投资——股票投资（丰利公司）
持有至到期投资——成本
持有至到期投资——利息调整
持有至到期投资——应计利息
固定资产——生产用固定资产
固定资产——非生产用固定资产
固定资产——不需用固定资产
固定资产——出租固定资产
累计折旧

工程物资——专用材料
工程物资——专用设备
在建工程——机床大修工程
在建工程——设备安装工程
在建工程——生产车间扩建工程
固定资产清理——报废
固定资产清理——出售不需用固定资产
无形资产——专利权
无形资产——专有技术
研发支出——资本化支出
累计摊销
长期待摊费用——固定资产大修费用
待处理财产损溢——待处理固定资产损溢
递延所得税资产
短期借款——生产周转借款
应付票据——宏盛公司
应付票据——宏源公司
应付票据——众生公司
应付账款——宏盛公司
应付账款——宏源公司
应付账款——众生公司
应付职工薪酬——工资
应付职工薪酬——职工福利
应付职工薪酬——社会保险费
应付职工薪酬——住房公积金
应付职工薪酬——工会经费
应付职工薪酬——职工教育经费
应付职工薪酬——非货币性福利
应交税费——未交增值税
应交税费——应交营业税
应交税费——应交所得税
应交税费——应交城市维护建设税
应交税费——应交个人所得税
应交税费——应交教育费附加
应付利息

应付股利
长期借款——基建借款
长期应付款——应付设备款
应付债券——面值
应付债券——利息调整
应付债券——应计利息
递延所得税负债
实收资本——国家投资
实收资本——达昌公司
实收资本——其他
资本公积——资本溢价
资本公积——其他
盈余公积——法定盈余公积
利润分配——提取法定盈余公积
利润分配——应付现金股利
利润分配——未分配利润
本年利润
主营业务收入——F-1产品
主营业务收入——F-2产品
主营业务收入——F-3产品
主营业务收入——F-4产品
其他业务收入
投资收益
公允价值变动损益
营业外收入
主营业务成本——F-1产品
主营业务成本——F-2产品
主营业务成本——F-3产品
主营业务成本——F-4产品
营业税金及附加
其他业务成本
资产减值损失
营业外支出
所得税费用

(2) 下列账户使用多栏式账页（有期初余额的账户结转期初余额，没有

期初余额的账户设户后待记发生额）：

应交税费——应交增值税

材料采购——原材料

生产成本——基本生产成本（F-1 产品）

生产成本——基本生产成本（F-2 产品）

生产成本——基本生产成本（F-3 产品）

生产成本——基本生产成本（F-4 产品）

生产成本——辅助生产成本——机修车间

生产成本——辅助生产成本——动力车间

制造费用——基本生产车间

营业费用

财务费用

管理费用

（3）下列账户使用数量金额式账页（有期初余额的账户结转期初余额，没有期初余额的账户设户后待记发生额）：

库存商品——F-1 产品

库存商品——F-2 产品

库存商品——F-3 产品

库存商品——F-4 产品

原材料——原料及主要材料——甲材料

原材料——原料及主要材料——乙材料

原材料——原料及主要材料——丙材料

原材料——原料及主要材料——丁材料

原材料——原料及主要材料——G-1 材料

原材料——原料及主要材料——H-1 材料

办理记账业务：

（1）12月4日，收到业务员送来的材料入库验收单，留待月末汇总进行收料的账务处理。

（2）12月9日，收到固定资产折旧计算表，经审核无误进行账务处理。

（3）12月9日，收到业务员交来本公司换出商品的增值税专用发票的记账联，换入材料的增值税发票的抵扣联与发票联及材料入库验收单的会计记账联，经审核无误进行非货币性交易的账务处理。

（4）12月12日，收到徐又祥、向又贵的"物品领用单"，经审核无误进行账务处理。

（5）12月18日，收到固定资产报废单，经审核无误进行账务处理。

(6) 12月20日，收到业务员送来的工程物资入库验收单。

(7) 12月20日，报废固定资产清理完毕，根据"固定资产清理——报废清理"账户余额编制"内部转账单"，结转清理损益。

(8) 12月27日，收到业务员送来的材料入库验收单，留待月末汇总进行收料的账务处理。

(9) 12月28日，本月应摊销专利权35000元，应摊销专有技术35000元，应摊销基本生产车间固定资产大修费19000元，据以编制"无形资产、长期待摊费用分摊表"，经审核无误进行账务处理。

(10) 12月29日，收到"报废低值易耗品汇总表"及"材料入库验收单"（会计记账联），经审核无误进行账务处理。

(11) 12月29日，据前面留存的"材料入库验收单"登记"材料采购"明细账（横线登记式明细账）的贷方发生额，并计算入库材料成本差异，据此编制"本月已付款的入库材料汇总表"。

(12) 12月30日，本月生产产品领用包装物的计划成本汇总如下（根据领料单汇总，因为领料单不便一一列出，故略去）：

F-1产品领用2500元

F-2产品领用2400元

F-3产品领用2600元

F-4产品领用2500元

据"周转材料——包装物"与"材料成本差异——包装物"账户资料计算材料成本差异率、领用材料应分摊的差异额及领用材料实际成本，据计算结果编制"领用包装物汇总表"，经审核无误进行账务处理。

(13) 12月30日，本月领用低值易耗品的计划成本汇总如下（根据领料单汇总，因为领料单不便一一列出，故略去）：

基本生产车间领用8000元

动力车间领用1200元

机修车间领用1600元

公司管理部门领用2000元

据"周转材料——低值易耗品"与"材料成本差异——低值易耗品"账户资料计算材料成本差异率、领用材料应分摊的差异额及领用材料实际成本，据计算结果编制"领用低值易耗品汇总表"，经审核无误进行账务处理。

(14) 12月31日，收到"车间产品耗用工时汇总表"，结合"工资结算汇总表"与"奖金发放表"先编制"基本生产车间生产工人工资分配表"，后编制"应付职工薪酬分配表"，经审核无误进行账务处理。

(15) 12月31日，收到业务员送来的"发料凭证汇总表"及其"发料单"（略），根据"发料单"上所载明的用途及下列材料耗用资料编制"发料凭证分配汇总表"。据"原材料——原料及主要材料"各数量金额式明细账及"材料成本差异——原材料"账户资料计算材料成本差异率、领用材料应分摊的差异额及领用材料实际成本。

材料耗用的计划成本汇总如表7-7所示：

表7-7　　　　　　　　　　　　　　　　　　　　　　　　　　单位：元

产品、车间、部门	主要材料	其他材料	备注
F-1产品	135000		
F-2产品	150000		
F-3产品	160000		
F-4产品	140000		
基本生产车间一般耗用		3000	列入物料消耗
动力车间	10000	2000	
机修车间	12400	3000	
公司管理部门		4000	列入公司经费
销售部门		5000	列入包装费
车间扩建工程	27000	23000	按17%转出进项税额

经审核无误进行账务处理（材料成本差异率精确至小数点后四位）。

(16) 12月31日，原作待处理的盘亏设备净值5000元，经批准转销。据以编制"内部转账单"，经审核无误进行账务处理。

(17) 12月31日，收到"辅助生产情况表"，结合"生产成本——辅助生产成本——动力车间"和"生产成本——辅助生产成本——机修车间"账户资料，采取直接分配法分配辅助生产费用，编制"辅助生产费用分配表"（分配率精确至小数点后四位）。经审核无误进行账务处理。

(18) 12月31日，根据工时记录（生产F-1产品10000工时，生产F-2产品11000工时，生产F-3产品11000工时，生产F-4产品11550工时）和"制造费用——基本生产车间"账户资料编制"制造费用分配表"（分配率精确至小数点后四位）。经审核无误进行账务处理。

(19) 12月31日，收到"生产情况报告表"和"产品入库汇总表"，结合基本生产成本明细账资料，据以编制"生产成本计算表"（分别按四种产品进行计算），单位成本保留到分。经审核无误进行账务处理。

（20）12月31日，根据本月商品销售数量及"库存商品"明细账的加权平均单位成本，编制"产品销售汇总表"，结转产品销售成本。

（21）12月31日，"交易性金融资产——股票"的公允价值为220000元，依据"交易性金融资产——股票——成本"及"交易性金融资产——股票——公允价值变动"明细账户资料计算本期公允价值变动金额，据以填制"内部转账单"，经审核无误进行账务处理。

（22）12月31日，按应收款项百分比法计提坏账准备，提取比例为3%，依据"应收账款"、"其他应收款"、"预付账款"及"坏账准备"明细账资料分析计算本期应计提的坏账准备金，据以编制"内部转账单"，经审核无误进行账务处理。

（23）12月31日，依据"应交税费——应交增值税"明细账资料分析填写"增值税纳税申报表"，计算出未交增值税额，经审核无误进行账务处理。

（24）12月31日，依据"其他业务收入"和"固定资产"明细账及"增值税纳税申报表"资料，计算应交营业税、应交房产税、应交城市维护建设税、应交教育费附加，编制"地方税收综合纳税（费）申报表"，经审核无误进行账务处理。

（25）12月31日，依据"持有至到期投资"明细账期初资料计算本年利息收入，并进行利息调整（按票面利率5%，实际利率4%计算），据以填制"内部转账单"，经审核无误进行账务处理（本月发生数暂不计算利息）。

（26）12月31日，依据"应付债券"明细账期初资料计算本年利息费用（为安装工程而发行债券），并进行利息调整，按票面利率6%，实际利率4%计算，据以填制"内部转账单"，经审核无误进行账务处理（本月发生数暂不计算利息）。

（27）12月31日，结平"待处理财产损溢"账户。

（28）12月31日，将损益类账户的本月净发生额结转"本年利润"账户。

（29）12月31日，编制"利润表"初稿，据以编制"暂时性差异计算表"、"所得税纳税申报表"（所得税税率：33%），经审核无误进行账务处理。

（30）12月31日，将"所得税费用"账户发生额转入"本年利润"账户。

（31）12月31日，进行利润分配。法定盈余公积按净利润（"本年利润"

账户年末余额)的10%分配,应付现金股利按"未分配利润"明细账期初余额加上本年净利润,减去本年提取的法定盈余公积后的30%分配。

(32) 12月31日,将"本年利润"、"利润分配——提取盈余公积"、"利润分配——应付现金股利"账户余额转入"利润分配——未分配利润"账户。

7.3 德茂公司财务科长岗位实操

开设总账。根据下列资料开设总账账户,每个账户占一页。德茂公司2002年11月30日总账期末资料如下:

库存现金	1000	(借)
银行存款	299000	(借)
其他货币资金	11000	(借)
交易性金融资产	280000	(借)
应收票据	330000	(借)
应收账款	310000	(借)
坏账准备	1240	(贷)
其他应收款	16600	(借)
材料采购	45080	(借)
原材料	520000	(借)
周转材料	70000	(借)
材料成本差异	4808	(借)
库存商品	2410000	(借)
长期股权投资	100000	(借)
持有至到期投资	90000	(借)
固定资产	2700000	(借)
累计折旧	500000	(贷)
工程物资	500000	(借)
在建工程	400000	(借)
固定资产清理	6000	(借)
无形资产	671000	(借)
研发支出	29000	(借)
累计摊销		
长期待摊费用	46000	(借)
待处理财产损溢	5000	(借)
递延所得税资产		

生产成本	50900（借）
制造费用	
短期借款	1500000（贷）
应付票据	330000（贷）
应付账款	330000（贷）
应付职工薪酬	15000（贷）
应交税费	6500（贷）
应付利息	24000（贷）
应付股利	
其他应付款	
长期借款	1200000（贷）
长期应付款	100000（贷）
应付债券	320000（贷）
递延所得税负债	
实收资本	2588648（贷）
资本公积	400000（贷）
盈余公积	600000（贷）
利润分配	80000（贷）
本年利润	400000（贷）
主营业务收入	
其他业务收入	
投资收益	
公允价值变动损益	
营业外收入	
主营业务成本	
营业税金及附加	
其他业务成本	
营业费用	
管理费用	
财务费用	
资产减值损失	
营业外支出	
所得税费用	

处理日常总账业务：

(1) 复核上旬会计凭证，根据审核无误的上旬记账凭证编制记账凭证汇总表,并据以登记总账,结出账户余额,与出纳员所经管的日记账核对,如有不符,查明原因,予以更正;与记账员所经管的明细账进行核对,如有不符,查明原因,予以更正。

(2) 复核中旬会计凭证,根据审核无误的中旬记账凭证编制记账凭证汇总表,并据以登记总账,结出账户余额,与出纳员所经管的日记账核对,如有不符,查明原因,予以更正;与记账员所经管的明细账进行核对,如有不符,查明原因,予以更正。

(3) 复核下旬会计凭证,根据审核无误的下旬记账凭证编制记账凭证汇总表,并据以登记总账,结出账户余额,与出纳员所经管的日记账核对,如有不符,查明原因,予以更正;与记账员所经管的明细账进行核对,如有不符,查明原因,予以更正。

(4) 编制总账账户余额试算平衡表。

(5) 办理年结。

编制会计报表:

(1) 编制资产负债表,以 12 月份月初数作为年初数。

(2) 编制利润表,以 12 月份损益作为全年损益。

(3) 编制现金流量表,以 12 月份月初数作为年初数,以 12 月份现金流量作为全年现金流量。

7.4 德茂公司业务员岗位实操

按要求填制和传递 2002 年 12 月份凭证:

(1) 12 月 1 日,张丰出差返回公司报账,出差相关内容如下:张丰出差联系业务推销产品,2002 年 11 月 23 日从江泽市大轮至南京市(当日到达),船票 108 元,在南京市期间住宿费 150 元,2002 年 11 月 25 日从南京乘火车至上海(次日到达),火车票 280 元,在上海期间住宿费 360 元,29 日从上海乘火车回江泽市(次日到达),火车票 350 元,出差补助每天 18 元,据以填写"旅差费报销单"(厂长刘启军在单上签字:同意报销),并持单以张丰的名义向财务科出纳处报账(出差前已预支 1600 元)。

(2) 12 月 1 日,销售给 EA 公司 F-4 商品 9000 件,销售给 EB 公司 F-4 商品 8000 件,销售给 EC 公司 F-4 商品 6000 件,销售给 ED 公司 F-4 商品 5000 件,F-4 商品每件售价 29 元,增值税税率 17%,价税款均已收讫。据以填写"增值税专用发票",款项全部存入银行,填写"进账单",送银行办理进账手续后取回"进账单"回单。将"进账单"回单连同"增值税专用发票"的记账联送财务科记账员(开户行:中国工商银行江泽市支行;账号:

1156674356326）。

（3）12月2日，以业务科陈刚民的名义填写"领款单"，领款金额2500元，领款单填写好后到财务科找出纳员领款，作为业务科的备用金。

（4）12月3日，以亚洲证券营业部的名义填写"亚洲证券营业部成交过户交割单"1张，内容如下：本交割单系德茂公司购买股票，成交编号为12693，股东账户为33665693，股东名称为德茂公司，申请编号为690，公司代码为M123，申报时间为9点52分50秒，成交时间为9点53分20秒，实收金额为123475元，资金余额为86525元；证券代码为500232，成交数量15000股，成交价格8.17元，佣金430元，印花税480元，附加费15元。填好后送德茂公司出纳员。

（5）12月4日，表7-8所列材料全部入库，据以填写"材料入库验收单"：

表7-8

供货单位	材料名称	数量（千克）	单位买价（元）	运杂费（元）	计划单价（元）
众生公司	甲材料	2000	4.00	200	3.80
	乙材料	2000	3.50	180	3.20
众健公司	丙材料	2000	4.50	200	5.20
	丁材料	1600	5.00	200	5.80
宏源公司	G-1材料	600	10.00	150	10.20
宏盛公司	H-1材料	600	10.00	150	10.84

将填写好的"材料入库验收单"记账联送本公司记账员。

（6）12月5日，以中财保险股份有限公司的名义填写"机动车辆保险单"和"保费收据"各一张，填写内容如下：被保险人为德茂公司；投保险种为车辆损失险、第三责任险、盗抢险、玻璃险、他人恶意险等；车辆型号为三菱（普）；发动机号367585；牌号为A-35683；非营业用车；座位为5座；保险价值32万元；保险金额32万元；基本保费250元；车辆损失险费率0.8%；第三责任险最高赔偿限额为22万元；第三责任险保费为2000元；盗抢险保费据表计算；玻璃险保费为50元；他人恶意险保费为100元；保险期限自2002年12月5日零时起至2003年12月5日24时止。地址：十字街58号；电话：8666688；邮政编码：438000；总经理：洪源。填好后将"机动车辆保险单"正本和"保费收据"发票联送德茂公司记账员。

(7) 12月6日，以江泽市第一律师事务所陈海的名义填写"江泽市服务业发票"，收取德茂公司本月律师顾问费用900元，持其发票联找德茂公司出纳员收款。

(8) 12月8日，江泽市电视台收取德茂公司广告费20000元，代电视台填写"江泽市服务业发票"，持其发票联找德茂公司出纳员收款。

(9) 12月9日，债券公司应向德茂公司收取债券印刷费及手续费10000元，代填写"江泽市服务业发票"，并持其第二联到德茂公司财务科结算。

(10) 12月9日，根据下述资料编制"固定资产折旧表"（采用平均年限法），编制完成后将其送德茂公司记账员。

11月30日，固定资产资料如表7-9所示：

表7-9

部门	固定资产类型	固定资产原值（元）	预计净残值（元）	预计使用年限
基本车间	房屋	200000	15000	40
	机床加工设备	200000	10000	10
	专用电子设备	300000	20000	10
	其他专用设备	100000	5000	20
机修车间	房屋	100000	5000	40
	机床加工设备	50000	2500	10
	其他专用设备	10000	500	20
动力车间	房屋	100000	5000	40
	内燃发电机组	100000	5000	20
	其他专用设备	40000	2000	20
管理部门	房屋	600000	30000	40
	不需用设备	100000	2000	10
出租	仓库	200000	8000	10

(11) 12月9日，德茂公司与昌安公司进行非货币交易，交易内容如下：
德茂公司向昌安公司销售F-2商品2020件，每件售价15元；向昌安公司购进乙材料10000千克，每千克进价3.03元。增值税税率均为17%，据以填写销售F-2商品的"增值税专用发票"和购进乙材料的"材料入库验收单"（材料已如数入库，乙材料的计划单位成本见记账员岗位的数量金额式明细账），填写好后先持销售商品的增值税专用发票的第二、三联到昌安公司业务处换取购进材料的增值税专用发票的第二、三联；后将销售商品的"增值税

专用发票"的记账联和购进材料的"增值税专用发票"的第二、三联及"材料入库验收单"一并送交德茂公司记账员。

（12）12月10日，以公司职工洪新的名义填写"费用报销领款单"，到财务科领取独生子女费180元。

（13）12月10日，代房地产管理所开具"江泽市服务业发票"，应收取德茂公司办公用房租金900元。制单人：李风。持发票联到德茂公司财务科结算。

（14）12月10日，以江泽市汽车队的名义开具"江泽市公路、内河货物运输统一发票"，应收取德茂公司销货运费6300元。制单人：何春明。持发票联到德茂公司财务科结算。

（15）12月10日，德茂公司向保险公司交纳职工失业保险金1400元（保险公司开户行：中国工商银行江泽市支行，账号：115674353366），以保险公司的名义开具"保险公司失业保险金收据"，持发票联到德茂公司财务科结算。

（16）12月10日，业务科郝一平、张胜、李又新等3人领取本年度烤火费，每人90元，经理范杰签字：同意付款。代填写"费用报销领款单"，到财务科出纳处领款。

（17）12月10日，代司法局开具"江泽市行政事业单位收款收据"，应收取德茂公司公证费用1200元。收款人：王波。持发票联到德茂公司财务科结算。

（18）12月11日，生产技术科张丰去省城开生产技术会，经领导同意借款1500元。据以填写"借款单"，持单向财务科出纳员借款。

（19）12月11日，支付生产车间扩建工程款5600元，经公司经理签字同意付款，由张档统一领款，据以填写"江泽市建筑安装业统一发票"，持发票联到财务科出纳处办理领款，取得出纳员签发的"现金支票"到银行取款。

（20）12月12日，业务员徐又祥、向又贵各领计算器一个，单价140元，合计金额280元。经理刘启军审批：同意领用，一次摊销。据以填写"物品领用单"并将其送交财务科记账员。

（21）12月12日，德茂公司向证券公司购买1年期债券9500000元，手续费1900元，以证券公司名义开出"收据"，持收据第二联到德茂公司财务科结算。

（22）12月13日，根据表7-10所列资料编制"工资结算汇总表"（因工资结算原始资料比较复杂，实际工作中的工资发放表是根据岗位将每个人的工资计算出来加以汇总的，而表中资料直接以汇总的形式给出）：

表 7-10

车间、部门、类型	职工人数	标准工资	应扣工资		津贴	代扣款项			
			事假	病假		水电费	住房公积金	个人所得税	个人承担社保
基本生产车间生产工人	283	251000	1200	360	26000	11490	9000	50	1320
基本生产车间管理人员	10	10500		470	1000	600	400	20	115
援外工程人员	3	3200			1600				85
在建工程人员	20	19000		200	1900	1000	900		450
机修车间人员	6	5800		70	580	250	300		80
动力车间人员	5	4700		80	460		300		85
公司管理人员	32	29000		350	2800	1280	1200	30	650
医务人员	3	2800		80	260	120	200		65
6 个月以上长病人员	2	1980	440	10		60	160		45

工资结算汇总表编制好后送交财务科出纳员。

(23) 12 月 13 日,销售给众健公司 F-1 商品 5000 千克,每千克售价 12.80 元,F-3 商品 5000 件,每件售价 16.80 元,增值税税率 17%,据以填写"增值税专用发票"后将其第二、三、四联送德茂公司财务科出纳员办理收款手续。

(24) 12 月 14 日,业务科各种费用支出汇总情况如下:差旅费 290 元 (32 张原始凭证);办公费 110 元 (11 张原始凭证);其他费用 58 元 (3 张原始凭证);经核对,编制"管理费用支出汇总表",持表到财务科报账。

(25) 12 月 14 日,向阳等 6 名职工参加江泽市工学院短期培训,支付学杂费 3600 元,以工学院名义开出"收据",持第二联(付款人联)找德茂公司财务科出纳员办理领款,取得出纳员签发的"现金支票"到银行取款。

(26) 12 月 15 日,德茂公司职工食堂向为民日杂公司购买碗 20 个,单价 3 元,计 60 元;盘子 50 个,每个 2.00 元,计 100 元,合计 160 元。以为民日杂公司名义开具"为民日杂公司销售发票",持发票联向德茂公司财务科出纳员报账(在发票备注上填写:列入职工福利)。

(27) 12 月 16 日,德茂公司向税务局购买 20 张 5 元券印花税票,25 张 2 元券印花税票,25 张 1 元券印花税票,以税务局名义开具"市税务局印花税票发售统一发票",持发票联向德茂公司财务科出纳员报账。

(28) 12 月 16 日,江泽市保险公司向德茂公司收取员工养老保险金 7000

元，以保险公司名义开具"收据"，并持"收据"（付款人联）向德茂公司财务科结算。

（29）12月17日，德茂公司应付车间扩建工程包工款190000元，以长丰建筑公司的名义填写"江泽市建筑安装业统一发票"，持发票联到德茂公司财务科办理结算。

（30）12月17日，本月综合奖金结算汇总资料如表7-11所示：

表7-11

车间、部门	奖金（元）
基本生产车间生产工人	29200
基本生产车间管理人员	1000
机修车间人员	600
动力车间人员	500
公司管理人员	3200
医务人员	300

据以编制"综合奖金结算汇总表"，持表向财务科出纳员领取奖金。

（31）12月18日，德茂公司应付新卫设计院产品设计费450元，以新卫设计院的名义填写"江泽市服务业发票"，持发票联到德茂公司财务科办理结算。

（32）12月18日，向昌平公司购进丙设备一台，交易价45000元，经验收交基本生产车间使用，据以填写"固定资产验收单"，将其第二联送财务科出纳员。

（33）12月18日，一栋仓库260平方米，预计使用29年，已使用27年，原值96000元，已提折旧78000元，因重建提前报废。使用部门的意见：因陈旧要求报废；技术鉴定小组意见：情况属实；固定资产管理部门意见：同意转入清理；主管部门审批意见：同意报废重建。据以填写"固定资产报废单"后将其会计记账联送财务科记账员。

（34）12月19日，销售给德源公司不需用丁设备一台，原始价值56000元，已提折旧16000元，协商作价42000元。据以填写"江泽市商业普通发票"，持其发票联到德源公司财务科收款，要求德源公司出纳员签发"转账支票"，并与其一同去银行办理转账手续，取得银行盖章的"转账支票"的收账通知联后，将"转账支票"的收账通知联及"江泽市商业普通发票"记账联送交本公司财务科出纳员。

（35）12月19日，张丰12月11日去省城参加工业生产技术会，12月18日返回，往返汽车票均为35元，住宿费用700元，会议费用150元，其他费用60元，每天补助15元。以张丰的名义填写"差旅费报销单"，经理刘启军在单上签字：同意报销。持单向财务科出纳员报账（原借支1500元）。

（36）12月19日，业务科与业务往来单位洽谈业务，接待、就餐、补助及接车费共计金额2078元，单据23张。据以填写"业务招待费汇总表"，经理刘启军在单上签字：同意报销。持单向财务科出纳员报账，取得出纳员签发的"现金支票"后到银行提取现金。

（37）12月19日，报废固定资产的清理人员余刚等4人应领取清理费用360元，以余刚的名义填写"费用报销领款单"，经理刘启军在单上签字：同意付款。持单向财务科出纳员领款。

（38）12月19日，德茂公司向江泽商场收取仓库租金4900元，据以开出"江泽市服务业发票"，收到现金4900元，当即填写"进账单"到开户行办理进账手续，收到银行盖章的"进账单"回单后，将"江泽市服务业发票"的发票联及"进账单"回单送交本公司出纳员。

（39）12月20日，仓库清理残料如下：红砖100000块，每块0.20元，计20000元，其他材料5000元，合计25000元。材料全部入库作重建仓库用，据以编制"材料入库单"，并将其记账联送财务科记账员。

（40）12月20日，德茂公司向为民五金公司购买灭火器6个，单价100元，计600元。灭火器购回后当即由仓库领用。先以为民五金公司名义开具"为民五金公司发票"，再以仓库保管员朱红名义填写"物品领用单"（经理刘启军在单上签字：同意领用，一次摊销），最后将"为民五金公司发票"的发票联和"物品领用单"送财务科出纳员，并要求领款、领物。

（41）12月20日，向昌安公司转让技术，收取技术转让费17000元，据以填写"江泽市商业普通发票"，持其发票联到昌安公司财务科收款，要求昌安公司出纳员签发"转账支票"，并与其一同去银行办理转账手续，取得银行盖章的"转账支票"的收账通知联后，将"转账支票"的收账通知联及"江泽市商业普通发票"记账联送交本公司财务科出纳员。

（42）12月21日，向会计局购买《新会计准则》等书籍，付款178元，以会计局的名义填写"江泽市文化教育、体育业发票"，并持其发票联到财务科报账。

（43）12月21日，德茂公司的汽车送汽车修配厂修理，具体修配项目如下：汽车补胎260元，汽车轮胎充气38元，车轮拆装39元。以汽车修配厂名义开具"江泽市服务业发票"，将"江泽市服务业发票"的发票联送交本公司出纳员。

（44）12月23日，德茂公司的水表记录是：本月止码为357680，上月止码为 352400，实用水 5280 吨，每吨单价 1 元。以自来水厂名义开具"自来水厂水费发票"，持其发票联到德茂公司财务科结算。

(45) 12 月 23 日，业务科用备用金开支下列各种费用：差旅费 1100 元（13 张原始凭证）；办公费 1060 元 15 张原始凭证）；修理费 1200 元（4 张原始凭证）；经核对全部报销，编制"管理费用支出汇总表"，持单到财务科报账。

(46) 12 月 24 日，德茂公司电表的起码是 357867，止码是 418917，实用电 61050 度，每度单价 0.50 元，以电力局的名义填写"增值税专用发票"（电费增值税税率 13%），持发票联到德茂公司财务科结算。

(47) 12 月 24 日，德茂公司参加本市商品展销会，应付江泽大世界市场的商品展位租用费 1000 元，以大世界市场的名义填写"江泽市服务业发票"，持发票联到德茂公司财务科结算。

(48) 12 月 25 日，物价检查所对德茂公司商品销售情况进行检查，发现部分商品违反国家价格政策，罚款 1650 元，以物价检查所名义填写"罚款没收专用收据"，持单到德茂公司财务科结算。

(49) 12 月 25 日，养路费征收站向德茂公司收取汽车养路费用 1000 元，以养路费征收站的名义填写"交通车辆养路费收据"（2 台东风汽车为送货用车，养路费为 600 元，2 台小车的养路费 400 元），持单到德茂公司财务科结算。

(50) 12 月 26 日，看望住院病人王兴发，从副食品商店购买 2 袋奶粉，每袋 18 元，苹果 4 公斤，每公斤 3 元，据以填写"副食商店销售发票"，经理刘启军签字：在福利费列支。持发票联到德茂公司财务科结算。

(51) 12 月 26 日，迅达搬运公司为德茂公司装卸货物，应收取装卸费 1200 元，以迅达公司的名义开具"江泽市交通运输业发票"，持发票联到德茂公司财务科结算。

(52) 12 月 26 日，张丰出差预支差旅费 1300 元，据以填写"借款单"，持单向财务科出纳借款。

(53) 12 月 26 日，本公司向美国 H 公司购入先进设备一台，交易价 4000 美元，以 H 公司名义填写"商业发票"，以本公司设备科名义填写"固定资产验收单"设备交管理部门使用。"商业发票"与"固定资产验收单"交本公司出纳员（引进先进设备，减免关税及增值税；境内外运杂费均由供货方承担）。

(54) 12 月 27 日，德茂公司自行开发一项实用新型专利成功，先根据下列资料填写"专利申报表"：申请单位：德茂公司；专利项目：实用新型专利；技术开发费：29000 元；注册登记费：3000 元；单位意见：同意申报；专利局审批：同意注册。再以专利局名义填写"江泽市行政事业单位收款收据"，收取德茂公司专利注册登记费 3000 元，然后持"专利申报表"和"江泽市行政事业单位收款收据"到德茂公司财务科结算。

(55) 12月27日,德茂公司销售给兴盛公司F-1商品7000千克,每千克售价13元;销售给德源公司F-1商品7000千克,每千克售价13元;销售给众健公司F-2商品10000件,每件售价16元;增值税税率均为17%,据以分别填写"增值税专用发票"后持"增值税专用发票"的第二、三联到兴盛公司、德源公司、众健公司财务科结算,要求各公司出纳员根据购销合同填写"商业承兑汇票",经付款人(各购货公司)承兑后取得"商业承兑汇票"的第二联,并在商业承兑汇票第一联的收款人盖章处盖上本公司财务专用章(由本公司出纳员盖章),在负责、经办处签名,将"增值税专用发票"的记账联和"商业承兑汇票"的第二联送交德茂公司出纳员。

(56) 12月27日,四通运输公司为德茂公司运输购入的材料,应收运费7180元。以四通运输公司的名义开具"江泽市公路、内河货物运输业统一发票",持发票联到德茂公司财务科结算。

(57) 12月27日,外购材料全部验收入库。据表7-12所列资料填写"材料入库验收单",将其记账联送财务科记账员。

表7-12

供货单位	材料名称	数量(千克)	买价(元)	运杂费(元)	计划单价(元)
兴盛公司	G-1材料	4800	48000	480	10.20
宏盛公司	H-1材料	5000	55000	500	10.84
众生公司	甲材料	15000	60000	1500	3.80
	乙材料	20000	60000	2000	3.20
	丙材料	12000	60000	1200	5.20
	丁材料	15000	90000	1500	5.80

(58) 12月29日,各部门报废低值易耗品(领用时均一次摊销),本月收回残值如下:基本生产车间390元,动力车间38元,机修车间62元,行政管理部门110元。报废材料均已入库(计划价按照600元计算)。据以编制"报废低值易耗品汇总表"和"材料入库验收单",并将其送财务科记账员。

(59) 12月30日,销售给众健公司F-3商品10000件,每件售价17元,F-4商品10000件,每件售价29元,增值税税率17%,据以填写"增值税专用发票",将"增值税专用发票"第二、三、四联送本公司出纳员。

(60) 12月31日,基本生产车间生产F-1产品耗用6860工时,生产F-2产品耗用6700工时,生产F-3产品耗用7000工时,生产F-4产品耗用6980工时，据以编制"产品耗用工时汇总表"，并将表送财务科记账员。

（61）12月31日，本月发出材料汇总资料如表7-13所示：

表7-13

材料名称	数量（千克）	计划单价（元）	计划总价（元）
甲材料	20000	3.80	76000
乙材料	40000	3.20	128000
丙材料	20000	5.20	104000
丁材料	20000	5.80	116000
G-1材料	10000	10.20	102000
H-1材料	10000	10.84	108400
小　计			634400
其他材料			40000

据以编制"发料凭证汇总表"，并将表送财务科记账员。

（62）12月31日，辅助生产车间本月提供劳务总量资料如表7-14所示：

表7-14

项目	机修车间服务量（工时）	动力车间供电量（度）
F-1产品耗用	——	8000
F-2产品耗用	——	9000
F-3产品耗用	——	9000
F-4产品耗用	——	10000
基本生产车间耗用	3200	1000
行政管理部门耗用	200	3000
车间扩建工程耗用	600	10000
动力车间耗用	100	——
机修车间耗用	——	800
合　计	4100	50800

据以编制"辅助生产情况表",并将表送财务科记账员。

(63) 12 月 31 日,本月产品生产及入库情况如表 7-15 所示:

表 7-15

产品名称	月初在产品	本月投产	本月完工入库	月末在产品	在产品完工程度	投料方式
F-1 产品	2200 千克	27000 千克	28000 千克	1200 千克	50%	逐步投料
F-2 产品	2100 件	23900 件	24000 件	2000 件	50%	逐步投料
F-3 产品	2300 件	22944 件	23000 件	2244 件	50%	逐步投料
F-4 产品	1580 件	12780 件	13060 件	1300 件	50%	逐步投料

代基本生产车间编制"生产情况报告表",代成品仓库编制"产品入库汇总表",将填写好的两张表送财务科记账员。

8 昌平公司会计实操

8.1 昌平公司出纳员岗位实操

开设有关日记账：昌平公司 2002 年 11 月 30 日有关账户余额如下：
库存现金日记账　　　　　　　　1000（借）
银行存款日记账　　　　　　　301000（借）
昌平公司及往来公司相关情况如表 8-1 所示：

表 8-1

开户行：中国工商银行江泽市支行		开户行：中国工商银行崎峰市支行	
公司名称	账　号	公司名称	账　号
大兴公司	115674356321	宏源公司	823653676510
大华公司	115674356322	宏盛公司	823653676511
兴隆公司	115674356323	达昌公司	823653676512
兴盛公司	115674356324	达亿公司	823653676513
德源公司	115674356325	丰润公司	823653676514
德茂公司	115674356326	丰利公司	823653676515
昌平公司	115674356327		

办理如下业务：

凡出纳业务，在业务办理完毕后，编制记账凭证，据以登记库存现金和银行存款日记账，并将记账凭证连同所附原始凭证一并转交记账员记账。

（1）12 月 1 日，收到李立平和张贤的"借款单"各一张，经审核无误，签发 5000 元的"现金支票"交给两人到开户行取款，留下"借款单"和"现金支票"存根进行账务处理。

(2) 12月1日，收到业务员送来的"进账单"回单及"增值税专用发票"的记账联进行账务处理。

(3) 12月1日，填写"信汇"凭证3张，分别支付应付宏源公司账款120000元、应付宏盛公司账款110000元和应付达昌公司账款100000元。填好结算凭证后去开户银行办理相关手续，取回"信汇"凭证回单，审核无误后进行账务处理。

(4) 12月2日，填写"转账支票"1张，转出投资款230000元，存入亚洲证券营业部账户（亚洲证券营业部开户行：中国工商银行江泽市支行，账号：235673625588）准备用于购买股票。到银行办理转账手续，取回回单。

(5) 12月2日，填写"现金支票"1张，提取现金6000元备用，到开户银行办理支款手续。

(6) 12月2日，收到采购办事处张兴华的"领款单"，经审核无误，当即支付现金3000元，作为采购办事处的备用金（在领款单上注明"现金付讫"）。

(7) 12月3日，收到"亚洲证券营业部成交过户交割单"，购入股票划作交易性金融资产。

(8) 12月3日，将专夹留存的10月3日签发的商业承兑汇票第二联取出（曾在10月3日发生销货业务时，已填写3份"商业承兑汇票"：签发日期为2002年10月3日，承兑期2个月，应收达亿公司货款100000元，应收丰润公司货款90000元，应收丰利公司货款110000元），依据到期的3张"商业汇票"填写3份"委托收款"凭证后，到开户银行办理委托收款手续，取回"委托收款"凭证回单。

(9) 12月5日，收到开户行转来达亿公司、丰润公司和丰利公司"信汇"凭证收款通知。

(10) 12月5日，收到中财保险股份有限公司机动车辆保险单（正本）和保费收据第一联，经审核无误，据以填写转账支票（中财保险股份有限公司开户行：中国工商银行江泽市支行，账号：115675368955），并到银行办理转账手续，经银行盖章，取回转账支票回单。

(11) 12月6日，填写"中华人民共和国税收通用完税证"，将未交增值税、应交城市维护建设税、应交个人所得税、应交教育费附加上交国库，具体金额见明细分类账各该账户的月初余额。税收通用完税证填写好后，到开户行办理手续，经税务机关、银行盖章后取得完税凭证联，并据以进行账务处理。

(12) 12月6日，收到律师事务所的"江泽市服务业发票"发票联，经审核无误，以现金付讫。

(13) 12月7日，收到银行转来委托收款凭证的收款通知3张，系达亿公司、丰润公司和丰利公司应收款。

（14）12月7日，收到银行转来委托收款凭证的付款通知3张，系应付宏源公司、宏盛公司和达昌公司的商业汇票到期款。

（15）12月8日，收到江泽市电视台的"江泽市服务业发票"发票联，经审核无误，据以填写转账支票（江泽市电视台开户行：中国工商银行江泽市支行，账号：115674356672），付广告费，并到银行办理转账手续，经银行盖章，取回转账支票回单。

（16）12月8日，本公司（昌平公司）委托债券发行公司发行5年期债券，按面值的10%溢价发行。现债券公司已发行债券面值800000元，实收金额880000元，款项今日全部交来，当即送存银行。据以填写"收据"及"进账单"，到银行办理手续后据"收据"记账联及"进账单"回单进行账务处理。

（17）12月9日，收到债券公司的"江泽市服务业发票"发票联，经审核无误，据以填写转账支票（债券公司开户行：中国工商银行江泽市支行，账号：115676283355），付手续费，并到银行办理转账手续，经银行盖章，取回转账支票回单。

（18）12月10日，收到杨柳的"费用报销领款单"，经审核无误，以现金付讫。

（19）12月10日，收到房地产管理所的"江泽市服务业发票"发票联，经审核无误，以现金付讫。

（20）12月10日，收到江泽市汽车运输公司的"江泽市公路、内河货物运输业统一发票"发票联，经审核无误，据以填写转账支票（江泽市汽车运输公司开户行：中国工商银行江泽市支行，账号：115674356698），付运费，并到银行办理转账手续，经银行盖章，取回转账支票回单。

（21）12月10日，收到保险公司的"保险公司失业保险金收据"，经审核无误，以现金支票付讫。

（22）12月10日，签发"现金支票"，到银行办理取款手续，提回现金4000元备用。根据"现金支票"存根作账务处理。

（23）12月10日，收到余敏等四人的"费用报销领款单"，经审核无误，以现金付讫。

（24）12月10日，收到司法局的"江泽市行政事业单位收款收据"，经审核无误，据以填写转账支票（司法局开户行：中国工商银行江泽市支行，账号：115674356989），付诉讼费，并到银行办理转账手续，经银行盖章，取回转账支票回单。

（25）12月10日，收到各零售部销售商品的送存款的"进账单"回单。

(26) 12月11日，收到商品采购供应站的"江泽市服务业发票"，经审核无误，以现金付讫。

(27) 12月11日，收到大楼承建单位秦愿的"江泽市建筑安装业统一发票"，经审核无误，签发"现金支票"，交其到银行取款。

(28) 12月12日，收到证券公司的"收据"，经审核无误，据以填写转账支票（证券公司开户行：中国工商银行江泽市支行，账号：115674356719），付债券及手续费，并到银行办理转账手续，经银行盖章，取回转账支票回单。

(29) 12月13日，收到"工资表"，根据实发工资总额签发"现金支票"，从银行提取现金，当即发放完毕。

(30) 12月13日，收到李立平和张贤的"旅差费报销单"（所附单据略），经审核无误，分别开出"收据"，收到李立平交来结余现金920元，另以现金补付张贤120元。

(31) 12月14日，收到业务科"管理费用支出汇总表"（所附单据34张略），经审核无误，以现金付讫。

(32) 12月14日，收到江泽市商学院的"收据"，经审核无误，开出"现金支票"付讫。

(33) 12月15日，收到银行转来"委托收款凭证"的付款通知3张及"增值税专用发票"的发票联和抵扣联，系付宏源公司、宏盛公司、达昌公司货款。

(34) 12月15日，收到职工食堂购买炊具发票，经审核无误，以现金付讫。

(35) 12月16日，收到"市税务局印花税票发售统一发票"，经审核无误，以现金付讫。

(36) 12月16日，收到保险公司收取员工养老保险金的"收据"，经审核无误，据以填写转账支票（保险公司开户行：中国工商银行江泽市支行，账号：115674363789），付保险金，并到银行办理转账手续，经银行盖章，取回转账支票回单。

(37) 12月17日，根据"综合奖金结算汇总表"（实际还应有按人头的奖金发放表，此处略），签发"现金支票"提回现金，当即发放完毕。

(38) 12月18日，收到业务员送来的德茂公司转账支票的收账通知联及本公司的固定资产销售的"江泽市商业普通发票"的会计记账联，经审核无误进行账务处理。

(39) 12月19日，收到昌安公司出售设备的"江泽市商业普通发票"发票联及本公司业务员送来的"固定资产验收单"，经审核无误，据以填写"转账支票"付设备款，并到银行办理转账手续，经银行盖章，取回转账支票回单。

（40）12月19日，收到采购办事处的"业务招待费汇总表"及所附21张单据（单据略），经审核无误后，当即签发"现金支票"补足其备用金。

（41）12月19日，收到杨元的"费用报销领款单"，经审核无误，以现金付讫。

（42）12月19日，收到业务员送来的仓库租金收入"进账单"回单及"江泽市服务业发票"记账联。

（43）12月20日，收到业务员送来的"为民五金公司发票"和"物品领用单"，经审核无误后以现金付讫。

（44）12月20日，收到德源公司的"江泽市商业普通发票"发票联，经审核无误后签发"转账支票"支付技术转让费。到银行办理转账手续，经银行盖章后，拿回转账支票回单。

（45）12月21日，收到购买书籍的"江泽市文化教育、体育业发票"发票联，经审核无误，以现金付讫。

（46）12月21日，收到业务员送来的德茂公司"转账支票"的收账通知联及本公司收取技术转让收入的"江泽市商业普通发票"记账联。

（47）12月21日，收到汽车修配厂的"江泽市商业普通发票"发票联，经审核无误后以现金付讫。

（48）12月23日，收到自来水厂发票，审核无误后填写"转账支票"支付水费，到银行办理转账手续，经银行盖章后，拿回转账支票回单（自来水厂开户行：中国工商银行江泽市支行，账号：115674351125）。

（49）12月23日，收到采购办事处的"管理费用支出汇总表"及所附35张单据（单据略），经审核无误后，开出"收据"冲销其备用金，将收据第二联交报账人。

（50）12月24日，收到电力局的"增值税专用发票"发票联，审核无误后填写"转账支票"支付电费，到银行办理转账手续，经银行盖章后，拿回转账支票回单（电力局开户行：中国工商银行江泽市支行，账号：115674356211）。

同时根据耗用量分配本月电费，耗用量资料如下：大楼建设工程16000度，其他应收款（代扣职工水电费）9000度，公司管理部门11000度，据以编制"外购动力费分配表"。

根据电力局的发票联、"转账支票"存根和"外购动力费分配表"进行账务处理。

（51）12月24日，收到大世界市场的"江泽市服务业发票"发票联，经审核无误后以现金付讫。

(52) 12月24日，为购进口设备，向开户行买入5000美元，以中国人民银行公布的人民币汇率中间价作为即期汇率，当日的即期汇率1美元＝7.72元人民币，银行当日美元卖出价为1美元＝8.10元人民币。签发"转账支票"支付人民币，填写"进账单"购入美元。到银行办理相关手续，根据"转账支票"存根和"进账单"作账务处理。

(53) 12月25日，签发"现金支票"，到银行办理取款手续，提回现金6500元备用。根据"现金支票"存根作账务处理。

(54) 12月25日，收到物价检查所"罚款没收专用收据"，以现金支付罚款。

(55) 12月25日，收到养路费征收站的"交通车辆养路费收据"，经审核无误，以现金付讫（货车的养路费为700元，小车的养路费400元）。

(56) 12月26日，收到"副食商店销售发票"发票联，经审核无误后以现金付讫。

(57) 12月26日，收到业务员送来的"固定资产验收单"及购买进口设备的"商业发票"，经审核无误后填写"信汇"凭证，到银行办理美元汇兑手续，取回"信汇"回单。当日的即期汇率1美元＝7.85元人民币。

(58) 12月26日，收到迅达搬运公司的"江泽市交通运输业发票"发票联，经审核无误后以现金付讫。

(59) 12月26日，收到李立平的"借款单"，经审核无误后以现金付讫。

(60) 12月27日，收到业务员送来的"专利申报表"和专利局的"江泽市行政事业单位收款收据"发票联，审核无误后填写"转账支票"支付专利注册登记费，到银行办理转账手续，经银行盖章后，拿回"转账支票"回单（专利局开户行：中国工商银行江泽市支行，账号：115675363286）。

(61) 12月27日，收到本公司业务员送来销售商品给丰润公司、丰利公司和达亿公司的增值税专用发票记账联和3张商业承兑汇票。

(62) 12月27日，收到宏源公司、宏盛公司、达昌公司业务员送来的"增值税专用发票"第二、三联，经审核无误后分别填写为期2个月的"商业承兑汇票"3份，其中第一联给各收款人盖章签名后收回，在第二联的付款人盖章处盖上财务专用章，在负责经办处均签上名，填好后将第二联分别交宏源公司、宏盛公司、达昌公司业务员。

同时收到四通运输公司的"江泽市公路、内河货物运输业统一发票"发票联，经审核无误后填写"转账支票"支付运费，到银行办理转账手续，经银行盖章后，拿回"转账支票"回单（四通运输公司开户行：中国工商银行江泽市支行，账号：115675363298）。

根据"增值税专用发票"的发票联、"商业汇票"的留存联、"转账支票"存根联、"江泽市公路、内河货物运输业统一发票"发票联作账务处理。

(63) 12月29日,收到各零售部送存银行销货款的"进账单"回单。

(64) 12月30日,收到工会的"收据"第二联,经审核无误后签发"现金支票"付讫,根据"现金支票"存根作账务处理。

(65) 12月30日,收到职工食堂的"收据"第二联,经审核无误后签发"现金支票"付讫,根据"现金支票"存根作账务处理。

(66) 12月30日,收到业务员送来的"增值税专用发票"的第二、三、四联,合同规定销货款采用委托收款结算方式,经审核无误后,据以填写"委托收款凭证",持"委托收款凭证"和"增值税专用发票"第二、三联到银行办理托收手续,经银行盖章后,将退回的"委托收款凭证"回单与"增值税专用发票"的记账联一并作账务处理。

(67) 12月31日,到开户行拿回贷款计息凭证,进行账务处理(预计应付利息10000元)。

(68) 12月31日,到开户行拿回存款计息凭证,进行账务处理。

(69) 12月31日,将账面价值为100000元的"交易性金融资产——基金"全部出售,实得现金105000元。填写"内部转账单"和"进账单",将现金送存银行(全为百元券)。

(70) 12月31日的即期汇率1美元=8.05元人民币,调整当期产生的汇兑差额。

8.2 昌平公司记账员岗位实操

开设有关账户。昌平公司2002年11月30日明细账期末资料如下:

其他货币资金——外埠存款	10000	(借)
交易性金融资产——股票(成本)	100000	(借)
交易性金融资产——债券(成本)	90000	(借)
交易性金融资产——基金(成本)	100000	(借)
应收票据——达亿公司	100000	(借)
应收票据——丰润公司	90000	(借)
应收票据——丰利公司	110000	(借)
应收账款——达亿公司	100000	(借)
应收账款——丰润公司	110000	(借)
应收账款——丰利公司	90000	(借)
坏账准备	1200	(贷)
其他应收款——采购办事处	17000	(借)

其他应收款——代扣水电费	12000 （借）
在途材料——宏盛公司	25000 （借）
周转材料——低值易耗品——在用	50000 （借）
周转材料——低值易耗品——在库	20000 （借）
周转材料——低值易耗品——摊销	30000 （贷）
库存商品——A类商品	158200 （借）
库存商品——B类商品	157800 （借）
库存商品——C类商品	152400 （借）
库存商品——D类商品	157100 （借）
库存商品——E类商品	159100 （借）
库存商品——F类商品	157500 （借）
库存商品——G类商品	156900 （借）
库存商品——H类商品	160300 （借）
库存商品——I类商品	157600 （借）
库存商品——J类商品	159400 （借）
库存商品——K类商品	164200 （借）
库存商品——L类商品	156800 （借）
库存商品——M类商品	1237200 （借）
库存商品——一零售部	500000 （借）
库存商品——二零售部	600000 （借）
库存商品——三零售部	700000 （借）
商品进销差价——一零售部	150000 （贷）
商品进销差价——二零售部	180000 （贷）
商品进销差价——三零售部	210000 （贷）
长期股权投资——股票投资（众生公司）	100000 （借）
持有至到期投资——成本	150000 （借）
持有至到期投资——利息调整	10000 （借）
持有至到期投资——应计利息	10000 （借）
固定资产——生产用固定资产	1300000 （借）
固定资产——非生产用固定资产	500000 （借）
固定资产——不需用固定资产	200000 （借）
固定资产——出租固定资产	200000 （借）
累计折旧	500000 （贷）
工程物资——专用材料	500000 （借）
在建工程——大楼建设工程	600000 （借）

固定资产清理——报废	12000（借）
无形资产——专利权	271000（借）
研发支出——资本化支出	29000（借）
长期待摊费用——仓库大修费用	68000（借）
待处理财产损溢——待处理流动资产损溢	20000（借）
短期借款——经营周转借款	1580000（贷）
应付票据——宏源公司	100000（贷）
应付票据——宏盛公司	110000（贷）
应付票据——达昌公司	120000（贷）
应付账款——宏源公司	120000（贷）
应付账款——宏盛公司	110000（贷）
应付账款——达昌公司	100000（贷）
应付职工薪酬——职工教育经费	3500（贷）
应付职工薪酬——职工福利	1100（贷）
应付职工薪酬——社会保险费	8400（贷）
应交税费——未交增值税	26000（贷）
应交税费——应交所得税	20000（借）
应交税费——应交城市维护建设税	2000（贷）
应交税费——应交个人所得税	2000（贷）
应交税费——应交教育费附加	800（贷）
应付利息	22000（贷）
长期借款——基建借款	1000000（贷）
长期应付款——应付设备款	100000（贷）
应付债券——面值	500000（贷）
应付债券——利息调整	10000（贷）
应付债券——应计利息	40000（贷）
实收资本——国家投资	2500000（贷）
实收资本——宏盛公司	150000（贷）
实收资本——其他	973500（贷）
资本公积——资本溢价	300000（贷）
资本公积——其他	100000（贷）
盈余公积——法定盈余公积	700000（贷）
利润分配——未分配利润	20000（贷）
本年利润	480000（贷）

库存商品三级账 2002 年 11 月 30 日期末资料如表 8-2 所示：

表 8-2

类　别	品　名	数　量	单位成本（元）	金额（元）
A 类商品	A-1 商品	4000 千克	10	40000
	A-2 商品	1600 件	24	38400
	A-3 商品	1400 件	26.14	36600
	A-4 商品	1200 件	36	43200
B 类商品	B-1 商品	5000 千克	8	40000
	B-2 商品	2000 件	22	44000
	B-3 商品	1500 件	26	39000
	B-4 商品	1200 件	29	34800
C 类商品	C-1 商品	2600 千克	15	39000
	C-2 商品	1800 件	23	41400
	C-3 商品	1500 件	22	33000
	C-4 商品	1500 件	26	39000
D 类商品	D-1 商品	4000 千克	10	40000
	D-2 商品	2000 件	23	46000
	D-3 商品	1500 件	24	36000
	D-4 商品	1300 件	27	35100
E 类商品	E-1 商品	3000 千克	12	36000
	E-2 商品	2000 件	22	44000
	E-3 商品	1800 件	23	41400
	E-4 商品	1300 件	29	37700
F 类商品	F-1 商品	3000 千克	13	39000
	F-2 商品	2500 件	16	40000
	F-3 商品	2400 件	17	40800
	F-4 商品	1300 件	29	37700
G 类商品	G-1 商品	4000 千克	10	40000
	G-2 商品	1500 件	24	36000
	G-3 商品	1300 件	29	37700
	G-4 商品	1200 件	36	43200

续表

类 别	品 名	数 量	单位成本（元）	金额（元）
H类商品	H-1 商品	3600 千克	11	39600
	H-2 商品	2000 件	22	44000
	H-3 商品	1500 件	26	39000
	H-4 商品	1300 件	29	37700
I类商品	I-1 商品	3300 千克	12	39600
	I-2 商品	1600 件	23	36800
	I-3 商品	1800 件	22	39600
	I-4 商品	1600 件	26	41600
J类商品	J-1 商品	3000 千克	13	39000
	J-2 商品	1700 件	23	39100
	J-3 商品	1700 件	24	40800
	J-4 商品	1500 件	27	40500
K类商品	K-1 商品	3000 千克	14	42000
	K-2 商品	1800 件	22	39600
	K-3 商品	1700 件	23	39100
	K-4 商品	1500 件	29	43500
L类商品	L-1 商品	4000 千克	10	40000
	L-2 商品	2500 件	16	40000
	L-3 商品	2300 件	17	39100
	L-4 商品	1300 件	29	37700
M类商品	甲商品	118000 千克	2.4	283200
	乙商品	120000 千克	1.8	216000
	丙商品	114000 千克	3.0	342000
	丁商品	110000 千克	3.6	396000

按下列要求开设明细账：

（1）下列账户使用三栏式账页（有期初余额的账户结转期初余额，没有期初余额的账户设户后待记发生额）：

其他货币资金——外埠存款

其他货币资金——存出投资款

交易性金融资产——股票（成本）

交易性金融资产——股票（公允价值变动）
交易性金融资产——债券（成本）
交易性金融资产——基金（成本）
应收票据——达亿公司
应收票据——丰润公司
应收票据——丰利公司
应收账款——达亿公司
应收账款——丰润公司
应收账款——丰利公司
坏账准备
其他应收款——采购办事处
其他应收款——李立平
其他应收款——张贤
其他应收款——代扣水电费
在途物资——宏盛公司
在途物资——宏源公司
在途物资——达昌公司
周转材料——低值易耗品——在用
周转材料——低值易耗品——在库
周转材料——低值易耗品——摊销
库存商品——A类商品
库存商品——B类商品
库存商品——C类商品
库存商品——D类商品
库存商品——E类商品
库存商品——F类商品
库存商品——G类商品
库存商品——H类商品
库存商品——I类商品
库存商品——J类商品
库存商品——K类商品
库存商品——L类商品
库存商品——M类商品
库存商品——一零售部
库存商品——二零售部

库存商品——三零售部
商品进销差价———一零售部
商品进销差价——二零售部
商品进销差价——三零售部
长期股权投资——股票投资（众生公司）
持有至到期投资——成本
持有至到期投资——利息调整
持有至到期投资——应计利息
固定资产——经营用固定资产
固定资产——非经营用固定资产
固定资产——不需用固定资产
固定资产——出租固定资产
累计折旧
工程物资——专用材料
工程物资——专用设备
在建工程——大楼建设工程
固定资产清理——报废
固定资产清理——出售不需用固定资产
无形资产——专利权
研发支出——资本化支出
累计摊销
长期待摊费用——仓库大修费用
待处理财产损溢——待处理流动资产损溢
递延所得税资产
短期借款——经营周转借款
应付票据——宏盛公司
应付票据——宏源公司
应付票据——达昌公司
应付账款——宏盛公司
应付账款——宏源公司
应付账款——达昌公司
应付职工薪酬——工资
应付职工薪酬——职工福利
应付职工薪酬——社会保险费
应付职工薪酬——住房公积金

应付职工薪酬——工会经费
应付职工薪酬——职工教育经费
应付职工薪酬——非货币性福利
应交税费——未交增值税
应交税费——应交营业税
应交税费——应交所得税
应交税费——应交城市维护建设税
应交税费——应交个人所得税
应交税费——应交教育费附加
应付利息
应付股利
长期借款——基建借款
长期应付款——应付设备款
应付债券——面值
应付债券——利息调整
应付债券——应计利息
递延所得税负债
实收资本——国家投资
实收资本——宏盛公司
实收资本——其他
资本公积——资本溢价
资本公积——其他
盈余公积——法定盈余公积
利润分配——提取法定盈余公积
利润分配——应付现金股利
利润分配——未分配利润
本年利润
主营业务收入——A类商品
主营业务收入——B类商品
主营业务收入——C类商品
主营业务收入——D类商品
主营业务收入——E类商品
主营业务收入——F类商品
主营业务收入——G类商品
主营业务收入——H类商品

主营业务收入——I类商品
主营业务收入——J类商品
主营业务收入——K类商品
主营业务收入——L类商品
主营业务收入——M类商品
主营业务收入——一零售部
主营业务收入——二零售部
主营业务收入——三零售部
其他业务收入
投资收益
公允价值变动损益
营业外收入
主营业务成本——A类商品
主营业务成本——B类商品
主营业务成本——C类商品
主营业务成本——D类商品
主营业务成本——E类商品
主营业务成本——F类商品
主营业务成本——G类商品
主营业务成本——H类商品
主营业务成本——I类商品
主营业务成本——J类商品
主营业务成本——K类商品
主营业务成本——L类商品
主营业务成本——M类商品
主营业务成本——一零售部
主营业务成本——二零售部
主营业务成本——三零售部
营业税金及附加
其他业务成本
资产减值损失
营业外支出
所得税费用

(2) 下列账户使用多栏式账页（有期初余额的账户结转期初余额，没有期初余额的账户设户后待记发生额）：

应交税费——应交增值税
销售费用
财务费用
管理费用

（3）下列账户使用数量金额式账页（有期初余额的账户结转期初余额，没有期初余额的账户设户后待记发生额）：

库存商品——A-1 商品
库存商品——A-2 商品
库存商品——A-3 商品
库存商品——A-4 商品
库存商品——B-1 商品
库存商品——B-2 商品
库存商品——B-3 商品
库存商品——B-4 商品
库存商品——C-1 商品
库存商品——C-2 商品
库存商品——C-3 商品
库存商品——C-4 商品
库存商品——D-1 商品
库存商品——D-2 商品
库存商品——D-3 商品
库存商品——D-4 商品
库存商品——E-1 商品
库存商品——E-2 商品
库存商品——E-3 商品
库存商品——E-4 商品
库存商品——F-1 商品
库存商品——F-2 商品
库存商品——F-3 商品
库存商品——F-4 商品
库存商品——G-1 商品
库存商品——G-2 商品
库存商品——G-3 商品
库存商品——G-4 商品
库存商品——H-1 商品

库存商品——H-2 商品
库存商品——H-3 商品
库存商品——H-4 商品
库存商品——I-1 商品
库存商品——I-2 商品
库存商品——I-3 商品
库存商品——I-4 商品
库存商品——J-1 商品
库存商品——J-2 商品
库存商品——J-3 商品
库存商品——J-4 商品
库存商品——K-1 商品
库存商品——K-2 商品
库存商品——K-3 商品
库存商品——K-4 商品
库存商品——L-1 商品
库存商品——L-2 商品
库存商品——L-3 商品
库存商品——L-4 商品
库存商品——甲商品
库存商品——乙商品
库存商品——丙商品
库存商品——丁商品

办理记账业务：

（1）12月4日，收到业务员送来的"验收单"，按买价进行账务处理。

（2）12月9日，收到固定资产折旧计算表，经审核无误进行账务处理。

（3）12月9日，收到业务员交来本公司换出商品的增值税专用发票的记账联、换入商品的增值税发票的抵扣联与发票联及验收单的会计记账联，经审核无误进行非货币性交易的账务处理。

（4）12月10日，收到业务员送来的"商品内部调拨单"，经审核无误进行账务处理。

（5）12月12日，收到邓坚、王玉的"物品领用单"，经审核无误进行账务处理。

（6）12月13日，收到一零售部"商品调价单"，进行账务处理。

（7）12月17日，收到业务员送来的"验收单"，按买价进行账务处理。

(8) 12月18日，收到固定资产报废单，经审核无误进行账务处理。

(9) 12月20日，收到业务员送来的材料入库验收单，经审核无误进行账务处理。

(10) 12月20日，报废固定资产清理完毕，根据"固定资产清理——报废清理"账户余额编制"内部转账单"，结转清理损益。

(11) 12月27日，收到业务员送来的验收单，进行账务处理。

(12) 12月28日，本月应摊销专利权30000元，应摊销仓库大修费35000元，据以编制"无形资产、长期待摊费用分摊表"，经审核无误进行账务处理。

(13) 12月28日，收到业务员送来的"商品内部调拨单"，经审核无误进行账务处理。

(14) 12月29日，收到"低值易耗品报废单"，经审核无误进行账务处理。

(15) 12月31日，根据本月"工资表"与"综合奖金结算汇总表"编制"应付职工薪酬分配表"，经审核无误进行账务处理。

(16) 12月31日，公司经理批示：批发仓库短少的商品20000元，挂账已久，查不清原因，同意报损。据以编制"内部转账单"并进行账务处理。

(17) 12月31日，收到一、二、三零售部的"商品溢余短缺报告单"，进行账务处理。

(18) 12月31日，"交易性金融资产——股票"的公允价值为220000元，依据"交易性金融资产——股票——成本"及"交易性金融资产——股票——公允价值变动"明细账户资料计算本期公允价值变动金额，据以填制"内部转账单"，经审核无误进行账务处理。

(19) 12月31日，按应收款项百分比法计提坏账准备，提取比例为3%，依据"应收账款"、"其他应收款"、"预付账款"及"坏账准备"明细账资料分析计算本期应计提的坏账准备金，据以编制"内部转账单"，经审核无误进行账务处理。

(20) 12月31日，根据本月商品销售数量及"库存商品"明细账，采用先进先出法计算批发业务的已销商品进价成本，根据计算结果编制"商品销售成本计算单"，并作结转产品销售成本账务处理。

(21) 12月31日，分步计算零售业务的已销商品应分摊的进销差价，根据计算结果编制"商品进销差价计算表"，并作出账务处理（进销差价率精确到小数点后四位）。

(22) 12月31日，依据"应交税费——应交增值税"明细账资料分析填写"增值税纳税申报表"，计算出未交增值税额，经审核无误进行账务处理。

(23) 12月31日，依据"其他业务收入"和"固定资产"明细账及"增值税纳税申报表"资料，计算应交营业税、应交房产税、应交城市维护建设税、应交教育费附加，编制"地方税收综合纳税（费）申报表"，经审核无误进行账务处理。

(24) 12月31日，依据"持有至到期投资"明细账期初资料计算本年利息收入，并进行利息调整（按票面利率7%，实际利率5%计算），据以填制"内部转账单"，经审核无误进行账务处理（本月发生数暂不计算利息）。

(25) 12月31日，依据"应付债券"明细账期初资料计算本年利息费用（为大楼建设工程而发行债券），并进行利息调整，按票面利率6%，实际利率5%计算，据以填制"内部转账单"，经审核无误进行账务处理（本月发生数暂不计算利息）。

(26) 12月31日，结平"待处理财产损溢"账户。

(27) 12月31日，将损益类账户的本月净发生额结转"本年利润"账户。

(28) 12月31日，编制"利润表"初稿，据以编制"暂时性差异计算表"、"所得税纳税申报表"（所得税税率：33%），经审核无误进行账务处理。

(29) 12月31日，将"所得税费用"账户发生额转入"本年利润"账户。

(30) 12月31日，进行利润分配。法定盈余公积按净利润（"本年利润"账户年末余额）的10%分配，应付现金股利按"未分配利润"明细账期初余额加上本年净利润，减去本年提取的法定盈余公积后的30%分配。

(31) 12月31日，将"本年利润"、"利润分配——提取盈余公积"、"利润分配——应付现金股利"账户余额转入"利润分配——未分配利润"账户。

8.3　昌平公司财务科长岗位实操

开设总账。根据下列资料开设总账账户，每个账户占一页。昌平公司2002年11月30日总账期末资料如下：

库存现金	1000（借）
银行存款	301000（借）
其他货币资金	10000（借）
交易性金融资产	290000（借）
应收票据	300000（借）
应收账款	300000（借）
坏账准备	1200（贷）
其他应收款	29000（借）
在途物资	25000（借）
周转材料	40000（借）
库存商品	4934500（借）

商品进销差价	540000（贷）
长期股权投资	100000（借）
持有至到期投资	170000（借）
固定资产	2200000（借）
累计折旧	500000（贷）
工程物资	500000（借）
在建工程	600000（借）
固定资产清理	12000（借）
无形资产	271000（借）
研发支出	29000（借）
累计摊销	
长期待摊费用	68000（借）
待处理财产损溢	20000（借）
递延所得税资产	
短期借款	1580000（贷）
应付票据	330000（贷）
应付账款	330000（贷）
应付职工薪酬	13000（贷）
其他应付款	
应交税费	10800（贷）
应付利息	22000（贷）
应付股利	
长期借款	1000000（贷）
长期应付款	100000（贷）
应付债券	550000（贷）
递延所得税负债	
实收资本	3623500（贷）
资本公积	400000（贷）
盈余公积	700000（贷）
利润分配	20000（贷）
本年利润	480000（贷）
主营业务收入	
其他业务收入	
投资收益	
公允价值变动损益	

营业外收入
主营业务成本
营业税金及附加
其他业务成本
销售费用
管理费用
财务费用
资产减值损失
营业外支出
所得税费用

处理日常总账业务：

（1）复核上旬会计凭证，根据审核无误的上旬记账凭证编制记账凭证汇总表，并据以登记总账，结出账户余额，与出纳员所经管的日记账核对，如有不符，查明原因，予以更正；与记账员所经管的明细账进行核对，如有不符，查明原因，予以更正。

（2）复核中旬会计凭证，根据审核无误的中旬记账凭证编制记账凭证汇总表，并据以登记总账，结出账户余额，与出纳员所经管的日记账核对，如有不符，查明原因，予以更正；与记账员所经管的明细账进行核对，如有不符，查明原因，予以更正。

（3）复核下旬会计凭证，根据审核无误的下旬记账凭证编制记账凭证汇总表，并据以登记总账，结出账户余额，与出纳员所经管的日记账核对，如有不符，查明原因，予以更正；与记账员所经管的明细账进行核对，如有不符，查明原因，予以更正。

（4）编制总账账户余额试算平衡表。

（5）办理年结。

编制会计报表：

（1）编制资产负债表，以12月份月初数作为年初数。

（2）编制利润表，以12月份损益作为全年损益。

（3）编制现金流量表，以12月份月初数作为年初数，以12月份现金流量作为全年现金流量。

8.4 昌平公司业务员岗位实操

按要求填制和传递2002年12月份凭证：

（1）12月1日，李立平因要去北京出差需借支3000元，张贤因要去上海出差需借支 2000 元，分别以李立平和张贤的名义填写"借款单"各一张，经理王生辉在借款单上签字：同意借支。持单以李立平和张贤的名义向财务科出纳员借款。并将出纳员开出的现金支票送到开户银行提取现金。

（2）12月1日，销售商品一批，资料如下（表8-3）：

表 8-3

购货单位	品 名	数 量	单价(元)	购货单位	品 名	数 量	单价(元)
M 公司	A-1 商品	3000 千克	13	MF 公司	G-1 商品	2000 千克	13
	A-2 商品	1000 件	31		G-2 商品	1000 件	31
	A-3 商品	1000 件	37		G-3 商品	800 件	38
N 公司	A-4 商品	800 件	46	NA 公司	G-4 商品	700 件	46
	B-1 商品	3000 千克	10		H-1 商品	2000 千克	14
	B-2 商品	1000 件	28		H-2 商品	1000 件	28
AN 公司	B-3 商品	1000 件	34	NB 公司	H-3 商品	1000 件	33
	B-4 商品	600 件	37		H-4 商品	800 件	37
MA 公司	C-1 商品	1500 千克	20	NC 公司	I-1 商品	2000 千克	16
	C-2 商品	1000 件	30		I-2 商品	1000 件	30
	C-3 商品	1000 件	28		I-3 商品	1000 件	29
	C-4 商品	1000 件	33		I-4 商品	1100 件	33
MB 公司	D-1 商品	2000 千克	13	ND 公司	J-1 商品	2000 千克	17
	D-2 商品	1000 件	30		J-2 商品	1000 件	30
	D-3 商品	1000 件	31		J-3 商品	1000 件	31
MC 公司	D-4 商品	1000 件	35	NE 公司	J-4 商品	1000 件	35
	E-1 商品	1500 千克	15		K-1 商品	2000 千克	18
	E-2 商品	1000 件	28		K-2 商品	1000 件	28
MD 公司	E-3 商品	1000 件	30	NF 公司	K-3 商品	1000 件	30
	E-4 商品	800 件	37		K-4 商品	1000 件	37
ME 公司	F-1 商品	1500 千克	17	NG 公司	L-1 商品	2000 千克	13
	F-2 商品	1300 件	21		L-2 商品	1500 件	21
	F-3 商品	1200 件	22		L-3 商品	1500 件	22
	F-4 商品	800 件	38		L-4 商品	1000 千克	37

增值税税率17%，价税款均已收讫。据以填写"增值税专用发票"，款项全部存入银行，填写"进账单"，送银行办理进账手续后取回"进账单"回单。将"进账单"回单连同"增值税专用发票"的记账联送财务科记账员（开户行：中国工商银行江泽市支行，账号：1156674356327）。

（3）12月2日，以采购办事处张兴华的名义填写"领款单"，领款金额3000元，领款单填写好后到财务科找出纳员领款，作为采购办事处的备用金。

（4）12月3日，以亚洲证券营业部的名义填写"亚洲证券营业部成交过户交割单"1张，内容如下：本交割单系昌平公司购买股票，成交编号为12688，股东账户为33665694，股东名称为昌平公司，申请编号为691，公司代码为M124，申报时间为9点52分55秒，成交时间为9点53分25秒，实收金额为131836元，资金余额为98164元；证券代码为500232，成交数量16000股，成交价格8.18元，佣金440元，印花税500元，附加费16元。填写好后送财务科出纳员。

（5）12月4日，向宏盛公司购进的H-3商品1000件，每件买价25元，商品全部验收入库，据以填写"验收单"，将其会计记账联送账务科记账员。

（6）12月5日，以中财保险股份有限公司的名义填写"机动车辆保险单"和"保费收据"各一张，填写内容如下：被保险人为昌平公司，投保险种为车辆损失险、第三责任险、盗抢险、玻璃险、他人恶意险等；车辆型号为丰田（普）；发动机号为625558；牌号为A-36578；非营业用车；座位为5座；保险价值35万元，保险金额35万元；基本保费250元；车辆损失险费率0.8%；第三责任险最高赔偿限额为25万元；第三责任险保费为2300元；盗抢险保费据表计算；玻璃险保费为50元；他人恶意险保费为100元；保险期限自2002年12月5日零时起至2003年12月5日24时止。地址：十字街58号；电话：8666688；邮政编码：438000；总经理：洪源。填好后将"机动车辆保险单"正本和"保费收据"发票联送本公司记账员。

（7）12月6日，以江泽市第一律师事务所陈海的名义填写"江泽市服务业发票"，收取本公司本月律师顾问费用1300元，持其发票联找本公司出纳员收款。

（8）12月8日，江泽市电视台收取本公司广告费25000元，代电视台填写"江泽市服务业发票"，持其发票联找本公司出纳员收款。

（9）12月9日，债券公司应向本公司收取债券印刷费及手续费8000元，代填写"江泽市服务业发票",并持其第二联到本公司财务科结算。

(10) 12月9日,根据下述资料编制"固定资产折旧表"(采用平均年限法),编制完成后将其送交本公司记账员。

11月30日,固定资产资料如表8-4所示:

表8-4

部门	固定资产类型	固定资产原值(元)	预计净残值(元)	预计使用年限
经营部门	房屋	500000	25000	40
	专用电子设备	450000	32500	10
	其他专用设备	350000	17500	20
管理部门	房屋	500000	25000	40
	不需用设备	200000	20000	10
出租	仓库	200000	10000	10

(11) 12月9日,昌平公司分别与大兴公司、大华公司、兴隆公司进行非货币交易,交易内容如下:

昌平公司向大兴公司销售甲商品14400千克,每千克售价3.75元;向大兴公司购进A-3商品2000件,每件进价27元;向大华公司销售乙商品20000千克,每千克售价3.15元;向大华公司购进B-3商品2520件,每件进价25元;向兴隆公司销售丙商品20000千克,每千克售价4.90元,向兴隆公司购进C-3商品4900件,每件进价20元。增值税税率均为17%,据以填写销售商品的"增值税专用发票"和购进商品的"验收单",(保管员李平)填写好后先持销售商品的增值税专用发票的第二、三联到大兴公司、大华公司、兴隆公司业务处换取购进商品的增值税专用发票的第二、三联;后将销售商品的"增值税专用发票"的记账联和购进商品的"增值税专用发票"的第二、三联及"验收单"一并送交本公司记账员。

(12) 12月10日,以公司职工杨柳的名义填写"费用报销领款单",到财务科领取独生子女费160元。

(13) 12月10日,代房地产管理所开具"江泽市服务业发票",应收取昌平公司办公用房租金1300元。制单人:李风。持发票联到昌平公司财务科结算。

(14) 12月10日,以江泽市汽车队的名义开具"江泽市公路、内河货物运输统一发票",应收取昌平公司销货运费10000元。制单人:何春明。持发票联到昌平公司财务科结算。

（15）12月10日，昌平公司向保险公司交纳职工失业保险金1400元（保险公司开户行：中国工商银行江泽市支行，账号：1156674353366），以保险公司的名义开具"保险公司失业保险金收据"，持发票联到本公司财务科结算。

（16）12月10日，业务科余敏、徐梅、邱青、程东等四人领取本年度烤火费，每人80元，经理习文签字：同意付款。代填写"费用报销领款单"，到财务科出纳处领款。

（17）12月10日，代司法局开具"江泽市行政事业单位收款收据"，应收取昌平公司公证费用1000元。收款人：王波。持发票联到昌平公司财务科结算。

（18）12月10日，从批发仓库调给各零售部商品如下（表8-5）：

表8-5

调入部门	商品名称	数 量	单位进价（元）	零售价（元）
一零售部	A-1商品	500千克	10	17
	B-3商品	1000件	26	43
	C-3商品	2000件	22	37
	D-2商品	500件	23	38
二零售部	E-1商品	1000千克	12	20
	F-1商品	1000千克	13	22
	G-1商品	1000千克	10	17
	H-3商品	1000件	26	43
三零售部	I-1商品	1000千克	12	20
	J-3商品	500件	24	40
	K-1商品	800千克	14	23
	L-1商品	1000千克	10	17

据以分别填写"商品内部调拨单"并将其送交财务科记账员。

（19）12月10日，各零售部将零售款送存银行（表8-6）。开户行：中国工商银行江泽市支行，账号：115674356327。

表 8-6

部门	经办人	面值	数量	部门	经办人	面值	数量	部门	经办人	面值	数量
一零售部	涂红	100元	1000张	二零售部	张洁	100元	1000张	三零售部	秦川	100元	1000张
	涂红	50元	200张		张洁	50元	600张		秦川	50元	1000张
	涂红	10元	1000张		张洁	10元	1000张		秦川	10元	210张
	涂红	5元	1600张		张洁	5元	80张				
	涂红	2元	350张								

据以上资料填写"进账单",持单到银行办理进账手续,取回回单交财务科出纳员。

(20) 12月11日,代商品采购供应站开出"江泽市服务业发票",应收昌平公司张兴参加商品交易会的住宿及会务费计500元,持收据向昌平公司财务科结账。

(21) 12月11日,大楼建设工程的承建单位向昌平公司收取工程款100000元,领款人:秦愿。据以填写"江泽市建筑安装业统一发票",持发票联到财务科出纳处办理领款,取得出纳员签发的"现金支票"到银行取款。

(22) 12月12日,业务员邓坚、王玉各领计算器一个,单价150元,合计金额300元。经理习文审批:同意领用,一次摊销。据以填写"物品领用单"并将其送交财务科记账员。

(23) 12月12日,昌平公司向证券公司购买1年期债券1200000元,手续费2400元,以证券公司名义开出"收据",持收据第二联到昌平公司财务科结算。

(24) 12月13日,根据下列资料分别编制"工资表":

经营人员工资计算资料(表8-7):

表 8-7　　　　　　　　　　　　　　　　　　　　　　　　　　　　　　单位:元

姓名	月标准工资	津贴	水电费	公积金	个人所得税	个人承担社保
张四平	1220	97	50	120		20
洪锋	1220	97	50	120		20
李军	960	87	48	110		10
张胜	960	87	46	110		10
李明等200人	180000	15200	9806	3000	760	1020

管理人员工资计算资料（表8-8）：

表8-8　　　　　　　　　　　　　　　　　　　　　　　　　单位：元

姓　名	月标准工资	津　贴	水电费	公积金	个人所得税	个人承担社保
习文	1360	207	50	130		25
赵胜	1220	167	48	120		20
李清	1220	167	39	120		20
罗兰	1220	157	53	120		20
陶勇等36人	34560	3110	1810	1085	443.50	301

"工资表"编制好后送交财务科出纳员。

（25）12月13日，李立平出差北京联系业务，返回公司报账，出差相关内容如下：2002年12月1日从江泽市乘火车至北京（当日到达），火车票270元，在北京期间住宿费1200元，2002年12月12日晚从北京乘火车返回，于12月13日上午到达，返程票350元；张贤12月1日从江泽市乘火车至上海（当日到达），火车票240元，在上海期间住宿费1300元，2002年12月12日从上海乘火车回江泽市（次日到达），火车票320元，出差补助每天20元，据以分别填写"旅差费报销单"（经理习文在单上签字：同意报销），并持单以李立平与张贤的名义向财务科出纳处报账（出差前李立平已预支3000元、张贤已预支2000元）。

（26）12月13日，一零售部库存C-2商品500件，每件零售价由原来的25元调至24元，据以填写"商品调价单"将其记账联送昌平公司财务科记账员。

（27）12月14日，业务科各种费用支出汇总情况如下：差旅费360元（20张原始凭证）；办公费240元（40张原始凭证）；其他费用160元（6张原始凭证）；经核对，编制"管理费用支出汇总表"，持表到财务科报账。

（28）12月14日，袁旭辉等四名职工参加江泽市商学院短期培训，支付学杂费3200元，以商学院名义开出"收据"，持第二联（付款人联）找昌平公司财务科出纳员办理领款，取得出纳员签发的"现金支票"到银行取款。

（29）12月15日，昌平公司职工食堂向为民日杂公司购买碗40个，单价2.50元，计100元；盘子40个，单价2元，计80元；合计180元。以为民日杂公司名义开具"为民日杂公司销售发票"，持发票联向昌平公司财务科出纳员报账（在发票备注上填写：列入职工福利）。

（30）12月16日，昌平公司向税务局购买30张5元券印花税票，30张2元券印花税票，40张1元券印花税票，以税务局名义开具"市税务局印花税票发售统一发票",持发票联向昌平公司财务科出纳员报账。

(31) 12月16日,江泽市保险公司向昌平公司收取员工养老保险金7000元,以保险公司名义开具"收据",并持"收据"(付款人联)向昌平公司财务科结算。

(32) 12月17日,向宏盛公司购进H-1商品10000千克,每千克买价10.80元;H-2商品10000件,每件买价21.50元;向宏源公司购进G-1商品10000千克,每千克买价9.80元;G-3商品10000件,每件买价30元;向达昌公司购进I-1商品10000千克,每千克买价11.80元;I-2商品10000件,每件买价22.60元;以上商品均已到达,如数验收入库。据以填写"验收单",将验收单的会计记账联送财务科记账员。

(33) 12月17日,本月综合奖金结算汇总资料如下:经营人员奖金20400元,管理人员奖金4000元。据以编制"综合奖金结算汇总表",持表向财务科出纳员领取奖金。

(34) 12月18日,销售给德茂公司不需用丙设备一台,原始价值7万元,已提折旧30000元,协商作价45000元。据以填写"江泽市商业普通发票",持其发票联到德茂公司财务科收款,要求德茂公司出纳员签发"转账支票",并与其一同去银行办理转账手续,取得银行盖章的"转账支票"的收账通知联后,将"转账支票"的收账通知联及"江泽市商业普通发票"记账联送交本公司财务科出纳员。

(35) 12月18日,一栋仓库250平方米,预计使用30年,已使用28年,原值90000元,已提折旧75000元,因重建提前报废。使用部门的意见:因陈旧要求报废;技术鉴定小组意见:情况属实;固定资产管理部门意见:同意转入清理;主管部门审批意见:同意报废重建。据以填写"固定资产报废单"后将其会计记账联送财务科记账员。

(36) 12月19日,向昌安公司购进丁设备一台,交易价50000元,经验收交三零售部使用,据以填写"固定资产验收单",将其第二联送财务科出纳员。

(37) 12月19日,采购办事处与业务往来单位洽谈业务,接待、就餐、补助及接送车费共计金额2004.8元,单据24张。据以填写"业务招待费汇总表",经理习文在单上签字:同意报销。持单向财务科出纳员报账,取得出纳员签发的"现金支票"后到银行提取现金。

(38) 12月19日,报废固定资产的清理人员杨元等四人应领取清理费用300元,以杨元的名义填写"费用报销领款单",经理习文在单上签字:同意付款。持单向财务科出纳员领款。

(39) 12月19日,昌平公司向北苑公司收取仓库租金5000元,据以开出"江泽市服务业发票",收到现金5000元,当即填写"进账单"到开户行办理进账手续,收到银行盖章的"进账单"回单,将"江泽市服务业发票"的发票联及"进账单"回单送交本公司出纳员。

（40）12月20日,仓库清理残料如下:红砖110000块,每块0.20元,计22000元,其他材料6000元,合计28000元。材料全部入库作重建仓库用,据以编制"材料入库单",并将其记账联送财务科记账员。

（41）12月20日,昌平公司向为民五金公司购买灭火器五个,单价100元,计500元。灭火器购回后当即由仓库领用。先以为民五金公司名义开具"为民五金公司发票",再以仓库保管员胡军名义填写"物品领用单"（经理习文在单上签字:同意领用,一次摊销）,最后将"为民五金公司发票"的发票联和"物品领用单"送财务科出纳员,并要求领款、领物。

（42）12月21日,向德茂公司转让技术,收取技术转让费19000元,据以填写"江泽市商业普通发票",持其发票联到德茂公司财务科收款,要求德茂公司出纳员签发"转账支票",并与其一同去银行办理转账手续,取得银行盖章后的"转账支票"的收账通知联后,将"转账支票"的收账通知联及"江泽市普通发票"记账联送交本公司财务科出纳员。

（43）12月21日,向会计局购买《新会计准则》等书籍,付款165元,以会计局的名义填写"江泽市文化教育、体育业发票",并持其发票联到财务科报账。

（44）12月21日,昌平公司的汽车送汽车修配厂修理,具体修配项目如下:汽车补胎310元,汽车轮胎充气53元,车轮拆装38元。以汽车修配厂名义开具"江泽市服务业发票",将"江泽市服务业发票"的发票联送交本公司财务科结算。

（45）12月23日,昌平公司的水表记录是:本月止码为3654436,上月止码为3652636,实用水1800吨,每吨单价1元。以自来水厂名义开具"自来水厂水费发票"持其发票联到昌平财务科结算。

（46）12月23日,采购办事处用备用金开支下列各种费用:招待费5600元（20张原始凭证）；修理费5600元（15张原始凭证）；经核对全部报销,编制"管理费用支出汇总表",持表到财务科报账。

（47）12月24日,昌平公司电表的起码是563279,止码是599279,实用电36000度,每度单价0.50元,以电力局的名义填写"增值税专用发票"（电费增值税税率为13%）,持发票联到昌平公司财务科结算。

（48）12月24日,昌平公司参加本市商品展销会,应付江泽大世界市场商品展位租用费1100元,以大世界市场的名义填写"江泽市服务业发票",持发票联到昌平公司财务科结算。

（49）12月25日,物价检查所对昌平公司商品销售情况进行检查,发现部分商品违反国家价格政策,罚款1700元,以物价检查所名义填写"罚款没收专用收据",持单到昌平公司财务科收取罚款。

(50) 12月25日,养路费征收站向昌平公司收取汽车养路费用1100元,以养路费征收站的名义填写"交通车辆养路费收据"(2台东风汽车为送货用车,养路费为700元,2台小车的养路费400元),持单到昌平公司财务科结算。

(51) 12月26日,看望住院病人冯英俊,从副食品商店购买2袋奶粉,每袋12元,苹果5公斤,每公斤3元,据以填写"副食商店销售发票",经理习文签字:在福利费列支,持发票联到昌平公司财务科结算。

(52) 12月26日,迅达搬运公司为昌平公司装卸货物,应收取商品装卸费1200元,以迅达公司的名义开具"江泽市交通运输业发票",持发票联到昌平公司财务科结算。

(53) 12月26日,李立平出差预支差旅费1200元,据以填写"借款单",持单向财务科出纳借款。

(54) 12月26日,本公司向美国H公司购入先进设备一台,交易价4000美元,以H公司名义填写"商业发票",以本公司设备科名义填写"固定资产验收单"(设备交管理部门使用)。"商业发票"与"固定资产验收单"交本公司出纳员(引进先进设备,减免关税及增值税;境内外运杂费均由供货方承担)。

(55) 12月27日,昌平公司自行开发一项实用新型专利成功,先根据下列资料填写"专利申报表":申请单位:昌平公司;专利项目:实用新型专利;技术开发费:29000元;注册登记费:3600元;单位意见:同意申报;专利局审批:同意注册。再以专利局名义填写"江泽市行政事业单位收款收据",收取昌平公司专利注册登记费3600元,然后持"专利申报表"和"江泽市行政事业单位收款收据"到昌平公司财务科结算,要求支付注册登记费。

(56) 12月27日,昌平公司销售商品一批(表8-9):

表8-9

购买单位	甲商品		乙商品		丙商品		丁商品	
	单价(元)	数量	单价(元)	数量	单价(元)	数量	单价(元)	数量
达亿公司	4	20000千克	3	20000千克	5	10000千克	6	10000千克
丰润公司	4	20000千克	3	20000千克	5	10000千克	6	10000千克
丰利公司	4	15000千克	3	20000千克	5	12000千克	6	15000千克

增值税税率均为17%,据以分别按三个公司填写"增值税专用发票"后

持"增值税专用发票"的第二、三联到丰润公司、丰利公司、达亿公司财务科结算,要求各公司出纳员根据购销合同填写"商业承兑汇票",经付款人(各购货公司)承兑后取得"商业承兑汇票"的第二联,并在商业承兑汇票第一联的收款人盖章处盖上本公司财务专用章(由本公司出纳员盖章),在负责、经办处均签名,将"增值税专用发票"的记账联和"商业承兑汇票"的第二联送交本公司出纳员。

(57)12月27日,四通运输公司为昌平公司运输购入的商品,应收运费7600元。以四通运输公司的名义开具"江泽市公路、内河货物运输业统一发票",持发票联到昌平公司财务科结算。

(58)12月27日,外购商品全部验收入库。据表8-10所列资料填写"验收单",将其记账联送财务科记账员。

表8-10

供货单位	商品名称	数量(件)	单位进价(元)	合计金额(元)
宏源公司	G-2商品	10000	24	240000
宏盛公司	H-2商品	10000	22	220000
达昌公司	I-3商品	10000	22	220000

(59)12月28日,从批发仓库调给各零售部商品如下(表8-11):

表8-11

调入部门	商品名称	数量	单位进价(元)	零售价(元)
一零售部	G-1商品	5000千克	9.80	14
	G-3商品	6000件	30	43
二零售部	G-2商品	5000件	24	34
	H-1商品	6000千克	10.80	15.40
三零售部	H-2商品	5000件	21.50	30.70
	I-2商品	6000件	22.60	32.30

据以分别填写"商品内部调拨单"并将其送交财务科记账员。

(60)12月29日,各零售部将零售款送存银行(表8-12)。开户行:中国工商银行江泽市支行;账号:115674356327。

表 8-12

部门	经办人	面值	数量	部门	经办人	面值	数量	部门	经办人	面值	数量
一零售部	涂红	100元	2000张	二零售部	张洁	100元	1800张	三零售部	秦川	100元	1900张
	涂红	50元	2000张		张洁	50元	1000张		秦川	50元	1600张
	涂红	10元	420张		张洁	20元	200张		秦川	20元	1000张
									秦川	10元	250张

据以上资料填写"进账单",持单到银行办理进账手续,取回回单交财务科出纳员。

(61) 12月29日,昌平公司报废低值易耗品资料如下:文件柜三个,成本1200元,已摊销600元;办公桌4张,成本800元,已摊销400元;其他物品成本600元,已摊销600元。据以编制"低值易耗品报废表"(备注栏里注明五五摊销或一次摊销),经理在单上签字:同意报废。将其送财务科记账员。

(62) 12月30日,昌平公司支付本公司工会委员会工会经费3260元,以本公司工会委员会的名义开出"收据",持收据第二联向昌平公司财务科出纳员收款,收到出纳员签发的"现金支票"到银行提取现金。

(63) 12月30日,公司支付职工食堂代扣伙食费4276元。以职工食堂名义填写"收据",持收据第二联向昌平公司财务科出纳员收款,收到出纳员签发的"现金支票"到银行提取现金。

(64) 12月30日,销售给达亿公司甲商品30000千克,每千克售价4元;销售给丰润公司乙商品20000千克,每千克售价3元,丙商品10000千克,每千克售价5元,;销售给丰利公司丁商品20000千克,每千克售价6元;增值税税率17%,分别填写"增值税专用发票",将其第二、三、四联送财务科记账员。

(65) 12月31日,各零售部盘点商品情况如下(表8-13):

表 8-13

部 门	实际结存	账面结存	进销差价率	备 注
一零售部	539050元	(明细账余额)	30%	公司经理习文批示:按进价记入当期损益
二零售部	590100元	(明细账余额)	30%	
三零售部	676000元	(明细账余额)	30%	

据以分别填写"商品溢余短缺报告单",将其会计记账联送财务科记账员。

9 昌安公司会计实操

9.1 昌安公司出纳员岗位实操

开设有关日记账：昌安公司 2002 年 11 月 30 日有关账户余额如下：
库存现金日记账　　　　　　1000（借）
银行存款日记账　　　　　　300000（借）
昌安公司及往来公司相关情况如表 9-1 所示：

表 9-1

开户行：中国工商银行江泽市支行		开户行：中国工商银行崎峰市支行	
公司名称	账　号	公司名称	账　号
大兴公司	115674356321	宏源公司	823653676510
大华公司	115674356322	宏盛公司	823653676511
兴隆公司	115674356323	达昌公司	823653676512
兴盛公司	115674356324	达亿公司	823653676513
德源公司	115674356325	丰润公司	823653676514
德茂公司	115674356326	丰利公司	823653676515
昌安公司	115674356328		

办理如下业务：

凡出纳业务，在业务办理完毕后，编制记账凭证，据以登记库存现金和银行存款日记账，并将记账凭证连同所附原始凭证一并转交记账员记账。

（1）12 月 1 日，收到张估春和陈平的"借款单"各一张，经审核无误，签发 5000 元的"现金支票"交给两人到开户行取款，留下"借款单"和"现金支票"存根进行账务处理。

(2) 12月1日，收到业务员送来的"进账单"回单及"增值税专用发票"的记账联进行账务处理。

(3) 12月1日，填写"信汇"凭证3张，分别支付应付达亿公司账款90000元、应付丰润公司账款110000元和应付丰利公司账款120000元。填好结算凭证后去开户银行办理相关手续，取回"信汇"凭证回单，审核无误后进行账务处理。

(4) 12月2日，填写"转账支票"1张，转出投资款200000元，存入亚洲证券营业部账户（亚洲证券营业部开户行：中国工商银行江泽市支行，账号：235673625588）准备用于购买股票。到银行办理转账手续，取回回单。

(5) 12月2日，填写"现金支票"1张，提取现金6000元备用，到开户银行办理支款手续。

(6) 12月2日，收到采购办事处何其美的"领款单"，经审核无误，当即支付现金3000元，作为采购办事处的备用金（在领款单上注明"现金付讫"）。

(7) 12月3日，收到"亚洲证券营业部成交过户交割单"，购入股票划作交易性金融资产。

(8) 12月3日，将专夹留存的10月3日签发的商业承兑汇票第二联取出（曾在10月3日发生销货业务时，已填写3份"商业承兑汇票"：签发日期为2002年10月3日，承兑期2个月，应收宏源公司货款110000元，应收宏盛公司货款100000元，应收达昌公司货款110000元），依据到期的3张"商业汇票"填写3份"委托收款"凭证后，到开户银行办理委托收款手续，取回"委托收款"凭证回单。

(9) 12月5日，收到开户行转来宏源公司、宏盛公司和达昌公司"信汇"凭证收款通知。

(10) 12月5日，收到中财保险股份有限公司机动车辆保险单（正本）和保费收据第一联，经审核无误，据以填写转账支票（中财保险股份有限公司开户行：中国工商银行江泽市支行，账号：115675368955），并到银行办理转账手续，经银行盖章，取回转账支票回单。

(11) 12月6日，填写"中华人民共和国税收通用完税证"，将未交增值税、应交城市维护建设税、应交个人所得税、应交教育费附加上交国库，具体金额见明细分类账各该账户的月初余额。税收通用完税证填写好后，到开户行办理手续，经税务机关、银行盖章后取得完税凭证联，并据以进行账务处理。

(12) 12月6日，收到律师事务所的"江泽市服务业发票"发票联，经审核无误，以现金付讫。

(13) 12月7日，收到银行转来委托收款凭证的收款通知3张，系宏源公司、宏盛公司和达昌公司应收款。

（14）12月7日，收到银行转来委托收款凭证的付款通知3张，系应付达亿公司、丰润公司和丰利公司的商业汇票到期款。

（15）12月8日，收到江泽市电视台的"江泽市服务业发票"发票联，经审核无误，据以填写转账支票（江泽市电视台开户行：中国工商银行江泽市支行，账号：115674356672），付广告费，并到银行办理转账手续，经银行盖章，取回转账支票回单。

（16）12月8日，本公司（昌安公司）委托债券发行公司发行5年期债券，按面值的10%溢价发行。现债公司已发行债券面值900000元，实收金额990000元，款项今日全部交来，当即送存银行。据以填写"收据"及"进账单"，到银行办理手续后据"收据"记账联及"进账单"回单进行账务处理。

（17）12月9日，收到债券公司的"江泽市服务业发票"发票联，经审核无误，据以填写转账支票（债券公司开户行：中国工商银行江泽市支行；账号：115676283355），付手续费，并到银行办理转账手续，经银行盖章，取回转账支票回单。

（18）12月10日，收到徐圣的"费用报销领款单"，经审核无误，以现金付讫。

（19）12月10日，收到房地产管理所的"江泽市服务业发票"发票联，经审核无误，以现金付讫。

（20）12月10日，收到江泽市汽车运输公司的"江泽市公路、内河货物运输业统一发票"发票联，经审核无误，据以填写转账支票（江泽市汽车运输公司开户行：中国工商银行江泽市支行，账号：115674356698），付运费，并到银行办理转账手续，经银行盖章，取回转账支票回单。

（21）12月10日，收到保险公司的"保险公司失业保险金收据"，经审核无误，以现金支票付讫。

（22）12月10日，签发"现金支票"，到银行办理取款手续，提回现金3800元备用。根据"现金支票"存根作账务处理。

（23）12月10日，收到陈明等3人的"费用报销领款单"，经审核无误，以现金付讫。

（24）12月10日，收到司法局的"江泽市行政事业单位收款收据"，经审核无误，据以填写转账支票（司法局开户行：中国工商银行江泽市支行，账号：115674356989），付诉讼费，并到银行办理转账手续，经银行盖章，取回转账支票回单。

（25）12月10日，收到各零售部销售商品的送存款的"进账单"回单。

(26) 12月11日，收到商品采购供应站的"江泽市服务业发票"，经审核无误，以现金付讫。

(27) 12月11日，收到大楼承建单位袁先耀的"江泽市建筑安装业统一发票"，经审核无误，签发"现金支票"，交其到银行取款。

(28) 12月12日，收到证券公司的"收据"，经审核无误，据以填写转账支票（证券公司开户行：中国工商银行江泽市支行，账号：115674356719），付债券及手续费，并到银行办理转账手续，经银行盖章，取回转账支票回单。

(29) 12月13日，收到"工资表"，根据实发工资总额签发"现金支票"，从银行提取现金，当即发放完毕。

(30) 12月13日，收到张估春和陈平的"旅差费报销单"（所附单据略），经审核无误，分别开出"收据"，收到张估春交来结余现金180元，陈平预支尚未结清。

(31) 12月14日，收到业务科"管理费用支出汇总表"（所附单据44张略），经审核无误，以现金付讫。

(32) 12月14日，收到江泽市商学院的"收据"，经审核无误，开出"现金支票"付讫。

(33) 12月15日，收到银行转来"委托收款凭证"的付款通知3张及"增值税专用发票"的发票联和抵扣联，系付达亿公司、丰润公司、丰利公司货款。

(34) 12月15日，收到职工食堂购买炊具发票，经审核无误，以现金付讫。

(35) 12月16日，收到"市税务局印花税票发售统一发票"，经审核无误，以现金付讫。

(36) 12月16日，收到保险公司收取员工养老保险金的"收据"，经审核无误，据以填写转账支票（保险公司开户行：中国工商银行江泽市支行，账号：115674363789），付保险金，并到银行办理转账手续，经银行盖章，取回转账支票回单。

(37) 12月17日，根据"综合奖金结算汇总表"（实际还应有按人头的奖金发放表，此处略），签发"现金支票"提回现金，当即发放完毕。

(38) 12月19日，收到业务员送来的昌平公司转账支票的收账通知联及本公司的固定资产销售的"江泽市商业普通发票"的会计记账联，经审核无误进行账务处理。

(39) 12月19日，收到大兴公司出售设备的"江泽市商业普通发票"发票联及本公司业务员送来的"固定资产验收单"，经审核无误，据以填写"转账支票"付设备款,并到银行办理转账手续,经银行盖章,取回转账支票回单。

(40) 12月19日,收到采购办事处的"业务招待费汇总表"及所附27张单据(单据略),经审核无误后,当即签发"现金支票"补足其备用金。

(41) 12月19日,收到杨林的"费用报销领款单",经审核无误,以现金付讫。

(42) 12月19日,收到业务员送来的仓库租金收入"进账单"回单及"江泽市服务业发票"记账联。

(43) 12月20日,收到业务员送来的"为民五金公司发票"和"物品领用单",经审核无误后以现金付讫。

(44) 12月20日,收到德茂公司的"江泽市商业普通发票"发票联,经审核无误后签发"转账支票"支付技术转让费。到银行办理转账手续,经银行盖章后,拿回转账支票回单。

(45) 12月21日,收到购买书籍的"江泽市文化教育、体育业发票"发票联,经审核无误,以现金付讫。

(46) 12月21日,收到业务员送来的大兴公司"转账支票"的收账通知联及本公司收取技术转让收入的"江泽市商业普通发票"记账联。

(47) 12月21日,收到汽车修配厂的"江泽市商业普通发票"发票联,经审核无误后以现金付讫。

(48) 12月23日,收到自来水厂发票,审核无误后填写"转账支票"支付水费,到银行办理转账手续,经银行盖章后,拿回转账支票回单(自来水厂开户行:中国工商银行江泽市支行,账号:115674351125)。

(49) 12月23日,收到采购办事处的"管理费用支出汇总表"及所附35张单据(单据略),经审核无误后,开出"收据"冲销其备用金,将收据第二联交报账人。

(50) 12月24日,收到电力局的"增值税专用发票"发票联,审核无误后填写"转账支票"支付电费,到银行办理转账手续,经银行盖章后,拿回转账支票回单(电力局开户行:中国工商银行江泽市支行,账号:115674356211)。

同时根据耗用量分配本月电费,耗用量资料如下:大楼建设工程17000度,其他应收款(代扣职工水电费)10500度,公司管理部门10500度,据以编制"外购动力费分配表"。

根据电力局的发票联、"转账支票"存根和"外购动力费分配表"进行账务处理。

(51) 12月24日,收到大世界市场的"江泽市服务业发票"发票联,经审核无误后以现金付讫。

（52）12月24日，为购进口设备，向开户行买入5000美元，以中国人民银行公布的人民币汇率中间价作为即期汇率，当日的即期汇率1美元＝7.72元人民币，银行当日美元卖出价为1美元＝8.10元人民币。签发"转账支票"支付人民币，填写"进账单"购入美元。到银行办理相关手续，根据"转账支票"存根和"进账单"作账务处理。

（53）12月25日，签发"现金支票"，到银行办理取款手续，提回现金7000元备用。根据"现金支票"存根作账务处理。

（54）12月25日，收到物价检查所"罚款没收专用收据"，以现金支付罚款。

（55）12月25日，收到养路费征收站的"交通车辆养路费收据"，经审核无误，以现金付讫（货车的养路费为600元，小车的养路费400元）。

（56）12月26日，收到"副食商店销售发票"发票联，经审核无误后以现金付讫。

（57）12月26日，收到业务员送来的"固定资产验收单"及购买进口设备的"商业发票"，经审核无误后填写"信汇"凭证，到银行办理美元汇兑手续，取回"信汇"回单。当日的即期汇率1美元＝7.85元人民币。

（58）12月26日，收到迅达搬运公司的"江泽市交通运输业发票"发票联，经审核无误后以现金付讫。

（59）12月26日，收到张估春的"借款单"，经审核无误后以现金付讫。

（60）12月27日，收到业务员送来的"专利申报表"和专利局的"江泽市行政事业单位收款收据"发票联，审核无误后填写"转账支票"支付专利注册登记费，到银行办理转账手续，经银行盖章后，拿回"转账支票"回单（专利局开户行：中国工商银行江泽市支行，账号：115675363286）。

（61）12月27日，收到本公司业务员送来销售商品给宏源公司、宏盛公司和达昌公司的增值税专用发票记账联和3张商业承兑汇票。

（62）12月27日，收到达亿公司、丰润公司、丰利公司业务员送来的"增值税专用发票"第二、三联，经审核无误后分别填写为期2个月的"商业承兑汇票"3份，其中第一联给各收款人盖章签名后收回，在第二联的付款人盖章处盖上财务专用章，在负责经办处均签上名，填好后将第二联分别交达亿公司、丰润公司、丰利公司业务员。

同时收到四通运输公司的"江泽市公路、内河货物运输业统一发票"发票联，经审核无误后填写"转账支票"支付运费，到银行办理转账手续，经银行盖章后，拿回"转账支票"回单（四通运输公司开户行：中国工商银行江泽市支行，账号：115675363298）。

根据"增值税专用发票"的发票联、"商业汇票"的留存联,"转账支票"存根联、"江泽市公路、内河货物运输业统一发票"发票联作账务处理。

(63) 12月29日,收到各零售部送存银行销货款的"进账单"回单。

(64) 12月30日,收到工会的"收据"第二联,经审核无误后签发"现金支票"付讫,根据"现金支票"存根作账务处理。

(65) 12月30日,收到职工食堂的"收据"第二联,经审核无误后签发"现金支票"付讫,根据"现金支票"存根作账务处理。

(66) 12月30日,收到业务员送来的"增值税专用发票"的第二、三、四联,合同规定销货款采用委托收款结算方式,经审核无误后,据以填写"委托收款凭证",持"委托收款凭证"和"增值税专用发票"第二、三联到银行办理托收手续,经银行盖章后,将退回的"委托收款凭证"回单与"增值税专用发票"的记账联一并作账务处理。

(67) 12月31日,到开户行拿回贷款计息凭证,进行账务处理(预计应付利息12000元)。

(68) 12月31日,到开户行拿回存款计息凭证,进行账务处理。

(69) 12月31日,将账面价值为100000元的"交易性金融资产——基金"全部出售,实得现金105000元。填写"内部转账单"和"进账单",将现金送存银行(全为百元券)。

(70) 12月31日的即期汇率1美元=8.05元人民币,调整当期产生的汇兑差额。

9.2 昌安公司记账员岗位实操

开设有关账户。昌安公司2002年11月30日明细账期末资料如下:

其他货币资金——外埠存款	11000(借)
交易性金融资产——股票(成本)	110000(借)
交易性金融资产——债券(成本)	100000(借)
交易性金融资产——基金(成本)	100000(借)
应收票据——宏源公司	110000(借)
应收票据——宏盛公司	100000(借)
应收票据——达昌公司	110000(借)
应收账款——宏源公司	90000(借)
应收账款——宏盛公司	100000(借)
应收账款——达昌公司	110000(借)
坏账准备	1200(贷)

其他应收款——采购办事处	18000	（借）
其他应收款——代扣水电费	10000	（借）
在途物资——达亿公司	30000	（借）
周转材料——低值易耗品——在用	50000	（借）
周转材料——低值易耗品——在库	20000	（借）
周转材料——低值易耗品——摊销	30000	（贷）
库存商品——A类商品	157500	（借）
库存商品——B类商品	156500	（借）
库存商品——C类商品	152900	（借）
库存商品——D类商品	149800	（借）
库存商品——E类商品	147200	（借）
库存商品——F类商品	155800	（借）
库存商品——G类商品	152600	（借）
库存商品——H类商品	157700	（借）
库存商品——I类商品	157600	（借）
库存商品——J类商品	154700	（借）
库存商品——K类商品	152000	（借）
库存商品——L类商品	154100	（借）
库存商品——M类商品	1248000	（借）
库存商品——一零售部	500000	（借）
库存商品——二零售部	600000	（借）
库存商品——三零售部	500000	（借）
商品进销差价——一零售部	150000	（贷）
商品进销差价——二零售部	180000	（贷）
商品进销差价——三零售部	150000	（贷）
长期股权投资——股票投资（众健公司）	100000	（借）
持有至到期投资——成本	100000	（借）
持有至到期投资——利息调整	5000	（借）
持有至到期投资——应计利息	10000	（借）
固定资产——生产用固定资产	1500000	（借）
固定资产——非生产用固定资产	450000	（借）
固定资产——不需用固定资产	150000	（借）
固定资产——出租固定资产	100000	（借）
累计折旧	600000	（贷）
工程物资——专用材料	500000	（借）

在建工程——大楼建设工程	550000（借）
固定资产清理——报废	20000（借）
无形资产——专利权	223000（借）
研发支出——资本化支出	27000（借）
长期待摊费用——仓库大修费用	73000（借）
待处理财产损溢——待处理流动资产损溢	25000（借）
短期借款——经营周转借款	1500000（贷）
应付票据——达亿公司	110000（贷）
应付票据——丰润公司	90000（贷）
应付票据——丰利公司	110000（贷）
应付账款——达亿公司	90000（贷）
应付账款——丰润公司	110000（贷）
应付账款——丰利公司	120000（贷）
应付职工薪酬——职工教育经费	4100（贷）
应付职工薪酬——职工福利	1300（贷）
应付职工薪酬——社会保险费	9600（贷）
应交税费——未交增值税	25000（贷）
应交税费——应交所得税	20000（借）
应交税费——应交城市维护建设税	2000（贷）
应交税费——应交个人所得税	1800（贷）
应交税费——应交教育费附加	1000（贷）
应付利息	23000（贷）
长期借款——基建借款	1000000（贷）
长期应付款——应付设备款	100000（贷）
应付债券——面值	500000（贷）
应付债券——利息调整	20000（贷）
应付债券——应计利息	20000（贷）
实收资本——国家投资	2500000（贷）
实收资本——宏源公司	130000（贷）
实收资本——其他	970400（贷）
资本公积——资本溢价	250000（贷）
资本公积——其他	120000（贷）
盈余公积——法定盈余公积	600000（贷）
利润分配——未分配利润	80000（贷）
本年利润	320000（贷）

库存商品三级账 2002 年 11 月 30 日期末资料见表 9-2：

表 9-2

类 别	品 名	数 量	单位成本（元）	金额（元）
A 类商品	A-1 商品	3000 千克	10	30000
	A-2 商品	2000 件	24	48000
	A-3 商品	1500 件	29	43500
	A-4 商品	1000 件	36	36000
B 类商品	B-1 商品	5000 千克	8	40000
	B-2 商品	1809 件	22	39800
	B-3 商品	1500 件	26	39000
	B-4 商品	1300 件	29	37700
C 类商品	C-1 商品	2500 千克	15	37500
	C-2 商品	1600 件	23	36800
	C-3 商品	1800 件	22	39600
	C-4 商品	1500 件	26	39000
D 类商品	D-1 商品	4000 千克	10	40000
	D-2 商品	1800 件	23	41400
	D-3 商品	1500 件	24	36000
	D-4 商品	1200 件	27	32400
E 类商品	E-1 商品	3500 千克	12	42000
	E-2 商品	1500 件	22	33000
	E-3 商品	1500 件	23	34500
	E-4 商品	1300 件	29	37700
F 类商品	F-1 商品	3000 千克	13	39000
	F-2 商品	2500 件	16	40000
	F-3 商品	2300 件	17	39100
	F-4 商品	1300 件	29	37700
G 类商品	G-1 商品	4000 千克	10	40000
	G-2 商品	1500 件	24	36000
	G-3 商品	1400 件	29	40600
	G-4 商品	1000 件	36	36000

续表

类 别	品 名	数 量	单位成本（元）	金额（元）
H类商品	H-1 商品	3500 千克	11	38500
	H-2 商品	1800 件	22	39600
	H-3 商品	1500 件	26	39000
	H-4 商品	1400 件	29	40600
I类商品	I-1 商品	3300 千克	12	39600
	I-2 商品	1600 件	23	36800
	I-3 商品	1800 件	22	39600
	I-4 商品	1600 件	26	41600
J类商品	J-1 商品	3000 千克	13	39000
	J-2 商品	1600 件	23	36800
	J-3 商品	1600 件	24	38400
	J-4 商品	1500 件	27	40500
K类商品	K-1 商品	2500 千克	14	35000
	K-2 商品	1800 件	22	39600
	K-3 商品	1600 件	23	36800
	K-4 商品	1400 件	29	40600
L类商品	L-1 商品	3900 千克	10	39000
	L-2 商品	2500 件	16	40000
	L-3 商品	2200 件	17	37400
	L-4 商品	1300 件	29	37700
M类商品	甲商品	120000 千克	2.4	288000
	乙商品	130000 千克	1.8	234000
	丙商品	110000 千克	3.0	330000
	丁商品	110000 千克	3.6	396000

按下列要求开设明细账：

（1）下列账户使用三栏式账页（有期初余额的账户结转期初余额，没有期初余额的账户设户后待记发生额）：

其他货币资金——外埠存款

其他货币资金——存出投资款

交易性金融资产——股票（成本）
交易性金融资产——股票（公允价值变动）
交易性金融资产——债券（成本）
交易性金融资产——基金（成本）
应收票据——宏源公司
应收票据——宏盛公司
应收票据——达昌公司
应收账款——宏源公司
应收账款——宏盛公司
应收账款——达昌公司
坏账准备
其他应收款——采购办事处
其他应收款——张估春
其他应收款——陈平
其他应收款——代扣水电费
在途物资——达亿公司
在途物资——丰润公司
在途物资——丰利公司
周转材料——低值易耗品——在用
周转材料——低值易耗品——在库
周转材料——低值易耗品——摊销
库存商品——A类商品
库存商品——B类商品
库存商品——C类商品
库存商品——D类商品
库存商品——E类商品
库存商品——F类商品
库存商品——G类商品
库存商品——H类商品
库存商品——I类商品
库存商品——J类商品
库存商品——K类商品
库存商品——L类商品
库存商品——M类商品
库存商品———零售部

库存商品——二零售部
库存商品——三零售部
商品进销差价——一零售部
商品进销差价——二零售部
商品进销差价——三零售部
长期股权投资——股票投资（众健公司）
持有至到期投资——成本
持有至到期投资——利息调整
持有至到期投资——应计利息
固定资产——经营用固定资产
固定资产——非经营用固定资产
固定资产——不需用固定资产
固定资产——出租固定资产
累计折旧
工程物资——专用材料
工程物资——专用设备
在建工程——大楼建设工程
固定资产清理——报废
固定资产清理——出售不需用固定资产
无形资产——专利权
研发支出——资本化支出
累计摊销
长期待摊费用——仓库大修费用
待处理财产损溢——待处理流动资产损溢
递延所得税资产
短期借款——经营周转借款
应付票据——达亿公司
应付票据——丰润公司
应付票据——丰利公司
应付账款——达亿公司
应付账款——丰润公司
应付账款——丰利公司
应付职工薪酬——工资
应付职工薪酬——职工福利
应付职工薪酬——社会保险费

应付职工薪酬——住房公积金
应付职工薪酬——工会经费
应付职工薪酬——职工教育经费
应付职工薪酬——非货币性福利
应交税费——未交增值税
应交税费——应交营业税
应交税费——应交所得税
应交税费——应交城市维护建设税
应交税费——应交个人所得税
应交税费——应交教育费附加
应付利息
应付股利
长期借款——基建借款
长期应付款——应付设备款
应付债券——面值
应付债券——利息调整
应付债券——应计利息
递延所得税负债
实收资本——国家投资
实收资本——宏源公司
实收资本——其他
资本公积——资本溢价
资本公积——其他
盈余公积——法定盈余公积
利润分配——提取法定盈余公积
利润分配——应付现金股利
利润分配——未分配利润
本年利润
主营业务收入——A类商品
主营业务收入——B类商品
主营业务收入——C类商品
主营业务收入——D类商品
主营业务收入——E类商品
主营业务收入——F类商品
主营业务收入——G类商品

主营业务收入——H类商品
主营业务收入——I类商品
主营业务收入——J类商品
主营业务收入——K类商品
主营业务收入——L类商品
主营业务收入——M类商品
主营业务收入——一零售部
主营业务收入——二零售部
主营业务收入——三零售部
其他业务收入
投资收益
公允价值变动损益
营业外收入
主营业务成本——A类商品
主营业务成本——B类商品
主营业务成本——C类商品
主营业务成本——D类商品
主营业务成本——E类商品
主营业务成本——F类商品
主营业务成本——G类商品
主营业务成本——H类商品
主营业务成本——I类商品
主营业务成本——J类商品
主营业务成本——K类商品
主营业务成本——L类商品
主营业务成本——M类商品
主营业务成本——一零售部
主营业务成本——二零售部
主营业务成本——三零售部
营业税金及附加
其他业务成本
资产减值损失
营业外支出
所得税费用

（2）下列账户使用多栏式账页（有期初余额的账户结转期初余额，没有

期初余额的账户设户后待记发生额）：

应交税费——应交增值税

销售费用

财务费用

管理费用

（3）下列账户使用数量金额式账页（有期初余额的账户结转期初余额，没有期初余额的账户设户后待记发生额）：

库存商品——A-1 商品

库存商品——A-2 商品

库存商品——A-3 商品

库存商品——A-4 商品

库存商品——B-1 商品

库存商品——B-2 商品

库存商品——B-3 商品

库存商品——B-4 商品

库存商品——C-1 商品

库存商品——C-2 商品

库存商品——C-3 商品

库存商品——C-4 商品

库存商品——D-1 商品

库存商品——D-2 商品

库存商品——D-3 商品

库存商品——D-4 商品

库存商品——E-1 商品

库存商品——E-2 商品

库存商品——E-3 商品

库存商品——E-4 商品

库存商品——F-1 商品

库存商品——F-2 商品

库存商品——F-3 商品

库存商品——F-4 商品

库存商品——G-1 商品

库存商品——G-2 商品

库存商品——G-3 商品

库存商品——G-4 商品

库存商品——H-1 商品
库存商品——H-2 商品
库存商品——H-3 商品
库存商品——H-4 商品
库存商品——I-1 商品
库存商品——I-2 商品
库存商品——I-3 商品
库存商品——I-4 商品
库存商品——J-1 商品
库存商品——J-2 商品
库存商品——J-3 商品
库存商品——J-4 商品
库存商品——K-1 商品
库存商品——K-2 商品
库存商品——K-3 商品
库存商品——K-4 商品
库存商品——L-1 商品
库存商品——L-2 商品
库存商品——L-3 商品
库存商品——L-4 商品
库存商品——甲商品
库存商品——乙商品
库存商品——丙商品
库存商品——丁商品

办理记账业务：

（1）12月4日，收到业务员送来的"验收单"，按买价进行账务处理。

（2）12月9日，收到固定资产折旧计算表，经审核无误进行账务处理。

（3）12月9日，收到业务员交来本公司换出商品的增值税专用发票的记账联、换入商品的增值税发票的抵扣联与发票联及验收单的会计记账联，经审核无误进行非货币性交易的账务处理。

（4）12月10日，收到业务员送来的"商品内部调拨单"，经审核无误进行账务处理。

（5）12月12日，收到童志、程功的"物品领用单"，经审核无误进行账务处理。

（6）12月13日，收到一零售部"商品调价单"，进行账务处理。

(7) 12月17日，收到业务员送来的"验收单"，按买价进行账务处理。

(8) 12月18日，收到"固定资产报废单"，经审核无误进行账务处理。

(9) 12月20日，收到业务员送来的"材料入库验收单"，经审核无误进行账务处理。

(10) 12月20日，报废固定资产清理完毕，根据"固定资产清理——报废清理"账户余额编制"内部转账单"，结转清理损益。

(11) 12月27日，收到业务员送来的"验收单"，进行账务处理。

(12) 12月28日，本月应摊销专利权40000元，应摊销仓库大修费30000元，据以编制"无形资产、长期待摊费用分摊表"，经审核无误进行账务处理。

(13) 12月28日，收到业务员送来的"商品内部调拨单"，经审核无误进行账务处理。

(14) 12月29日，收到"低值易耗品报废单"，经审核无误进行账务处理。

(15) 12月31日，根据本月"工资表"与"综合奖金结算汇总表"编制"应付职工薪酬分配表"，经审核无误进行账务处理。

(16) 12月31日，公司经理批示：批发仓库短少的商品25000元，挂账已久，查不清原因，同意报损。据以编制"内部转账单"并进行账务处理。

(17) 12月31日，收到一、二、三零售部的"商品溢余短缺报告单"，进行账务处理。

(18) 12月31日，"交易性金融资产——股票"的公允价值为220000元，依据"交易性金融资产——股票——成本"及"交易性金融资产——股票——公允价值变动"明细账户资料计算本期公允价值变动金额，据以填制"内部转账单"，经审核无误进行账务处理。

(19) 12月31日，按应收款项百分比法计提坏账准备，提取比例为3%，依据"应收账款"、"其他应收款"、"预付账款"及"坏账准备"明细账资料分析计算本期应计提的坏账准备金，据以编制"内部转账单"，经审核无误进行账务处理。

(20) 12月31日，根据本月商品销售数量及"库存商品"明细账，采用先进先出法计算批发业务的已销商品进价成本，根据计算结果编制"商品销售成本计算单"，并作结转产品销售成本账务处理。

(21) 12月31日，分步计算零售业务的已销商品应分摊的进销差价，根据计算结果编制"商品进销差价计算表"，并作出账务处理（进销差价率精确到小数点后四位）。

(22) 12月31日，依据"应交税费——应交增值税"明细账资料分析填写"增值税纳税申报表"，计算出未交增值税额，经审核无误进行"转出未交增值税"的账务处理。

(23) 12月31日，依据"其他业务收入"和"固定资产"明细账及"增值税纳税申报表"资料，计算应交营业税、应交房产税、应交城市维护建设税、应交教育费附加，编制"地方税收综合纳税（费）申报表"，经审核无误进行账务处理。

(24) 12月31日，依据"持有至到期投资"明细账期初资料计算本年利息收入，并进行利息调整（按票面利率6%，实际利率5%计算），据以填制"内部转账单"，经审核无误进行账务处理（本月发生数暂不计算利息）。

(25) 12月31日，依据"应付债券"明细账期初资料计算本年利息费用（为大楼建设工程而发行债券），并进行利息调整，按票面利率8%，实际利率5%计算，据以填制"内部转账单"，经审核无误进行账务处理（本月发生数暂不计算利息）。

(26) 12月31日，结平"待处理财产损溢"账户。

(27) 12月31日，将损益类账户的本月净发生额结转"本年利润"账户。

(28) 12月31日，编制"利润表"初稿，据以编制"暂时性差异计算表"、"所得税纳税申报表"（所得税税率：33%），经审核无误进行所得税会计的账务处理。

(29) 12月31日，将"所得税费用"账户发生额转入"本年利润"账户。

(30) 12月31日，进行利润分配。法定盈余公积按净利润（"本年利润"账户年末余额）的10%分配，应付现金股利按"未分配利润"明细账期初余额加上本年净利润，减去本年提取的法定盈余公积后的30%分配。

(31) 12月31日，将"本年利润"、"利润分配——提取盈余公积"、"利润分配——应付现金股利"账户余额转入"利润分配——未分配利润"账户。

9.3 昌安公司财务科长岗位实操

开设总账。根据下列资料开设总账账户，每个账户占一页。昌安公司2002年11月30日总账期末资料如下：

库存现金	1000（借）
银行存款	300000（借）
其他货币资金	11000（借）
交易性金融资产	310000（借）
应收票据	320000（借）
应收账款	300000（借）
坏账准备	1200（贷）
其他应收款	28000（借）

在途物资	30000（借）
周转材料	40000（借）
库存商品	4696400（借）
商品进销差价	480000（贷）
长期股权投资	100000（借）
持有至到期投资	115000（借）
固定资产	2200000（借）
累计折旧	600000（贷）
工程物资	500000（借）
在建工程	550000（借）
固定资产清理	20000（借）
无形资产	223000（借）
研发支出	27000（借）
累计摊销	
长期待摊费用	73000（借）
待处理财产损溢	25000（借）
递延所得税资产	
短期借款	1550000（贷）
应付票据	310000（贷）
应付账款	320000（贷）
应付职工薪酬	15000（贷）
应交税费	9800（贷）
应付利息	23000（贷）
应付股利	
其他应付款	
长期借款	1000000（贷）
长期应付款	100000（贷）
应付债券	540000（贷）
递延所得税负债	
实收资本	3600400（贷）
资本公积	370000（贷）
盈余公积	600000（贷）
利润分配	80000（贷）
本年利润	320000（贷）
主营业务收入	
其他业务收入	

投资收益
公允价值变动损益
营业外收入
主营业务成本
营业税金及附加
其他业务成本
销售费用
管理费用
财务费用
资产减值损失
营业外支出
所得税费用

处理日常总账业务：

（1）复核上旬会计凭证，根据审核无误的上旬记账凭证编制记账凭证汇总表，并据以登记总账，结出账户余额，与出纳员所经管的日记账核对，如有不符，查明原因，予以更正；与记账员所经管的明细账进行核对，如有不符，查明原因，予以更正。

（2）复核中旬会计凭证，根据审核无误的中旬记账凭证编制记账凭证汇总表，并据以登记总账，结出账户余额，与出纳员所经管的日记账核对，如有不符，查明原因，予以更正；与记账员所经管的明细账进行核对，如有不符，查明原因，予以更正。

（3）复核下旬会计凭证，根据审核无误的下旬记账凭证编制记账凭证汇总表，并据以登记总账，结出账户余额，与出纳员所经管的日记账核对，如有不符，查明原因，予以更正；与记账员所经管的明细账进行核对，如有不符，查明原因，予以更正。

（4）编制总账账户余额试算平衡表。

（5）办理年结。

编制会计报表：

（1）编制资产负债表，以12月份月初数作为年初数。

（2）编制利润表，以12月份损益作为全年损益。

（3）编制现金流量表，以12月份月初数作为年初数，以12月份现金流量作为全年现金流量。

9.4 昌安公司业务员岗位实操

按要求填制和传递2002年12月份凭证：

(1) 12月1日，张估春因要去北京出差需借支2500元，陈平因要去上海出差需借支2500元，分别以张估春和陈平的名义填写"借款单"各一张，经理洪文胜在借款单上签字：同意借支。持单向财务科出纳员借款，并将出纳员开出的现金支票送到开户银行提取现金。

(2) 12月1日，销售商品一批，资料如下（表9-3）：

表9-3

购货单位	品 名	数 量	单价(元)	购货单位	品 名	数 量	单价(元)
AA公司	A-1 商品	2000 千克	13	AI公司	G-1 商品	2000 千克	13
	A-2 商品	1000 件	31		G-2 商品	1000 件	31
	A-3 商品	1000 件	38		G-3 商品	1000 件	38
AB公司	A-4 商品	700 件	47	AJ公司	G-4 商品	600 件	46
	B-1 商品	3000 千克	10		H-1 商品	2000 千克	14
	B-2 商品	1200 件	28		H-2 商品	1000 件	28
AC公司	B-3 商品	1000 件	34	AK公司	H-3 商品	1000 件	34
	B-4 商品	1000 件	38		H-4 商品	1000 件	38
AD公司	C-1 商品	1500 千克	20	AM公司	I-1 商品	2000 千克	15
	C-2 商品	1000 件	30		I-2 商品	1000 件	30
	C-3 商品	1200 件	28		I-3 商品	1000 件	28
	C-4 商品	1000 件	32		I-4 商品	1000 件	34
AE公司	D-1 商品	2500 千克	13	AL公司	J-1 商品	2000 千克	16
	D-2 商品	1200 件	30		J-2 商品	1000 件	30
	D-3 商品	1000 件	31		J-3 商品	1000 件	31
AF公司	D-4 商品	800 件	35	AN公司	J-4 商品	1000 件	35
	E-1 商品	2000 千克	15		K-1 商品	1500 千克	18
	E-2 商品	1000 件	28		K-2 商品	1000 件	28
AG公司	E-3 商品	1000 件	30	AO公司	K-3 商品	1000 件	30
	E-4 商品	1000 件	38		K-4 商品	1000 件	38
AH公司	F-1 商品	2000 千克	16	AP公司	L-1 商品	2000 千克	13
	F-2 商品	2000 件	21		L-2 商品	1500 件	21
	F-3 商品	1500 件	22		L-3 商品	1200 件	22
	F-4 商品	800 件	38		L-4 商品	1000 千克	38

增值税税率17%，价税款均已收讫。据以填写"增值税专用发票"，款项全部存入银行，填写"进账单"，送银行办理进账手续后取回"进账单"回单。将"进账单"回单连同"增值税专用发票"的记账联送财务科记账员（开户行：中国工商银行江泽市支行，账号：1156674356328）。

(3) 12月2日，以采购办事处何其美的名义填写"领款单"，领款金额3000元，领款单填写好后到财务科找出纳员领款，作为采购办事处的备用金。

(4) 12月3日，以亚洲证券营业部的名义填写"亚洲证券营业部成交过户交割单"1张，内容如下：本交割单系昌安公司购买股票，成交编号为12695，股东账户为33665695，股东名称为昌安公司，申请编号为691，公司代码为M125，申报时间为9点53分0秒，成交时间为9点53分35秒，实收金额为123635元，资金余额为76365元；证券代码为500232，成交数量15000股，成交价格8.18元，佣金432元，印花税488元，附加费15元。填写好后送财务科出纳员。

(5) 12月4日，向达亿公司购进的J-3商品1200件，每件买价25元，商品全部验收入库，据以填写"验收单"，将其会计记账联送账务科记账员。

(6) 12月5日，以中财保险股份有限公司的名义填写"机动车辆保险单"和"保费收据"各一张，填写内容如下：被保险人为昌安公司，投保险种为车辆损失险、第三责任险、盗抢险、玻璃险、他人恶意险等；车辆型号为丰田（普）；发动机号为368679；牌号为A-33567；非营业用车；座位为5座；保险价值32万元，保险金额32万元；基本保费240元；车辆损失险费率0.8%；第三责任险最高赔偿限额为20万元；第三责任险保费为2100元；盗抢险保费据表计算；玻璃险保费为50元；他人恶意险保费为100元；保险期限自2002年12月5日零时起至2003年12月5日24时止。地址：十字街58号；电话：8666688；邮政编码：438000；总经理：洪源。填好后将"机动车辆保险单"正本和"保费收据"发票联送本公司记账员。

(7) 12月6日，以江泽市第一律师事务所陈海的名义填写"江泽市服务业发票"，收取本公司本月律师顾问费用1200元，持其发票联找本公司出纳员收款。

(8) 12月8日，江泽市电视台收取本公司广告费26000元，代电视台填写"江泽市服务业发票"，持其发票联找本公司出纳员收款。

(9) 12月9日，债券公司应向本公司收取债券印刷费及手续费9000元，代填写"江泽市服务业发票"，并持其第二联到本公司财务科结算。

(10) 12月9日，根据下述资料编制"固定资产折旧表"（采用平均年限法），编制完成后将其送交本公司记账员。

11月30日，固定资产资料如表9-4所示：

表9-4

部门	固定资产类型	固定资产原值（元）	预计净残值（元）	预计使用年限
经营部门	房屋	600000	35000	40
	专用电子设备	500000	25000	10
	其他专用设备	400000	20000	20
管理部门	房屋	450000	22500	40
	不需用设备	150000	30000	10
出租	仓库	100000	20000	10

（11）12月9日，昌安公司分别与兴盛公司、德源公司、德茂公司进行非货币交易，交易内容如下：

昌安公司向兴盛公司销售丁商品10000千克，每千克售价5元；向兴盛公司购进D-2商品2500件，每件进价20元；向德源公司销售甲商品10000千克，每千克售价4.01元；向德源公司购进E-2商品2005件，每件进价20元；向德茂公司销售乙商品10000千克，每千克售价3.03元，向德茂公司购进F-2商品2020件，每件进价15元。增值税税率均为17%，据以填写销售商品的"增值税专用发票"和购进商品的"验收单"，（保管员严松）填写好后先持销售商品的增值税专用发票的第二、三联到兴盛公司、德源公司、德茂公司业务处换取购进商品的增值税专用发票的第二、三联；后将销售商品的"增值税专用发票"的记账联和购进商品的"增值税专用发票"的第二、三联及"验收单"一并送交本公司记账员。

（12）12月10日，以公司职工徐圣的名义填写"费用报销领款单"，到财务科领取独生子女费170元。

（13）12月10日，代房地产管理所开具"江泽市服务业发票"，应收取昌安公司办公用房租金1200元。制单人：李风。持发票联到昌安公司财务科结算。

（14）12月10日，以江泽市汽车队的名义开具"江泽市公路、内河货物运输统一发票"，应收取昌安公司销货运费11000元。制单人：何春明。持发票联到昌安公司财务科结算。

（15）12月10日，昌安公司应向保险公司交纳职工失业保险金1600元

(保险公司开户行：中国工商银行江泽市支行，账号：115674353366)，以保险公司的名义开具"保险公司失业保险金收据"，持发票联到本公司财务科结算。

（16）12月10日，业务科陈明、程功、陈辉等3人领取本年度烤火费，每人100元，经理签字：同意付款。代填写"费用报销领款单"，到财务科出纳处领款。

（17）12月10日，代司法局开具"江泽市行政事业单位收款收据"，应收取昌安公司公证费用1100元。收款人：王波。持发票联到昌安公司财务科结算。

（18）12月10日，从批发仓库调给各零售部商品如表9-5所示：

表9-5

调入部门	商品名称	数量	单位进价（元）	零售价（元）
一零售部	A-2 商品	500 件	24	40
	B-1 商品	1000 千克	8	13
	C-3 商品	500 件	22	37
	D-2 商品	2000 件	23	38
二零售部	E-2 商品	1000 千克	22	37
	F-2 商品	1000 件	16	27
	G-1 商品	1000 件	10	17
	H-1 商品	1000 千克	11	18
三零售部	I-3 商品	500 件	22	37
	J-3 商品	1000 件	24	40
	K-2 商品	500 件	22	37
	L-1 商品	1000 千克	10	17

据以分别填写"商品内部调拨单"并将其送交财务科记账员。

（19）12月10日，各零售部将零售款送存银行（表9-6）。开户行：中国工商银行江泽市支行，账号：115674356327。

表9-6

部门	经办人	面值	数量	部门	经办人	面值	数量	部门	经办人	面值	数量
一零售部	张丰	100元	1000张	二零售部	李海	100元	1000张	三零售部	万洋	100元	1000张
	张丰	50元	400张		李海	50元	600张		万洋	50元	800张
	张丰	10元	1000张		李海	10元	1000张		万洋	10元	625张
	张丰	5元	91张		李海	5元	80张				

据以上资料填写"进账单",持单到银行办理进账手续,取回回单交财务科出纳员。

(20) 12月11日,代商品采购供应站开出"江泽市服务业发票",应收昌安公司李元参加商品交易会的住宿及会务费计600元,持收据向昌安公司财务科结账。

(21) 12月11日,大楼建设工程的承建单位向昌安公司收取工程款110000元,领款人:袁先耀。据以填写"江泽市建筑安装业统一发票",持发票联到财务科出纳处办理领款,取得出纳员签发的"现金支票"到银行取款。

(22) 12月12日,业务员童志、程功各领计算器一个,单价160元,合计金额320元。经理审批:同意领用,一次摊销。据以填写"物品领用单"并将其送交财务科记账员。

(23) 12月12日,昌安公司向证券公司购买1年期债券1200000元,手续费2400元,以证券公司名义开出"收据",持收据第二联到昌安公司财务科结算。

(24) 12月13日,根据下列资料分别编制"工资表":

经营人员工资计算资料(表9-7):

表9-7   单位:元

姓名	月标准工资	津贴	水电费	公积金	个人所得税	个人承担社保
李立三	1220	97	50	120		20
马力	1220	97	50	120		20
牛冲	960	87	48	110		10
边防	960	87	46	110		10
王兵等250人	230000	19000	8000	3600	2450	1710

管理人员工资计算资料（表9-8）：

表9-8   单位：元

姓　　名	月标准工资	津　贴	水电费	公积金	个人所得税	个人承担社保
章启明	1360	207	50	130		25
洪元	1220	167	48	120		20
李立	1220	167	39	120		20
陆地	1220	157	53	120		10
刁青等36人	33200	3025	1616	1000	411.25	200

"工资表"编制好后送交财务科出纳员。

（25）12月13日，张佑春出差北京联系业务，返回公司报账，出差相关内容如下：2002年12月1日从江泽市乘火车至北京（当日到达），火车票300元，在北京期间住宿费1400元，2002年12月12日晚从北京乘火车返回，于12月13日上午到达，返程票360元；陈平12月1日从江泽市乘火车至上海（当日到达），火车票280元，在上海期间住宿费1500元，2002年12月12日从上海乘火车回江泽市（次日到达），火车票320元，出差补助每天20元，据以分别填写"旅差费报销单"（经理在单上签字：同意报销），并持单以张佑春和陈平的名义向财务科出纳处报账（出差前张佑春已预支2500元、陈平已预支2500元）。

（26）12月13日，一零售部库存C-2商品600件，每件零售价由原来的25元调至24元，据以填写"商品调价单"将其记账联送昌安公司财务科记账员。

（27）12月14日，业务科各种费用支出汇总情况如下：差旅费350元（23张原始凭证）；办公费210元（16张原始凭证）；其他费用120元（4张原始凭证）；经核对，编制"管理费用支出汇总表"，持表到财务科报账。

（28）12月14日，丁晓等5名职工参加江泽市商学院短期培训，支付学杂费4000元，以商学院名义开出"收据"，持第二联（付款人联）找昌安公司财务科出纳员办理领款，取得出纳员签发的"现金支票"到银行取款。

（29）12月15日，昌安公司职工食堂向为民日杂公司购买铁锅1个，单价75元；菜刀3把，单价10元，计30元；合计105元。以为民日杂公司名义开具"为民日杂公司销售发票"，持发票联向昌安公司财务科出纳员报账（在发票备注上填写：列入职工福利）。

（30）12月16日，昌安公司向税务局购买25张5元券印花税票，25张2元券印花税票，25张1元券印花税票，以税务局名义开具"市税务局印花税票发售统一发票",持发票联向昌安公司财务科出纳员报账。

(31) 12月16日,江泽市保险公司向昌安公司收取员工养老保险金8000元,以保险公司名义开具"收据",并持"收据"(付款人联)向昌安公司财务科结算。

(32) 12月17日,向达亿公司购进J-1商品10000千克,每千克买价12.80元;J-3商品10000件,每件买价23.80元;向丰润公司购进K-1商品10000千克,每千克买价13.80元;K-2商品10000件,每件买价21.60元;向丰利公司购进L-1商品10000千克,每千克买价9.80元;L-2商品10000件,每件买价15.80元;以上商品均已到达,如数验收入库。据以填写"验收单",将验收单的会计记账联送财务科记账员。

(33) 12月17日,本月综合奖金结算汇总资料如下:经营人员奖金25400元,管理人员奖金4000元。据以编制"综合奖金结算汇总表",持表向财务科出纳员领取奖金。

(34) 12月18日,向大兴公司购进甲设备一台,交易价38000元,经验收交一零售部使用,据以填写"固定资产验收单",将其第二联送财务科出纳员。

(35) 12月18日,一栋仓库320平方米,预计使用30年,已使用29年,原值120000元,已提折旧105000元,因重建提前报废。使用部门的意见:因陈旧要求报废;技术鉴定小组意见:情况属实;固定资产管理部门意见:同意转入清理;主管部门审批意见:同意报废重建。据以填写"固定资产报废单"后将其会计记账联送财务科记账员。

(36) 12月19日,销售给昌平公司不需用丁设备一台,原始价值7万元,已提折旧22000元,协商作价50000元。据以填写"江泽市商业普通发票",持其发票联到昌平公司财务科收款,要求昌平公司出纳员签发"转账支票",并与其一同去银行办理转账手续,取得银行盖章的"转账支票"的收账通知联后,将"转账支票"的收账通知联及"江泽市商业普通发票"记账联送交本公司财务科出纳员。

(37) 12月19日,采购办事处与业务往来单位洽谈业务,接待、就餐、补助及接送车费共计金额2200元,单据26张。据以填写"业务招待费汇总表",经理在单上签字:同意报销。持单向财务科出纳员报账,取得出纳员签发的"现金支票"后到银行提取现金。

(38) 12月19日,报废固定资产的清理人员杨林等6人应领取清理费用500元,以杨林的名义填写"费用报销领款单",经理在单上签字:同意付款。持单向财务科出纳员领款。

(39) 12月19日,昌安公司向南华公司收取仓库租金5000元,据以开出"江泽市服务业发票",收到现金5000元,当即填写"进账单"到开户行办理进账手续，收到银行盖章的"进账单"回单，将"江泽市服务业发票"的发票联及"进账单"回单送交本公司出纳员。

（40）12月20日，仓库清理残料如下：红砖150000块，每块0.20元，计30000元，其他材料6000元，合计36000元。材料全部入库作重建仓库用，据以编制"材料入库单"，并将其记账联送财务科记账员。

（41）12月20日，昌安公司向为民五金公司购买灭火器6个，单价100元，计600元。灭火器购回后当即由仓库领用。先以为民五金公司名义开具"为民五金公司发票"，再以仓库保管员徐汉锋名义填写"物品领用单"（经理在单上签字：同意领用，一次摊销），最后将"为民五金公司发票"的发票联和"物品领用单"送财务科出纳员，并要求领款、领物。

（42）12月21日，向大兴公司转让技术，收取技术转让费17000元，据以填写"江泽市商业普通发票"，持其发票联到大兴公司财务科收款，要求大兴公司出纳员签发"转账支票"，并与其一同去银行办理转账手续，取得银行盖章后的"转账支票"的收账通知联后，将"转账支票"的收账通知联及"江泽市商业普通发票"记账联送交本公司财务科出纳员。

（43）12月21日，向会计局购买《新会计准则》等书籍，付款180元，以会计局的名义填写"江泽市文化教育、体育业发票"，并持其发票联到财务科报账。

（44）12月21日，昌安公司的汽车送汽车修配厂修理，具体修配项目如下：汽车补胎258元，汽车轮胎充气35元，车轮拆装37元。以汽车修配厂名义开具"江泽市服务业发票"，将"江泽市服务业发票"的发票联送交本公司财务科结算。

（45）12月23日，昌安公司的水表记录是：本月止码为563768，上月止码为561868，实用水1900吨，每吨单价1元。以自来水厂名义开具"自来水厂水费发票"持其发票联到昌安财务科结算。

（46）12月23日，采购办事处用备用金开支下列各种费用：招待费3600元（19张原始凭证）；差旅费5200元（16张原始凭证）；经核对全部报销，编制"管理费用支出汇总表"，持表到财务科报账。

（47）12月24日，昌安公司电表的起码是323656，止码是361656，实用电38000度，每度单价0.50元，以电力局的名义填写"增值税专用发票"（电费增值税税率为13%），持发票联到昌安公司财务科结算。

（48）12月24日，昌安公司参加本市商品展销会，应付江泽大世界市场商品展位租用费600元，以大世界市场的名义填写"江泽市服务业发票"，持发票联到昌安公司财务科结算。

（49）12月25日，物价检查所对昌安公司商品销售情况进行检查，发现部分商品违反国家价格政策,罚款1600元,以物价检查所名义填写"罚款没收专用收据",持单到昌安公司财务科收取罚款。

(50) 12月25日,养路费征收站向昌安公司收取汽车养路费用1100元,以养路费征收站的名义填写"交通车辆养路费收据"(2台东风汽车为送货用车,养路费为600元,2台小车的养路费400元),持单到昌安公司财务科结算。

(51) 12月26日,看望住院病人张启胜,从副食品商店购买2袋奶粉,每袋12.50元,苹果5公斤,每公斤3元,据以填写"副食商店销售发票",经理签字:在福利费列支,持发票联到昌安公司财务科结算。

(52) 12月26日,迅达搬运公司为昌安公司装卸货物,应收取商品装卸费1500元,以迅达公司的名义开具"江泽市交通运输业发票",持发票联到昌安公司财务科结算。

(53) 12月26日,张估春出差预支差旅费1300元,据以填写"借款单",持单向财务科出纳员借款。

(54) 12月26日,本公司向美国H公司购入先进设备一台,交易价4000美元,以H公司名义填写"商业发票",以本公司设备科名义填写"固定资产验收单"(设备交管理部门使用)。"商业发票"与"固定资产验收单"交本公司出纳员(引进先进设备减免关税及增值税;境内外运杂费均由供货方承担)。

(55) 12月27日,昌安公司自行开发一项实用新型专利成功,先根据下列资料填写"专利申报表":申请单位:昌安公司;专利项目:实用新型专利;技术开发费:27000元;注册登记费:3600元;单位意见:同意申报;专利局审批:同意注册。再以专利局名义填写"江泽市行政事业单位收款收据",收取昌安公司专利注册登记费3600元,然后持"专利申报表"和"江泽市行政事业单位收款收据"到昌安公司财务科结算,要求支付注册登记费。

(56) 12月27日,昌安公司销售商品一批(表9-9):

表9-9

购买单位	甲商品		乙商品		丙商品		丁商品	
	单价(元)	数量	单价(元)	数量	单价(元)	数量	单价(元)	数量
宏源公司	4	20000千克	3	20000千克	5	10000千克	6	10000千克
宏盛公司	4	15000千克	3	20000千克	5	16000千克	6	10000千克
达昌公司	4	15000千克	3	20000千克	5	12000千克	6	15000千克

增值税税率均为17%,据以分别按三个公司填写"增值税专用发票"后

持"增值税专用发票"的第二、三联到宏源公司、宏盛公司和达昌公司财务科结算,要求各公司出纳员根据购销合同填写"商业承兑汇票",经付款人(各购货公司)承兑后取得"商业承兑汇票"的第二联,并在商业承兑汇票第一联的收款人盖章处盖上本公司财务专用章(由本公司出纳员盖章),在负责、经办处均签名,将"增值税专用发票"的记账联和"商业承兑汇票"的第二联送交本公司出纳员。

(57)12月27日,四通运输公司为昌安公司运输购入的商品,应收运费7500元。以四通运输公司的名义开具"江泽市公路、内河货物运输业统一发票",持发票联到昌安公司财务科结算。

(58)12月27日,外购商品全部验收入库。据(表9-10)所列资料填写"验收单",将其记账联送财务科记账员。

表9-10

供货单位	商品名称	数量(件)	单位进价(元)	合计金额(元)
达亿公司	J-2 商品	10000	23	230000
丰润公司	K-3 商品	10000	23	230000
丰利公司	L-3 商品	10000	17	170000

(59)12月28日,从批发仓库调给各零售部商品的资料如下(表9-11):

表9-11

调入部门	商品名称	数量	单位进价(元)	零售价(元)
一零售部	J-1 商品	5000 千克	12.80	18.30
	J-3 商品	6000 件	23.00	33.00
二零售部	J-2 商品	5000 件	23.80	34.00
	K-1 商品	6000 千克	13.80	20.00
三零售部	K-2 商品	5000 件	21.60	31.00
	L-1 商品	6000 千克	9.80	14.00

据以分别填写"商品内部调拨单"并将其送交财务科记账员。

(60)12月29日,各零售部将零售款送存银行(表9-12)。开户行:中国工商银行江泽市支行;账号:115674356328。

表9-12

部门	经办人	面值	数量	部门	经办人	面值	数量	部门	经办人	面值	数量
一零售部	张丰	100元	1900张	二零售部	李海	100元	2000张	三零售部	万洋	100元	1000张
	张丰	50元	1600张		李海	50元	1000张		万洋	50元	2000张
	张丰	10元	1000张		李海	20元	370张		万洋	20元	1700张

据以上资料填写"进账单",持单到银行办理进账手续,取回回单交财务科出纳员。

(61) 12月29日,昌安公司报废低值易耗品资料如下:文件柜三个,成本1500元,已摊销750元;办公桌4张,成本2000元,已摊销1000元;沙发一套,成本1200元,已摊销600元;其他物品成本500元,已摊销500元。据以编制"低值易耗品报废表"(备注栏里注明五五摊销或一次摊销),经理在单上签字:同意报废。将其送财务科记账员。

(62) 12月30日,昌安公司支付本公司工会委员会工会经费3200元,以本公司工会委员会的名义开出"收据",持收据第二联向昌安公司财务科出纳员收款,收到出纳员签发的"现金支票"到银行提取现金。

(63) 12月30日,公司支付职工食堂代扣伙食费4791元。以职工食堂名义填写"收据",持收据第二联向昌安公司财务科出纳员收款,收到出纳员签发的"现金支票"到银行提取现金。

(64) 12月30日,销售给宏源公司甲商品25000千克,每千克售价4元;销售给宏盛公司乙商品20000千克,每千克售价3元,丙商品10000千克,每千克售价5元;销售给达昌公司丁商品20000千克,每千克售价6元;增值税税率17%,分别填写"增值税专用发票",将其第二、三、四联送财务科记账员。

(65) 12月31日,各零售部盘点商品情况如下(表9-13):

表9-13

部门	实际结存	账面结存	进销差价率	备注
一零售部	498860元	(明细账余额)	30%	章启明批示:溢余或短缺,按进价记入当期损益
二零售部	591260元	(明细账余额)	30%	
三零售部	455000元	(明细账余额)	30%	

据以分别填写"商品溢余短缺报告单",将其会计记账联送财务科记账员。

10 宏源公司会计实操

10.1 宏源公司出纳员岗位实操

开设有关日记账。宏源公司 2002 年 11 月 30 日有关账户余额如下：
库存现金日记账　　　　　　1100（借）
银行存款日记账　　　　　　299900（借）
宏源公司及往来公司相关情况如表 10-1 所示：

表 10-1

开户行：中国工商银行江泽市支行		开户行：中国工商银行崎峰市支行	
公司名称	账　号	公司名称	账　号
德源公司	1156674356325	宏源公司	823653676510
德茂公司	1156674356326	宏盛公司	823653676511
昌平公司	1156674356327	达昌公司	823653676512
昌安公司	1156674356328	众生公司	823653676516
		众健公司	823653676517

办理如下业务：

凡出纳业务，在业务办理完毕后，编制记账凭证，据以登记库存现金和银行存款日记账，并将记账凭证连同所附原始凭证一并转交记账员记账。

（1）12 月 1 日，收到林凡"旅差费报销单"（所附单据略），经审核无误，报销费用 1392 元，按原预支额 1600 元开出"收据"，当即交回现金 208 元，并在差旅费报销单上填写"收现金 208 元"。

（2）12 月 1 日，收到业务员送来的"进账单"回单及"增值税专用发票"的记账联，进行账务处理。

（3）12 月 1 日，签发"转账支票"2 张，分别支付应付宏盛公司账款

110000元和应付达昌公司账款100000元；填写"信汇"凭证1张，支付应付昌安公司账款90000元。填好结算凭证后去开户银行办理相关手续，取回"转账支票"和"信汇"凭证回单，审核无误后进行账务处理。

(4) 12月2日，填写"转账支票"1张，转出投资款180000元，存入三峡证券营业部账户（三峡证券营业部开户行：中国工商银行崎峰市支行，账号：123456786789）准备用于购买股票。到银行办理转账手续，取回回单。

(5) 12月2日，填写"现金支票"1张，提取现金5000元备用，到开户银行办理支款手续。

(6) 12月2日，收到业务科周全的"领款单"，经审核无误，当即支付现金3200元，作为业务科的备用金（在领款单上注明"现金付讫"）。

(7) 12月3日，收到"三峡证券营业部成交过户交割单"，购入股票划作交易性金融资产。

(8) 12月3日，将专夹留存的10月3日签发的商业承兑汇票第二联取出（曾在10月3日发生销货业务时，已填写3份"商业承兑汇票"：签发日期为2002年10月3日，承兑期2个月，应收德源公司货款110000元，应收德茂公司货款110000元，应收昌平公司货款100000元），依据到期的3张"商业汇票"分别办理委托收款手续。填写"委托收款"凭证后，持"委托收款凭证"和"商业承兑汇票"第二联到开户银行办理委托收款手续，银行盖章后，取回"委托收款"凭证回单。

(9) 12月3日，收到达昌公司和宏盛公司出纳员送来的到期商业汇票的第二联，经审核无误后分别签发"转账支票"，到银行办理转账手续，取回"转账支票"回单联，作账务处理。

(10) 12月5日，收到开户行转来德源公司、德茂公司、昌平公司"信汇"凭证收款通知联。

(11) 12月5日，收到中财保险股份有限公司机动车辆保险单（正本）和保费收据第一联，经审核无误，据以填写转账支票（中财保险股份有限公司开户行：中国工商银行崎峰市支行，账号：823653676538），并到银行办理转账手续，经银行盖章，取回转账支票回单。

(12) 12月6日，填写"中华人民共和国税收通用完税证"，将未交增值税、应交城市维护建设税、应交个人所得税、应交教育费附加上交国库，具体金额见明细分类账各该账户的月初余额。税收通用完税证填写好后，到开户行办理手续，经税务机关、银行盖章后取得完税凭证联，并据以进行账务处理。

(13) 12月6日，收到律师事务所的"崎峰市服务业发票"发票联，经审核无误，以现金付讫。

（14）12月7日，收到银行转来委托收款凭证的收款通知3张，系德源公司应收款110000元、德茂公司应收款110000元、昌平公司应收账款100000元。

（15）12月7日，收到银行转来委托收款凭证的付款通知1张，系应付昌安公司商业汇票到期款90000元。

（16）12月8日，收到崎峰市电视台的"崎峰市服务业发票"发票联，经审核无误，据以填写转账支票（崎峰市电视台开户行：中国工商银行崎峰市支行，账号：82365567558），付广告费，并到银行办理转账手续，经银行盖章，取回转账支票回单。

（17）12月8日，本公司委托债券发行公司发行5年期债券，按面值的10%溢价发行。现债券公司已发行债券面值1000000元，实收金额1100000元，款项今日全部交来，当即送存银行。据以填写"收据"及"进账单"，到银行办理手续后据"收据"记账联及"进账单"回单进行账务处理。

（18）12月9日，收到债券公司的"崎峰市服务业发票"发票联，经审核无误，据以填写转账支票（债券公司开户行：中国工商银行崎峰市支行，账号：825533667788），付手续费，并到银行办理转账手续，经银行盖章，取回转账支票回单。

（19）12月10日，收到本公司职工余红"费用报销领款单"，经审核无误，以现金付讫。

（20）12月10日，收到房地产管理所的"崎峰市服务业发票"发票联，经审核无误，以现金付讫。

（21）12月10日，收到崎峰市汽车运输公司的"崎峰市公路、内河货物运输业统一发票"发票联，经审核无误，据以填写转账支票（崎峰市汽车运输公司开户行：中国工商银行崎峰市支行，账号：823653675588），付运费，并到银行办理转账手续，经银行盖章，取回转账支票回单。

（22）12月10日，收到保险公司的"保险公司失业保险金收据"，经审核无误，以现金支票付讫。

（23）12月10日，签发"现金支票"，到银行办理取款手续，提回现金3000元备用。根据"现金支票"存根作账务处理。

（24）12月10日，收到陆元等3人的"费用报销领款单"，经审核无误，以现金付讫。

（25）12月10日，收到司法局的"崎峰市行政事业单位收款收据"，经审核无误，据以填写转账支票（司法局开户行：中国工商银行崎峰市支行，账号：825634221668），付诉讼费，并到银行办理转账手续，经银行盖章，取回转账支票回单。

(26) 12月11日，收到林凡的"借款单"，经审核无误，以现金付讫。

(27) 12月11日，收到工程队的"崎峰市建筑安装业统一发票"，经审核无误，如数签发"现金支票"，交杨青到银行取款。

(28) 12月12日，收到证券公司的"收据"，经审核无误，据以填写转账支票（证券公司开户行：中国工商银行崎峰市支行，账号：825634211698），付债券及手续费，并到银行办理转账手续，经银行盖章，取回转账支票回单。

(29) 12月13日，收到"工资结算汇总表"，根据实发工资总额签发"现金支票"，从银行提取现金，当即发放完毕。

(30) 12月13日，收到业务员送来的增值税专用发票的第二、三、四联，据以填写"委托收款凭证"（应收昌平公司款），持委托收款凭证和增值税专用发票第二、三联到银行办理托收手续，经银行盖章后，将退回的"委托收款凭证"回单与"增值税专用发票"记账联一并作账务处理。

(31) 12月14日，收到业务科"管理费用支出汇总表"（所附单据34张略），经审核无误，以现金付讫。

(32) 12月14日，收到崎峰市工学院的"收据"，经审核无误，开出"现金支票"付讫。

(33) 12月15日，收到职工食堂购买炊具的发票，经审核无误，以现金付讫。

(34) 12月16日，收到银行转来"委托收款凭证"的收款通知联，系昌平公司应收款。

(35) 12月16日，收到"市税务局印花税票发售统一发票"，经审核无误，以现金付讫。

(36) 12月16日，收到保险公司收取员工养老保险金的"收据"，经审核无误，据以填写转账支票（保险公司开户行：中国工商银行崎峰市支行，账号：82563421 72238），付保险金，并到银行办理转账手续，经银行盖章，取回转账支票回单。

(37) 12月17日，收到新达建筑公司"崎峰市建筑安装业统一发票"的发票联，经审核无误，据以填写转账支票（建筑公司开户行：中国工商银行崎峰市支行，账号：825625671350），付工程款，并到银行办理转账手续，经银行盖章，取回转账支票回单。

(38) 12月17日，根据"综合奖金结算汇总表"（实际还应有按人头的奖金发放表，此处略），签发"现金支票"提回现金，当即发放完毕。

(39) 12月18日，收到立新设计院的"崎峰市服务业发票"发票联，经审核无误，以现金付讫。

（40）12月18日，收到业务员送来的众健公司转账支票的收账通知联及本公司的固定资产销售的"崎峰市商业普通发票"的会计记账联，经审核无误进行账务处理。

（41）12月19日，收到宏盛公司出售设备的"崎峰市商业普通发票"发票联及本公司业务员送来的"固定资产验收单"，经审核无误，据以填写"转账支票"付设备款，并到银行办理转账手续，经银行盖章，取回转账支票回单。

（42）12月19日，收到林凡的"旅差费报销单"（所附单据略）和交来的现金440元，开出"收据"收讫。收据金额按林凡原借支数填写。

（43）12月19日，收到业务科的"业务招待费汇总表"及所附18张单据（单据略），经审核无误后，当即签发"现金支票"补足其备用金。

（44）12月19日，收到周鑫的"费用报销领款单"，经审核无误，以现金付讫。

（45）12月19日，收到业务员送来的仓库租金收入"进账单"回单及"崎峰市服务业发票"记账联。

（46）12月20日，收到业务员送来的"为民五金公司发票"和"物品领用单"。经审核无误后签发"现金支票"，从银行提回现金6000元，除支付灭火器款外，其余备用。

（47）12月20日，收到业务员送来的宏盛公司"转账支票"的收账通知联及本公司收取技术转让收入的"崎峰市商业普通发票"记账联。

（48）12月21日，收到购买书籍的"崎峰市文化教育、体育业发票"发票联，经审核无误，以现金付讫。

（49）12月21日，收到众健公司的"崎峰市商业普通发票"发票联，经审核无误后签发"转账支票"支付技术转让费。到银行办理转账手续，经银行盖章后，拿回转账支票回单。

（50）12月21日，收到汽车修配厂的"崎峰市商业普通发票"发票联，经审核无误后以现金付讫。

（51）12月23日，收到自来水厂发票，审核无误后填写"转账支票"支付水费，到银行办理转账手续，经银行盖章后，拿回转账支票回单（自来水厂开户行：中国工商银行崎峰市支行，账号：865235217658）。

同时根据定额耗用量分配本月水费，定额耗用量如下：动力车间600吨，机修车间500吨，基本生产车间2800吨，公司管理部门1100吨，据以编制"水费分配表"。

根据"自来水厂发票"发票联、"转账支票"存根和"水费分配表"进

行账务处理。

（52）12月23日，收到业务科的"管理费用支出汇总表"及所附33张单据（单据略），经审核无误后，当即签发"现金支票"补足其备用金。

（53）12月24日，收到电力局的"增值税专用发票"发票联，审核无误后填写"转账支票"支付电费，到银行办理转账手续，经银行盖章后，拿回转账支票回单（电力局开户行：中国工商银行崎峰市支行，账号：865235217666）。

同时根据表10-2所列定额耗用量资料编制"外购动力费分配表"：

表10-2

产品名称	定额耗用量	车间部门	定额耗用量
G-1产品	11000度	动力车间	700度
G-2产品	11500度	机修车间	900度
G-3产品	12000度	基本生产车间	800度
G-4产品	12500度	管理部门	7600度

根据电力局的发票联、"转账支票"存根和"外购动力费分配表"进行账务处理。

（54）12月24日，收到新世纪商厦的"崎峰市服务业发票"发票联，经审核无误后以现金付讫。

（55）12月24日，为购进口设备，向开户行买入5000美元，以中国人民银行公布的人民币汇率中间价作为即期汇率，当日的即期汇率1美元＝7.72元人民币，银行当日美元卖出价为1美元＝8.10元人民币。签发"转账支票"支付人民币，填写"进账单"购入美元。到银行办理相关手续，根据"转账支票"存根和"进账单"作账务处理。

（56）12月25日，签发"现金支票"，到银行办理取款手续，提回现金6000元备用。根据"现金支票"存根作账务处理。

（57）12月25日，收到物价检查所"罚款没收专用收据"，以现金支付罚款。

（58）12月25日，收到养路费征收站的"交通车辆养路费收据"，经审核无误，以现金付讫（2台东风汽车为送货用车，养路费为800元，1台小车的养路费为400元）。

（59）12月26日，收到业务员送来的"固定资产验收单"及购买进口设备的"商业发票",经审核无误后填写"信汇"凭证,到银行办理美元汇兑手续,取回"信汇"回单。当日的即期汇率1美元=7.85元人民币。

(60) 12月26日,收到"副食商店销售发票"发票联,经审核后以现金付讫。

(61) 12月26日,收到通达搬运公司的"崎峰市交通运输业发票"发票联,经审核无误后以现金付讫。

(62) 12月26日,收到林凡的"借款单",经审核无误后以现金付讫。

(63) 12月27日,收到本公司业务员送来销售商品给德茂公司、德源公司和昌平公司的"增值税专用发票"记账联和3张"商业承兑汇票"。

(64) 12月27日,收到业务员送来的"专利申报表"和专利局的"崎峰市行政事业单位收款收据"发票联,审核无误后填写"转账支票"支付专利注册登记费,到银行办理转账手续,经银行盖章后,拿回转账支票回单(专利局开户行:中国工商银行崎峰市支行,账号:865235367685)。

(65) 12月27日,收到昌安公司、宏盛公司、达昌公司业务员送来的增值税专用发票第二、三联,经审核无误后分别填写为期2个月的"商业承兑汇票"三份,其中第一联由各收款人盖章签名后收回,在第二联的付款人盖章处盖上财务专用章,在负责、经办处签上名,填好后将第二联分别交昌安公司、宏盛公司、达昌公司业务员。

同时收到顺达运输公司的"崎峰市公路、内河货物运输业统一发票"发票联,经审核无误后填写"转账支票"支付材料运费,到银行办理转账手续,经银行盖章后,拿回转账支票回单(顺达运输公司开户行:中国工商银行崎峰市支行,账号:865235367898)。

根据材料重量编制"材料采购费用分配表"。各种材料采购的重量:L-1材料8000千克,H-1材料4800千克,甲材料20000千克,乙材料20000千克,丙材料10000千克,丁材料10000千克。

根据"增值税专用发票"的发票联、"商业汇票"的留存联、"转账支票"存根联、"崎峰市公路、内河货物运输业统一发票"发票联、"材料采购费用分配表",作账务处理。

(66) 12月30日,收到业务员送来的"增值税专用发票"的第二、三、四联,合同规定销货款采用委托收款结算方式,经审核无误后,据以填写"委托收款凭证",持"委托收款凭证"和"增值税专用发票"第二、三联到银行办理托收手续,经银行盖章后,将退回的"委托收款凭证"回单与"增值税专用发票"的记账联一并作账务处理。

(67) 12月31日,到开户行拿回贷款计息凭证,进行账务处理(预计应付利息10000元)。

(68) 12月31日，到开户行拿回存款计息凭证，进行账务处理。

(69) 12月31日，将账面价值为90000元的"交易性金融资产——基金"全部出售，实得现金94500元。填写"内部转账单"和"进账单"，将现金送存银行（全为百元券）。

(70) 12月31日的即期汇率1美元＝8.05元人民币，调整当期产生的汇兑差额。

10.2　宏源公司记账员岗位实操

开设有关账户。宏源公司2002年11月30日明细账期末资料如下：

其他货币资金——外埠存款	10000	（借）
交易性金融资产——股票（成本）	100000	（借）
交易性金融资产——债券（成本）	100000	（借）
交易性金融资产——基金（成本）	90000	（借）
应收票据——德源公司	110000	（借）
应收票据——德茂公司	110000	（借）
应收票据——昌平公司	100000	（借）
应收账款——德源公司	110000	（借）
应收账款——德茂公司	100000	（借）
应收账款——昌平公司	120000	（借）
坏账准备	1320	（贷）
其他应收款——林凡	1600	（借）
其他应收款——代扣水电费	15000	（借）
材料采购——原材料	38850	（借）
原材料——原料及主要材料	443000	（借）
原材料——其他材料	57000	（借）
周转材料——包装物	20000	（借）
周转材料——低值易耗品	50000	（借）
材料成本差异——原材料	5000	（借）
材料成本差异——包装物	200	（贷）
材料成本差异——低值易耗品	500	（借）
库存商品——G-1产品	140000	（借）
库存商品——G-2产品	640000	（借）
库存商品——G-3产品	800000	（借）
库存商品——G-4产品	1000000	（借）

长期股权投资——股票投资（昌安公司）	130000 （借）
持有至到期投资——成本	100000 （借）
持有至到期投资——利息调整	10000 （借）
持有至到期投资——应计利息	10000 （借）
固定资产——生产用固定资产	1310000 （借）
固定资产——非生产用固定资产	540000 （借）
固定资产——不需用固定资产	100000 （借）
固定资产——出租固定资产	150000 （借）
累计折旧	500000 （贷）
工程物资——专用材料	250000 （借）
工程物资——专用设备	450000 （借）
在建工程——机床大修工程	50000 （借）
在建工程——设备安装工程	400000 （借）
固定资产清理——报废	5000 （借）
无形资产——专利权	300000 （借）
无形资产——专有技术	380000 （借）
研发支出——资本化支出	20000 （借）
长期待摊费用——固定资产大修费用	52000 （借）
待处理财产损溢——待处理固定资产损溢	3000 （借）
生产成本——基本生产成本（G-1 产品）	7800 （借）
生产成本——基本生产成本（G-2 产品）	11700 （借）
生产成本——基本生产成本（G-3 产品）	13600 （借）
生产成本——基本生产成本（G-4 产品）	15600 （借）
短期借款——生产周转借款	1500000 （贷）
应付票据——昌安公司	110000 （贷）
应付票据——宏盛公司	90000 （贷）
应付票据——达昌公司	100000 （贷）
应付账款——昌安公司	90000 （贷）
应付账款——宏盛公司	110000 （贷）
应付账款——达昌公司	100000 （贷）
应付职工薪酬——职工教育经费	3800 （贷）
应付职工薪酬——职工福利	1800 （贷）
应付职工薪酬——社会保险费	8400 （贷）
应交税费——未交增值税	40000 （贷）
应交税费——应交所得税	45000 （借）

应交税费——应交城市维护建设税　　　　　　2800（贷）
应交税费——应交个人所得税　　　　　　　　2500（贷）
应交税费——应交教育费附加　　　　　　　　1000（贷）
应付利息　　　　　　　　　　　　　　　　　22000（贷）
长期借款——基建借款　　　　　　　　　　1200000（贷）
长期应付款——应付设备款　　　　　　　　　100000（贷）
应付债券——面值　　　　　　　　　　　　　300000（贷）
应付债券——利息调整　　　　　　　　　　　20000（贷）
应付债券——应计利息　　　　　　　　　　　10000（贷）
实收资本——国家投资　　　　　　　　　　1560000（贷）
实收资本——大兴公司　　　　　　　　　　　100000（贷）
实收资本——其他　　　　　　　　　　　　1331830（贷）
资本公积——资本溢价　　　　　　　　　　　260000（贷）
资本公积——其他　　　　　　　　　　　　　90000（贷）
盈余公积——法定盈余公积　　　　　　　　　700000（贷）
利润分配——未分配利润　　　　　　　　　　60000（贷）
本年利润　　　　　　　　　　　　　　　　400000（贷）

原材料明细账 2002 年 11 月 30 日期末资料如表 10-3 所示：

表 10-3

	品　名	数量（千克）	计划单价（元）	金额（元）
原料及主要材料	甲材料	10000	4.06	40600
	乙材料	12000	3.15	37800
	丙材料	11000	5.20	57200
	丁材料	10000	5.85	58500
	H-1 材料	12000	11.20	134400
	I-1 材料	10000	11.45	114500
	小　计			443000
其他材料				57000
合　计				500000

材料采购明细账 2002 年 11 月 30 日期末资料见表 10-4：

表10-4   单位：元

供货单位	项目	借方			贷方			备注
		买价	运杂费	合计	计划成本	差异	合计	
昌平公司	甲材料	6000	160	6160				
	乙材料	7000	160	7160				
昌安公司	丙材料	8000	180	8180				
	丁材料	5000	150	5150				
德茂公司	H-1材料	6000	100	6100				
达昌公司	I-1材料	6000	100	6100				
合计		38000	850	38850				

库存商品明细账2002年11月30日期末资料见表10-5：

表10-5

商品名称	单位	数量	单位成本（元）	金额（元）
G-1商品	千克	20000	7	140000
G-2商品	件	40000	16	640000
G-3商品	件	40000	20	800000
G-4商品	件	40000	25	1000000
合计				2580000

生产成本明细账2002年11月30日期末在产品成本资料见表10-6：

表10-6

产品名称	数量	成本项目（元）			
		直接材料	直接人工	制造费用	合计
G-1产品	2200千克	4000	2000	1800	7800
G-2产品	1500件	6000	3000	2700	11700
G-3产品	1400件	7000	3500	3100	13600
G-4产品	1248件	8000	4000	3600	15600
合计					48700

按下列要求开设明细账：

(1) 下列账户使用三栏式账页（有期初余额的账户结转期初余额，没有期初余额的账户设户后待记发生额）：

其他货币资金——外埠存款
其他货币资金——存出投资款
交易性金融资产——股票（成本）
交易性金融资产——股票（公允价值变动）
交易性金融资产——债券（成本）
交易性金融资产——基金（成本）
应收票据——德茂公司
应收票据——德源公司
应收票据——昌平公司
应收账款——德茂公司
应收账款——德源公司
应收账款——昌平公司
坏账准备
其他应收款——林凡
其他应收款——业务科
其他应收款——代扣水电费
原材料——原料及主要材料
原材料——其他材料
周转材料——包装物
周转材料——低值易耗品——在库
材料成本差异——原材料
材料成本差异——包装物
材料成本差异——低值易耗品
长期股权投资——股票投资（昌安公司）
持有至到期投资——成本
持有至到期投资——利息调整
持有至到期投资——应计利息
固定资产——生产用固定资产
固定资产——非生产用固定资产
固定资产——不需用固定资产
固定资产——出租固定资产

累计折旧
工程物资——专用材料
工程物资——专用设备
在建工程——机床大修工程
在建工程——设备安装工程
在建工程——生产车间扩建工程
固定资产清理——报废
固定资产清理——出售不需用固定资产
无形资产——专利权
无形资产——专有技术
研发支出——资本化支出
累计摊销
长期待摊费用——固定资产大修费用
待处理财产损溢——待处理固定资产损溢
递延所得税资产
短期借款——生产周转借款
应付票据——宏盛公司
应付票据——昌安公司
应付票据——达昌公司
应付账款——宏盛公司
应付账款——昌安公司
应付账款——达昌公司
应付职工薪酬——工资
应付职工薪酬——职工福利
应付职工薪酬——社会保险费
应付职工薪酬——住房公积金
应付职工薪酬——工会经费
应付职工薪酬——职工教育经费
应付职工薪酬——非货币性福利
应交税费——未交增值税
应交税费——应交营业税
应交税费——应交所得税
应交税费——应交城市维护建设税
应交税费——应交个人所得税
应交税费——应交教育费附加

应付利息
应付股利
长期借款——基建借款
长期应付款——应付设备款
应付债券——面值
应付债券——利息调整
应付债券——应计利息
递延所得税负债
实收资本——国家投资
实收资本——大兴公司
实收资本——其他
资本公积——资本溢价
资本公积——其他
盈余公积——法定盈余公积
利润分配——提取法定盈余公积
利润分配——应付现金股利
利润分配——未分配利润
本年利润
主营业务收入——G-1 产品
主营业务收入——G-2 产品
主营业务收入——G-3 产品
主营业务收入——G-4 产品
其他业务收入
投资收益
公允价值变动损益
营业外收入
主营业务成本——G-1 产品
主营业务成本——G-2 产品
主营业务成本——G-3 产品
主营业务成本——G-4 产品
营业税金及附加
其他业务成本
资产减值损失
营业外支出
所得税费用

(2) 下列账户使用多栏式账页（有期初余额的账户结转期初余额，没有期初余额的账户设户后待记发生额）：

应交税费——应交增值税
材料采购——原材料
生产成本——基本生产成本（G-1 产品）
生产成本——基本生产成本（G-2 产品）
生产成本——基本生产成本（G-3 产品）
生产成本——基本生产成本（G-4 产品）
生产成本——辅助生产成本——机修车间
生产成本——辅助生产成本——动力车间
制造费用——基本生产车间
销售费用
财务费用
管理费用

(3) 下列账户使用数量金额式账页（有期初余额的账户结转期初余额，没有期初余额的账户设户后待记发生额）：

库存商品——G-1 产品
库存商品——G-2 产品
库存商品——G-3 产品
库存商品——G-4 产品
原材料——原料及主要材料——甲材料
原材料——原料及主要材料——乙材料
原材料——原料及主要材料——丙材料
原材料——原料及主要材料——丁材料
原材料——原料及主要材料——I-1 材料
原材料——原料及主要材料——H-1 材料

办理记账业务：

(1) 12月4日，收到业务员送来的材料入库验收单，留待月末汇总进行收料的账务处理。

(2) 12月9日，收到固定资产折旧计算表，经审核无误进行账务处理。

(3) 12月9日，收到业务员交来本公司换出商品的增值税专用发票的记账联，换入材料的增值税发票的抵扣联与发票联及材料入库验收单的会计记账联，经审核无误进行非货币性交易的账务处理。

(4) 12月12日，收到陈满、宁琛的"物品领用单"，经审核无误进行账务处理。

(5) 12月18日，收到固定资产报废单，经审核无误进行账务处理。

(6) 12月20日，收到业务员送来的工程物资入库验收单。

(7) 12月20日，报废固定资产清理完毕，根据"固定资产清理——报废清理"账户余额编制"内部转账单"，结转清理损益。

(8) 12月27日，收到业务员送来的材料入库验收单，留待月末汇总进行收料的账务处理。

(9) 12月28日，本月应摊销专利权30000元，应摊销专有技术20000元，应摊销基本生产车间固定资产大修费18000元，据以编制"无形资产、长期待摊费用分摊表"，经审核无误进行账务处理。

(10) 12月29日，收到"报废低值易耗品汇总表"及"材料入库验收单"（会计记账联），经审核无误进行账务处理。

(11) 12月29日，据前面留存的"材料入库验收单"登记"材料采购"明细账（横线登记式明细账）的贷方发生额，并计算入库材料成本差异，据此编制"本月已付款的入库材料汇总表"。

(12) 12月30日，本月生产产品领用包装物的计划成本汇总如下（根据领料单汇总，因为领料单不便——列出，故略去）：

G-1 产品领用 2300 元

G-2 产品领用 2600 元

G-3 产品领用 2400 元

G-4 产品领用 2700 元

据"周转材料——包装物"与"材料成本差异——包装物"账户资料计算材料成本差异率、领用材料应分摊的差异额及领用材料实际成本，据计算结果编制"领用包装物汇总表"，经审核无误进行账务处理。

(13) 12月30日，本月领用低值易耗品的计划成本汇总如下（根据领料单汇总，因为领料单不便——列出，故略去）：

基本生产车间领用 10000 元

动力车间领用 1200 元

机修车间领用 1600 元

公司管理部门领用 2000 元

据"周转材料——低值易耗品"与"材料成本差异——低值易耗品"账户资料计算材料成本差异率、领用材料应分摊的差异额及领用材料实际成本，据计算结果编制"领用低值易耗品汇总表"，经审核无误进行账务处理。

(14) 12月31日，收到"车间产品耗用工时汇总表"，结合"工资结算汇总表"与"奖金发放表"先编制"基本生产车间生产工人工资分配表"，后编制"应付职工薪酬分配表",经审核无误进行账务处理。

(15) 12月31日,收到业务员送来的"发料凭证汇总表"及其"发料单"(略),根据"发料单"上所载明的用途及下列材料耗用资料编制"发料凭证分配汇总表"。据"原材料——原料及主要材料"各数量金额式明细账及"材料成本差异——原材料"账户资料计算材料成本差异率、领用材料应分摊的差异额及领用材料实际成本。

材料耗用的计划成本汇总如表10-7所示:

表10-7　　　　　　　　　　　　　　　　　　　　　　　　　　单位:元

产品、车间、部门	主要材料	其他材料	备 注
G-1产品	128000		
G-2产品	135000		
G-3产品	160000		
G-4产品	150000		
基本生产车间一般耗用		3000	列入物料消耗
动力车间	8000	4000	
机修车间	14400	2000	
公司管理部门		3000	列入公司经费
销售部门		2000	列入包装费
车间扩建工程	45000	20000	按17%转出进项税额

经审核无误进行账务处理(材料成本差异率精确至小数点后四位)。

(16) 12月31日,原作待处理的盘亏设备净值3000元,经批准转销。据以编制"内部转账单",经审核无误进行账务处理。

(17) 12月31日,收到"辅助生产情况表",结合"生产成本——辅助生产成本——动力车间"和"生产成本——辅助生产成本——机修车间"账户资料,采取直接分配法分配辅助生产费用,编制"辅助生产费用分配表"(分配率精确至小数点后四位)。经审核无误进行账务处理。

(18) 12月31日,根据工时记录(生产G-1产品12000工时,生产G-2产品11900工时,生产G-3产品12300工时,生产G-4产品11980工时)和"制造费用——基本生产车间"账户资料编制"制造费用分配表"(分配率精确至小数点后四位)。经审核无误进行账务处理。

(19) 12月31日，收到"生产情况报告表"和"产品入库汇总表"，结合基本生产成本明细账资料，据以编制"生产成本计算表"（分别按四种产品进行计算）。单位成本保留到分。经审核无误进行账务处理。

(20) 12月31日，根据本月商品销售数量及"库存商品"明细账的加权平均单位成本，编制"产品销售汇总表"，结转产品销售成本。

(21) 12月31日，"交易性金融资产——股票"的公允价值为220000元，依据"交易性金融资产——股票——成本"及"交易性金融资产——股票——公允价值变动"明细账户资料计算本期公允价值变动金额，据以填制"内部转账单"，经审核无误进行账务处理。

(22) 12月31日，按应收款项百分比法计提坏账准备，提取比例为3%，依据"应收账款"、"其他应收款"、"预付账款"及"坏账准备"明细账资料分析计算本期应计提的坏账准备金，据以编制"内部转账单"，经审核无误进行账务处理。

(23) 12月31日，依据"应交税费——应交增值税"明细账资料分析填写"增值税纳税申报表"，计算出未交增值税额，经审核无误进行账务处理。

(24) 12月31日，依据"其他业务收入"和"固定资产"明细账及"增值税纳税申报表"资料，计算应交营业税、应交房产税、应交城市维护建设税、应交教育费附加，编制"地方税收综合纳税（费）申报表"，经审核无误进行账务处理。

(25) 12月31日，依据"持有至到期投资"明细账期初资料计算本年利息收入，并进行利息调整（按票面利率8%，实际利率6%计算），据以填制"内部转账单"，经审核无误进行账务处理（本月发生数暂不计算利息）。

(26) 12月31日，依据"应付债券"明细账期初资料计算本年利息费用（为安装工程而发行债券），并进行利息调整，按票面利率9%，实际利率6%计算，据以填制"内部转账单"，经审核无误进行账务处理（本月发生数暂不计算利息）。

(27) 12月31日，结平"待处理财产损溢"账户。

(28) 12月31日，将损益类账户的本月净发生额结转"本年利润"账户。

(29) 12月31日，编制"利润表"初稿，据以编制"暂时性差异计算表"、"所得税纳税申报表"（所得税税率：33%），经审核无误进行账务处理。

(30) 12月31日，将"所得税费用"账户发生额转入"本年利润"账户。

(31) 12月31日，进行利润分配。法定盈余公积按净利润（"本年利润"账户年末余额）的10%分配，应付现金股利按"未分配利润"明细账期初余

额加上本年净利润，减去本年提取的法定盈余公积后的30%分配。

（32）12月31日，将"本年利润"、"利润分配——提取盈余公积"、"利润分配——应付现金股利"账户余额转入"利润分配——未分配利润"账户。

10.3 宏源公司财务科长岗位实操

开设总账。根据下列资料开设总账账户，每个账户占一页。宏源公司2002年11月30日总账期末资料如下：

库存现金	1100（借）
银行存款	299900（借）
其他货币资金	10000（借）
交易性金融资产	290000（借）
应收票据	320000（借）
应收账款	330000（借）
坏账准备	1320（贷）
其他应收款	16600（借）
材料采购	38850（借）
原材料	500000（借）
周转材料	70000（借）
材料成本差异	5300（借）
库存商品	2580000（借）
长期股权投资	130000（借）
持有至到期投资	120000（借）
固定资产	2100000（借）
累计折旧	500000（贷）
工程物资	700000（借）
在建工程	450000（借）
固定资产清理	5000（借）
无形资产	680000（借）
研发支出	20000（借）
累计摊销	
长期待摊费用	52000（借）
待处理财产损溢	3000（借）
递延所得税资产	
生产成本	48700（借）

制造费用	
短期借款	1500000（贷）
应付票据	300000（贷）
应付账款	300000（贷）
应付职工薪酬	14000（贷）
应交税费	1300（贷）
应付利息	22000（贷）
应付股利	
其他应付款	
长期借款	1200000（贷）
长期应付款	100000（贷）
应付债券	330000（贷）
递延所得税负债	
实收资本	2991830（贷）
资本公积	350000（贷）
盈余公积	700000（贷）
利润分配	60000（贷）
本年利润	400000（贷）
主营业务收入	
其他业务收入	
投资收益	
公允价值变动损益	
营业外收入	
主营业务成本	
营业税金及附加	
其他业务成本	
营业费用	
管理费用	
财务费用	
资产减值损失	
营业外支出	
所得税费用	

处理日常总账业务：

（1）复核上旬会计凭证，根据审核无误的上旬记账凭证编制记账凭证汇总表，并据以登记总账，结出账户余额，与出纳员所经管的日记账核对，如有不符,查明原因,予以更正;与记账员所经管的明细账进行核对,如有不符,查明原因,予以更正。

(2)复核中旬会计凭证,根据审核无误的中旬记账凭证编制记账凭证汇总表,并据以登记总账,结出账户余额,与出纳员所经管的日记账核对,如有不符,查明原因,予以更正;与记账员所经管的明细账进行核对,如有不符,查明原因,予以更正。

(3)复核下旬会计凭证,根据审核无误的下旬记账凭证编制记账凭证汇总表,并据以登记总账,结出账户余额,与出纳员所经管的日记账核对,如有不符,查明原因,予以更正;与记账员所经管的明细账进行核对,如有不符,查明原因,予以更正。

(4)编制总账账户余额试算平衡表。

(5)办理年结。

编制会计报表:

(1)编制资产负债表,以12月份月初数作为年初数。

(2)编制利润表,以12月份损益作为全年损益。

(3)编制现金流量表,以12月份月初数作为年初数,以12月份现金流量作为全年现金流量。

10.4 宏源公司业务员岗位实操

按要求填制和传递2002年12月份凭证:

(1)12月1日,林凡出差返回公司报账,出差相关内容如下:林凡出差联系业务推销产品,2002年11月23日从崎峰市乘大轮至南京市(当日到达),船票108元,在南京市期间住宿费150元,2002年11月25日从南京乘火车至上海(次日到达),火车票280元,在上海期间住宿费360元,29日从上海乘火车回崎峰市(次日到达),火车票350元,出差补助每天18元,据以填写"旅差费报销单"(经理童庆寿在单上签字:同意报销),并持单以林凡的名义向财务科出纳处报账(出差前已预支1600元)。

(2)12月1日,销售给甲公司G-4商品7000件,销售给乙公司G-4商品7000件,销售给丙公司G-4商品8000件,销售给丁公司G-4商品8000件,G-4商品每件售价36元,增值税税率17%,价税款均已收讫。据以填写"增值税专用发票",款项全部存入银行,填写"进账单",送银行办理进账手续后取回"进账单"回单。将"进账单"回单连同"增值税专用发票"的记账联送财务科记账员(开户行:中国工商银行崎峰市支行,账号:823653676510)。

(3) 12月2日，以业务科周全的名义填写"领款单"，领款金额3200元，领款单填写好后到财务科找出纳员领款，作为业务科的备用金。

(4) 12月3日，以三峡证券营业部的名义填写"三峡证券营业部成交过户交割单"1张，内容如下：本交割单系宏源公司购买股票，成交编号为13578，股东账户为53657889，股东名称为宏源公司，申请编号为678，公司代码为M235，申报时间为10点50分10秒，成交时间为10点50分30秒，实收金额为88600元，资金余额为91400元；证券代码为635278，成交数量10000股，成交价格8.80元，佣金280元，印花税310元，附加费10元。填好后送宏源公司出纳员。

(5) 12月4日，表10-8所列材料全部入库，据以填写"材料入库验收单"：

表10-8

供货单位	材料名称	数量（千克）	单位买价（元）	运杂费（元）	计划单价（元）
昌平公司	甲材料	1500	4.00	160	4.06
	乙材料	2000	3.50	160	3.15
昌安公司	丙材料	1600	5.00	180	5.20
	丁材料	1600	5.00	150	5.85
宏盛公司	H-1 材料	600	10.00	100	11.20
达昌公司	I-1 材料	500	12.00	100	11.45

将填写好的"材料入库验收单"记账联送本公司记账员。

(6) 12月5日，以中财保险股份有限公司的名义填写"机动车辆保险单"和"保费收据"各一张，填写内容如下：被保险人为宏源公司，投保险种为车辆损失险、第三责任险、盗抢险、玻璃险、他人恶意险等；车辆型号为皇冠（普）；发动机号367586；牌号为A-35688；非营业用车；座位为5座；保险价值35万元，保险金额35万元；基本保费250元；车辆损失险费率0.8%；第三责任险最高赔偿限额为24万元；第三责任险保费为2200元；盗抢险保费据表计算；玻璃险保费为50元；他人恶意险保费为100元；保险期限自2002年12月5日零时起至2003年12月5日24时止。地址：十字街58号；电话：8666688；邮政编码：438000；总经理：刘峰。填好后将"机动车辆保险单"正本和"保费收据"发票联送宏源公司记账员。

（7）12月6日，以崎峰市第一律师事务所王宏的名义填写"崎峰市服务业发票"，收取宏源公司本月律师顾问费用1000元，持其发票联找宏源公司出纳员收款。

（8）12月8日，崎峰市电视台收取宏源公司广告费20000元，代电视台填写"崎峰市服务业发票"，持其发票联找宏源公司出纳员收款。

（9）12月9日，债券公司应向宏源公司收取债券印刷费及手续费10000元，代填写"崎峰市服务业发票"，并持其第二联到宏源公司财务科结算。

（10）12月9日，根据下述资料编制"固定资产折旧表"（采用平均年限法），编制完成后将其送宏源公司记账员。

11月30日，固定资产资料如表10-9所示：

表10-9

部门	固定资产类型	固定资产原值（元）	预计净残值（元）	预计使用年限
基本车间	房屋	200000	15000	40
	机床加工设备	200000	10000	10
	专用电子设备	350000	20000	10
	其他专用设备	160000	8000	20
机修车间	房屋	100000	5000	40
	机床加工设备	50000	2500	10
	其他专用设备	10000	500	20
动力车间	房屋	100000	5000	40
	内燃发电机组	100000	5000	20
	其他专用设备	40000	2000	20
管理部门	房屋	540000	27000	40
	不需用设备	100000	8000	10
出租	仓库	150000	8000	10

（11）12月9日，宏源公司与众生公司进行非货币交易，交易内容如下：

宏源公司向众生公司销售G-2商品1700件，每件售价24元；向众生公司购进甲材料10000千克，每千克价格4.08元。增值税税率均为17%，据以填写销售G-2商品的"增值税专用发票"和购进甲材料的"材料入库验收单"（材料已如数入库，甲材料的计划单位成本见记账员岗位的数量金额式明细账），填写好后先持销售商品的增值税专用发票的第二、三联到众生公司业务处换取购进材料的增值税专用发票的第二、三联；后将销售商品的"增值税专用发票"的记账联和购进材料的"增值税专用发票"的第二、三联及"材料入库验收单"一并送交宏源公司记账员。

(12) 12月10日,以公司职工余红的名义填写"费用报销领款单",到财务科领取独生子女费160元。

(13) 12月10日,代房地产管理所开具"崎峰市服务业发票",应收取宏源公司办公用房租金1000元。制单人:张选。持发票联到宏源公司财务科结算。

(14) 12月10日,以崎峰市汽车队的名义开具"崎峰市公路、内河货物运输统一发票",应收取宏源公司销货运费6000元。制单人:王平。持发票联到宏源公司财务科结算。

(15) 12月10日,宏源公司向保险公司交纳职工失业保险金1400元(保险公司开户行:中国工商银行崎峰市支行,账号:823653998822)。以保险公司的名义开具"保险公司失业保险金收据",持发票联到宏源公司财务科结算。

(16) 12月10日,业务科陆元、欧阳胜、向超等3人领取本年度烤火费,每人80元,经理签字:同意付款。代填写"费用报销领款单",到财务科出纳处领款。

(17) 12月10日,代司法局开具"崎峰市行政事业单位收款收据",应收取宏源公司公证费用1000元。收款人:游咏。持发票联到宏源公司财务科结算。

(18) 12月11日,生产技术科林凡去省城开生产技术会,经领导同意借款1600元。据以填写"借款单",持单向财务科出纳员借款。

(19) 12月11日,支付生产车间扩建工程款8000元,经公司经理签字同意付款,由杨青统一领款,据以填写"崎峰市建筑安装业统一发票",持发票联到财务科出纳处办理领款,取得出纳员签发的"现金支票"到银行取款。

(20) 12月12日,业务员陈满、宁琛各领计算器一个,单价120元,合计金额240元。经理童庆寿审批:同意领用,一次摊销。据以填写"物品领用单"并将其送交财务科记账员。

(21) 12月12日,宏源公司向证券公司购买1年期债券1200000元,手续费2400元,以证券公司名义开出"收据",持收据第二联到宏源公司财务科结算。

(22) 12月13日,根据表10-10所列资料编制"工资结算汇总表"(因工资结算原始资料比较复杂,实际工作中的工资发放表是根据岗位将每个人的工资计算出来加以汇总的,而表中资料直接以汇总的形式给出)。

表10-10   单位：元

车间、部门、类型	职工人数	标准工资	应扣工资		津贴	代扣款项			
			事假	病假		水电费	住房公积金	个人所得税	个人承担社保
基本生产车间生产工人	290	285000	1500	300	30000	11660	9000	50	1820
基本生产车间管理人员	12	12300			1600	500	520	15	105
援外工程人员	3	3600			2100				35
在建工程人员	20	19600			3000	800	600		205
机修车间人员	5	4900			480	200	180		55
动力车间人员	4	3850			370	150	130		45
公司管理人员	36	40000	300	100	5000	1450	1200	25	350
医务人员	4	4200			400	160	120		35
6个月以上长病人员	2	1900		700	10	80	60		25

工资结算汇总表编制好后送交财务科出纳员。

(23) 12月13日，销售给昌平公司G-1商品10000千克，每千克售价9.80元，G-3商品10000件，每件售价30.00元，增值税税率17%，据以填写"增值税专用发票"后将其第二、三、四联交宏源公司财务科出纳员办理收款手续。

(24) 12月14日，业务科各种费用支出汇总情况如下：差旅费230元（15张原始凭证）；办公费120元（21张原始凭证）；其他费用98元（6张原始凭证）；经核对，编制"管理费用支出汇总表"，持表到财务科报账。

(25) 12月14日，朱正等5名职工参加崎峰市工学院短期培训，支付学杂费3600元，以工学院名义开出"收据"，持第二联（付款人联）找宏源公司财务科出纳办理领款，取得出纳员签发的"现金支票"到银行取款。

(26) 12月15日，宏源公司职工食堂向为民日杂公司购买碗50个，单价3元，计150元；盘子40个，每个2.00元，计80元，合计230元。以为民日杂公司名义开具"为民日杂公司销售发票"，持发票联向宏源公司财务科出纳员报账（在发票备注上填写：列入职工福利）。

(27) 12月16日，宏源公司向税务局购买30张5元券印花税票，40张2元券印花税票，30张1元券印花税票，以税务局名义开具"市税务局印花税票发售统一发票"，持发票联向宏源公司财务科出纳员报账。

(28) 12月16日，崎峰市保险公司向宏源公司收取员工养老保险金7000元，以保险公司名义开具"收据"，并持"收据"（付款人联）向宏源公司财务科结算。

(29) 12月17日，宏源公司应付的车间扩建工程包工款180000元，以新达建筑公司的名义填写"崎峰市建筑安装业统一发票"，持发票联到宏源公司财务科办理结算。

(30) 12月17日，本月综合奖金结算汇总资料如表10-11所示：

表10-11

车间、部门	奖金（元）
基本生产车间生产工人	29000
基本生产车间管理人员	1200
机修车间人员	500
动力车间人员	400
公司管理人员	3600
医务人员	400

据以编制"综合奖金结算汇总表"，持表向财务科出纳员领取奖金。

(31) 12月18日，宏源公司应付立新设计院产品设计费450元，以立新设计院的名义填写"崎峰市服务业发票"，持发票联到宏源公司财务科办理结算。

(32) 12月18日，销售给众健公司不需用甲设备一台，原始价值60000元，已提折旧18000元，协商作价45000元。据以填写"崎峰市商业普通发票"，持其发票联到宏源公司财务科收款，要求宏源公司出纳员签发"转账支票"，并与其一同去银行办理转账手续，取得银行盖章的"转账支票"的收账通知联后，将"转账支票"的收账通知联及"崎峰市商业普通发票"记账联送交本公司财务科出纳员。

(33) 12月18日，一栋仓库300平方米，预计使用30年，已使用28年，原值100000元，已提折旧85000元，因重建提前报废。使用部门的意见：因陈旧要求报废；技术鉴定小组意见：情况属实；固定资产管理部门意见：同意转入清理；主管部门审批意见：同意报废重建。据以填写"固定资产报废单"后将其会计记账联送财务科记账员。

(34) 12月19日，向宏盛公司购进丁设备一台，交易价38000元，经验收交基本生产车间使用，据以填写"固定资产验收单"，将其第二联送财务科出纳员。

(35) 12月19日，林凡12月11日去省城参加工业生产技术会，12月18日返回，往返汽车票均为40元，住宿费用700元，会议费用150元，其他费用110元，每天补助15元。以林凡的名义填写"差旅费报销单"，经理童庆寿在单上签字：同意报销。持单向财务科出纳员报账（原借支1600元）。

(36) 12月19日，业务科与业务往来单位洽谈业务，接待、就餐、补助及接车费共计金额2019元，单据21张。据以填写"业务招待费汇总表"，经理童庆寿在单上签字：同意报销。持单向财务科出纳员报账，取得出纳员签发的"现金支票"后到银行提取现金。

(37) 12月19日，报废固定资产的清理人员周鑫等5人应领取清理费用360元，以周鑫的名义填写"费用报销领款单"，经理童庆寿在单上签字：同意付款。持单向财务科出纳员领款。

(38) 12月19日，宏源公司向崎南公司收取仓库租金5200元，据以开出"崎峰市服务业发票"，收到现金5200元，当即填写"进账单"到开户行办理进账手续，收到银行盖章的"进账单"回单后，将"崎峰市服务业发票"的发票联及"进账单"回单送交本公司出纳员。

(39) 12月20日，仓库清理残料如下：红砖80000块，每块0.20元，计16000元，其他材料5000元，合计21000元。材料全部入库作重建仓库用，据以编制"材料入库单"，并将其记账联送财务科记账员。

(40) 12月20日，宏源公司向为民五金公司购买灭火器5个，单价100元，计500元。灭火器购回后当即由仓库领用。先以为民五金公司名义开具"为民五金公司发票"，再以仓库保管员杨义名义填写"物品领用单"（经理童庆寿在单上签字：同意领用，一次摊销），最后将"为民五金公司发票"的发票联和"物品领用单"送财务科出纳员，并要求领款、领物。

(41) 12月20日，向宏盛公司转让技术，收取技术转让费16000元，据以填写"崎峰市商业普通发票"，持其发票联到宏盛公司财务科收款，要求宏盛公司出纳员签发"转账支票"，并与其一同去银行办理转账手续，取得银行盖章的"转账支票"的收账通知联后，将"转账支票"的收账通知联及"崎峰市商业普通发票"记账联送交本公司财务科出纳员。

(42) 12月21日，向会计局购买《新会计准则》等书籍，付款200元，以会计局的名义填写"崎峰市文化教育、体育业发票"，并持其发票联到财务科报账。

(43) 12月21日，宏源公司的汽车送汽车修配厂修理，具体修配项目如下：汽车补胎275元，汽车轮胎充气55元，车轮拆装50元。以汽车修配厂名义开具"崎峰市服务业发票"，将"崎峰市服务业发票"的发票联送交本公司出纳员。

(44) 12月23日，宏源公司的水表记录是：本月止码为58639，上月止码为 53139，实用水 5500 吨，每吨单价 1 元。以自来水厂名义开具"自来水厂水费发票"，持其发票联到财务科结算。

（45）12 月 23 日，业务科用备用金开支下列各种费用：差旅费 900 元（16 张原始凭证）；办公费 1200 元（15 张原始凭证）；修理费 1100 元（2 张原始凭证）；经核对全部报销，编制"管理费用支出汇总表"，持单到财务科报账。

（46）12 月 24 日，宏源公司电表的起码是 625786，止码是 688486，实用电 61050 度，每度单价 0.50 元，以电力局的名义填写"增值税专用发票"（电费增值税税率为 13%），持发票联到宏源公司财务科结算。

（47）12 月 24 日，宏源公司参加本市商品展销会，应付新世界商厦商品展位租用费 1200 元，以新世界商厦的名义填写"崎峰市服务业发票"，持发票联到宏源公司财务科结算。

（48）12 月 25 日，物价检查所对宏源公司商品销售情况进行检查，发现部分商品违反国家价格政策，罚款 1500 元，以物价检查所名义填写"罚款没收专用收据"，持单到宏源公司财务科结算。

（49）12 月 25 日，养路费征收站向宏源公司收取汽车养路费用 1200 元，以养路费征收站的名义填写"交通车辆养路费收据"（2 台东风汽车为送货用车，养路费为 800 元，2 台小车的养路费 400 元），持单到宏源公司财务科结算。

（50）12 月 26 日，看望住院病人袁全友，从副食品商店购买 2 袋奶粉，每袋 20 元，苹果 5 公斤，每公斤 3 元，据以填写"副食商店销售发票"，经理童庆寿签字：在福利费列支。持发票联到宏源公司财务科结算。

（51）12 月 26 日，通达搬运公司为宏源公司装卸货物，应收取装卸费 1300 元，以通达公司的名义开具"崎峰市交通运输业发票"，持发票联到宏源公司财务科结算。

（52）12 月 26 日，林凡出差预支差旅费 1300 元，据以填写"借款单"，持单向财务科出纳借款。

（53）12 月 26 日，本公司向美国 H 公司购入先进设备一台，交易价 4000 美元，以 H 公司名义填写"商业发票"，以本公司设备科名义填写"固定资产验收单"（设备交管理部门使用）。"商业发票"与"固定资产验收单"交本公司出纳员（引进先进设备，减免关税及增值税；境内外运杂费均由供货方承担）。

（54）12 月 27 日，宏源公司自行开发一项实用新型专利成功，先根据下列资料填写"专利申报表"：申请单位：宏源公司；专利项目：实用新型专利；技术开发费：20000 元；注册登记费：4000 元；单位意见：同意申报；专利局审批：同意注册。再以专利局名义填写"崎峰市行政事业单位收款收据"，收取宏源公司专利注册登记费 4000 元，然后持"专利申报表"和"崎峰市行政事业单位收款收据"到宏源公司财务科结算。

(55) 12月27日，宏源公司销售给德源公司G-1商品5000千克，每千克售价10元；销售给德茂公司G-1商品4800千克，每千克售价10元；销售给昌平公司G-2商品10000件，每件售价24元；增值税税率均为17%，据以分别填写"增值税专用发票"后持"增值税专用发票"的第二、三联到德源公司、德茂公司、昌平公司财务科结算，要求各公司出纳员根据购销合同填写"商业承兑汇票"，经付款人（各购货公司）承兑后取得"商业承兑汇票"的第二联，并在商业承兑汇票第一联的收款人盖章处盖上本公司财务专用章（由本公司出纳员盖章），在负责、经办处签名，将"增值税专用发票"的记账联和"商业承兑汇票"的第二联送交宏源公司出纳员。

(56) 12月27日，顺达运输公司为宏源公司运输购入的材料，应收运费7280元。以顺达运输公司的名义开具"崎峰市公路、内河货物运输业统一发票"，持发票联到宏源公司财务科结算。

(57) 12月27日，外购材料全部验收入库。据表10-12所列资料填写"材料入库验收单"，将其记账联送财务科记账员。

表10-12

供货单位	材料名称	数量（千克）	买价（元）	运杂费（元）	计划单价（元）
达昌公司	I-1材料	8000	96000	800	11.45
宏盛公司	H-1材料	4800	52800	480	11.20
昌安公司	甲材料	20000	80000	2000	4.06
	乙材料	20000	60000	2000	3.15
	丙材料	10000	50000	1000	5.20
	丁材料	10000	60000	1000	5.85

(58) 12月29日，各部门报废低值易耗品（领用时均一次摊销），本月收回残值如下：基本生产车间510元，动力车间70元，机修车间80元，行政管理部门120元。报废材料均已入库（计划价按照780元计算）。据以编制"报废低值易耗品汇总表"和"材料入库验收单"，并将其送财务科记账员。

(59) 12月30日，销售给昌平公司G-2商品10000件，每件售价24元，G-3商品10000件，每件售价29元，增值税税率17%，据以填写"增值税专用发票"，将"增值税专用发票"第二、三、四联送本公司出纳员。

(60) 12月31日，基本生产车间生产G-1产品耗用7500工时，生产G-2产品耗用7600工时，生产G-3产品耗用8000工时，生产G-4产品耗用8220

工时,据以编制"产品耗用工时汇总表",并将表送财务科记账员。

(61) 12月31日,本月发出材料汇总资料如表10-13所示:

表10-13

材料名称	数量(千克)	计划单价(元)	计划总价(元)
甲材料	35000	4.06	142100
乙材料	30000	3.15	94500
丙材料	16000	5.20	83200
丁材料	20000	5.85	117000
H-1材料	10000	11.20	112000
I-1材料	8000	11.45	91600
小 计			640400
其他材料			34000
合 计			674400

据以编制"发料凭证汇总表",并将表送财务科记账员。

(62) 12月31日,辅助生产车间本月提供劳务总量资料如表10-14所示:

表10-14

项 目	机修车间服务量(工时)	动力车间供电量(度)
G-1产品耗用	——	7000
G-2产品耗用	——	7000
G-3产品耗用	——	8000
G-4产品耗用	——	8000
基本生产车间耗用	1620	1000
行政管理部门耗用	100	2000
车间扩建工程耗用	280	7000
动力车间耗用	90	——
机修车间耗用		1000
合 计	2090	41000

据以编制"辅助生产情况表",并将表送财务科记账员。

(63) 12月31日,本月产品生产及入库情况如表10-15所示:

表10-15

产品名称	月初在产品	本月投产	本月完工入库	月末在产品	在产品完工程度	投料方式
G-1产品	2200千克	35720千克	36000千克	1920千克	50%	逐步投料
G-2产品	1500件	16426件	16000件	1926件	50%	逐步投料
G-3产品	1400件	14044件	15000件	444件	50%	逐步投料
G-4产品	1248件	11326件	11500件	1074件	50%	逐步投料

代基本生产车间编制"生产情况报告表",代成品仓库编制"产品入库汇总表",将填写好的两张表送财务科记账员。

11 宏盛公司会计实操

11.1 宏盛公司出纳员岗位实操

开设有关日记账。宏盛公司 2002 年 11 月 30 日有关账户余额如下：
库存现金日记账　　　　　　　1100（借）
银行存款日记账　　　　　　　300000（借）
宏盛公司及往来公司相关情况如表 11-1 所示：

表 11-1

开户行：中国工商银行江泽市支行		开户行：中国工商银行崎峰市支行	
公司名称	账　号	公司名称	账　号
德源公司	1156674356325	宏源公司	823653676510
德茂公司	1156674356326	宏盛公司	823653676511
昌平公司	1156674356327	达昌公司	823653676512
昌安公司	1156674356328	达亿公司	823653676513
		众生公司	823653676516
		众健公司	823653676517

办理如下出纳业务：

凡出纳业务，在业务办理完毕后，编制记账凭证，据以登记库存现金和银行存款日记账，并将记账凭证连同所附原始凭证一并转交记账员记账。

（1）12 月 1 日，收到洪军"旅差费报销单"（所附单据略），经审核无误，报销费用 1526 元，按原预支额 1200 元开出"收据"，当即补付现金 326 元，并在差旅费报销单上填写"付现金 326 元"。

（2）12 月 1 日，收到业务员送来的"进账单"回单及"增值税专用发票"的记账联，进行账务处理。

（3）12 月 1 日，收到开户银行转来宏源公司"转账支票"的收账通知联。

（4）12月1日，签发"转账支票"2张，分别支付应付达昌公司账款90000元和应付达亿公司账款110000元；填写"信汇"凭证1张，支付应付昌安公司账款100000元。填好结算凭证后去开户银行办理相关手续，取回"转账支票"和"信汇"凭证回单，审核无误后进行账务处理。

（5）12月2日，填写"转账支票"1张，转出投资款200000元，存入三峡证券营业部账户（三峡证券营业部开户行：中国工商银行崎峰市支行，账号：123456786789）准备用于购买股票。到银行办理转账手续，取回回单。

（6）12月2日，填写"现金支票"1张，提取现金6000元备用，到开户银行办理支款手续。

（7）12月2日，收到业务科王前锋的"领款单"，经审核无误，当即支付现金3500元，作为业务科的备用金（在领款单上注明"现金付讫"）。

（8）12月3日，收到"三峡证券营业部成交过户交割单"，购入股票划作交易性金融资产。

（9）12月3日，将专夹留存的10月3日签发的商业承兑汇票第二联取出（曾在10月3日发生销货业务时，已填写3份"商业承兑汇票"：签发日期为2002年10月3日，承兑期2个月，应收宏源公司货款90000元，应收德茂公司货款120000元，应收昌平公司货款110000元），依据到期的3张"商业汇票"分别办理收款手续。

①应收宏源公司到期票据款，持"商业汇票"第二联去宏源公司，要求宏源公司出纳员签发"转账支票"，并到银行办理转账手续，收到开户行转回的"转账支票"收账通知联。

②应收德茂公司、昌平公司到期票据款，分别填写"委托收款"凭证后，持"委托收款凭证"和"商业承兑汇票"第二联到开户银行办理委托收款手续，银行盖章后，取回"委托收款"凭证回单。

（10）12月3日，收到达昌公司和达亿公司出纳员送来的到期商业汇票的第二联，经审核无误后分别签发"转账支票"，到银行办理转账手续，取回"转账支票"回单联，作账务处理。

（11）12月5日，收到开户行转来德茂公司、昌平公司"信汇"凭证收款通知联。

（12）12月5日，收到中财保险股份有限公司机动车辆保险单（正本）和保费收据第一联，经审核无误，据以填写转账支票（中财保险股份有限公司开户行：中国工商银行崎峰市支行，账号：823653676538），并到银行办理转账手续，经银行盖章，取回转账支票回单。

（13）12月6日，填写"中华人民共和国税收通用完税证"，将未交增值

税、应交城市维护建设税、应交个人所得税、应交教育费附加上交国库，具体金额见明细分类账各该账户的月初余额。税收通用完税证填写好后，到开户行办理手续，经税务机关、银行盖章后取得完税凭证联，并据以进行账务处理。

（14）12月6日，收到律师事务所的"崎峰市服务业发票"发票联，经审核无误，以现金付讫。

（15）12月7日，收到银行转来委托收款凭证的收款通知2张，系德茂公司应收款120000元、昌平公司应收账款110000元。

（16）12月7日，收到银行转来委托收款凭证的付款通知1张，系应付昌安公司商业汇票到期款100000元。

（17）12月8日，收到崎峰市电视台的"崎峰市服务业发票"发票联，经审核无误，据以填写转账支票（崎峰市电视台开户行：中国工商银行崎峰市支行，账号：82365567558），付广告费，并到银行办理转账手续，经银行盖章，取回转账支票回单。

（18）12月8日，宏盛公司委托债券发行公司发行5年期债券，按面值的10%溢价发行。现债券公司已发行债券面值800000元，实收金额880000元，款项今日全部交来，当即送存银行。据以填写"收据"及"进账单"，到银行办理手续后据"收据"记账联及"进账单"回单进行账务处理。

（19）12月9日，收到债券公司的"崎峰市服务业发票"发票联，经审核无误，据以填写转账支票（债券公司开户行：中国工商银行崎峰市支行，账号：825533667788），付手续费，并到银行办理转账手续，经银行盖章，取回转账支票回单。

（20）12月10日，收到本公司职工柳絮"费用报销领款单"，经审核无误，以现金付讫。

（21）12月10日，收到房地产管理所的"崎峰市服务业发票"发票联，经审核无误，以现金付讫。

（22）12月10日，收到崎峰市汽车运输公司的"崎峰市公路、内河货物运输业统一发票"发票联，经审核无误，据以填写"转账支票"（崎峰市汽车运输公司开户行：中国工商银行崎峰市支行，账号：823653675588），付运费，并到银行办理转账手续，经银行盖章，取回"转账支票"回单。

（23）12月10日，收到保险公司的"保险公司失业保险金收据"，经审核无误，以现金支票付讫。

（24）12月10日，签发"现金支票"，到银行办理取款手续，提回现金3500元备用。根据"现金支票"存根作账务处理。

（25）12月10日，收到韦天等3人的"费用报销领款单"，经审核无误，以现金付讫。

(26) 12月10日，收到司法局的"崎峰市行政事业单位收款收据"，经审核无误，据以填写转账支票（司法局开户行：中国工商银行崎峰市支行，账号：825634221668），付诉讼费，并到银行办理转账手续，经银行盖章，取回转账支票回单。

(27) 12月11日，收到洪军的"借款单"，经审核无误，以现金付讫。

(28) 12月11日，收到工程队的"崎峰市建筑安装业统一发票"，经审核无误，如数签发"现金支票"，交奇兵到银行取款。

(29) 12月12日，收到证券公司的"收据"，经审核无误，据以填写转账支票（证券公司开户行：中国工商银行崎峰市支行，账号：825634211698），付债券及手续费，并到银行办理转账手续，经银行盖章，取回转账支票回单。

(30) 12月13日，收到"工资结算汇总表"，根据实发工资总额签发"现金支票"，从银行提取现金，当即发放完毕。

(31) 12月13日，收到业务员送来的增值税专用发票的第二、三、四联，据以填写"委托收款凭证"（应收昌平公司款），持委托收款凭证和增值税专用发票第二、三联到银行办理托收手续，经银行盖章后，将退回的"委托收款凭证"回单与"增值税专用发票"记账联一并作账务处理。

(32) 12月14日，收到业务科"管理费用支出汇总表"（所附单据33张略），经审核无误，以现金付讫。

(33) 12月14日，收到崎峰市工学院的"收据"，经审核无误，开出"现金支票"付讫。

(34) 12月15日，收到职工食堂购买炊具的发票，经审核无误，以现金付讫。

(35) 12月16日，收到银行转来"委托收款凭证"的收款通知联，系昌平公司应收款。

(36) 12月16日，收到"市税务局印花税票发售统一发票"，经审核无误，以现金付讫。

(37) 12月16日，收到保险公司收取员工养老保险金的"收据"，经审核无误，据以填写"转账支票"（保险公司开户行：中国工商银行崎峰市支行，账号：8256342172238），付保险金，并到银行办理转账手续，经银行盖章，取回"转账支票"回单。

(38) 12月17日，收到新达建筑公司"崎峰市建筑安装业统一发票"的发票联，经审核无误，据以填写"转账支票"（新达建筑公司开户行：中国工商银行崎峰市支行，账号：825625671350），付工程款，并到银行办理转账手续，经银行盖章，取回"转账支票"回单。

(39) 12月17日，根据"综合奖金结算汇总表"（实际还应有按人头的奖金发放表，此处略），签发"现金支票"提回现金，当即发放完毕。

（40）12月18日，收到立新设计院的"崎峰市服务业发票"发票联，经审核无误，以现金付讫。

（41）12月18日，收到达昌公司出售设备的"崎峰市商业普通发票"发票联及本公司业务员送来的"固定资产验收单"，经审核无误，据以填写"转账支票"付设备款，并到银行办理转账手续，经银行盖章，取回"转账支票"回单。

（42）12月19日，收到业务员送来的宏源公司"转账支票"的收账通知联及本公司的固定资产销售的"崎峰市商业普通发票"的会计记账联，经审核无误进行账务处理。

（43）12月19日，收到洪军的"旅差费报销单"（所附单据略）和交来的现金232元，开出"收据"收讫。收据金额按洪军原借支数填写。

（44）12月19日，收到业务科的"业务招待费汇总表"及所附15张单据（单据略），经审核无误后，当即签发"现金支票"补足其备用金。

（45）12月19日，收到王兴旺的"费用报销领款单"，经审核无误，以现金付讫。

（46）12月19日，收到业务员送来的仓库租金收入"进账单"回单及"崎峰市服务业发票"记账联。

（47）12月20日，收到业务员送来的"为民五金公司发票"和"物品领用单"，经审核无误后签发"现金支票"，从银行提回现金5600元，除支付灭火器款外，其余备用。

（48）12月20日，收到宏源公司的"崎峰市商业普通发票"发票联，经审核无误后签发"转账支票"支付技术转让费。到银行办理转账手续，经银行盖章后，拿回转账支票回单。

（49）12月21日，收到购买书籍的"崎峰市文化教育、体育业发票"发票联，经审核无误，以现金付讫。

（50）12月21日，收到业务员送来的达昌公司"转账支票"的收账通知联及本公司收取技术转让收入的"崎峰市商业普通发票"记账联。

（51）12月21日，收到汽车修配厂的"崎峰市商业普通发票"发票联，经审核无误后以现金付讫。

（52）12月23日，收到自来水厂发票，审核无误后填写"转账支票"支付水费，到银行办理转账手续，经银行盖章后，拿回转账支票回单（自来水厂开户行：中国工商银行崎峰市支行，账号：865235217658）。

同时根据定额耗用量分配本月水费，定额耗用量如下：动力车间700吨，机修车间600吨，基本生产车间3000吨，公司管理部门1700吨，据以编制

"水费分配表"。

根据"自来水厂发票"发票联、"转账支票"存根和"水费分配表"进行账务处理。

(53) 12月23日，收到业务科的"管理费用支出汇总表"及所附29张单据（单据略），经审核无误后，当即签发"现金支票"补足其备用金。

(54) 12月24日，收到电力局的"增值税专用发票"发票联，审核无误后填写"转账支票"支付电费，到银行办理转账手续，经银行盖章后，拿回转账支票回单（电力局开户行：中国工商银行崎峰市支行，账号：865235217666）。

同时根据表11-2所列定额耗用量资料编制"外购动力费分配表"：

表11-2

产品名称	定额耗用量	车间部门	定额耗用量
H-1产品	10300度	动力车间	500度
H-2产品	11000度	机修车间	700度
H-3产品	9700度	基本生产车间	800度
H-4产品	9500度	管理部门	7500度

根据电力局的发票联、"转账支票"存根和"外购动力费分配表"进行账务处理。

(55) 12月24日，收到新世纪商厦的"崎峰市服务业发票"发票联，经审核无误后以现金付讫。

(56) 12月24日，为购进口设备，向开户行买入5000美元，以中国人民银行公布的人民币汇率中间价作为即期汇率，当日的即期汇率1美元=7.72元人民币，银行当日美元卖出价为1美元=8.10元人民币。签发"转账支票"支付人民币，填写"进账单"购入美元。到银行办理相关手续，根据"转账支票"存根和"进账单"作账务处理。

(57) 12月25日，签发"现金支票"，到银行办理取款手续，提回现金6500元备用。根据"现金支票"存根作账务处理。

(58) 12月25日，收到物价检查所"罚款没收专用收据"，以现金支付罚款。

(59) 12月25日，收到养路费征收站的"交通车辆养路费收据"，经审核无误，以现金付讫（2台东风汽车为送货用车，养路费为600元，1台小车的养路费为400元）。

(60) 12月26日，收到"副食商店销售发票"发票联，经审核后以现金付讫。

(61) 12月26日，收到通达搬运公司的"崎峰市交通运输业发票"发票联，经审核无误后以现金付讫。

(62) 12月26日，收到洪军的"借款单"经审核无误后以现金付讫。

(63) 12月26日，收到业务员送来的"固定资产验收单"及购买进口设备的"商业发票"，经审核无误后填写"信汇"凭证，到银行办理美元汇兑手续，取回"信汇"回单。当日的即期汇率1美元＝7.85元人民币。

(64) 12月27日，收到本公司业务员送来销售商品给德茂公司、宏源公司和昌平公司的"增值税专用发票"记账联和3张"商业承兑汇票"。

(65) 12月27日，收到业务员送来的"专利申报表"和专利局的"崎峰市行政事业单位收款收据"发票联，审核无误后填写"转账支票"支付专利注册登记费，到银行办理转账手续，经银行盖章后，拿回转账支票回单（专利局开户行：中国工商银行崎峰市支行，账号：865235367685）。

(66) 12月27日，收到昌安公司、达亿公司、达昌公司业务员送来的增值税专用发票第二、三联，经审核无误后分别填写为期2个月的"商业承兑汇票"3份，其中第一联经各收款人盖章签名后收回，在第二联的付款人盖章处盖上财务专用章，在负责、经办处签上名，填好后将第二联分别交昌安公司、达亿公司、达昌公司业务员。

同时收到顺达运输公司的"崎峰市公路、内河货物运输业统一发票"发票联，经审核无误后填写"转账支票"支付材料运费，到银行办理转账手续，经银行盖章后，拿回转账支票回单（顺达运输公司开户行：中国工商银行崎峰市支行，账号：865235367898）。

根据材料重量编制"材料采购费用分配表"。各种材料采购的重量：I-1材料8000千克，J-1材料5000千克，甲材料15000千克，乙材料20000千克，丙材料16000千克，丁材料10000千克。

根据"增值税专用发票"的发票联、"商业汇票"的留存联、"转账支票"存根联、"崎峰市公路、内河货物运输业统一发票"发票联、"材料采购费用分配表"，作账务处理。

(67) 12月30日，收到业务员送来的"增值税专用发票"的第二、三、四联，合同规定销货款采用委托收款结算方式，经审核无误后，据以填写"委托收款凭证"，持"委托收款凭证"和"增值税专用发票"第二、三联到银行办理托收手续，经银行盖章后，将退回的"委托收款凭证"回单与"增值税专用发票"的记账联一并作账务处理。

(68) 12月31日，到开户行拿回贷款计息凭证，进行账务处理（预计应

付利息 10000 元)。

(69) 12 月 31 日，到开户行拿回存款计息凭证，进行账务处理。

(70) 12 月 31 日，将账面价值为 80000 元的"交易性金融资产——基金"全部出售，实得现金 84000 元。填写"内部转账单"和"进账单"，将现金送存银行（全为百元券）。

(71) 12 月 31 日的即期汇率 1 美元 = 8.05 元人民币，调整当期产生的汇兑差额。

11.2 宏盛公司记账员岗位实操

开设有关账户。宏盛公司 2002 年 11 月 30 日明细账期末资料如下：

其他货币资金——外埠存款	12000（借）
交易性金融资产——股票（成本）	110000（借）
交易性金融资产——债券（成本）	100000（借）
交易性金融资产——基金（成本）	80000（借）
应收票据——德茂公司	120000（借）
应收票据——宏源公司	90000（借）
应收票据——昌平公司	110000（借）
应收账款——德茂公司	110000（借）
应收账款——宏源公司	110000（借）
应收账款——昌平公司	110000（借）
坏账准备	1320（贷）
其他应收款——洪军	1200（借）
其他应收款——代扣水电费	1500（借）
材料采购——原材料	40960（借）
原材料——原料及主要材料	485000（借）
原材料——其他材料	80000（借）
周转材料——包装物	19000（借）
周转材料——低值易耗品	60000（借）
材料成本差异——原材料	5650（借）
材料成本差异——包装物	190（贷）
材料成本差异——低值易耗品	600（借）
库存商品——H-1 产品	160000（借）
库存商品——H-2 产品	750000（借）
库存商品——H-3 产品	540000（借）

库存商品——H-4产品	1000000（借）
长期股权投资——股票投资（昌平公司）	150000（借）
持有至到期投资——成本	100000（借）
持有至到期投资——利息调整	5000（借）
持有至到期投资——应计利息	10000（借）
固定资产——生产用固定资产	1350000（借）
固定资产——非生产用固定资产	600000（借）
固定资产——不需用固定资产	200000（借）
固定资产——出租固定资产	150000（借）
累计折旧	650000（贷）
工程物资——专用材料	260000（借）
工程物资——专用设备	450000（借）
在建工程——机床大修工程	60000（借）
在建工程——设备安装工程	350000（借）
固定资产清理——报废	4000（借）
无形资产——专利权	350000（借）
无形资产——专有技术	375000（借）
研发支出——资本化支出	25000（借）
长期待摊费用——固定资产大修费用	47000（借）
待处理财产损溢——待处理固定资产损溢	3000（借）
生产成本——基本生产成本（H-1产品）	15000（借）
生产成本——基本生产成本（H-2产品）	18800（借）
生产成本——基本生产成本（H-3产品）	18800（借）
生产成本——基本生产成本（H-4产品）	22600（借）
短期借款——生产周转借款	1500000（贷）
应付票据——昌安公司	100000（贷）
应付票据——达昌公司	110000（贷）
应付票据——达亿公司	90000（贷）
应付账款——昌安公司	100000（贷）
应付账款——达昌公司	90000（贷）
应付账款——达亿公司	110000（贷）
应付职工薪酬——职工教育经费	4500（贷）
应付职工薪酬——职工福利	880（贷）
应付职工薪酬——社会保险费	9120（贷）
应交税费——未交增值税	35000（贷）

应交税费——应交所得税	36000（借）
应交税费——应交城市维护建设税	2000（贷）
应交税费——应交个人所得税	2500（贷）
应交税费——应交教育费附加	800（贷）
应付利息	21000（贷）
长期借款——基建借款	1300000（贷）
长期应付款——应付设备款	100000（贷）
应付债券——面值	320000（贷）
应付债券——利息调整	10000（贷）
应付债券——应计利息	20000（贷）
实收资本——国家投资	1639900（贷）
实收资本——大华公司	100000（贷）
实收资本——其他	1200000（贷）
资本公积——资本溢价	200000（贷）
资本公积——其他	100000（贷）
盈余公积——法定盈余公积	700000（贷）
利润分配——未分配利润	80000（贷）
本年利润	400000（贷）

原材料明细账 2002 年 11 月 30 日期末资料，见表 11-3：

表 11-3

	品名	数量（千克）	计划单价（元）	金额（元）
原料及主要材料	甲材料	12000	4.05	48600
	乙材料	10000	3.09	30900
	丙材料	12000	5.05	60600
	丁材料	12000	6.05	72600
	I-1 材料	11000	11.80	129800
	J-1 材料	11000	12.95	142450
	小 计			484950
	其他材料			80000
	合 计			564950

材料采购明细账 2002 年 11 月 30 日期末资料见表 11-4：

表 11-4 单位：元

供货单位	项目	借方			贷方			备注
		买价	运杂费	合计	计划成本	差异	合计	
昌平公司	甲材料	8000	200	8200				
	乙材料	8000	200	8200				
昌安公司	丙材料	7000	180	7180				
	丁材料	7000	180	7180				
达昌公司	I-1 材料	5000	100	5100				
达亿公司	J-1 材料	5000	100	5100				
合 计		40000	960	40960				

库存商品明细账 2002 年 11 月 30 日期末资料如表 11-5 所示：

表 11-5

商品名称	单位	数量	单位成本（元）	金额（元）
H-1 商品	千克	20000	8	160000
H-2 商品	件	50000	15	750000
H-3 商品	件	30000	18	540000
H-4 商品	件	50000	20	1000000
合 计				2450000

生产成本明细账 2002 年 11 月 30 日期末在产品成本资料见表 11-6：

表 11-6

产品名称	数量	成本项目（元）			
		直接材料	直接人工	制造费用	合计
H-1 产品	3750 千克	8000	4000	3000	15000
H-2 产品	2515 件	10000	5000	3800	18800
H-3 产品	2100 件	10000	5000	3800	18800
H-4 产品	2260 件	12000	6000	4600	22600
合 计					75200

按下列要求开设明细账：

（1）下列账户使用三栏式账页（有期初余额的账户结转期初余额，没有

期初余额的账户设户后待记发生额）：
　　其他货币资金——外埠存款
　　其他货币资金——存出投资款
　　交易性金融资产——股票（成本）
　　交易性金融资产——股票（公允价值变动）
　　交易性金融资产——债券（成本）
　　交易性金融资产——基金（成本）
　　应收票据——德茂公司
　　应收票据——宏源公司
　　应收票据——昌平公司
　　应收账款——德茂公司
　　应收账款——宏源公司
　　应收账款——昌平公司
　　坏账准备
　　其他应收款——洪军
　　其他应收款——业务科
　　其他应收款——代扣水电费
　　原材料——原料及主要材料
　　原材料——其他材料
　　周转材料——包装物
　　周转材料——低值易耗品——在库
　　材料成本差异——原材料
　　材料成本差异——包装物
　　材料成本差异——低值易耗品
　　长期股权投资——股票投资（昌平公司）
　　持有至到期投资——成本
　　持有至到期投资——利息调整
　　持有至到期投资——应计利息
　　固定资产——生产用固定资产
　　固定资产——非生产用固定资产
　　固定资产——不需用固定资产
　　固定资产——出租固定资产
　　累计折旧
　　工程物资——专用材料
　　工程物资——专用设备

在建工程——机床大修工程
在建工程——设备安装工程
在建工程——生产车间扩建工程
固定资产清理——报废
固定资产清理——出售不需用固定资产
无形资产——专利权
无形资产——专有技术
研发支出——资本化支出
累计摊销
长期待摊费用——固定资产大修费用
待处理财产损溢——待处理固定资产损溢
递延所得税资产
短期借款——生产周转借款
应付票据——昌安公司
应付票据——达昌公司
应付票据——达亿公司
应付账款——昌安公司
应付账款——达昌公司
应付账款——达亿公司
应付职工薪酬——工资
应付职工薪酬——职工福利
应付职工薪酬——社会保险费
应付职工薪酬——住房公积金
应付职工薪酬——工会经费
应付职工薪酬——职工教育经费
应付职工薪酬——非货币性福利
应交税费——未交增值税
应交税费——应交营业税
应交税费——应交所得税
应交税费——应交城市维护建设税
应交税费——应交个人所得税
应交税费——应交教育费附加
应付利息
应付股利
长期借款——基建借款

长期应付款——应付设备款
应付债券——面值
应付债券——利息调整
应付债券——应计利息
递延所得税负债
实收资本——国家投资
实收资本——大华公司
实收资本——其他
资本公积——资本溢价
资本公积——其他
盈余公积——法定盈余公积
利润分配——提取法定盈余公积
利润分配——应付现金股利
利润分配——未分配利润
本年利润
主营业务收入——H-1产品
主营业务收入——H-2产品
主营业务收入——H-3产品
主营业务收入——H-4产品
其他业务收入
投资收益
公允价值变动损益
营业外收入
主营业务成本——H-1产品
主营业务成本——H-2产品
主营业务成本——H-3产品
主营业务成本——H-4产品
营业税金及附加
其他业务成本
资产减值损失
营业外支出
所得税费用

(2) 下列账户使用多栏式账页（有期初余额的账户结转期初余额，没有期初余额的账户设户后待记发生额）：

应交税费——应交增值税

材料采购——原材料
生产成本——基本生产成本（H-1产品）
生产成本——基本生产成本（H-2产品）
生产成本——基本生产成本（H-3产品）
生产成本——基本生产成本（H-4产品）
生产成本——辅助生产成本——机修车间
生产成本——辅助生产成本——动力车间
制造费用——基本生产车间
销售费用
财务费用
管理费用

（3）下列账户使用数量金额式账页（有期初余额的账户结转期初余额，没有期初余额的账户设户后待记发生额）：

库存商品——H-1产品
库存商品——H-2产品
库存商品——H-3产品
库存商品——H-4产品
原材料——原料及主要材料——甲材料
原材料——原料及主要材料——乙材料
原材料——原料及主要材料——丙材料
原材料——原料及主要材料——丁材料
原材料——原料及主要材料——I-1材料
原材料——原料及主要材料——J-1材料

办理记账业务：

（1）12月4日，收到业务员送来的材料入库验收单，留待月末汇总进行收料的账务处理。

（2）12月9日，收到固定资产折旧计算表，经审核无误进行账务处理。

（3）12月9日，收到业务员交来本公司换出商品的增值税专用发票的记账联，换入材料的增值税发票的抵扣联与发票联及材料入库验收单的会计记账联，经审核无误进行非货币性交易的账务处理。

（4）12月12日，收到马立群、牛耕的"物品领用单"，经审核无误进行账务处理。

（5）12月18日，收到固定资产报废单，经审核无误进行账务处理。

（6）12月20日，收到业务员送来的工程物资入库验收单。

（7）12月20日，报废固定资产清理完毕，根据"固定资产清理——报废清理"账户余额编制"内部转账单",结转清理损益。

(8) 12月27日,收到业务员送来的材料入库验收单,留待月末汇总进行收料的账务处理。

(9) 12月28日,本月应摊销专利权35000元,应摊销专有技术20000元,应摊销基本生产车间固定资产大修费17000元,据以编制"无形资产、长期待摊费用分摊表",经审核无误进行账务处理。

(10) 12月29日,收到"报废低值易耗品汇总表"及"材料入库验收单"(会计记账联),经审核无误进行账务处理。

(11) 12月29日,据前面留存的"材料入库验收单"登记"材料采购"明细账(横线登记式明细账)的贷方发生额,并计算入库材料成本差异,据此编制"本月已付款的入库材料汇总表"。

(12) 12月30日,本月生产产品领用包装物的计划成本汇总如下(根据领料单汇总,因为领料单不便一一列出,故略去):

H-1产品领用2100元

H-2产品领用2000元

H-3产品领用2200元

H-4产品领用2300元

据"周转材料——包装物"与"材料成本差异——包装物"账户资料计算材料成本差异率、领用材料应分摊的差异额及领用材料实际成本,据计算结果编制"领用包装物汇总表",经审核无误进行账务处理。

(13) 12月30日,本月领用低值易耗品的计划成本汇总如下(根据领料单汇总,因为领料单不便一一列出,故略去):

基本生产车间领用12000元

动力车间领用1200元

机修车间领用1600元

公司管理部门领用2400元

据"周转材料——低值易耗品"与"材料成本差异——低值易耗品"账户资料计算材料成本差异率、领用材料应分摊的差异额及领用材料实际成本,据计算结果编制:"领用低值易耗品汇总表",经审核无误进行账务处理。

(14) 12月31日,收到"车间产品耗用工时汇总表",结合"工资结算汇总表"与"奖金发放表"先编制"基本生产车间生产工人工资分配表",后编制"应付职工薪酬分配表",经审核无误进行账务处理。

(15) 12月31日,收到业务员送来的"发料凭证汇总表"及其"发料单"(略),根据"发料单"上所载明的用途及下列材料耗用资料编制"发料凭证分配汇总表"。据"原材料——原料及主要材料"各数量金额式明细账及

"材料成本差异——原材料"账户资料计算材料成本差异率、领用材料应分摊的差异额及领用材料实际成本。

材料耗用的计划成本汇总如下（表11-7）：

表11-7   单位：元

产品、车间、部门	主要材料	其他材料	备 注
H-1 产品	150000		
H-2 产品	140000		
H-3 产品	130000		
H-4 产品	160000		
基本生产车间一般耗用		3000	列入物料消耗
动力车间	8000	5000	
机修车间	13850	3000	
公司管理部门		3000	列入公司经费
销售部门		3000	列入包装费
车间扩建工程	42000	23000	按17%转出进项税额

经审核无误进行账务处理（注：材料成本差异率精确至小数点后四位）。

（16）12月31日，原作待处理的盘亏设备净值3000元，经批准转销。据以编制"内部转账单"，经审核无误进行账务处理。

（17）12月31日，收到"辅助生产情况表"，结合"生产成本——辅助生产成本——动力车间"和"生产成本——辅助生产成本——机修车间"账户资料，采取直接分配法分配辅助生产费用，编制"辅助生产费用分配表"（分配率精确至小数点后四位），经审核无误进行账务处理。

（18）12月31日，根据工时记录（生产H-1产品11000工时，生产H-2产品10000工时，生产H-3产品11000工时，生产H-4产品16730工时）和"制造费用——基本生产车间"账户资料编制"制造费用分配表"（分配率精确至小数点后四位），经审核无误进行账务处理。

（19）12月31日，收到"生产情况报告表"和"产品入库汇总表"，结合基本生产成本明细账资料，据以编制"生产成本计算表"（分别按四种产品进行计算），单位成本保留到分。经审核无误进行账务处理。

（20）12月31日，根据本月商品销售数量及"库存商品"明细账的加权

平均单位成本，编制"产品销售汇总表"，结转产品销售成本。

（21）12月31日，"交易性金融资产——股票"的公允价值为220000元，依据"交易性金融资产——股票——成本"及"交易性金融资产——股票——公允价值变动"明细账户资料计算本期公允价值变动金额，据以填制"内部转账单"，经审核无误进行账务处理。

（22）12月31日，按应收项百分比法计提坏账准备，提取比例为3%，依据"应收账款"、"其他应收款"、"预付账款"及"坏账准备"明细账资料分析计算本期应计提的坏账准备金，据以编制"内部转账单"，经审核无误进行账务处理。

（23）12月31日，依据"应交税费——应交增值税"明细账资料分析填写"增值税纳税申报表"，计算出未交增值税额，经审核无误进行账务处理。

（24）12月31日，依据"其他业务收入"和"固定资产"明细账及"增值税纳税申报表"资料，计算应交营业税、应交房产税、应交城市维护建设税、应交教育费附加，编制"地方税收综合纳税（费）申报表"，经审核无误进行账务处理。

（25）12月31日，依据"持有至到期投资"明细账期初资料计算本年利息收入，并进行利息调整（按票面利率7%，实际利率6%计算），据以填制"内部转账单"，经审核无误进行账务处理（本月发生数暂不计算利息）。

（26）12月31日，依据"应付债券"明细账期初资料计算本年利息费用（为安装工程而发行债券），并进行利息调整，按票面利率9%，实际利率8%计算，据以填制"内部转账单"，经审核无误进行账务处理（本月发生数暂不计算利息）。

（27）12月31日结平"待处理财产损溢"账户。

（28）12月31日，将损益类账户的本月净发生额结转"本年利润"账户。

（29）12月31日，编制"利润表"初稿，据以编制"暂时性差异计算表"、"所得税纳税申报表"（所得税税率：33%），经审核无误进行账务处理。

（30）12月31日，将"所得税费用"账户发生额转入"本年利润"账户。

（31）12月31日，进行利润分配。法定盈余公积按净利润（"本年利润"账户年末余额）的10%分配，应付现金股利按"未分配利润"明细账期初余额加上本年净利润，减去本年提取的法定盈余公积后的30%分配。

（32）12月31日，将"本年利润"、"利润分配——提取盈余公积"、"利润分配——应付现金股利"账户余额转入"利润分配——未分配利润"账户。

11.3 宏盛公司财务科长岗位实操

开设总账。根据下列资料开设总账账户，每个账户占一页。宏盛公司2002年11月30日总账期末资料如下：

库存现金	1100（借）
银行存款	300000（借）
其他货币资金	12000（借）
交易性金融资产	290000（借）
应收票据	320000（借）
应收账款	330000（借）
坏账准备	1320（贷）
其他应收款	2700（借）
材料采购	40960（借）
原材料	565000（借）
周转材料	79000（借）
材料成本差异	6060（借）
库存商品	2450000（借）
长期股权投资	150000（借）
持有至到期投资	115000（借）
固定资产	2300000（借）
累计折旧	650000（贷）
工程物资	710000（借）
在建工程	410 000（借）
固定资产清理	4000（借）
无形资产	725000（借）
研发支出	25000（借）
累计摊销	
长期待摊费用	47000（借）
待处理财产损溢	3000（借）
递延所得税资产	
生产成本	75200（借）
制造费用	
短期借款	1500000（贷）
应付票据	300000（贷）

应付账款	300000（贷）
应付职工薪酬	14500（贷）
其他应付款	
应交税费	4300（贷）
应付利息	21000（贷）
应付股利	
长期借款	1300000（贷）
长期应付款	100000（贷）
应付债券	350000（贷）
递延所得税负债	
实收资本	2939900（贷）
资本公积	300000（贷）
盈余公积	700000（贷）
利润分配	80000（贷）
本年利润	400000（贷）
主营业务收入	
其他业务收入	
投资收益	
公允价值变动损益	
营业外收入	
主营业务成本	
营业税金及附加	
其他业务成本	
销售费用	
管理费用	
财务费用	
资产减值损失	
营业外支出	
所得税费用	

处理日常总账业务：

（1）复核上旬会计凭证，根据审核无误的上旬记账凭证编制记账凭证汇总表，并据以登记总账，结出账户余额，与出纳员所经管的日记账核对，如有不符，查明原因，予以更正；与记账员所经管的明细账进行核对，如有不符，查明原因，予以更正。

（2）复核中旬会计凭证，根据审核无误的中旬记账凭证编制记账凭证汇

总表，并据以登记总账，结出账户余额，与出纳员所经管的日记账核对，如有不符，查明原因，予以更正；与记账员所经管的明细账进行核对，如有不符，查明原因，予以更正。

(3) 复核下旬会计凭证，根据审核无误的下旬记账凭证编制记账凭证汇总表，并据以登记总账，结出账户余额，与出纳员所经管的日记账核对，如有不符，查明原因，予以更正；与记账员所经管的明细账进行核对，如有不符，查明原因，予以更正。

(4) 编制总账账户余额试算平衡表。

(5) 办理年结。

编制会计报表：

(1) 编制资产负债表，以12月份月初数作为年初数。

(2) 编制利润表，以12月份损益作为全年损益。

(3) 编制现金流量表，以12月份月初数作为年初数，以12月份现金流量作为全年现金流量。

11.4 宏盛公司业务员岗位实操

按要求填制和传递2002年12月份凭证：

(1) 12月1日，洪军出差返回公司报账，出差相关内容如下：洪军出差联系业务推销产品，2002年11月24日从崎峰市乘火车至武汉市（当日到达），火车票260元，在武汉市期间住宿费160元，2002年11月26日从武汉乘火车至深圳（次日到达），火车票320元，在深圳期间住宿费300元，29日从深圳乘火车回崎峰市（次日到达），火车票360元，出差补助每天18元，据以填写"旅差费报销单"（经理吴文广在单上签字：同意报销），并持单以洪军的名义向财务科出纳处报账（出差前已预支1200元）。

(2) 12月1日，销售给A公司H-4商品10000件，销售给B公司H-4商品8000件，销售给C公司H-4商品7000件，销售给D公司H-4商品6000件，H-4商品每件售价29元，增值税税率17%，价税款均已收讫。据以填写"增值税专用发票"，款项全部存入银行，填写"进账单"，送银行办理进账手续后取回"进账单"回单。将"进账单"回单连同"增值税专用发票"的记账联送财务科记账员（开户行：中国工商银行崎峰市支行，账号：823653676511）。

(3) 12月2日，以业务科王前锋的名义填写"领款单"，领款金额3500元，领款单填写好后到财务科找出纳员领款，作为业务科的备用金。

(4) 12月3日，以三峡证券营业部的名义填写"三峡证券营业部成交过户交割单"1张,内容如下:本交割单系宏盛公司购买股票,成交编号为13579,股东账户为53657890,股东名称为宏盛公司,申请编号为679,公司代码为M236,申报时间为10点50分15秒,成交时间为10点50分38秒,实收金额为106442元,资金余额为93558元;证券代码为635278,成交数量12000股,成交价格8.81元,佣金337元,印花税373元,附加费12元。填好后送宏盛公司出纳员。

(5) 12月4日,下列材料全部入库,据以填写"材料入库验收单"(表11-8):

表11-8

供货单位	材料名称	数量(千克)	单位买价(元)	运杂费(元)	计划单价(元)
昌平公司	甲材料	2000	4.00	200	4.05
	乙材料	2500	3.20	200	3.09
昌安公司	丙材料	1400	5.00	180	5.05
	丁材料	1400	5.00	180	6.05
达昌公司	I-1材料	500	10.00	100	11.80
达亿公司	J-1材料	400	12.50	100	12.95

将填写好的"材料入库验收单"记账联送本公司记账员。

(6) 12月5日,以中财保险股份有限公司的名义填写"机动车辆保险单"和"保费收据"各一张,填写内容如下:被保险人为宏盛公司,投保险种为车辆损失险、第三责任险、盗抢险、玻璃险、他人恶意险等;车辆型号为皇冠(普);发动机号367587;牌号为A-35689;非营业用车;座位为5座;保险价值32万元,保险金额32万元;基本保费240元;车辆损失险费率0.8%;第三责任险最高赔偿限额为20万元;第三责任险保费为2000元;盗抢险保费据表计算;玻璃险保费为60元;他人恶意险保费为100元;保险期限自2002年12月5日零时起至2003年12月5日24时止。地址:十字街58号;电话:8666688;邮政编码:438000;总经理:刘峰。填好后将"机动车辆保险单"正本和"保费收据"发票联送宏盛公司记账员。

(7) 12月6日,以崎峰市第一律师事务所王宏的名义填写"崎峰市服务业发票",收取宏盛公司本月律师顾问费用1100元,持其发票联找宏盛公司出纳员收款。

(8) 12月8日,崎峰市电视台收取宏盛公司广告费21000元,代电视台填写"崎峰市服务业发票",持其发票联找宏盛公司出纳员收款。

(9) 12月9日,债券公司应向宏盛公司收取债券印刷费及手续费8000元,代填写"崎峰市服务业发票",并持其第二联到宏盛公司财务科结算。

(10) 12月9日,根据下述资料编制"固定资产折旧表"(采用平均年限

法),编制完成后将其送宏盛公司记账员。

11月30日,固定资产资料如表11-9所示:

表11-9

部门	固定资产类型	固定资产原值(元)	预计净残值(元)	预计使用年限
基本车间	房屋	250000	15000	40
	机床加工设备	200000	10000	10
	专用电子设备	300000	20000	10
	其他专用设备	200000	8000	20
机修车间	房屋	100000	5000	40
	机床加工设备	50000	2500	10
	其他专用设备	10000	500	20
动力车间	房屋	100000	5000	40
	内燃发电机组	100000	5000	20
	其他专用设备	40000	2000	20
管理部门	房屋	600000	30000	40
	不需用设备	200000	20000	10
出租	仓库	150000	8000	10

(11) 12月9日,宏盛公司与众生公司进行非货币交易,交易内容如下:

宏盛公司向众生公司销售H-3商品1212件,每件售价25元;向众生公司购进乙材料10000千克,每千克价格3.03元。增值税税率均为17%,据以填写销售H-3商品的"增值税专用发票"和购进乙材料的"材料入库验收单"(材料已如数入库,乙材料的计划单位成本见记账员岗位的数量金额式明细账),填写好后先持销售商品的增值税专用发票的第二、三联到众生公司业务处换取购进材料的增值税专用发票的第二、三联;后将销售商品的"增值税专用发票"的记账联和购进材料的"增值税专用发票"的第二、三联及"材料入库验收单"一并送交宏盛公司记账员。

(12) 12月10日,以公司职工柳絮的名义填写"费用报销领款单",到财务科领取独生子女费180元。

(13) 12月10日,代房地产管理所开具"崎峰市服务业发票",应收取宏盛公司办公用房租金1100元。制单人:张选。持发票联到宏盛公司财务科结算。

(14) 12月10日,以崎峰市汽车队的名义开具"崎峰市公路、内河货物运输统一发票",应收取宏盛公司销货运费7000元。制单人:王平。持发票联到宏盛公司财务科结算。

(15) 12月10日,宏盛公司向保险公司交纳职工失业保险金1520元(保险公司开户行：中国工商银行崎峰市支行，账号：823653998822）。以保险公司的名义开具"保险公司失业保险金收据"，持发票联到宏盛公司财务科结算。

（16）12月10日，业务科韦天、黄明、周源等3人领取本年度烤火费，每人90元，经理签字：同意付款。代填写"费用报销领款单"，到财务科出纳处领款。

（17）12月10日，代司法局开具"崎峰市行政事业单位收款收据"，应收取宏盛公司公证费用1000元。收款人：游咏。持发票联到宏盛公司财务科结算。

（18）12月11日，生产技术科洪军去省城开生产技术会，经领导同意借款1600元。据以填写"借款单"，持单向财务科出纳员借款。

（19）12月11日，支付生产车间扩建工程款8000元，经公司经理签字同意付款，由奇兵统一领款，据以填写"崎峰市建筑安装业统一发票"，持发票联到财务科出纳处办理领款，取得出纳员签发的"现金支票"到银行取款。

（20）12月12日，业务员马立群、牛耕各领计算器一个，单价130元，合计金额260元。经理吴文广审批：同意领用，一次摊销。据以填写"物品领用单"并将其送交财务科记账员。

（21）12月12日，宏盛公司向证券公司购买1年期债券1000000元，手续费2000元，以证券公司名义开出"收据"，持收据第二联到宏盛公司财务科结算。

（22）12月13日，根据表11-10所列资料编制"工资结算汇总表"（因工资结算原始资料比较复杂，实际工作中的工资发放表是根据岗位将每个人的工资计算出来加以汇总的，而表中资料直接以汇总的形式给出）。

表11-10 　　　　　　　　　　　　　　　　　　　　　单位：元

车间、部门、类型	职工人数	标准工资	应扣工资		津贴	代扣款项			
			事假	病假		水电费	住房公积金	个人所得税	个人承担社保
基本生产车间生产工人	288	265000	800	200	26500	1100	6000	45	1690
基本生产车间管理人员	12	13700			1370	50	300	20	105
援外工程人员	3	3200			1800				30
在建工程人员	22	22000			2200	30	500		25
机修车间人员	7	7600			760	10	200		65
动力车间人员	5	5200			520	10	150		40
公司管理人员	37	43000	150		5000	300	1200	25	36
医务人员	3	3300			300	160	90		25
6个月以上长病人员	2	1900		360	10	80	45		15

工资结算汇总表编制好后送交财务科出纳员。

(23) 12月13日，销售给昌平公司H-1商品10000千克，每千克售价10.80元，H-2商品10000件，每件售价21.50元，增值税税率17%，据以填写"增值税专用发票"后将其第二、三、四联交宏盛公司财务科出纳员办理收款手续。

(24) 12月14日，业务科各种费用支出汇总情况如下：差旅费300元（18张原始凭证）；办公费180元（10张原始凭证）；其他费用58元（5张原始凭证）；经核对，编制"管理费用支出汇总表"，持表到财务科报账。

(25) 12月14日，童志等6名职工参加崎峰市工学院短期培训，支付学杂费4200元，以工学院名义开出"收据"，持第二联（付款人联）找宏盛公司财务科出纳员办理领款，取得出纳员签发的"现金支票"到银行取款。

(26) 12月15日，宏盛公司职工食堂向为民日杂公司购买碗30个，单价3元，计90元；盘子40个，每个2.50元，计100元，合计190元。以为民日杂公司名义开具"为民日杂公司销售发票"，持发票联向宏盛公司财务科出纳员报账（在发票备注上填写：列入职工福利）。

(27) 12月16日，宏盛公司向税务局购买20张5元券印花税票，30张2元券印花税票，20张1元券印花税票，以税务局名义开具"市税务局印花税票发售统一发票"，持发票联向宏盛公司财务科出纳员报账。

(28) 12月16日，崎峰市保险公司向宏盛公司收取员工养老保险金7600元，以保险公司名义开具"收据"，并持"收据"（付款人联）向宏盛公司财务科结算。

(29) 12月17日，宏盛公司应付的车间扩建工程包工款200000元，以新达建筑公司的名义填写"崎峰市建筑安装业统一发票"，持发票联到宏盛公司财务科办理结算。

(30) 12月17日，本月综合奖金结算汇总资料如下（表11-11）：

表11-11

车间、部门	奖金（元）
基本生产车间生产工人	28800
基本生产车间管理人员	1200
机修车间人员	700
动力车间人员	500
公司管理人员	3700
医务人员	300

据以编制"综合奖金结算汇总表",持表向财务科出纳员领取奖金。

(31) 12月18日,宏盛公司应付立新设计院产品设计费400元,以立新设计院的名义填写"崎峰市服务业发票",持发票联到宏盛公司财务科办理结算。

(32) 12月18日,向达昌公司购进乙设备一台,交易价38000元,经验收交基本生产车间使用,据以填写"固定资产验收单",将其第二联送财务科出纳员。

(33) 12月18日,一栋仓库280平方米,预计使用30年,已使用29年,原值95000元,已提折旧85000元,因重建提前报废。使用部门的意见:因陈旧要求报废;技术鉴定小组意见:情况属实;固定资产管理部门意见:同意转入清理;主管部门审批意见:同意报废重建。据以填写"固定资产报废单"后将其会计记账联送财务科记账员。

(34) 12月19日,销售给宏源公司不需用丁设备一台,原始价值50000元,已提折旧15000元,协商作价38000元。据以填写"崎峰市商业普通发票",持其发票联到宏源公司财务科收款,要求宏源公司出纳员签发"转账支票",并与其一同去银行办理转账手续,取得银行盖章的"转账支票"的收账通知联后,将"转账支票"的收账通知联及"崎峰市商业普通发票"记账联送交本公司财务科出纳员。

(35) 12月19日,洪军12月11日去省城参加工业生产技术会,12月18日返回,往返汽车票均为39元,住宿费用700元,会议费用150元,其他费用320元,每天补助15元。以洪军的名义填写"差旅费报销单",经理吴文广在单上签字:同意报销。持单向财务科出纳员报账(原借支1600元)。

(36) 12月19日,业务科与业务往来单位洽谈业务,接待、就餐、补助及接车费共计金额1546元,单据15张。据以填写"业务招待费汇总表",经理吴文广在单上签字:同意报销。持单向财务科出纳员报账,取得出纳员签发的"现金支票"后到银行提取现金。

(37) 12月19日,报废固定资产的清理人员王兴旺等5人应领取清理费用500元,以王兴旺的名义填写"费用报销领款单",经理吴文广在单上签字:同意付款。持单向财务科出纳员领款。

(38) 12月19日,宏盛公司向崎南公司收取仓库租金5500元,据以开出"崎峰市服务业发票",收到现金5500元,当即填写"进账单"到开户行办理进账手续,收到银行盖章的"进账单"回单后,将"崎峰市服务业发票"的发票联及"进账单"回单送交本公司出纳员。

(39) 12月20日,仓库清理残料如下:红砖50000块,每块0.20元,计

10000元，其他材料5000元，合计15000元。材料全部入库作重建仓库用，据以编制"材料入库单"，并将其记账联送财务科记账员。

（40）12月20日，宏盛公司向为民五金公司购买灭火器6个，单价100元，计600元。灭火器购回后当即由仓库领用。先以为民五金公司名义开具"为民五金公司发票"，再以仓库保管员袁彤名义填写"物品领用单"（经理吴文广在单上签字：同意领用，一次摊销），最后将"为民五金公司发票"的发票联和"物品领用单"送财务科出纳员，并要求领款、领物。

（41）12月20日，向达昌公司转让技术，收取技术转让费20000元，据以填写"崎峰市商业普通发票"，持其发票联到达昌公司财务科收款，要求达昌公司出纳员签发"转账支票"，并与其一同去银行办理转账手续，取得银行盖章的"转账支票"的收账通知联后，将"转账支票"的收账通知联及"崎峰市商业普通发票"记账联送交本公司财务科出纳员。

（42）12月21日，向会计局购买《新会计准则》等书籍，付款178元，以会计局的名义填写"崎峰市文化教育、体育业发票"，并持其发票联到财务科报账。

（43）12月21日，宏盛公司的汽车送汽车修配厂修理，具体修配项目如下：汽车补胎236元，汽车轮胎充气33元，车轮拆装39元。以汽车修配厂名义开具"崎峰市服务业发票"，将"崎峰市服务业发票"的发票联送交本公司出纳员。

（44）12月23日，宏盛公司的水表记录是：本月止码为59326，上月止码为52726，实用水6600吨，每吨单价1元。以自来水厂名义开具"自来水厂水费发票"，持其发票联到财务科结算。

（45）12月23日，业务科用备用金开支下列各种费用：差旅费950元（16张原始凭证）；办公费800元（15张原始凭证）；修理费1300元（2张原始凭证）；经核对全部报销，编制"管理费用支出汇总表"，持单到财务科报账。

（46）12月24日，宏盛公司电表的起码是356789，止码是411789，实用电55000度，每度单价0.50元，以电力局的名义填写"增值税专用发票"（电费增值税税率为13%），持发票联到宏盛公司财务科结算。

（47）12月24日，宏盛公司参加本市商品展销会，应付新世界商厦商品展位租用费1000元，以新世界商厦的名义填写"崎峰市服务业发票"，持发票联到宏盛公司财务科结算。

（48）12月25日，物价检查所对宏盛公司商品销售情况进行检查，发现部分商品违反国家价格政策，罚款1800元，以物价检查所名义填写"罚款没收专用收据"，持单到宏盛公司财务科结算。

（49）12月25日，养路费征收站向宏盛公司收取汽车养路费用1000元，以养路费征收站的名义填写"交通车辆养路费收据"（2台东风汽车为送货用车，养路费为600元，2台小车的养路费400元），持单到宏盛公司财务科结算。

（50）12月26日，看望住院病人张学文，从副食品商店购买2袋奶粉，每袋18元，苹果5公斤，每公斤4元，据以填写"副食商店销售发票"，经理签字：在福利费列支。持发票联到宏盛公司财务科结算。

（51）12月26日，通达搬运公司为宏盛公司装卸货物，应收取装卸费1350元，以通达公司的名义开具"崎峰市交通运输业发票"，持发票联到宏盛公司财务科结算。

（52）12月26日，洪军出差预支差旅费1500元，据以填写"借款单"，持单向财务科出纳借款。

（53）12月26日，本公司向美国H公司购入先进设备一台，交易价4000美元，以H公司名义填写"商业发票"，以本公司设备科名义填写"固定资产验收单"（设备交管理部门使用）。"商业发票"与"固定资产验收单"交本公司出纳员（引进先进设备，减免关税及增值税；境内外运杂费均由供货方承担）。

（54）12月27日，宏盛公司自行开发一项实用新型专利成功，先根据下列资料填写"专利申报表"：申请单位：宏盛公司；专利项目：实用新型专利；技术开发费：25000元；注册登记费：3800元；单位意见：同意申报；专利局审批：同意注册。再以专利局名义填写"崎峰市行政事业单位收款收据"，收取宏盛公司专利注册登记费3800元，然后持"专利申报表"和"崎峰市行政事业单位收款收据"到宏盛公司财务科结算。

（55）12月27日，宏盛公司销售给德茂公司H-1商品5000千克，每千克售价11元；销售给宏源公司H-1商品4800千克，每千克售价11元；销售给昌平公司H-2商品10000件，每件售价22元；增值税税率均为17%，据以分别填写"增值税专用发票"后持"增值税专用发票"的第二、三联到宏源公司、德茂公司、昌平公司财务科结算，要求各公司出纳员根据购销合同填写"商业承兑汇票"，经付款人（各购货公司）承兑后取得"商业承兑汇票"的第二联，并在商业承兑汇票第一联的收款人盖章处盖上本公司财务专用章（由本公司出纳员盖章），在负责、经办处签名，将"增值税专用发票"的记账联和"商业承兑汇票"的第二联送交宏盛公司出纳员。

（56）12月27日，顺达运输公司为宏盛公司运输购入的材料，应收运费7400元。以顺达运输公司的名义开具"崎峰市公路、内河货物运输业统一发票"，持发票联到宏盛公司财务科结算。

(57) 12 月 27 日，外购材料全部验收入库。据表 11-12 所列资料填写"材料入库验收单"，将其记账联送财务科记账员。

表 11-12

供货单位	材料名称	数量（千克）	买价（元）	运杂费（元）	计划单价（元）
达昌公司	I-1 材料	8000	96000	800	11.80
达亿公司	J-1 材料	5000	65000	500	12.95
昌安公司	甲材料	15000	60000	1500	4.05
	乙材料	20000	60000	2000	3.09
	丙材料	16000	80000	1600	5.05
	丁材料	10000	60000	1000	6.05

(58) 12 月 29 日，各部门报废低值易耗品（领用时均一次摊销），本月收回残值如下：基本生产车间 490 元，动力车间 62 元，机修车间 68 元，行政管理部门 180 元。报废材料均已入库（计划价按照 800 元计算）。据以编制"报废低值易耗品汇总表"和"材料入库验收单"，并将其送财务科记账员。

(59) 12 月 30 日，销售给昌平公司 H-2 商品 10000 件，每价售价 22 元，H-3 商品 10000 件，每件售价 26 元，增值税税率 17%，据以填写"增值税专用发票"，将"增值税专用发票"第二、三、四联送本公司出纳员。

(60) 12 月 31 日，基本生产车间生产 H-1 产品耗用 7000 工时，生产 H-2 产品耗用 7300 工时，生产 H-3 产品耗用 7500 工时，生产 H-4 产品耗用 7250 工时，据以编制"产品耗用工时汇总表"，并将表送财务科记账员。

(61) 12 月 31 日，本月发出材料汇总资料如表 11-13 所示：

表 11-13

材料名称	数量（千克）	计划单价（元）	计划总价（元）
甲材料	20000	4.05	81000
乙材料	40000	3.09	123600
丙材料	20000	5.05	101000
丁材料	15000	6.05	90750
I-1 材料	10000	11.80	118000
J-1 材料	10000	12.95	129500
小　计			643850
其他材料			40000
合　计			683850

据以编制"发料凭证汇总表",并将表送财务科记账员。

(62) 12月31日,辅助生产车间本月提供劳务总量资料如表11-14所示:

表 11-14

项　目	机修车间服务量(工时)	动力车间供电量(度)
H-1 产品耗用	——	7000
H-2 产品耗用	——	8000
H-3 产品耗用	——	10000
H-4 产品耗用	——	10000
基本生产车间耗用	1590	1000
行政管理部门耗用	100	1000
车间扩建工程耗用	310	13000
动力车间耗用	80	——
机修车间耗用	——	900
合　计	2080	50900

据以编制"辅助生产情况表",并将表送财务科记账员。

(63) 12月31日,本月产品生产及入库情况如表11-15所示:

表 11-15

产品名称	月初在产品	本月投产	本月完工入库	月末在产品	在产品完工程度	投料方式
H-1 产品	3750 千克	32456 千克	34000 千克	2206 千克	50%	逐步投料
H-2 产品	2515 件	17585 件	17000 件	3100 件	50%	逐步投料
H-3 产品	2100 件	14218 件	14000 件	2318 件	50%	逐步投料
H-4 产品	2260 件	13896 件	15000 件	1156 件	50%	逐步投料

代基本生产车间编制"生产情况报告表",代成品仓库编制"产品入库汇总表",将填写好的两张表送财务科记账员。

12 达昌公司会计实操

12.1 达昌公司出纳员岗位实操

开设有关日记账。达昌公司 2002 年 11 月 30 日有关账户余额如下：
库存现金日记账　　　　　　1200（借）
银行存款日记账　　　　　　290000（借）
达昌公司及往来公司相关情况如表 12-1 所示：

表 12-1

开户行：中国工商银行江泽市支行		开户行：中国工商银行崎峰市支行	
公司名称	账　号	公司名称	账　号
昌平公司	1156674356327	宏源公司	823653676510
昌安公司	1156674356328	宏盛公司	823653676511
		达昌公司	823653676512
		达亿公司	823653676513
		丰润公司	823653676514
		众生公司	823653676516
		众健公司	823653676517

办理如下出纳业务：

凡出纳业务，在业务办理完毕后，编制记账凭证，据以登记库存现金和银行存款日记账，并将记账凭证连同所附原始凭证一并转交记账员记账。

(1) 12 月 1 日，收到熊锋"旅差费报销单"（所附单据略），经审核无误，报销费用 1056 元，按原预支额 1000 元开出"收据"，当即补付现金 56 元，并在差旅费报销单上填写"付现金 56 元"。

(2) 12 月 1 日，收到业务员送来的"进账单"回单及"增值税专用发票"的记账联，进行账务处理。

（3）12月1日，收到开户银行转来宏源公司和宏盛公司"转账支票"的收账通知联。

（4）12月1日，签发"转账支票"2张，分别支付应付达亿公司账款110000元和应付丰润公司账款100000元；填写"信汇"凭证1张，支付应付昌安公司账款110000元。填好结算凭证后去开户银行办理相关手续，取回"转账支票"和"信汇"凭证回单，审核无误后进行账务处理。

（5）12月2日，填写"转账支票"1张，转出投资款210 000元，存入三峡证券营业部账户（三峡证券营业部开户行：中国工商银行崎峰市支行，账号：123456786789）准备用于购买股票。到银行办理转账手续，取回回单。

（6）12月2日，填写"现金支票"1张，提取现金4000元备用，到开户银行办理支款手续。

（7）12月2日，收到业务科何为国的"领款单"，经审核无误，当即支付现金2600元，作为业务科的备用金（在领款单上注明"现金付讫"）。

（8）12月3日，收到"三峡证券营业部成交过户交割单"，购入股票划作交易性金融资产。

（9）12月3日，将专夹留存的10月3日签发的商业承兑汇票第二联取出（曾在10月3日发生销货业务时，已填写3份"商业承兑汇票"：签发日期为2002年10月3日，承兑期2个月，应收宏源公司货款100000元，应收宏盛公司货款110000元，应收昌平公司货款120000元），依据到期的3张"商业汇票"分别办理收款手续。

① 应收宏源公司和宏盛公司到期票据款，持"商业汇票"第二联去宏源公司、宏盛公司，要求宏源公司和宏盛公司出纳员签发"转账支票"，并到银行办理转账手续，收到开户行转回的"转账支票"收账通知联。

② 应收昌平公司到期票据款，填写"委托收款"凭证后，持"委托收款凭证"和"商业承兑汇票"第二联到开户银行办理委托收款手续，银行盖章后，取回"委托收款"凭证回单。

（10）12月3日，收到达亿公司和丰润公司出纳员送来的到期商业汇票的第二联，经审核无误后分别签发"转账支票"，到银行办理转账手续，取回"转账支票"回单联，作账务处理。

（11）12月5日，收到开户行转来昌平公司"信汇"凭证收款通知联。

（12）12月5日，收到中财保险股份有限公司机动车辆保险单（正本）和保费收据第一联，经审核无误，据以填写转账支票（中财保险股份有限公司开户行：中国工商银行崎峰市支行，账号：823653676538），并到银行办理转账手续，经银行盖章，取回转账支票回单。

（13）12月6日，填写"中华人民共和国税收通用完税证"，将未交增值

税、应交城市维护建设税、应交个人所得税、应交教育费附加上交国库，具体金额见明细分类账各该账户的月初余额。税收通用完税证填写好后，到开户行办理手续，经税务机关、银行盖章后取得完税凭证联，并据以进行账务处理。

（14）12月6日，收到律师事务所的"崎峰市服务业发票"发票联，经审核无误，以现金付讫。

（15）12月7日，收到银行转来委托收款凭证的收款通知1张，系昌平公司应收账款120000元。

（16）12月7日，收到银行转来委托收款凭证的付款通知1张，系应付昌安公司商业汇票到期款110000元。

（17）12月8日，收到崎峰市电视台的"崎峰市服务业发票"发票联，经审核无误，据以填写转账支票（崎峰市电视台开户行：中国工商银行崎峰市支行，账号：82365567558），付广告费，并到银行办理转账手续，经银行盖章，取回转账支票回单。

（18）12月8日，达昌公司委托债券发行公司发行5年期债券，按面值的10%溢价发行。现债券公司已发行债券面值900000元，实收金额990000元，款项今日全部交来，当即送存银行。据以填写"收据"及"进账单"，到银行办理手续后据"收据"记账联及"进账单"回单进行账务处理。

（19）12月9日，收到债券公司的"崎峰市服务业发票"发票联，经审核无误，据以填写转账支票（债券公司开户行：中国工商银行崎峰市支行，账号：825533667788），付手续费，并到银行办理转账手续，经银行盖章，取回转账支票回单。

（20）12月10日，收到本公司职工黄川"费用报销领款单"，经审核无误，以现金付讫。

（21）12月10日，收到房地产管理所的"崎峰市服务业发票"发票联，经审核无误，以现金付讫。

（22）12月10日，收到崎峰市汽车运输公司的"崎峰市公路、内河货物运输业统一发票"发票联，经审核无误，据以填写"转账支票"（崎峰市汽车运输公司开户行：中国工商银行崎峰市支行，账号：823653675588），付运费，并到银行办理转账手续，经银行盖章，取回"转账支票"回单。

（23）12月10日，收到保险公司的"保险公司失业保险金收据"，经审核无误，以现金支票付讫。

（24）12月10日，签发"现金支票"，到银行办理取款手续，提回现金3600元备用。根据"现金支票"存根作账务处理。

（25）12月10日，收到冯吉等3人的"费用报销领款单"，经审核无误，以现金付讫。

（26）12月10日，收到司法局的"崎峰市行政事业单位收款收据"，经审核无误，据以填写转账支票（司法局开户行：中国工商银行崎峰市支行，账号：825634221668），付诉讼费，并到银行办理转账手续，经银行盖章，取回转账支票回单。

（27）12月11日，收到熊锋的"借款单"，经审核无误，以现金付讫。

（28）12月11日，收到工程队的"崎峰市建筑安装业统一发票"，经审核无误，如数签发"现金支票"，交柳贵超到银行取款。

（29）12月12日，收到证券公司的"收据"，经审核无误，据以填写转账支票（证券公司开户行：中国工商银行崎峰市支行，账号：825634211698），付债券及手续费，并到银行办理转账手续，经银行盖章，取回转账支票回单。

（30）12月13日，收到"工资结算汇总表"，根据实发工资总额签发"现金支票"，从银行提取现金，当即发放完毕。

（31）12月13日，收到业务员送来的增值税专用发票的第二、三、四联，据以填写"委托收款凭证"（应收昌平公司款），持委托收款凭证和增值税专用发票第二、三联到银行办理托收手续，经银行盖章后，将退回的"委托收款凭证"回单与"增值税专用发票"记账联一并作账务处理。

（32）12月14日，收到业务科"管理费用支出汇总表"（所附单据32张略），经审核无误，以现金付讫。

（33）12月14日，收到崎峰市工学院的"收据"，经审核无误，开出"现金支票"付讫。

（34）12月15日，收到职工食堂购买炊具的发票，经审核无误，以现金付讫。

（35）12月16日，收到银行转来"委托收款凭证"的收款通知联，系昌平公司应收款。

（36）12月16日，收到"市税务局印花税票发售统一发票"，经审核无误，以现金付讫。

（37）12月16日，收到保险公司收取员工养老保险金的"收据"，经审核无误，据以填写"转账支票"（保险公司开户行：中国工商银行崎峰市支行，账号：8256342172238），付保险金，并到银行办理转账手续，经银行盖章，取回"转账支票"回单。

（38）12月17日，收到新达建筑公司"崎峰市建筑安装业统一发票"的发票联，经审核无误，据以填写"转账支票"（新达建筑公司开户行：中国工商银行崎峰市支行，账号：825625671350），付工程款，并到银行办理转账手续，经银行盖章，取回"转账支票"回单。

（39）12月17日，根据"综合奖金结算汇总表"（实际还应有按人头的奖金发放表，此处略），签发"现金支票"提回现金，当即发放完毕。

（40）12月18日，收到立新设计院的"崎峰市服务业发票"发票联，经审核无误，以现金付讫。

（41）12月18日，收到业务员送来的宏盛公司"转账支票"的收账通知联及本公司的固定资产销售的"崎峰市商业普通发票"的会计记账联，经审核无误进行账务处理。

（42）12月19日，收到达亿公司出售设备的"崎峰市商业普通发票"发票联及本公司业务员送来的"固定资产验收单"，经审核无误，据以填写"转账支票"付设备款，并到银行办理转账手续，经银行盖章，取回"转账支票"回单。

（43）12月19日，收到熊锋的"旅差费报销单"（所附单据略）和交来的现金568元，开出"收据"收讫。收据金额按熊锋原借支数填写。

（44）12月19日，收到业务科的"业务招待费汇总表"及所附15张单据（单据略），经审核无误后，当即签发"现金支票"补足其备用金。

（45）12月19日，收到赵全胜的"费用报销领款单"，经审核无误，以现金付讫。

（46）12月19日，收到业务员送来的仓库租金收入"进账单"回单及"崎峰市服务业发票"记账联。

（47）12月20日，收到业务员送来的"为民五金公司发票"和"物品领用单"，经审核无误后签发"现金支票"，从银行提回现金6000元，除支付灭火器款外，其余备用。

（48）12月20日，收到业务员送来的达亿公司"转账支票"的收账通知联及本公司收取技术转让收入的"崎峰市商业普通发票"记账联。

（49）12月21日，收到购买书籍的"崎峰市文化教育、体育业发票"发票联，经审核无误，以现金付讫。

（50）12月21日，收到宏盛公司的"崎峰市商业普通发票"发票联，经审核无误后签发"转账支票"支付技术转让费。到银行办理转账手续，经银行盖章后，拿回转账支票回单。

（51）12月21日，收到汽车修配厂的"崎峰市商业普通发票"发票联，经审核无误后以现金付讫。

（52）12月23日，收到自来水厂发票，审核无误后填写"转账支票"支付水费，到银行办理转账手续，经银行盖章后，拿回转账支票回单（自来水厂开户行：中国工商银行崎峰市支行，账号：865235217658）。

同时根据定额耗用量分配本月水费，定额耗用量如下：动力车间650吨，机修车间600吨，基本生产车间2800吨，公司管理部门1150吨，据以编制

"水费分配表"。

根据"自来水厂发票"发票联、"转账支票"存根和"水费分配表"进行账务处理。

(53) 12月23日，收到业务科的"管理费用支出汇总表"及所附36张单据（单据略），经审核无误后，当即签发"现金支票"补足其备用金。

(54) 12月24日，收到电力局的"增值税专用发票"发票联，审核无误后填写"转账支票"支付电费，到银行办理转账手续，经银行盖章后，拿回转账支票回单（电力局开户行：中国工商银行崎峰市支行，账号：865235217666）。

同时根据表12-2所列定额耗用量资料编制"外购动力费分配表"：

表12-2

产品名称	定额耗用量	车间部门	定额耗用量
I-1 产品	11000 度	动力车间	600 度
I-2 产品	11000 度	机修车间	1000 度
I-3 产品	12000 度	基本生产车间	700 度
I-4 产品	11500 度	管理部门	8200 度

根据电力局的发票联、"转账支票"存根和"外购动力费分配表"进行账务处理。

(55) 12月24日，收到新世纪商厦的"崎峰市服务业发票"发票联，经审核无误后以现金付讫。

(56) 12月24日，为购进口设备，向开户行买入5000美元，以中国人民银行公布的人民币汇率中间价作为即期汇率，当日的即期汇率1美元＝7.72元人民币，银行当日美元卖出价为1美元＝8.10元人民币。签发"转账支票"支付人民币，填写"进账单"购入美元。到银行办理相关手续，根据"转账支票"存根和"进账单"作账务处理。

(57) 12月25日，签发"现金支票"，到银行办理取款手续，提回现金7000元备用。根据"现金支票"存根作账务处理。

(58) 12月25日，收到物价检查所"罚款没收专用收据"，以现金支付罚款。

(59) 12月25日，收到养路费征收站的"交通车辆养路费收据"，经审核无误，以现金付讫。（2台东风汽车为送货用车，养路费为700元，1台小车的养路费为400元）。

(60) 12月26日，收到"副食商店销售发票"发票联，经审核后以现金付讫。

(61) 12月26日，收到通达搬运公司的"崎峰市交通运输业发票"发票联，经审核无误后以现金付讫。

(62) 12月26日，收到熊锋的"借款单"经审核无误后以现金付讫。

(63) 12月26日，收到业务员送来的"固定资产验收单"及购买进口设备的"商业发票"，经审核无误后填写"信汇"凭证，到银行办理美元汇兑手续，取回"信汇"回单。当日的即期汇率1美元=7.85元人民币。

(64) 12月27日，收到本公司业务员送来销售商品给宏盛公司、宏源公司和昌平公司的"增值税专用发票"记账联和3张"商业承兑汇票"。

(65) 12月27日，收到业务员送来的"专利申报表"和专利局的"崎峰市行政事业单位收款收据"发票联，审核无误后填写"转账支票"支付专利注册登记费，到银行办理转账手续，经银行盖章后，拿回转账支票回单（专利局开户行：中国工商银行崎峰市支行，账号：865235367685）。

(66) 12月27日，收到昌安公司、达亿公司、丰润公司业务员送来的增值税专用发票第二、三联，经审核无误后分别填写为期2个月的"商业承兑汇票"3份，其中第一联经各收款人盖章签名后收回，在第二联的付款人盖章处盖上财务专用章，在负责、经办处签上名，填好后将第二联分别交昌安公司、达亿公司、丰润公司业务员。

同时收到顺达运输公司的"崎峰市公路、内河货物运输业统一发票"发票联，经审核无误后填写"转账支票"支付材料运费，到银行办理转账手续，经银行盖章后，拿回转账支票回单（顺达运输公司开户行：中国工商银行崎峰市支行，账号：865235367898）。

根据材料重量编制"材料采购费用分配表"。各种材料采购的重量：K-1材料5000千克，J-1材料4800千克，甲材料15000千克，乙材料20000千克，丙材料12000千克，丁材料15000千克。

根据"增值税专用发票"的发票联、"商业汇票"的留存联、"转账支票"存根联、"崎峰市公路、内河货物运输业统一发票"发票联、"材料采购费用分配表"，作账务处理。

(67) 12月30日，收到业务员送来的"增值税专用发票"的第二、三、四联，合同规定销货款采用委托收款结算方式，经审核无误后，据以填写"委托收款凭证"，持"委托收款凭证"和"增值税专用发票"第二、三联到银行办理托收手续，经银行盖章后，将退回的"委托收款凭证"回单与"增值税专用发票"的记账联一并作账务处理。

(68) 12月31日，到开户行拿回贷款计息凭证，进行账务处理（预计应

付利息 10000 元）。

（69）12 月 31 日，到开户行拿回存款计息凭证，进行账务处理。

（70）12 月 31 日，将账面价值为 110000 元的"交易性金融资产——基金"全部出售，实得现金 115500 元。填写"内部转账单"和"进账单"，将现金送存银行（全为百元券）。

（71）12 月 31 日的即期汇率 1 美元 = 8.05 元人民币，调整当期产生的汇兑差额。

12.2 达昌公司记账员岗位实操

开设有关账户。达昌公司 2002 年 11 月 30 日明细账期末资料如下：

其他货币资金——外埠存款	10000（借）
交易性金融资产——股票（成本）	100000（借）
交易性金融资产——债券（成本）	90000（借）
交易性金融资产——基金（成本）	110000（借）
应收票据——宏源公司	100000（借）
应收票据——宏盛公司	110000（借）
应收票据——昌平公司	120000（借）
应收账款——宏源公司	100000（借）
应收账款——宏盛公司	90000（借）
应收账款——昌平公司	100000（借）
坏账准备	1160（贷）
其他应收款——熊锋	1000（借）
其他应收款——代扣水电费	15000（借）
材料采购——原材料	38700（借）
原材料——原料及主要材料	499000（借）
原材料——其他材料	69000（借）
周转材料——包装物	20000（借）
周转材料——低值易耗品	50000（借）
材料成本差异——原材料	5680（借）
材料成本差异——包装物	200（贷）
材料成本差异——低值易耗品	500（借）
库存商品——I-1 产品	210000（借）
库存商品——I-2 产品	640000（借）
库存商品——I-3 产品	600000（借）

库存商品——I-4产品	900000（借）
长期股权投资——股票投资（德茂公司）	150000（借）
持有至到期投资——成本	100000（借）
持有至到期投资——利息调整	10000（借）
持有至到期投资——应计利息	20000（借）
固定资产——生产用固定资产	1230000（借）
固定资产——非生产用固定资产	700000（借）
固定资产——不需用固定资产	180000（借）
固定资产——出租固定资产	150000（借）
累计折旧	600000（贷）
工程物资——专用材料	250000（借）
工程物资——专用设备	460000（借）
在建工程——机床大修工程	60000（借）
在建工程——设备安装工程	380000（借）
固定资产清理——报废	5500（借）
无形资产——专利权	272000（借）
无形资产——专有技术	360000（借）
研发支出——资本化支出	28000（借）
长期待摊费用——固定资产大修费用	44000（借）
待处理财产损溢——待处理固定资产损溢	2500（借）
生产成本——基本生产成本（I-1产品）	11700（借）
生产成本——基本生产成本（I-2产品）	13500（借）
生产成本——基本生产成本（I-3产品）	15600（借）
生产成本——基本生产成本（I-4产品）	17500（借）
短期借款——生产周转借款	1500000（贷）
应付票据——昌安公司	110000（贷）
应付票据——达亿公司	100000（贷）
应付票据——丰润公司	100000（贷）
应付账款——昌安公司	110000（贷）
应付账款——达亿公司	110000（贷）
应付账款——丰润公司	100000（贷）
应付职工薪酬——职工教育经费	3000（贷）
应付职工薪酬——职工福利	2000（贷）
应付职工薪酬——社会保险费	9000（贷）
应交税费——未交增值税	30000（贷）

应交税费——应交所得税　　　　　　　　　　　33000（借）
应交税费——应交城市维护建设税　　　　　　　3000（贷）
应交税费——应交个人所得税　　　　　　　　　2000（贷）
应交税费——应交教育费附加　　　　　　　　　1000（贷）
应付利息　　　　　　　　　　　　　　　　　　22000（贷）
长期借款——基建借款　　　　　　　　　　　1280000（贷）
长期应付款——应付设备款　　　　　　　　　 100000（贷）
应付债券——面值　　　　　　　　　　　　　 300000（贷）
应付债券——利息调整　　　　　　　　　　　　20000（贷）
应付债券——应计利息　　　　　　　　　　　　15000（贷）
实收资本——国家投资　　　　　　　　　　　1483820（贷）
实收资本——兴隆公司　　　　　　　　　　　 100000（贷）
实收资本——其他　　　　　　　　　　　　　1191200（贷）
资本公积——资本溢价　　　　　　　　　　　 280000（贷）
资本公积——其他　　　　　　　　　　　　　　90000（贷）
盈余公积——法定盈余公积　　　　　　　　　 600000（贷）
利润分配——未分配利润　　　　　　　　　　　30000（贷）
本年利润　　　　　　　　　　　　　　　　　470000（贷）

原材料明细账2002年11月30日期末资料如表12-3所示：

表12-3

	品名	数量（千克）	计划单价（元）	金额（元）
原料及主要材料	甲材料	10000	4.01	40100
	乙材料	12000	3.05	36600
	丙材料	12000	4.96	59520
	丁材料	11000	5.98	65780
	J-1材料	11000	13.06	143660
	K-1材料	11000	13.94	153340
	小　计			499000
其他材料				69000
合　计				568000

材料采购明细账2002年11月30日期末资料如表12-4所示：

表 12-4   单位：元

供货单位	项目	借方			贷方			备注
		买价	运杂费	合计	计划成本	差异	合计	
昌平公司	甲材料	5000	120	5120				
	乙材料	6000	130	6130				
昌安公司	丙材料	6000	130	6130				
	丁材料	5000	120	5120				
达亿公司	J-1 材料	8000	100	8100				
丰润公司	K-1 材料	8000	100	8100				
合计		38000	700	38700				

库存商品明细账 2002 年 11 月 30 日期末资料如表 12-5 所示：

表 12-5

商品名称	单位	数量	单位成本（元）	金额（元）
I-1 商品	千克	30000	7	210000
I-2 商品	件	40000	16	640000
I-3 商品	件	40000	15	600000
I-4 商品	件	50000	18	900000
合 计				2350000

生产成本明细账 2002 年 11 月 30 日期末在产品成本资料如表 12-6 所示：

表 12-6

产品名称	数量	成本项目（元）			
		直接材料	直接人工	制造费用	合计
I-1 产品	3300 千克	6000	3000	2700	11700
I-2 产品	1687 件	7000	3500	3000	13500
I-3 产品	2100 件	8000	4000	3600	15600
I-4 产品	1950 件	9000	4500	4000	17500
合 计					58300

按下列要求开设明细账：

（1）下列账户使用三栏式账页（有期初余额的账户结转期初余额，没有

期初余额的账户设户后待记发生额）：
 其他货币资金——外埠存款
 其他货币资金——存出投资款
 交易性金融资产——股票（成本）
 交易性金融资产——股票（公允价值变动）
 交易性金融资产——债券（成本）
 交易性金融资产——基金（成本）
 应收票据——宏源公司
 应收票据——宏盛公司
 应收票据——昌平公司
 应收账款——宏源公司
 应收账款——宏盛公司
 应收账款——昌平公司
 坏账准备
 其他应收款——熊锋
 其他应收款——业务科
 其他应收款——代扣水电费
 原材料——原料及主要材料
 原材料——其他材料
 周转材料——包装物
 周转材料——低值易耗品——在库
 材料成本差异——原材料
 材料成本差异——包装物
 材料成本差异——低值易耗品
 长期股权投资——股票投资（德茂公司）
 持有至到期投资——成本
 持有至到期投资——利息调整
 持有至到期投资——应计利息
 固定资产——生产用固定资产
 固定资产——非生产用固定资产
 固定资产——不需用固定资产
 固定资产——出租固定资产
 累计折旧
 工程物资——专用材料
 工程物资——专用设备

在建工程——机床大修工程
在建工程——设备安装工程
在建工程——生产车间扩建工程
固定资产清理——报废
固定资产清理——出售不需用固定资产
无形资产——专利权
无形资产——专有技术
研发支出——资本化支出
累计摊销
长期待摊费用——固定资产大修费用
待处理财产损溢——待处理固定资产损溢
递延所得税资产
短期借款——生产周转借款
应付票据——昌安公司
应付票据——达亿公司
应付票据——丰润公司
应付账款——昌安公司
应付账款——达亿公司
应付账款——丰润公司
应付职工薪酬——工资
应付职工薪酬——职工福利
应付职工薪酬——社会保险费
应付职工薪酬——住房公积金
应付职工薪酬——工会经费
应付职工薪酬——职工教育经费
应付职工薪酬——非货币性福利
应交税费——未交增值税
应交税费——应交营业税
应交税费——应交所得税
应交税费——应交城市维护建设税
应交税费——应交个人所得税
应交税费——应交教育费附加
应付利息
应付股利
长期借款——基建借款

长期应付款——应付设备款
应付债券——面值
应付债券——利息调整
应付债券——应计利息
递延所得税负债
实收资本——国家投资
实收资本——兴隆公司
实收资本——其他
资本公积——资本溢价
资本公积——其他
盈余公积——法定盈余公积
利润分配——提取法定盈余公积
利润分配——应付现金股利
利润分配——未分配利润
本年利润
主营业务收入——I-1 产品
主营业务收入——I-2 产品
主营业务收入——I-3 产品
主营业务收入——I-4 产品
其他业务收入
投资收益
公允价值变动损益
营业外收入
主营业务成本——I-1 产品
主营业务成本——I-2 产品
主营业务成本——I-3 产品
主营业务成本——I-4 产品
营业税金及附加
其他业务成本
资产减值损失
营业外支出
所得税费用

(2) 下列账户使用多栏式账页（有期初余额的账户结转期初余额，没有期初余额的账户设户后待记发生额）：

应交税费——应交增值税

材料采购——原材料
生产成本——基本生产成本（I-1 产品）
生产成本——基本生产成本（I-2 产品）
生产成本——基本生产成本（I-3 产品）
生产成本——基本生产成本（I-4 产品）
生产成本——辅助生产成本——机修车间
生产成本——辅助生产成本——动力车间
制造费用——基本生产车间
销售费用
财务费用
管理费用

（3）下列账户使用数量金额式账页（有期初余额的账户结转期初余额，没有期初余额的账户设户后待记发生额）：

库存商品——I-1 产品
库存商品——I-2 产品
库存商品——I-3 产品
库存商品——I-4 产品
原材料——原料及主要材料——甲材料
原材料——原料及主要材料——乙材料
原材料——原料及主要材料——丙材料
原材料——原料及主要材料——丁材料
原材料——原料及主要材料——J-1 材料
原材料——原料及主要材料——K-1 材料

办理记账业务：

（1）12月4日，收到业务员送来的材料入库验收单，留待月末汇总进行收料的账务处理。

（2）12月9日，收到固定资产折旧计算表，经审核无误进行账务处理。

（3）12月9日，收到业务员交来本公司换出商品的增值税专用发票的记账联，换入材料的增值税发票的抵扣联与发票联及材料入库验收单的会计记账联，经审核无误进行非货币性交易的账务处理。

（4）12月12日，收到鲁锋、韩伟的"物品领用单"，经审核无误进行账务处理。

（5）12月18日，收到固定资产报废单，经审核无误进行账务处理。

（6）12月20日，收到业务员送来的工程物资入库验收单。

（7）12月20日，报废固定资产清理完毕，根据"固定资产清理——报废清理"账户余额编制"内部转账单"，结转清理损益。

（8）12月27日，收到业务员送来的材料入库验收单，留待月末汇总进行收料的账务处理。

（9）12月28日，本月应摊销专利权30000元，应摊销专有技术20000元，应摊销基本生产车间固定资产大修费19000元，据以编制"无形资产、长期待摊费用分摊表"，经审核无误进行账务处理。

（10）12月29日，收到"报废低值易耗品汇总表"及"材料入库验收单"（会计记账联），经审核无误进行账务处理。

（11）12月29日，据前面留存的"材料入库验收单"登记"材料采购"明细账（横线登记式明细账）的贷方发生额，并计算入库材料成本差异，据此编制"本月已付款的入库材料汇总表"。

（12）12月30日，本月生产产品领用包装物的计划成本汇总如下（根据领料单汇总，因为领料单不便一一列出，故略去）：

I-1 产品领用2300元
I-2 产品领用2600元
I-3 产品领用2500元
I-4 产品领用2600元

据"周转材料——包装物"与"材料成本差异——包装物"账户资料计算材料成本差异率、领用材料应分摊的差异额及领用材料实际成本，据计算结果编制"领用包装物汇总表"，经审核无误进行账务处理。

（13）12月30日，本月领用低值易耗品的计划成本汇总如下（根据领料单汇总，因为领料单不便一一列出，故略去）：

基本生产车间领用8000元
动力车间领用800元
机修车间领用1200元
公司管理部门领用1600元

据"周转材料——低值易耗品"与"材料成本差异——低值易耗品"账户资料计算材料成本差异率、领用材料应分摊的差异额及领用材料实际成本，据计算结果编制："领用低值易耗品汇总表"，经审核无误进行账务处理。

（14）12月31日，收到"车间产品耗用工时汇总表"，结合"工资结算汇总表"与"奖金发放表"先编制"基本生产车间生产工人工资分配表"，后编制"应付职工薪酬分配表"，经审核无误进行账务处理。

（15）12月31日，收到业务员送来的"发料凭证汇总表"及其"发料单"（略），根据"发料单"上所载明的用途及下列材料耗用资料编制"发料凭证分配汇总表"。据"原材料——原料及主要材料"各数量金额式明细账及

"材料成本差异——原材料"账户资料计算材料成本差异率、领用材料应分摊的差异额及领用材料实际成本。

材料耗用的计划成本汇总如下（表12-7）：

表12-7　　　　　　　　　　　　　　　　　　　　　　　　　　　　单位：元

产品、车间、部门	主要材料	其他材料	备　注
I-1 产品	130000		
I-2 产品	150000		
I-3 产品	140000		
I-4 产品	160000		
基本生产车间一般耗用		2000	列入物料消耗
动力车间	10000	2000	
机修车间	8480	2000	
公司管理部门		4000	列入公司经费
销售部门		2000	列入包装费
车间扩建工程	34000	26000	按17%转出进项税额

经审核无误进行账务处理（注：材料成本差异率精确至小数点后四位）。

（16）12月31日，原作待处理的盘亏设备净值2500元，经批准转销。据以编制"内部转账单"，经审核无误进行账务处理。

（17）12月31日，收到"辅助生产情况表"，结合"生产成本——辅助生产成本——动力车间"和"生产成本——辅助生产成本——机修车间"账户资料，采取直接分配法分配辅助生产费用，编制"辅助生产费用分配表"（分配率精确至小数点后四位），经审核无误进行账务处理。

（18）12月31日，根据工时记录（生产I-1产品11000工时，生产I-2产品11000工时，生产I-3产品12000工时，生产I-4产品11180工时）和"制造费用——基本生产车间"账户资料编制"制造费用分配表"（分配率精确至小数点后四位），经审核无误进行账务处理。

（19）12月31日，收到"生产情况报告表"和"产品入库汇总表"，结合基本生产成本明细账资料，据以编制"生产成本计算表"（分别按四种产品进行计算），单位成本保留到分。经审核无误进行账务处理。

（20）12月31日，根据本月商品销售数量及"库存商品"明细账的加权

平均单位成本，编制"产品销售汇总表"，结转产品销售成本。

（21）12月31日，"交易性金融资产——股票"的公允价值为220000元，依据"交易性金融资产——股票——成本"及"交易性金融资产——股票——公允价值变动"明细账户资料计算本期公允价值变动金额，据以填制"内部转账单"，经审核无误进行账务处理。

（22）12月31日，按应收款项百分比法计提坏账准备，提取比例为3%，依据"应收账款"、"其他应收款"、"预付账款"及"坏账准备"明细账资料分析计算本期应计提的坏账准备金，据以编制"内部转账单"，经审核无误进行账务处理。

（23）12月31日，依据"应交税费——应交增值税"明细账资料分析填写"增值税纳税申报表"，计算出未交增值税额，经审核无误进行账务处理。

（24）12月31日，依据"其他业务收入"和"固定资产"明细账及"增值税纳税申报表"资料，计算应交营业税、应交房产税、应交城市维护建设税、应交教育费附加，编制"地方税收综合纳税（费）申报表"，经审核无误进行账务处理。

（25）12月31日，依据"持有至到期投资"明细账期初资料计算本年利息收入，并进行利息调整（按票面利率9%，实际利率6%计算），据以填制"内部转账单"，经审核无误进行账务处理（本月发生数暂不计算利息）。

（26）12月31日，依据"应付债券"明细账期初资料计算本年利息费用（为安装工程而发行债券），并进行利息调整，按票面利率10%，实际利率6%计算，据以填制"内部转账单"，经审核无误进行账务处理（本月发生数暂不计算利息）。

（27）12月31日，结平"待处理财产损溢"账户。

（28）12月31日，将损益类账户的本月净发生额结转"本年利润"账户。

（29）12月31日，编制"利润表"初稿，据以编制"暂时性差异计算表"、"所得税纳税申报表"（所得税税率：33%），经审核无误进行账务处理。

（30）12月31日，将"所得税费用"账户发生额转入"本年利润"账户。

（31）12月31日，进行利润分配。法定盈余公积按净利润（"本年利润"账户年末余额）的10%分配，应付现金股利按"未分配利润"明细账期初余额加上本年净利润，减去本年提取的法定盈余公积后的30%分配。

（32）12月31日，将"本年利润"、"利润分配——提取盈余公积"、"利润分配——应付现金股利"账户余额转入"利润分配——未分配利润"账户。

12.3 达昌公司财务科长岗位实操

开设总账。根据下列资料开设总账账户,每个账户占一页。达昌公司2002年11月30日总账期末资料如下:

库存现金	1200（借）
银行存款	290000（借）
其他货币资金	10000（借）
交易性金融资产	300000（借）
应收票据	330000（借）
应收账款	290000（借）
坏账准备	1160（贷）
其他应收款	16000（借）
材料采购	38700（借）
原材料	568000（借）
周转材料	70000（借）
材料成本差异	5980（借）
库存商品	2350000（借）
长期股权投资	150000（借）
持有至到期投资	130000（借）
固定资产	2260000（借）
累计折旧	600000（贷）
工程物资	710000（借）
在建工程	440000（借）
固定资产清理	5500（借）
无形资产	632000（借）
研发支出	28000（借）
累计摊销	
长期待摊费用	44000（借）
待处理财产损溢	2500（借）
递延所得税资产	
生产成本	58300（借）
制造费用	
短期借款	1500000（贷）
应付票据	310000（贷）

应付账款	320000（贷）
应付职工薪酬	14000（贷）
其他应付款	
应交税费	3000（贷）
应付利息	22000（贷）
应付股利	
长期借款	1280000（贷）
长期应付款	100000（贷）
应付债券	335000（贷）
递延所得税负债	
实收资本	2775020（贷）
资本公积	370000（贷）
盈余公积	600000（贷）
利润分配	30000（贷）
本年利润	470000（贷）
主营业务收入	
其他业务收入	
投资收益	
公允价值变动损益	
营业外收入	
主营业务成本	
营业税金及附加	
其他业务成本	
销售费用	
管理费用	
财务费用	
资产减值损失	
营业外支出	
所得税费用	

处理日常总账业务：

（1）复核上旬会计凭证，根据审核无误的上旬记账凭证编制记账凭证汇总表，并据以登记总账，结出账户余额，与出纳员所经管的日记账核对，如有不符，查明原因，予以更正；与记账员所经管的明细账进行核对，如有不符，查明原因，予以更正。

（2）复核中旬会计凭证，根据审核无误的中旬记账凭证编制记账凭证汇

总表,并据以登记总账,结出账户余额,与出纳员所经管的日记账核对,如有不符,查明原因,予以更正;与记账员所经管的明细账进行核对,如有不符,查明原因,予以更正。

(3) 复核下旬会计凭证,根据审核无误的下旬记账凭证编制记账凭证汇总表,并据以登记总账,结出账户余额,与出纳员所经管的日记账核对,如有不符,查明原因,予以更正;与记账员所经管的明细账进行核对,如有不符,查明原因,予以更正。

(4) 编制总账账户余额试算平衡表。

(5) 办理年结。

编制会计报表:

(1) 编制资产负债表,以12月份月初数作为年初数。

(2) 编制利润表,以12月份损益作为全年损益。

(3) 编制现金流量表,以12月份月初数作为年初数,以12月份现金流量作为全年现金流量。

12.4 达昌公司业务员岗位实操

按要求填制和传递2002年12月份凭证:

(1) 12月1日,熊锋出差返回公司报账,出差相关内容如下:熊锋出差联系业务推销产品,2002年11月25日从崎峰市乘轮船至南京市(当日到达),船票108元,在南京市期间住宿费160元,2002年11月27日从南京乘汽车至武汉(次日到达),车票60元,在武汉期间住宿费300元,29日从武汉乘火车回崎峰市(次日到达),火车票320元,出差补助每天18元,据以填写"旅差费报销单"(经理刘汉江在单上签字:同意报销),并持单以熊锋的名义向财务科出纳处报账(出差前已预支1000元)。

(2) 12月1日,销售给甲公司I-4商品7000件,销售给乙公司I-4商品8000件,销售给丙公司I-4商品9000件,销售给丁公司I-4商品7000件,I-4商品每件售价26元,增值税税率17%,价税款均已收讫。据以填写"增值税专用发票",款项全部存入银行,填写"进账单",送银行办理进账手续后取回"进账单"回单。将"进账单"回单连同"增值税专用发票"的记账联送财务科记账员(开户行:中国工商银行崎峰市支行;账号:823653676512)。

(3) 12月2日,以业务科何为国的名义填写"领款单",领款金额2600元,领款单填写好后到财务科找出纳员领款,作为业务科的备用金。

(4) 12月3日,以三峡证券营业部的名义填写"三峡证券营业部成交过户交割单"1张,内容如下:本交割单系达昌公司购买股票,成交编号为

13580，股东账户为 53657891，股东名称为达昌公司，申请编号为 680，公司代码为 M237，申报时间为 10 点 50 分 20 秒，成交时间为 10 点 50 分 38 秒，实收金额为 133175 元，资金余额为 76825 元；证券代码为 635278，成交数量 15000 股，成交价格 8.82 元，佣金 400 元，印花税 460 元，附加费 15 元。填好后送达昌公司出纳员。

（5）12 月 4 日，表 12-8 所列材料全部入库，据以填写"材料入库验收单"：

表 12-8

供货单位	材料名称	数量（千克）	单位买价（元）	运杂费（元）	计划单价（元）
昌平公司	甲材料	1250	4.00	120	4.01
	乙材料	2000	3.00	130	3.05
昌安公司	丙材料	1200	5.00	130	4.96
	丁材料	1000	5.00	120	5.98
达亿公司	J-1 材料	640	12.50	100	13.06
丰润公司	K-1 材料	640	12.50	100	13.94

将填写好的"材料入库验收单"记账联送本公司记账员。

（6）12 月 5 日，以中财保险股份有限公司的名义填写"机动车辆保险单"和"保费收据"各一张，填写内容如下：被保险人为达昌公司，投保险种为车辆损失险、第三责任险、盗抢险、玻璃险、他人恶意险等；车辆型号为三菱（普）；发动机号 367587；牌号为 A-35689；非营业用车；座位为 5 座；保险价值 30 万元，保险金额 30 万元；基本保费 240 元；车辆损失险费率 0.8%；第三责任险最高赔偿限额为 20 万元；第三责任险保费为 2100 元；盗抢险保费据表计算；玻璃险保费为 50 元；他人恶意险保费为 100 元；保险期限自 2002 年 12 月 5 日零时起至 2003 年 12 月 5 日 24 时止。地址：十字街 58 号；电话：8666688；邮政编码：438000；总经理：刘峰。填好后将"机动车辆保险单"正本和"保费收据"发票联送达昌公司记账员。

（7）12 月 6 日，以崎峰市第一律师事务所王宏的名义填写"崎峰市服务业发票"，收取达昌公司本月律师顾问费 900 元，持其发票联找达昌公司出纳员收款。

（8）12 月 8 日，崎峰市电视台收取达昌公司广告费 22000 元，代电视台填写"崎峰市服务业发票"，持其发票联找达昌公司出纳员收款。

（9）12 月 9 日，债券公司应向达昌公司收取债券印刷费及手续费 9000 元，代填写"崎峰市服务业发票"，并持其第二联到达昌公司财务科结算。

（10）12 月 9 日，根据下述资料编制"固定资产折旧表"（采用平均年限法），编制完成后将其送达昌公司记账员。

11月30日,固定资产资料如表12-9所示:

表12-9

部门	固定资产类型	固定资产原值(元)	预计净残值(元)	预计使用年限
基本车间	房屋	200000	15000	40
	机床加工设备	200000	10000	10
	专用电子设备	250000	15000	10
	其他专用设备	180000	8000	20
机修车间	房屋	100000	5000	40
	机床加工设备	50000	2500	10
	其他专用设备	10000	500	20
动力车间	房屋	100000	5000	40
	内燃发电机组	100000	5000	20
	其他专用设备	40000	2000	20
管理部门	房屋	700000	35000	40
	不需用设备	180000	20000	10
出租	仓库	150000	8000	10

(11) 12月9日,达昌公司与众生公司进行非货币交易,交易内容如下:达昌公司向众生公司销售I-3商品2525件,每件售价20元;向众生公司购进丙材料10000千克,每千克价格5.05元。增值税税率均为17%,据以填写销售I-3商品的"增值税专用发票"和购进丙材料的"材料入库验收单"(材料已如数入库,丙材料的计划单位成本见记账员岗位的数量金额式明细账)填写好后先持销售商品的增值税专用发票的第二、三联到众生公司业务处换取购进材料的增值税专用发票的第二、三联;后将销售商品的"增值税专用发票"的记账联和购进材料的"增值税专用发票"的第二、三联及"材料入库验收单"一并送交达昌公司记账员。

(12) 12月10日,以公司职工黄川的名义填写"费用报销领款单",到财务科领取独生子女费150元。

(13) 12月10日,代房地产管理所开具"崎峰市服务业发票",应收取达昌公司办公用房租金800元。制单人:张选。持发票联到达昌公司财务科结算。

(14) 12月10日,以崎峰市汽车队的名义开具"崎峰市公路、内河货物运输统一发票",应收取达昌公司销货运费7000元。制单人:王平。持发票联到达昌公司财务科结算。

(15) 12月10日,达昌公司向保险公司交纳职工失业保险金1500元(保险公司开户行:中国工商银行崎峰市支行,账号:823653998822),以保险公司的名义开具"保险公司失业保险金收据",持发票联到达昌公司财务科结算。

(16) 12月10日，业务科冯吉、洪源、叶川等3人领取本年度烤火费，每人100元，经理签字：同意付款。代填写"费用报销领款单"，到财务科出纳处领款。

(17) 12月10日，代司法局开具"崎峰市行政事业单位收款收据"，应收取达昌公司公证费用1000元。收款人：游咏。持发票联到达昌公司财务科结算。

(18) 12月11日，生产技术科熊锋去省城开生产技术会，经领导同意借款1600元。据以填写"借款单"，持单向财务科出纳员借款。

(19) 12月11日，支付生产车间扩建工程款6500元，经公司经理签字同意付款，由柳贵超统一领款，据以填写"崎峰市建筑安装业统一发票"，持发票联到财务科出纳处办理领款，取得出纳员签发的"现金支票"到银行取款。

(20) 12月12日，业务员鲁锋、韩伟各领计算器一个，单价135元，合计金额270元。经理刘汉江审批：同意领用，一次摊销。据以填写"物品领用单"并将其送交财务科记账员。

(21) 12月12日，达昌公司向证券公司购买一年期债券1000000元，手续费2000元，以证券公司名义开出"收据"，持收据第二联到达昌公司财务科结算。

(22) 12月13日，根据表12-10所列资料编制"工资结算汇总表"（因工资结算原始资料比较复杂，实际工作中的工资发放表是根据岗位将每个人的工资计算出来加以汇总的，而表中资料直接以汇总的形式给出）。

表12-10

车间、部门、类型	职工人数	标准工资	应扣工资		津贴	代扣款项			
			事假	病假		水电费	住房公积金	个人所得税	个人承担社保
基本生产车间生产工人	275	250000	1500	210	26000	11920	9000	45	1160
基本生产车间管理人员	10	12200			1200	500	500	20	105
援外工程人员	2	2300			2000				25
在建工程人员	21	23000		30	2300	1000	1000		250
机修车间人员	6	7010			600	300	300		55
动力车间人员	5	6000			500	200	200		45
公司管理人员	34	40000	160		3600	1200	1200	25	350
医务人员	4	4500		10	400	130	120		35
6个月以上长病人员	3	3100		600	15	90	90		25

工资结算汇总表编制好后送交财务科出纳员。

（23）12月13日，销售给昌平公司I-1商品10000千克，每千克售价11.80元，I-2商品10000件，每件售价22.60元，增值税税率17%，据以填写"增值税专用发票"后将其第二、三、四联交达昌公司财务科出纳员办理收款手续。

（24）12月14日，业务科各种费用支出汇总情况如下：差旅费310元（18张原始凭证）；办公费200元（10张原始凭证）；其他费用150元（5张原始凭证）；经核对，编制"管理费用支出汇总表"，持表到财务科报账。

（25）12月14日，徐源等4名职工参加崎峰市工学院短期培训，支付学杂费2800元，以工学院名义开出"收据"，持第二联（付款人联）找达昌公司财务科出纳员办理领款，取得出纳员签发的"现金支票"到银行取款。

（26）12月15日，达昌公司职工食堂向为民日杂公司购铁锅一口，计80元；盘子50个，每个2.00元，计100元，合计180元。以为民日杂公司名义开具"为民日杂公司销售发票"，持发票联向达昌公司财务科出纳员报账（在发票备注上填写：列入职工福利）。

（27）12月16日，达昌公司向税务局购买20张5元券印花税票，20张2元券印花税票，20张1元券印花税票，以税务局名义开具"　市税务局印花税票发售统一发票"，持发票联向达昌公司财务科出纳员报账。

（28）12月16日，崎峰市保险公司向达昌公司收取员工养老保险金7500元，以保险公司名义开具"收据"，并持"收据"（付款人联）向达昌公司财务科结算。

（29）12月17日，达昌公司应付的车间扩建工程包工款210000元，以新达建筑公司的名义填写"崎峰市建筑安装业统一发票"，持发票联到达昌公司财务科办理结算。

（30）12月17日，本月综合奖金结算汇总资料如下（表12-11）：

表12-11

车间、部门	奖金（元）
基本生产车间生产工人	27500
基本生产车间管理人员	1000
机修车间人员	600
动力车间人员	500
公司管理人员	3400
医务人员	400

据以编制"综合奖金结算汇总表",持表向财务科出纳员领取奖金。

（31）12月18日，达昌公司应付立新设计院产品设计费560元，以立新设计院的名义填写"崎峰市服务业发票"，持发票联到达昌公司财务科办理结算。

（32）12月18日，销售给宏盛公司不需用乙设备一台，原始价值50000元，已提折旧15000元，协商作价38000元。据以填写"崎峰市商业普通发票"，持其发票联到宏盛公司财务科收款，要求宏盛公司出纳员签发"转账支票"，并与其一同去银行办理转账手续，取得银行盖章的"转账支票"的收账通知联后，将"转账支票"的收账通知联及"崎峰市商业普通发票"记账联送交本公司财务科出纳员。

（33）12月18日，一栋仓库310平方米，预计使用28年，已使用26年，原值110000元，已提折旧98000元，因重建提前报废。使用部门的意见：因陈旧要求报废；技术鉴定小组意见：情况属实；固定资产管理部门意见：同意转入清理；主管部门审批意见：同意报废重建。据以填写"固定资产报废单"后将其会计记账联送财务科记账员。

（34）12月19日，向达亿公司购进丁设备一台，交易价40000元，经验收交基本生产车间使用，据以填写"固定资产验收单"，将其第二联送财务科出纳员。

（35）12月19日，熊锋12月11日去省城参加工业生产技术会，12月18日返回，往返汽车票均为41元，住宿费用700元，会议费用150元，其他费用180元，每天补助15元。以熊锋的名义填写"差旅费报销单"，经理刘汉江在单上签字：同意报销。持单向财务科出纳员报账（原借支1800元）。

（36）12月19日，业务科与业务往来单位洽谈业务，接待、就餐、补助及接车费共计金额2600元，单据19张。据以填写"业务招待费汇总表"，经理刘汉江在单上签字：同意报销。持单向财务科出纳员报账，取得出纳员签发的"现金支票"后到银行提取现金。

（37）12月19日，报废固定资产的清理人员赵全胜等5人应领取清理费用500元，以赵全胜的名义填写"费用报销领款单"，经理刘汉江在单上签字：同意付款。持单向财务科出纳员领款。

（38）12月19日，达昌公司向崎南公司收取仓库租金4800元，据以开出"崎峰市服务业发票"，收到现金4800元，当即填写"进账单"到开户行办理进账手续，收到银行盖章的"进账单"回单后，将"崎峰市服务业发票"的发票联及"进账单"回单送交本公司出纳员。

（39）12月20日，仓库清理残料如下：红砖70000块，每块0.20元，计

14000元，其他材料4650元，合计18650元。材料全部入库作重建仓库用，据以编制"材料入库单"，并将其记账联送财务科记账员。

（40）12月20日，达昌公司向为民五金公司购买灭火器6个，单价100元，计600元。灭火器购回后当即由仓库领用。先以为民五金公司名义开具"为民五金公司发票"，再以仓库保管员陆明名义填写"物品领用单"（经理刘汉江在单上签字：同意领用，一次摊销），最后将"为民五金公司发票"的发票联和"物品领用单"送财务科出纳员，并要求领款、领物。

（41）12月20日，向达亿公司转让技术，收取技术转让费18000元，据以填写"崎峰市商业普通发票"，持其发票联到达亿公司财务科收款，要求达亿公司出纳员签发"转账支票"，并与其一同去银行办理转账手续，取得银行盖章的"转账支票"的收账通知联后，将"转账支票"的收账通知联及"崎峰市商业普通发票"记账联送交本公司财务科出纳员。

（42）12月21日，向会计局购买《新会计准则》等书籍，付款190元，以会计局的名义填写"崎峰市文化教育、体育业发票"，并持其发票联到财务科报账。

（43）12月21日，达昌公司的汽车送汽车修配厂修理，具体修配项目如下：汽车补胎238元，汽车轮胎充气35元，车轮拆装50元。以汽车修配厂名义开具"崎峰市服务业发票"，将"崎峰市服务业发票"的发票联送交本公司出纳员。

（44）12月23日，达昌公司的水表记录是：本月止码为53326，上月止码为47606，实用水5720吨，每吨单价1元。以自来水厂名义开具"自来水厂水费发票"，持其发票联到财务科结算。

（45）12月23日，业务科用备用金开支下列各种费用：差旅费1500元（16张原始凭证）；办公费1060元（18张原始凭证）；修理费1100元（2张原始凭证）；经核对全部报销，编制"管理费用支出汇总表"，持单到财务科报账。

（46）12月24日，达昌公司电表的起码是665432，止码是727032，实用电61600度，每度单价0.50元，以电力局的名义填写"增值税专用发票"（电费增值税税率13%），持发票联到达昌公司财务科结算。

（47）12月24日，达昌公司参加本市商品展销会，应付新世界商厦商品展位租用费900元，以新世界商厦的名义填写"崎峰市服务业发票"，持发票联到达昌公司财务科结算。

（48）12月25日，物价检查所对达昌公司商品销售情况进行检查，发现部分商品违反国家价格政策，罚款1650元，以物价检查所名义填写"罚款没收专用收据"，持单到达昌公司财务科结算。

（49）12月25日，养路费征收站向达昌公司收取汽车养路费用1100元，以养路费征收站的名义填写"交通车辆养路费收据"（2台东风汽车为送货用车，养路费为700元，2台小车的养路费400元），持单到达昌公司财务科结算。

（50）12月26日，看望住院病人姚立平，从副食品商店购买2袋奶粉，每袋15元，苹果5公斤，每公斤4元，据以填写"副食商店销售发票"，经理刘汉江签字：在福利费列支。持发票联到达昌公司财务科结算。

（51）12月26日，通达搬运公司为达昌公司装卸货物，应收取装卸费1500元，以通达公司的名义开具"崎峰市交通运输业发票"，持发票联到达昌公司财务科结算。

（52）12月26日，熊锋出差预支差旅费1500元，据以填写"借款单"，持单向财务科出纳借款。

（53）12月26日，本公司向美国H公司购入先进设备一台，交易价4000美元，以H公司名义填写"商业发票"，以本公司设备科名义填写"固定资产验收单"（设备交管理部门使用）。"商业发票"与"固定资产验收单"交本公司出纳员（引进先进设备，减免关税及增值税；境内外运杂费均由供货方承担）。

（54）12月27日，达昌公司自行开发一项实用新型专利成功，先根据下列资料填写"专利申报表"：申请单位：达昌公司；专利项目：实用新型专利；技术开发费：28000元；注册登记费：3900元；单位意见：同意申报；专利局审批：同意注册。再以专利局名义填写"崎峰市行政事业单位收款收据"，收取达昌公司专利注册登记费3900元，然后持"专利申报表"和"崎峰市行政事业单位收款收据"到达昌公司财务科结算。

（55）12月27日，达昌公司销售给宏源公司I-1商品8000千克，每千克售价12元；销售给宏盛公司I-1商品8000千克，每千克售价12元；销售给昌平公司I-3商品10000件，每件售价22元；增值税税率均为17%，据以分别填写"增值税专用发票"后持"增值税专用发票"的第二、三联到宏源公司、宏盛公司、昌平公司财务科结算，要求各公司出纳员根据购销合同填写"商业承兑汇票"，经付款人（各购货公司）承兑后取得"商业承兑汇票"的第二联，并在商业承兑汇票第一联的收款人盖章处盖上本公司财务专用章（由本公司出纳员盖章），在负责、经办处签名，将"增值税专用发票"的记账联和"商业承兑汇票"的第二联送交达昌公司出纳员。

（56）12月27日，顺达运输公司为达昌公司运输购入的材料，应收运费7180元。以顺达运输公司的名义开具"崎峰市公路、内河货物运输业统一发票"，持发票联到达昌公司财务科结算。

(57) 12月27日，外购材料全部验收入库。据表12-12所列资料填写"材料入库验收单"，将其记账联送财务科记账员。

表12-12

供货单位	材料名称	数量（千克）	买价（元）	运杂费（元）	计划单价（元）
丰润公司	K-1材料	5000	70000	500	13.94
达亿公司	J-1材料	4800	62400	480	13.06
昌安公司	甲材料	15000	60000	1500	4.01
	乙材料	20000	60000	2000	3.05
	丙材料	12000	60000	1200	4.96
	丁材料	15000	90000	1500	5.98

(58) 12月29日，各部门报废低值易耗品（领用时均一次摊销），本月收回残值如下：基本生产车间530元，动力车间41元，机修车间52元，行政管理部门130元。报废材料均已入库（计划价按照753元计算）。据以编制"报废低值易耗品汇总表"和"材料入库验收单"，并将其送财务科记账员。

(59) 12月30日，销售给昌平公司I-2商品10000件，每件售价23元，I-3商品10000件，每件售价22元，增值税税率17%，据以填写"增值税专用发票"，将"增值税专用发票"第二、三、四联送本公司出纳员。

(60) 12月31日，基本生产车间生产I-1产品耗用7000工时，生产I-2产品耗用6800工时，生产I-3产品耗用6900工时，生产I-4产品耗用6729工时，据以编制"产品耗用工时汇总表"，并将表送财务科记账员。

(61) 12月31日，本月发出材料汇总资料如表12-13所示：

表12-13

材料名称	数量（千克）	计划单价（元）	计划总价（元）
甲材料	20000	4.01	80200
乙材料	30000	3.05	91500
丙材料	26000	4.96	128960
丁材料	15000	5.98	89700
J-1材料	10000	13.06	130600
K-1材料	8000	13.94	111520
小计			632480
其他材料			38000

据以编制"发料凭证汇总表",并将表送财务科记账员。

(62) 12月31日,辅助生产车间本月提供劳务总量资料如表12-14所示:

表12-14

项 目	机修车间服务量（工时）	动力车间供电量（度）
I-1 产品耗用	——	7000
I-2 产品耗用	——	7000
I-3 产品耗用	——	8000
I-4 产品耗用	——	8000
基本生产车间耗用	2700	1000
行政管理部门耗用	100	2000
车间扩建工程耗用	200	7000
动力车间耗用	60	——
机修车间耗用	——	1000
合 计	3060	41000

据以编制"辅助生产情况表",并将表送财务科记账员。

(63) 12月31日,本月产品生产及入库情况如表12-15所示:

表12-15

产品名称	月初在产品	本月投产	本月完工入库	月末在产品	在产品完工程度	投料方式
I-1 产品	3300 千克	34592 千克	36000 千克	1892 千克	50%	逐步投料
I-2 产品	1687 件	17213 件	16000 件	2900 件	50%	逐步投料
I-3 产品	2100 件	16836 件	18000 件	936 件	50%	逐步投料
I-4 产品	1950 件	14846 件	16000 件	796 件	50%	逐步投料

代基本生产车间编制"生产情况报告表",代成品仓库编制"产品入库汇总表",将填写好的两张表送财务科记账员。

13 达亿公司会计实操

13.1 达亿公司出纳员岗位实操

开设有关日记账。达亿公司 2002 年 11 月 30 日有关账户余额如下：
库存现金日记账　　　　　　1000（借）
银行存款日记账　　　　　　300000（借）
达亿公司及往来公司相关情况如表 13-1 所示：

表 13-1

开户行：中国工商银行江泽市支行		开户行：中国工商银行崎峰市支行	
公司名称	账　号	公司名称	账　号
昌平公司	1156674356327	宏盛公司	823653676511
昌安公司	1156674356328	达昌公司	823653676512
		达亿公司	823653676513
		丰润公司	823653676514
		丰利公司	823653676515
		众生公司	823653676516
		众健公司	823653676517

办理如下出纳业务：

凡出纳业务，在业务办理完毕后，编制记账凭证，据以登记库存现金和银行存款日记账，并将记账凭证连同所附原始凭证一并转交记账员记账。

（1）12 月 1 日，收到林成"旅差费报销单"（所附单据略），经审核无误，报销费用 1066 元，按原预支额 1100 元开出"收据"，当即交回现金 34 元，并在差旅费报销单上填写"收现金 34 元"。

（2）12 月 1 日，收到业务员送来的"进账单"回单及"增值税专用发票"的记账联，进行账务处理。

（3）12月1日，收到开户银行转来达昌公司和宏盛公司"转账支票"的收账通知联。

（4）12月1日，填写"信汇"凭证1张，支付应付昌平公司账款100000元。签发"转账支票"2张，分别支付应付丰润公司账款110000元和应付丰利公司账款90000元；填好结算凭证后去开户银行办理相关手续，取回"转账支票"和"信汇"凭证回单，审核无误后进行账务处理。

（5）12月2日，填写"转账支票"1张，转出投资款220000元，存入三峡证券营业部账户（三峡证券营业部开户行：中国工商银行崎峰市支行，账号：123456786789）准备用于购买股票。到银行办理转账手续，取回回单。

（6）12月2日，填写"现金支票"1张，提取现金5000元备用，到开户银行办理支款手续。

（7）12月2日，收到业务科丰水仲的"领款单"，经审核无误，当即支付现金2800元，作为业务科的备用金（在领款单上注明"现金付讫"）。

（8）12月3日，收到"三峡证券营业部成交过户交割单"，购入股票划作交易性金融资产。

（9）12月3日，将专夹留存的10月3日签发的商业承兑汇票第二联取出（曾在10月3日发生销货业务时，已填写3份"商业承兑汇票"：签发日期为2002年10月3日，承兑期2个月，应收昌安公司货款110000元，应收宏盛公司货款90000元，应收达昌公司货款100000元），依据到期的3张"商业汇票"分别办理收款手续。

① 应收达昌和宏盛公司到期票据款，持"商业汇票"第二联去达昌公司、宏盛公司，要求达昌公司和宏盛公司出纳员签发"转账支票"，并到银行办理转账手续，收到开户行转回的"转账支票"收账通知联。

② 应收昌安公司到期票据款，填写"委托收款"凭证后，持"委托收款"凭证和"商业承兑汇票"第二联到开户银行办理委托收款手续，银行盖章后，取回"委托收款"凭证回单。

（10）12月3日，收到丰利公司和丰润公司出纳员送来的到期商业汇票的第二联，经审核无误后分别签发"转账支票"，到银行办理转账手续，取回"转账支票"回单联，作账务处理。

（11）12月5日，收到开户行转来昌安公司"信汇"凭证收款通知联。

（12）12月5日，收到中财保险股份有限公司机动车辆保险单（正本）和保费收据第一联，经审核无误，据以填写转账支票（中财保险股份有限公司开户行：中国工商银行崎峰市支行，账号：823653676538），并到银行办理转账手续，经银行盖章，取回转账支票回单。

（13）12月6日，填写"中华人民共和国税收通用完税证"，将未交增值

税、应交城市维护建设税、应交个人所得税、应交教育费附加上交国库,具体金额见明细分类账各该账户的月初余额。税收通用完税证填写好后,到开户行办理手续,经税务机关、银行盖章后取得完税凭证联,并据以进行账务处理。

(14) 12月6日,收到律师事务所的"崎峰市服务业发票"发票联,经审核无误,以现金付讫。

(15) 12月7日,收到银行转来委托收款凭证的收款通知1张,系昌安公司应收账款110000元。

(16) 12月7日,收到银行转来委托收款凭证的付款通知1张,系应付昌平公司商业汇票到期款100000元。

(17) 12月8日,收到崎峰市电视台的"崎峰市服务业发票"发票联,经审核无误,据以填写转账支票(崎峰市电视台开户行:中国工商银行崎峰市支行,账号:823655676658),付广告费,并到银行办理转账手续,经银行盖章,取回转账支票回单。

(18) 12月8日,达亿公司公司委托债券发行公司发行5年期债券,按面值的10%溢价发行。现债券公司已发行债券面值700000元,实收金额770000元,款项今日全部交来,当即送存银行。据以填写"收据"及"进账单",到银行办理手续后据"收据"记账联及"进账单"回单进行账务处理。

(19) 12月9日,收到债券公司的"崎峰市服务业发票"发票联,经审核无误,据以填写转账支票(债券公司开户行:中国工商银行崎峰市支行,账号:825533667788),付手续费,并到银行办理转账手续,经银行盖章,取回转账支票回单。

(20) 12月10日,收到本公司职工陆地"费用报销领款单",经审核无误,以现金付讫。

(21) 12月10日,收到房地产管理所的"崎峰市服务业发票"发票联,经审核无误,以现金付讫。

(22) 12月10日,收到崎峰市汽车运输公司的"崎峰市公路、内河货物运输业统一发票"发票联,经审核无误,据以填写"转账支票"(崎峰市汽车运输公司开户行:中国工商银行崎峰市支行,账号:823653675588),付运费,并到银行办理转账手续,经银行盖章,取回"转账支票"回单。

(23) 12月10日,收到保险公司的"保险公司失业保险金收据",经审核无误,以现金支票付讫。

(24) 12月10日,签发"现金支票",到银行办理取款手续,提回现金4000元备用。根据"现金支票"存根作账务处理。

(25) 12月10日,收到鲁琛等3人的"费用报销领款单",经审核无误,以现金付讫。

（26）12月10日，收到司法局的"崎峰市行政事业单位收款收据"经审核无误，据以填写转账支票（司法局开户行：中国工商银行崎峰市支行，账号：825634221668），付诉讼费，并到银行办理转账手续，经银行盖章，取回转账支票回单。

（27）12月11日，收到林成的"借款单"，经审核无误，以现金付讫。

（28）12月11日，收到工程队的"崎峰市建筑安装业统一发票"，经审核无误，如数签发"现金支票"，交赵强到银行取款。

（29）12月12日，收到证券公司的"收据"，经审核无误，据以填写转账支票（证券公司开户行：中国工商银行崎峰市支行，账号：825634211698），付债券及手续费，并到银行办理转账手续，经银行盖章，取回转账支票回单。

（30）12月13日，收到"工资结算汇总表"，根据实发工资总额签发"现金支票"，从银行提取现金，当即发放完毕。

（31）12月13日，收到业务员送来的增值税专用发票的第二、三、四联，据以填写"委托收款凭证"（应收昌安公司款），持委托收款凭证和增值税专用发票第二、三联到银行办理托收手续，经银行盖章后，将退回的"委托收款凭证"回单与"增值税专用发票"记账联一并作账务处理。

（32）12月14日，收到业务科"管理费用支出汇总表"（所附单据32张略），经审核无误，以现金付讫。

（33）12月14日，收到崎峰市工学院的"收据"，经审核无误，开出"现金支票"付讫。

（34）12月15日，收到职工食堂购买炊具的发票，经审核无误，以现金付讫。

（35）12月16日，收到银行转来"委托收款凭证"的收款通知联，系昌安公司应收款。

（36）12月16日，收到"市税务局印花税票发售统一发票"，经审核无误，以现金付讫。

（37）12月16日，收到保险公司收取员工养老保险金的"收据"，经审核无误，据以填写"转账支票"（保险公司开户行：中国工商银行崎峰市支行，账号：8256342172238），付保险金，并到银行办理转账手续，经银行盖章，取回"转账支票"回单。

（38）12月17日，收到新达建筑公司"崎峰市建筑安装业发票"的发票联，经审核无误，据以填写"转账支票"（新达建筑公司开户行：中国工商银行崎峰市支行，账号：825625671350），付工程款，并到银行办理转账手续，经银行盖章，取回"转账支票"回单。

（39）12月17日，根据"综合奖金结算汇总表"（实际还应有按人头的奖金发放表，此处略），签发"现金支票"提回现金，当即发放完毕。

（40）12月18日，收到立新设计院的"崎峰市服务业发票"发票联，经审核无误，以现金付讫。

（41）12月18日，收到丰润公司出售设备的"崎峰市商业普通发票"发票联及本公司业务员送来的"固定资产验收单"，经审核无误，据以填写"转账支票"付设备款，并到银行办理转账手续，经银行盖章，取回"转账支票"回单。

（42）12月19日，收到业务员送来的达昌公司"转账支票"的收账通知联及本公司的固定资产销售的"崎峰市商业普通发票"的会计记账联，经审核无误进行账务处理。

（43）12月19日，收到林成的"旅差费报销单"（所附单据略）和交来的现金568元，开出"收据"收讫。收据金额按林成原借支数填写。

（44）12月19日，收到业务科的"业务招待费汇总表"及所附15张单据（单据略），经审核无误后，当即签发"现金支票"补足其备用金。

（45）12月19日，收到赵全胜的"费用报销领款单"，经审核无误，以现金付讫。

（46）12月19日，收到业务员送来的仓库租金收入"进账单"回单及"崎峰市服务业发票"记账联。

（47）12月20日，收到业务员送来的"为民五金公司发票"和"物品领用单"，经审核无误后签发"现金支票"，从银行提回现金5800元，除支付灭火器款外，其余备用。

（48）12月20日，收到达昌公司的"崎峰市商业普通发票"发票联，经审核无误后签发"转账支票"支付技术转让费。到银行办理转账手续，经银行盖章后，拿回转账支票回单。

（49）12月21日，收到购买书籍的"崎峰市文化教育、体育业发票"发票联，经审核无误，以现金付讫。

（50）12月21日，收到业务员送来的丰润公司"转账支票"的收账通知联及本公司收取技术转让收入的"崎峰市商业普通发票"记账联。

（51）12月21日，收到汽车修配厂的"崎峰市商业普通发票"发票联，经审核无误后以现金付讫。

（52）12月23日，收到自来水厂发票，审核无误后填写"转账支票"支付水费，到银行办理转账手续，经银行盖章后，拿回转账支票回单（自来水厂开户行：中国工商银行崎峰市支行，账号：865235217658）。

同时根据定额耗用量分配本月水费，定额耗用量如下：动力车间600吨，机修车间580吨，基本生产车间2600吨，公司管理部门1520吨，据以编制

"水费分配表"。

根据"自来水厂发票"发票联、"转账支票"存根和"水费分配表"进行账务处理。

(53) 12月23日，收到业务科的"管理费用支出汇总表"及所附31张单据（单据略），经审核无误后，当即签发"现金支票"补足其备用金。

(54) 12月24日，收到电力局的"增值税专用发票"发票联，审核无误后填写"转账支票"支付电费，到银行办理转账手续，经银行盖章后，拿回转账支票回单（电力局开户行：中国工商银行崎峰市支行，账号：865235217666）。

同时根据表13-2所列定额耗用量资料编制"外购动力费分配表"：

表13-2

产品名称	定额耗用量	车间部门	定额耗用量
J-1 产品	10500 度	动力车间	600 度
J-2 产品	11000 度	机修车间	800 度
J-3 产品	11000 度	基本生产车间	900 度
J-4 产品	10000 度	管理部门	8200 度

根据电力局的发票联、"转账支票"存根和"外购动力费分配表"进行账务处理。

(55) 12月24日，收到新世纪商厦的"崎峰市服务业发票"发票联，经审核无误后以现金付讫。

(56) 12月24日，为购进口设备，向开户行买入5000美元，以中国人民银行公布的人民币汇率中间价作为即期汇率，当日的即期汇率1美元=7.72元人民币，银行当日美元卖出价为1美元=8.10元人民币。签发"转账支票"支付人民币，填写"进账单"购入美元。到银行办理相关手续，根据"转账支票"存根和"进账单"作账务处理。

(57) 12月25日，签发"现金支票"，到银行办理取款手续，提回现金6800元备用。根据"现金支票"存根作账务处理。

(58) 12月25日，收到物价检查所"罚款没收专用收据"，以现金支付罚款。

(59) 12月25日，收到养路费征收站的"交通车辆养路费收据"，经审核无误，以现金付讫（2台东风汽车为送货用车，养路费为700元，1台小车的养路费为300元）。

(60) 12月26日，收到业务员送来的"固定资产验收单"及购买进口设备的"商业发票"，经审核无误后填写"信汇"凭证，到银行办理美元汇兑手续，取回"信汇"回单。当日的即期汇率1美元=7.85元人民币。

(61) 12月26日，收到"副食商店销售发票"发票联，经审核后以现金付讫。

(62) 12月26日，收到通达搬运公司的"崎峰市交通运输业发票"发票联，经审核无误后以现金付讫。

(63) 12月26日，收到林成的"借款单"经审核无误后以现金付讫。

(64) 12月27日，收到本公司业务员送来销售商品给宏盛公司、达昌公司和昌安公司的"增值税专用发票"记账联和3张"商业承兑汇票"。

(65) 12月27日，收到业务员送来的"专利申报表"和专利局的"崎峰市行政事业单位收款收据"发票联，审核无误后填写"转账支票"支付专利注册登记费，到银行办理转账手续，经银行盖章后，拿回转账支票回单（专利局开户行：中国工商银行崎峰市支行，账号：865235367685）。

(66) 12月27日，收到昌平公司、丰利公司、丰润公司业务员送来的增值税专用发票第二、三联，经审核无误后分别填写为期2个月的"商业承兑汇票"3份，其中第一联经各收款人盖章签名后收回，在第二联的付款人盖章处盖上财务专用章，在负责、经办处签上名，填好后将第二联分别交昌平公司、丰利公司、丰润公司业务员。

同时收到顺达运输公司的"崎峰市公路、内河货物运输业统一发票"发票联，经审核无误后填写"转账支票"支付材料运费，到银行办理转账手续，经银行盖章后，拿回转账支票回单（顺达运输公司开户行：中国工商银行崎峰市支行，账号：865235367898）。

根据材料重量编制"材料采购费用分配表"。各种材料采购的重量：K-1材料4800千克，L-1材料10000千克，甲材料20000千克，乙材料20000千克，丙材料10000千克，丁材料10000千克。

根据"增值税专用发票"的发票联、"商业汇票"的留存联、"转账支票"存根联、"崎峰市公路、内河货物运输业统一发票"发票联、"材料采购费用分配表"，作账务处理。

(67) 12月30日，收到业务员送来的"增值税专用发票"的第二、三、四联，合同规定销货款采用委托收款结算方式，经审核无误后，据以填写"委托收款凭证"，持"委托收款凭证"和"增值税专用发票"第二、三联到银行办理托收手续，经银行盖章后，将退回的"委托收款凭证"回单与"增值税专用发票"的记账联一并作账务处理。

(68) 12月31日，到开户行拿回贷款计息凭证，进行账务处理（预计应

付利息 8000 元)。

(69) 12 月 31 日，到开户行拿回存款计息凭证，进行账务处理。

(70) 12 月 31 日，将账面价值为 100000 元的"交易性金融资产——基金"全部出售，实得现金 105000 元。填写"内部转账单"和"进账单"，将现金送存银行（全为百元券）。

(71) 12 月 31 日的即期汇率 1 美元 = 8.05 元人民币，调整当期产生的汇兑差额。

13.2 达亿公司记账员岗位实操

开设有关账户。达亿公司 2002 年 11 月 30 日明细账期末资料如下：

其他货币资金——外埠存款	13000（借）
交易性金融资产——股票（成本）	120000（借）
交易性金融资产——债券（成本）	80000（借）
交易性金融资产——基金（成本）	100000（借）
应收票据——宏盛公司	90000（借）
应收票据——达昌公司	100000（借）
应收票据——昌安公司	110000（借）
应收账款——宏盛公司	110000（借）
应收账款——达昌公司	110000（借）
应收账款——昌安公司	90000（借）
坏账准备	1240（贷）
其他应收款——林成	1100（借）
其他应收款——代扣水电费	15000（借）
材料采购——原材料	38600（借）
原材料——原料及主要材料	431000（借）
原材料——其他材料	79000（借）
周转材料——包装物	20000（借）
周转材料——低值易耗品	55000（借）
材料成本差异——原材料	5100（借）
材料成本差异——包装物	200（贷）
材料成本差异——低值易耗品	550（借）
库存商品——J-1 产品	180000（借）
库存商品——J-2 产品	768000（借）
库存商品——J-3 产品	680000（借）

库存商品——J-4 产品	874000（借）
长期股权投资——股票投资（德源公司）	180000（借）
持有至到期投资——成本	100000（借）
持有至到期投资——利息调整	10000（借）
持有至到期投资——应计利息	8000（借）
固定资产——生产用固定资产	1350000（借）
固定资产——非生产用固定资产	600000（借）
固定资产——不需用固定资产	150000（借）
固定资产——出租固定资产	150000（借）
累计折旧	650000（贷）
工程物资——专用材料	300000（借）
工程物资——专用设备	350000（借）
在建工程——机床大修工程	60000（借）
在建工程——设备安装工程	380000（借）
固定资产清理——报废	5000（借）
无形资产——专利权	374000（借）
无形资产——专有技术	380000（借）
研发支出——资本化支出	26000（借）
长期待摊费用——固定资产大修费用	51500（借）
待处理财产损溢——待处理固定资产损溢	2500（借）
生产成本——基本生产成本（J-1 产品）	11700（借）
生产成本——基本生产成本（J-2 产品）	13500（借）
生产成本——基本生产成本（J-3 产品）	15600（借）
生产成本——基本生产成本（J-4 产品）	17500（借）
短期借款——生产周转借款	1500000（贷）
应付票据——昌平公司	100000（贷）
应付票据——丰润公司	90000（贷）
应付票据——丰利公司	110000（贷）
应付账款——昌平公司	100000（贷）
应付账款——丰润公司	110000（贷）
应付账款——丰利公司	90000（贷）
应付职工薪酬——职工教育经费	3600（贷）
应付职工薪酬——职工福利	800（贷）
应付职工薪酬——社会保险费	8600（贷）
应交税费——未交增值税	50000（贷）

应交税费——应交所得税	40000（借）
应交税费——应交城市维护建设税	2500（贷）
应交税费——应交个人所得税	3000（贷）
应交税费——应交教育费附加	1000（贷）
应付利息	20000（贷）
长期借款——基建借款	1280000（贷）
长期应付款——应付设备款	90000（贷）
应付债券——面值	300000（贷）
应付债券——利息调整	10000（贷）
应付债券——应计利息	18000（贷）
实收资本——国家投资	1600000（贷）
实收资本——兴盛公司	100000（贷）
实收资本——其他	1297710（贷）
资本公积——资本溢价	310000（贷）
资本公积——其他	100000（贷）
盈余公积——法定盈余公积	600000（贷）
利润分配——未分配利润	30000（贷）
本年利润	370000（贷）

原材料明细账 2002 年 11 月 30 日期末资料如表 13-3 所示：

表 13-3

	品名	数量（千克）	计划单价（元）	金额（元）
原料及主要材料	甲材料	10000	3.91	39100
	乙材料	12000	3.08	36960
	丙材料	11000	4.94	54340
	丁材料	10000	6.05	60500
	K-1 材料	10000	13.94	139400
	L-1 材料	10000	10.07	100700
	小 计			431000
其他材料				79000
合 计				510000

材料采购明细账 2002 年 11 月 30 日期末资料如表 13-14 所示：

表13-4
单位：元

供货单位	项目	借方			贷方			备注
		买价	运杂费	合计	计划成本	差异	合计	
昌平公司	甲材料	6000	100	6100				
	乙材料	6000	100	6100				
昌安公司	丙材料	5000	100	5100				
	丁材料	5000	100	5100				
丰润公司	K-1 材料	8000	100	8100				
丰利公司	L-1 材料	8000	100	8100				
合 计		38000	600	38600				

库存商品明细账 2002 年 11 月 30 日期末资料如表 13-5 所示：

表13-5

商品名称	单位	数量	单位成本（元）	金额（元）
J-1 商品	千克	20000	9	180000
J-2 商品	件	48000	16	768000
J-3 商品	件	40000	17	680000
J-4 商品	件	46000	19	874000
合 计				2502000

生产成本明细账 2002 年 11 月 30 日期末在产品成本资料如表 13-6 所示：

表13-6

产品名称	数量	成本项目（元）			
		直接材料	直接人工	制造费用	合计
J-1 产品	2600 千克	6000	3000	2700	11700
J-2 产品	1700 件	7000	3500	3000	13500
J-3 产品	1386 件	8000	4000	3600	15600
J-4 产品	1842 件	9000	4500	4000	17500
合 计					58300

按下列要求开设明细账：

（1）下列账户使用三栏式账页（有期初余额的账户结转期初余额，没有

期初余额的账户设户后待记发生额）：
 其他货币资金——外埠存款
 其他货币资金——存出投资款
 交易性金融资产——股票（成本）
 交易性金融资产——股票（公允价值变动）
 交易性金融资产——债券（成本）
 交易性金融资产——基金（成本）
 应收票据——宏盛公司
 应收票据——达昌公司
 应收票据——昌安公司
 应收账款——宏盛公司
 应收账款——达昌公司
 应收账款——昌安公司
 坏账准备
 其他应收款——林成
 其他应收款——业务科
 其他应收款——代扣水电费
 原材料——原料及主要材料
 原材料——其他材料
 周转材料——包装物
 周转材料——低值易耗品——在库
 材料成本差异——原材料
 材料成本差异——包装物
 材料成本差异——低值易耗品
 长期股权投资——股票投资（德源公司）
 持有至到期投资——成本
 持有至到期投资——利息调整
 持有至到期投资——应计利息
 固定资产——生产用固定资产
 固定资产——非生产用固定资产
 固定资产——不需用固定资产
 固定资产——出租固定资产
 累计折旧
 工程物资——专用材料
 工程物资——专用设备

在建工程——机床大修工程
在建工程——设备安装工程
在建工程——生产车间扩建工程
固定资产清理——报废
固定资产清理——出售不需用固定资产
无形资产——专利权
无形资产——专有技术
研发支出——资本化支出
累计摊销
长期待摊费用——固定资产大修费用
待处理财产损溢——待处理固定资产损溢
递延所得税资产
短期借款——生产周转借款
应付票据——昌平公司
应付票据——丰润公司
应付票据——丰利公司
应付账款——昌平公司
应付账款——丰润公司
应付账款——丰利公司
应付职工薪酬——工资
应付职工薪酬——职工福利
应付职工薪酬——社会保险费
应付职工薪酬——住房公积金
应付职工薪酬——工会经费
应付职工薪酬——职工教育经费
应付职工薪酬——非货币性福利
应交税费——未交增值税
应交税费——应交营业税
应交税费——应交所得税
应交税费——应交城市维护建设税
应交税费——应交个人所得税
应交税费——应交教育费附加
应付利息
应付股利
长期借款——基建借款

长期应付款——应付设备款
应付债券——面值
应付债券——利息调整
应付债券——应计利息
递延所得税负债
实收资本——国家投资
实收资本——兴盛公司
实收资本——其他
资本公积——资本溢价
资本公积——其他
盈余公积——法定盈余公积
利润分配——提取法定盈余公积
利润分配——应付现金股利
利润分配——未分配利润
本年利润
主营业务收入——J-1 产品
主营业务收入——J-2 产品
主营业务收入——J-3 产品
主营业务收入——J-4 产品
其他业务收入
投资收益
公允价值变动损益
营业外收入
主营业务成本——J-1 产品
主营业务成本——J-2 产品
主营业务成本——J-3 产品
主营业务成本——J-4 产品
营业税金及附加
其他业务成本
资产减值损失
营业外支出
所得税费用

(2) 下列账户使用多栏式账页（有期初余额的账户结转期初余额，没有期初余额的账户设户后待记发生额）：

应交税费——应交增值税

材料采购——原材料
生产成本——基本生产成本（J-1 产品）
生产成本——基本生产成本（J-2 产品）
生产成本——基本生产成本（J-3 产品）
生产成本——基本生产成本（J-4 产品）
生产成本——辅助生产成本——机修车间
生产成本——辅助生产成本——动力车间
制造费用——基本生产车间
销售费用
财务费用
管理费用

（3）下列账户使用数量金额式账页（有期初余额的账户结转期初余额，没有期初余额的账户设户后待记发生额）：

库存商品——J-1 产品
库存商品——J-2 产品
库存商品——J-3 产品
库存商品——J-4 产品
原材料——原料及主要材料——甲材料
原材料——原料及主要材料——乙材料
原材料——原料及主要材料——丙材料
原材料——原料及主要材料——丁材料
原材料——原料及主要材料——K-1 材料
原材料——原料及主要材料——L-1 材料

办理记账业务：

（1）12 月 4 日，收到业务员送来的材料入库验收单（留待月末汇总进行收料的账务处理）。

（2）12 月 9 日，收到固定资产折旧计算表，经审核无误进行账务处理。

（3）12 月 9 日，收到业务员交来本公司换出商品的增值税专用发票的记账联，换入材料的增值税发票的抵扣联与发票联及材料入库验收单的会计记账联，经审核无误进行非货币性交易的账务处理。

（4）12 月 12 日，收到冯洋、朱海的"物品领用单"，经审核无误进行账务处理。

（5）12 月 18 日，收到固定资产报废单，经审核无误进行账务处理。

（6）12 月 20 日，收到业务员送来的工程物资入库验收单。

（7）12 月 20 日，报废固定资产清理完毕，根据"固定资产清理——报废清理"账户余额编制"内部转账单",结转清理损益。

(8) 12月27日,收到业务员送来的材料入库验收单(留待月末汇总进行收料的账务处理)。

(9) 12月28日,本月应摊销专利权40000元,应摊销专有技术20000元,应摊销基本生产车间固定资产大修费21000元,据以编制"无形资产、长期待摊费用分摊表",经审核无误进行账务处理。

(10) 12月29日,收到"报废低值易耗品汇总表"及"材料入库验收单"(会计记账联),经审核无误进行账务处理。

(11) 12月29日,据前面留存的"材料入库验收单"登记"材料采购"明细账(横线登记式明细账)的贷方发生额,并计算入库材料成本差异,据此编制"本月已付款的入库材料汇总表"。

(12) 12月30日,本月生产产品领用包装物的计划成本汇总如下(根据领料单汇总,因为领料单不便一一列出,故略去):

J-1 产品领用 2500 元

J-2 产品领用 2000 元

J-3 产品领用 2700 元

J-4 产品领用 2800 元

据"周转材料——包装物"与"材料成本差异——包装物"账户资料计算材料成本差异率、领用材料应分摊的差异额及领用材料实际成本,据计算结果编制"领用包装物汇总表",经审核无误进行账务处理。

(13) 12月30日,本月领用低值易耗品的计划成本汇总如下(根据领料单汇总,因为领料单不便一一列出,故略去):

基本生产车间领用 12000 元

动力车间领用 1200 元

机修车间领用 1600 元

公司管理部门领用 2000 元

据"周转材料——低值易耗品"与"材料成本差异——低值易耗品"账户资料计算材料成本差异率、领用材料应分摊的差异额及领用材料实际成本,据计算结果编制:"领用低值易耗品汇总表",经审核无误进行账务处理。

(14) 12月31日,收到"车间产品耗用工时汇总表",结合"工资结算汇总表"与"奖金发放表"先编制"基本生产车间生产工人工资分配表",后编制"应付职工薪酬分配表",经审核无误进行账务处理。

(15) 12月31日,收到业务员送来的"发料凭证汇总表"及其"发料单"(略),根据"发料单"上所载明的用途及下列材料耗用资料编制"发料凭证分配汇总表"。据"原材料——原料及主要材料"各数量金额式明细账及

"材料成本差异——原材料"账户资料计算材料成本差异率、领用材料应分摊的差异额及领用材料实际成本。

材料耗用的计划成本汇总如下（表13-7）：

表13-7   单位：元

产品、车间、部门	主要材料	其他材料	备 注
J-1产品	136000		
J-2产品	150000		
J-3产品	156000		
J-4产品	160000		
基本生产车间一般耗用		3000	列入物料消耗
动力车间	8000	2000	
机修车间	9020	2000	
公司管理部门		5000	列入公司经费
销售部门		2000	列入包装费
车间扩建工程	30000	16000	按17%转出进项税额

经审核无误进行账务处理（注：材料成本差异率精确至小数点后四位）。

（16）12月31日，原作待处理的盘亏设备净值2500元，经批准转销。据以编制"内部转账单"，经审核无误进行账务处理。

（17）12月31日，收到"辅助生产情况表"，结合"生产成本——辅助生产成本——动力车间"和"生产成本——辅助生产成本——机修车间"账户资料，采取直接分配法分配辅助生产费用，编制"辅助生产费用分配表"（分配率精确至小数点后四位），经审核无误进行账务处理。

（18）12月31日，根据工时记录（生产J-1产品12000工时，生产J-2产品13000工时，生产J-3产品14000工时，生产J-4产品13800工时）和"制造费用——基本生产车间"账户资料编制"制造费用分配表"（分配率精确至小数点后四位），经审核无误进行账务处理。

（19）12月31日，收到"生产情况报告表"和"产品入库汇总表"，结合基本生产成本明细账资料，据以编制"生产成本计算表"（分别按四种产品进行计算），单位成本保留到分。经审核无误进行账务处理。

（20）12月31日，根据本月商品销售数量及"库存商品"明细账的加权

平均单位成本，编制"产品销售汇总表"，结转产品销售成本。

(21) 12月31日，"交易性金融资产——股票"的公允价值为220000元，依据"交易性金融资产——股票——成本"及"交易性金融资产——股票——公允价值变动"明细账户资料计算本期公允价值变动金额，据以填制"内部转账单"，经审核无误进行账务处理。

(22) 12月31日，按应收款项百分比法计提坏账准备，提取比例为3%，依据"应收账款"、"其他应收款"、"预付账款"及"坏账准备"明细账资料分析计算本期应计提的坏账准备金，据以编制"内部转账单"，经审核无误进行账务处理。

(23) 12月31日，依据"应交税费——应交增值税"明细账资料分析填写"增值税纳税申报表"，计算出未交增值税额，经审核无误进行账务处理。

(24) 12月31日，依据"其他业务收入"和"固定资产"明细账及"增值税纳税申报表"资料，计算应交营业税、应交房产税、应交城市维护建设税、应交教育费附加，编制"地方税收综合纳税（费）申报表"，经审核无误进行账务处理。

(25) 12月31日，依据"持有至到期投资"明细账期初资料计算本年利息收入，并进行利息调整（按票面利率10%，实际利率6%计算），据以填制"内部转账单"，经审核无误进行账务处理（本月发生数暂不计算利息）。

(26) 12月31日，依据"应付债券"明细账期初资料计算本年利息费用，并进行利息调整，按票面利率8%，实际利率6%计算（为安装工程而发行债券），据以填制"内部转账单"，经审核无误进行账务处理（本月发生数暂不计算利息）。

(27) 12月31日，结平"待处理财产损溢"账户。

(28) 12月31日，将损益类账户的本月净发生额结转"本年利润"账户。

(29) 12月31日，编制"利润表"初稿，据以编制"暂时性差异计算表"、"所得税纳税申报表"（所得税税率：33%），经审核无误进行账务处理。

(30) 12月31日，将"所得税费用"账户发生额转入"本年利润"账户。

(31) 12月31日，进行利润分配。法定盈余公积按净利润（"本年利润"账户年末余额）的10%分配，应付现金股利按"未分配利润"明细账期初余额加上本年净利润，减去本年提取的法定盈余公积后的30%分配。

(32) 12月31日，将"本年利润"、"利润分配——提取盈余公积"、"利润分配——应付现金股利"账户余额转入"利润分配——未分配利润"账户。

13.3 达亿公司财务科长岗位实操

开设总账。根据下列资料开设总账账户,每个账户占一页。达亿公司2002年11月30日总账期末资料如下:

库存现金	1000(借)
银行存款	300000(借)
其他货币资金	13000(借)
交易性金融资产	300000(借)
应收票据	300000(借)
应收账款	310000(借)
坏账准备	1240(贷)
其他应收款	16100(借)
材料采购	38600(借)
原材料	510000(借)
周转材料	75000(借)
材料成本差异	5450(借)
库存商品	2502000(借)
长期股权投资	180000(借)
持有至到期投资	118000(借)
固定资产	2250000(借)
累计折旧	650000(贷)
工程物资	650000(借)
在建工程	440000(借)
固定资产清理	5000(借)
无形资产	754000(借)
研发支出	26000(借)
累计摊销	
长期待摊费用	51500(借)
待处理财产损溢	2500(借)
递延所得税资产	
生产成本	58300(借)
制造费用	
短期借款	1500000(贷)
应付票据	300000(贷)

应付账款	300000	（贷）
应付职工薪酬	13000	（贷）
应交税费	16500	（贷）
应付利息	20000	（贷）
应付股利		
其他应付款		
长期借款	1280000	（贷）
长期应付款	90000	（贷）
应付债券	328000	（贷）
递延所得税负债		
实收资本	2997710	（贷）
资本公积	410000	（贷）
盈余公积	600000	（贷）
利润分配	30000	（贷）
本年利润	370000	（贷）
主营业务收入		
其他业务收入		
投资收益		
公允价值变动损益		
营业外收入		
主营业务成本		
营业税金及附加		
其他业务成本		
销售费用		
管理费用		
财务费用		
资产减值损失		
营业外支出		
所得税费用		

处理日常总账业务：

（1）复核上旬会计凭证，根据审核无误的上旬记账凭证编制记账凭证汇总表，并据以登记总账，结出账户余额，与出纳员所经管的日记账核对，如有不符，查明原因，予以更正；与记账员所经管的明细账进行核对，如有不符，查明原因，予以更正。

（2）复核中旬会计凭证，根据审核无误的中旬记账凭证编制记账凭证汇

总表,并据以登记总账,结出账户余额,与出纳员所经管的日记账核对,如有不符,查明原因,予以更正;与记账员所经管的明细账进行核对,如有不符,查明原因,予以更正。

(3) 复核下旬会计凭证,根据审核无误的下旬记账凭证编制记账凭证汇总表,并据以登记总账,结出账户余额,与出纳员所经管的日记账核对,如有不符,查明原因,予以更正;与记账员所经管的明细账进行核对,如有不符,查明原因,予以更正。

(4) 编制总账账户余额试算平衡表。

(5) 办理年结。

编制会计报表:

(1) 编制资产负债表,以12月份月初数作为年初数。

(2) 编制利润表,以12月份损益作为全年损益。

(3) 编制现金流量表,以12月份月初数作为年初数,以12月份现金流量作为全年现金流量。

13.4 达亿公司业务员岗位实操

按要求填制和传递2002年12月份凭证:

(1) 12月1日,林成出差返回公司报账,出差相关内容如下:林成出差联系业务推销产品,2002年11月25日从崎峰市乘轮船至南京市(当日到达),船票108元,在南京市期间住宿费160元,2002年11月27日从南京乘汽车至武汉(次日到达),车票60元,在武汉期间住宿费310元,29日从武汉乘火车回崎峰市(次日到达),火车票320元,出差补助每天18元,据以填写"旅差费报销单"(经理陈德民在单上签字:同意报销),并持单以林成的名义向财务科出纳处报账(出差前已预支1100元)。

(2) 12月1日,销售给AB公司J-4商品8000件,销售给AC公司J-4商品8000件,销售给AD公司J-4商品8000件,销售给AE公司J-4商品7000件,J-4商品每件售价27元,增值税税率17%,价税款均已收讫。据以填写"增值税专用发票",款项全部存入银行,填写"进账单",送银行办理进账手续后取回"进账单"回单。将"进账单"回单连同"增值税专用发票"的记账联送财务科记账员(开户行:中国工商银行崎峰市支行,账号:823653676513)。

(3) 12月2日,以业务科丰水仲的名义填写"领款单",领款金额2800元,领款单填写好后到财务科找出纳员领款,作为业务科的备用金。

(4) 12月3日,以三峡证券营业部的名义填写"三峡证券营业部成交过户交割单"1张,内容如下:本交割单系达亿公司购买股票,成交编号为13581,股东账户为53657892,股东名称为达亿公司,申请编号为681,公司代码为M238,申报时间为10点50分25秒,成交时间为10点50分40秒,实收金额为133327元,资金余额为86673元;证券代码为635278,成交数量15000股,成交价格8.83元,佣金400元,印花税462元,附加费15元。填好后送达亿公司出纳员。

(5) 12月4日,表13-8所列材料全部入库,据以填写"材料入库验收单":

表13-8

供货单位	材料名称	数量(千克)	单位买价(元)	运杂费(元)	计划单价(元)
昌平公司	甲材料	1500	4.00	100	3.91
	乙材料	2000	3.00	100	3.08
昌安公司	丙材料	1000	5.00	100	4.94
	丁材料	1000	5.00	100	6.05
丰润公司	K-1材料	640	12.50	100	13.94
丰利公司	L-1材料	800	10.00	100	10.07

将填写好的"材料入库验收单"记账联送本公司记账员。

(6) 12月5日,以中财保险股份有限公司的名义填写"机动车辆保险单"和"保费收据"各一张,填写内容如下:被保险人为达亿公司,投保险种为车辆损失险、第三责任险、盗抢险、玻璃险、他人恶意险等;车辆型号为三菱(普);发动机号3675665;牌号为A-355667;非营业用车;座位为5座;保险价值31万元,保险金额31万元;基本保费240元;车辆损失险费率0.8%;第三责任险最高赔偿限额为24万元;第三责任险保费为2100元;盗抢险保费据表计算;玻璃险保费为50元,他人恶意险保费为100元;保险期限自2002年12月5日零时起至2003年12月5日24时止。地址:十字街58号;电话:8666688;邮政编码:438000;总经理:刘峰。填好后将"机动车辆保险单"正本和"保费收据"发票联送达亿公司记账员。

(7) 12月6日,以崎峰市第一律师事务所王宏的名义填写"崎峰市服务业发票",收取达亿公司本月律师顾问费1100元,持其发票联找达亿公司出纳员收款。

(8) 12月8日,崎峰市电视台收取达亿公司广告费23000元,代电视台填写"崎峰市服务业发票",持其发票联找达亿公司出纳员收款。

(9) 12月9日,债券公司应向达亿公司收取债券印刷费及手续费7000元,代填写"崎峰市服务业发票",并持其第二联到达亿公司财务科结算。

(10) 12月9日,根据下述资料编制"固定资产折旧表"(采用平均年限

法），编制完成后将其送达亿公司记账员。

11月30日，固定资产资料见表13-9：

表13-9

部门	固定资产类型	固定资产原值（元）	预计净残值（元）	预计使用年限
基本车间	房屋	200000	15000	40
	机床加工设备	200000	10000	10
	专用电子设备	350000	15000	10
	其他专用设备	200000	8000	20
机修车间	房屋	100000	5000	40
	机床加工设备	50000	2500	10
	其他专用设备	10000	500	20
动力车间	房屋	100000	5000	40
	内燃发电机组	100000	5000	20
	其他专用设备	40000	2000	20
管理部门	房屋	600000	35000	40
	不需用设备	150000	10000	10
出租	仓库	150000	8000	10

（11）12月9日，达亿公司与众健公司进行非货币交易，交易内容如下：

达亿公司向众健公司销售J-2商品1616件，每件售价25元；向众健公司购进甲材料10000千克，每千克价格4.04元。增值税税率均为17%，据以填写销售J-2商品的"增值税专用发票"和购进甲材料的"材料入库验收单"（材料已如数入库，甲材料的计划单位成本见记账员岗位的数量金额式明细账）填写好后先持销售商品的增值税专用发票的第二、三联到众健公司业务处换取购进材料的增值税专用发票的第二、三联；后将销售商品的"增值税专用发票"的记账联和购进材料的"增值税专用发票"的第二、三联及"材料入库验收单"一并送交达亿公司记账员。

（12）12月10日，以公司职工陆地的名义填写"费用报销领款单"，到财务科领取独生子女费160元。

（13）12月10日，代房地产管理所开具"崎峰市服务业发票"，应收取达亿公司办公用房租金1100元。制单人：张选。持发票联到达亿公司财务科结算。

（14）12月10日，以崎峰市汽车队的名义开具"崎峰市公路、内河货物运输统一发票"，应收取达亿公司销货运费6800元。制单人：王平。持发票联到达亿公司财务科结算。

（15）12月10日，达亿公司向保险公司交纳职工失业保险金1400元（保险公司开户行：中国工商银行崎峰市支行，账号：823653998822），以保险公司的名义开具"保险公司失业保险金收据"，持发票联到达亿公司财务科结算。

（16）12月10日，业务科鲁琛、宋锦、肖敬等3人领取本年度烤火费，每人90元，经理涂清源签字：同意付款。代填写"费用报销领款单"，到财务科出纳处领款。

（17）12月10日，代司法局开具"崎峰市行政事业单位收款收据"，应收取达亿公司公证费用1200元。收款人：游咏。持发票联到达亿公司财务科结算。

（18）12月11日，生产技术科林成去省城开生产技术会，经领导同意借款1600元。据以填写"借款单"，持单向财务科出纳员借款。

（19）12月11日，支付生产车间扩建工程款8200元，经公司经理签字同意付款，由赵强统一领款，据以填写"崎峰市建筑安装业统一发票"，持发票联到财务科出纳处办理领款，取得出纳员签发的"现金支票"到银行取款。

（20）12月12日，业务员马洋、朱海各领计算器一个，单价130元，合计金额260元。经理陈德民审批：同意领用，一次摊销。据以填写"物品领用单"并将其送交财务科记账员。

（21）12月12日，达亿公司向证券公司购买1年期债券900000元，手续费1800元，以证券公司名义开出"收据"，持收据第二联到达亿公司财务科结算。

（22）12月13日，根据表13-10所列资料编制"工资结算汇总表"（因工资结算原始资料比较复杂，实际工作中的工资发放表是根据岗位将每个人的工资计算出来加以汇总的，而表中资料直接以汇总的形式给出）。

表13-10 单位：元

车间、部门、类型	职工人数	标准工资	应扣工资		津贴	代扣款项			
			事假	病假		水电费	住房公积金	个人所得税	个人承担社保
基本生产车间生产工人	300	290000	2000	350	28000	11290	12000	55	2340
基本生产车间管理人员	12	12500		100	1200	500	450	20	105
援外工程人员	4	4700			1600				45
在建工程人员	25	24000		30	2600	1000	1100		260
机修车间人员	8	7900			700	320	400		65
动力车间人员	5	5100			480	200	230		40
公司管理人员	36	42000	150	300	4000	1500	1800	35	450
医务人员	3	2900			280	120	150		20
6个月以上长病人员	2	1800		500	10	70	120		15

工资结算汇总表编制好后送交财务科出纳员。

(23) 12月13日，销售给昌安公司J-1商品10000千克，每千克售价12.80元，J-2商品10000件，每件售价23.80元，增值税税率17%，据以填写"增值税专用发票"后将其第二、三、四联交达亿公司财务科出纳员办理收款手续。

(24) 12月14日，业务科各种费用支出汇总情况如下：差旅费360元（12张原始凭证）；办公费200元（13张原始凭证）；其他费用180元（10张原始凭证）；经核对，编制"管理费用支出汇总表"，持表到财务科报账。

(25) 12月14日，王国维等5名职工参加崎峰市工学院短期培训，支付学杂费3500元，以工学院名义开出"收据"，持第二联（付款人联）找达亿公司财务科出纳员办理领款，取得出纳员签发的"现金支票"到银行取款。

(26) 12月15日，达亿公司职工食堂向为民日杂公司购盘子50个，每个3.00元，计150元。以为民日杂公司名义开具"为民日杂公司销售发票"，持发票联向达亿公司财务科出纳员报账（在发票备注上填写：列入职工福利）。

(27) 12月16日，达亿公司向税务局购买20张5元券印花税票，20张2元券印花税票，30张1元券印花税票，以税务局名义开具"市税务局印花税票发售统一发票"，持发票联向达亿公司财务科出纳员报账。

(28) 12月16日，崎峰市保险公司向达亿公司收取员工养老保险金7200元，以保险公司名义开具"收据"，并持"收据"（付款人联）向达亿公司财务科结算。

(29) 12月17日，达亿公司应付的车间扩建工程包工款190000元，以新达建筑公司的名义填写"崎峰市建筑安装业统一发票"，持发票联到达亿公司财务科办理结算。

(30) 12月17日，本月综合奖金结算汇总资料如下（表13-11）：

表13-11

车间、部门	奖金（元）
基本生产车间生产工人	30000
基本生产车间管理人员	1200
机修车间人员	800
动力车间人员	500
公司管理人员	3600
医务人员	300

据以编制"综合奖金结算汇总表",持表向财务科出纳员领取奖金。

(31) 12月18日,达亿公司应付立新设计院产品设计费1100元,以立新设计院的名义填写"崎峰市服务业发票",持发票联到达亿公司财务科办理结算。

(32) 12月18日,向丰润公司购进丙设备一台,交易价53000元,经验收交基本生产车间使用,据以填写"固定资产验收单",将其第二联送财务科出纳员。

(33) 12月18日,一栋仓库275平方米,预计使用26年,已使用25年,原值80000元,已提折旧70000元,因重建提前报废。使用部门的意见:因陈旧要求报废;技术鉴定小组意见:情况属实;固定资产管理部门意见:同意转入清理;主管部门审批意见:同意报废重建。据以填写"固定资产报废单"后将其会计记账联送财务科记账员。

(34) 12月19日,销售给达昌公司不需用丁设备一台,原始价值55000元,已提折旧17000元,协商作价40000元。据以填写"崎峰市商业普通发票",持其发票联到达昌公司财务科收款,要求达昌公司出纳员签发"转账支票",并与其一同去银行办理转账手续,取得银行盖章的"转账支票"的收账通知联后,将"转账支票"的收账通知联及"崎峰市商业普通发票"记账联送交本公司财务科出纳员。

(35) 12月19日,林成12月11日去省城参加工业生产技术会,12月18日返回,往返汽车票均为35元,住宿费用700元,会议费用150元,其他费用160元,每天补助15元。以林成的名义填写"差旅费报销单",经理陈德民在单上签字:同意报销。持单向财务科出纳员报账(原借支1600元)。

(36) 12月19日,业务科与业务往来单位洽谈业务,接待、就餐、补助及接车费共计金额2080元,单据19张。据以填写"业务招待费汇总表",经理陈德民在单上签字:同意报销。持单向财务科出纳员报账,取得出纳员签发的"现金支票"后到银行提取现金。

(37) 12月19日,报废固定资产的清理人员周全等4人应领取清理费用380元,以周全的名义填写"费用报销领款单",经理陈德民在单上签字:同意付款。持单向财务科出纳员领款。

(38) 12月19日,达亿公司向崎南公司收取仓库租金5100元,据以开出"崎峰市服务业发票",收到现金5100元,当即填写"进账单"到开户行办理进账手续,收到银行盖章的"进账单"回单后,将"崎峰市服务业发票"的发票联及"进账单"回单送交本公司出纳员。

(39) 12月20日,仓库清理残料如下:红砖60000块,每块0.20元,计12000元,其他材料4000元,合计16000元。材料全部入库作重建仓库用,据以编制"材料入库单",并将其记账联送财务科记账员。

(40) 12月20日,达亿公司向为民五金公司购买灭火器5个,单价100元,计500元。灭火器购回后当即由仓库领用。先以为民五金公司名义开具"为民五金公司发票",再以仓库保管员汤新元名义填写"物品领用单"(经理陈德民在单上签字:同意领用,一次摊销),最后将"为民五金公司发票"的发票联和"物品领用单"送财务科出纳员,并要求领款、领物。

(41) 12月20日,向丰润公司转让技术,收取技术转让费17000元,据以填写"崎峰市商业普通发票",持其发票联到丰润公司财务科收款,要求丰润公司出纳员签发"转账支票",并与其一同去银行办理转账手续,取得银行盖章的"转账支票"的收账通知联后,将"转账支票"的收账通知联及"崎峰市商业普通发票"记账联送交本公司财务科出纳员。

(42) 12月21日,向会计局购买《新会计准则》等书籍,付款180元,以会计局的名义填写"崎峰市文化教育、体育业发票",并持其发票联到财务科报账。

(43) 12月21日,达亿公司的汽车送汽车修配厂修理,具体修配项目如下:汽车补胎285元,汽车轮胎充气40元,车轮拆装55元。以汽车修配厂名义开具"崎峰市服务业发票",将"崎峰市服务业发票"的发票联送交本公司出纳员。

(44) 12月23日,达亿公司的水表记录是:本月止码为12356,上月止码为6526,实用水5830吨,每吨单价1元。以自来水厂名义开具"自来水厂水费发票",持其发票联到达亿公司财务科结算。

(45) 12月23日,业务科用备用金开支下列各种费用:差旅费950元(15张原始凭证);办公费1000元(12张原始凭证);修理费1300元(4张原始凭证);经核对全部报销,编制"管理费用支出汇总表",持单到财务科报账。

(46) 12月24日,达亿公司电表的起码是256726,止码是315026,实用电58300度,每度单价0.50元,以电力局的名义填写"增值税专用发票"(电费增值税税率13%),持发票联到达亿公司财务科结算。

(47) 12月24日,达亿公司参加本市商品展销会,应付新世界商厦商品展位租用费1100元,以新世界商厦的名义填写"崎峰市服务业发票",持发票联到达亿公司财务科结算。

(48) 12月25日,物价检查所对达亿公司商品销售情况进行检查,发现部分商品违反国家价格政策,罚款1800元,以物价检查所名义填写"罚款没收专用收据",持单到达亿公司财务科结算。

(49) 12月25日,养路费征收站向达亿公司收取汽车养路费用1000元,以养路费征收站的名义填写"交通车辆养路费收据"（2 台东风汽车为送货用车，养路费为 700 元，2 台小车的养路费 300 元），持单到达亿公司财务科结算。

（50）12 月 26 日，看望住院职工李学锋，从副食品商店购买 2 袋奶粉，每袋 15 元，苹果 4 公斤，每公斤 4 元，据以填写"副食商店销售发票"，经理陈德民签字：在福利费列支，持发票联到达亿公司财务科结算。

（51）12 月 26 日，通达搬运公司为达亿公司装卸货物，应收取装卸费 1200 元，以通达公司的名义开具"崎峰市交通运输业发票"，持发票联到达亿公司财务科结算。

（52）12 月 26 日，林成出差预支差旅费 1600 元，据以填写"借款单"，持单向财务科出纳借款。

（53）12 月 26 日，本公司向美国 H 公司购入先进设备一台，交易价 4000 美元，以 H 公司名义填写"商业发票"，以本公司设备科名义填写"固定资产验收单"（设备交管理部门使用）。"商业发票"与"固定资产验收单"交本公司出纳员（引进先进设备，减免关税及增值税；境内外运杂费均由供货方承担）。

（54）12 月 27 日，达亿公司自行开发一项实用新型专利成功，先根据下列资料填写"专利申报表"：申请单位：达亿公司；专利项目：实用新型专利；技术开发费：26000 元；注册登记费：3800 元；单位意见：同意申报；专利局审批：同意注册。再以专利局名义填写"崎峰市行政事业单位收款收据"，收取达亿公司专利注册登记费 3800 元，然后持"专利申报表"和"崎峰市行政事业单位收款收据"到达亿公司财务科结算。

（55）12 月 27 日，达亿公司销售给宏盛公司 J-1 商品 5000 千克，每千克售价 13 元；销售给达昌公司 J-1 商品 4800 千克，每千克售价 13 元；销售给昌安公司 J-2 商品 10000 件，每件售价 23 元；增值税税率均为 17%，据以分别填写"增值税专用发票"后持"增值税专用发票"的第二、三联到达昌公司、宏盛公司、昌安公司财务科结算，要求各公司出纳员根据购销合同填写"商业承兑汇票"，经付款人（各购货公司）承兑后取得"商业承兑汇票"的第二联，并在商业承兑汇票第一联的收款人盖章处盖上本公司财务专用章（由本公司出纳员盖章），在负责、经办处签名，将"增值税专用发票"的记账联和"商业承兑汇票"的第二联送交达亿公司出纳员。

（56）12 月 27 日，顺达运输公司为达亿公司运输购入的材料，应收运费 7480 元。以顺达运输公司的名义开具"崎峰市公路、内河货物运输业统一发票"，持发票联到达亿公司财务科结算。

（57）12 月 27 日，外购材料全部验收入库。据表 13-12 所列资料填写

"材料入库验收单",将其记账联送财务科记账员。

表13-12

供货单位	材料名称	数量(千克)	买价(元)	运杂费(元)	计划单价(元)
丰润公司	K-1材料	4800	67200	480	13.94
丰利公司	L-1材料	10000	100000	1000	10.07
昌平公司	甲材料	20000	80000	2000	3.91
	乙材料	20000	60000	2000	3.08
	丙材料	10000	50000	1000	4.94
	丁材料	10000	60000	1000	6.05

(58) 12月29日,各部门报废低值易耗品(领用时均一次摊销),本月收回残值如下:基本生产车间480元,动力车间57元,机修车间63元,行政管理部门120元。报废材料均已入库(计划价按照720元计算)。据以编制"报废低值易耗品汇总表"和"材料入库验收单",并将其送财务科记账员。

(59) 12月30日,销售给昌安公司J-2商品10000件,每件售价23元,J-3商品10000件,每件售价24元,增值税税率17%,据以填写"增值税专用发票",将"增值税专用发票"第二、三、四联送本公司出纳员。

(60) 12月31日,基本生产车间生产J-1产品耗用7500工时,生产J-2产品耗用7000工时,生产J-3产品耗用8100工时,生产J-4产品耗用8256工时,据以编制"产品耗用工时汇总表",并将表送财务科记账员。

(61) 12月31日,本月发出材料汇总资料如表13-13所示:

表13-13

材料名称	数量(千克)	计划单价(元)	计划总价(元)
甲材料	35000	3.91	136850
乙材料	30000	3.08	92400
丙材料	18000	4.94	88920
丁材料	15000	6.05	90750
K-1材料	10000	13.94	139400
L-1材料	10000	10.07	100700
小计			649020
其他材料			30000

据以编制"发料凭证汇总表",并将表送财务科记账员。

(62) 12月31日，辅助生产车间本月提供劳务总量资料如表13-14所示：

表13-14

项　目	机修车间服务量（工时）	动力车间供电量（度）
J-1产品耗用	——	8000
J-2产品耗用	——	10000
J-3产品耗用	——	10000
J-4产品耗用	——	11000
基本生产车间耗用	1620	1000
行政管理部门耗用	200	3000
车间扩建工程耗用	180	7000
动力车间耗用	100	——
机修车间耗用	——	1000
合　计	2100	51000

据以编制"辅助生产情况表"，并将表送财务科记账员。

(63) 12月31日，本月产品生产及入库情况如表13-15所示：

表13-15

产品名称	月初在产品	本月投产	本月完工入库	月末在产品	在产品完工程度	投料方式
J-1产品	2600千克	28732千克	29000千克	2332千克	50%	逐步投料
J-2产品	1700件	18124件	17000件	2824件	50%	逐步投料
J-3产品	1386件	17818件	17000件	2204件	50%	逐步投料
J-4产品	1842件	15152件	16000件	994件	50%	逐步投料

代基本生产车间编制"生产情况报告表"，代成品仓库编制"产品入库汇总表"，将填写好的两张表送财务科记账员。

14 丰润公司会计实操

14.1 丰润公司出纳员岗位实操

开设有关日记账。丰润公司 2002 年 11 月 30 日有关账户余额如下：
库存现金日记账　　　　　　　1000（借）
银行存款日记账　　　　　　　299000（借）
丰润公司及往来公司相关情况如表 14-1 所示：

表 14-1

开户行：中国工商银行江泽市支行		开户行：中国工商银行崎峰市支行	
公司名称	账　号	公司名称	账　号
昌平公司	1156674356327	达昌公司	823653676512
昌安公司	1156674356328	达亿公司	823653676513
		丰润公司	823653676514
		丰利公司	823653676515
		众生公司	823653676516
		众健公司	823653676517

办理如下出纳业务：

凡出纳业务，在业务办理完毕后，编制记账凭证，据以登记库存现金和银行存款日记账，并将记账凭证连同所附原始凭证一并转交记账员记账。

（1）12 月 1 日，收到周源"旅差费报销单"（所附单据略），经审核无误，报销费用 1190 元，按原预支额 1200 元开出"收据"，当即交回现金 10 元，并在差旅费报销单上填写"收现金 10 元"。

（2）12 月 1 日，收到业务员送来的"进账单"回单及"增值税专用发票"的记账联，进行账务处理。

（3）12 月 1 日，收到开户银行转来达昌公司和达亿公司"转账支票"的收账通知联。

（4）12月1日，填写"信汇"凭证2张，分别支付大兴公司账款100000元和应付昌平公司账款110000元。签发"转账支票"1张，支付应付丰利公司账款100000元；填好结算凭证后去开户银行办理相关手续，取回"转账支票"和"信汇"凭证回单，审核无误后进行账务处理。

（5）12月2日，填写"转账支票"1张，转出投资款250000元，存入三峡证券营业部账户（三峡证券营业部开户行：中国工商银行崎峰市支行，账号：123456786789）准备用于购买股票。到银行办理转账手续，取回回单。

（6）12月2日，填写"现金支票"1张，提取现金6000元备用，到开户银行办理支款手续。

（7）12月2日，收到业务科向东方的"领款单"，经审核无误，当即支付现金3300元，作为业务科的备用金（在领款单上注明"现金付讫"）。

（8）12月3日，收到"三峡证券营业部成交过户交割单"，购入股票划作交易性金融资产。

（9）12月3日，将专夹留存的10月3日签发的商业承兑汇票第二联取出（曾在10月3日发生销货业务时，已填写3份"商业承兑汇票"：签发日期为2002年10月3日，承兑期2个月，应收达昌公司货款100000元，应收达亿公司货款90000元，应收昌安公司货款90000元），依据到期的3张"商业汇票"分别办理收款手续。

① 应收达昌公司和达亿公司到期票据款，持"商业汇票"第二联去达昌公司、达亿公司，要求达昌公司和达亿公司出纳员签发"转账支票"，并到银行办理转账手续，收到开户行转回的"转账支票"收账通知联。

② 应收昌安公司到期票据款，填写"委托收款"凭证后，持"委托收款"凭证和"商业承兑汇票"第二联到开户银行办理委托收款手续，银行盖章后，取回"委托收款"凭证回单。

（10）12月3日，收到丰利公司出纳员送来的到期商业汇票的第二联，经审核无误后签发"转账支票"，到银行办理转账手续，取回"转账支票"回单联，作账务处理。

（11）12月5日，收到开户行转来昌安公司"信汇"凭证收款通知联。

（12）12月5日，收到中财保险股份有限公司机动车辆保险单（正本）和保费收据第一联，经审核无误，据以填写转账支票（中财保险股份有限公司开户行：中国工商银行崎峰市支行，账号：823653676538），并到银行办理转账手续，经银行盖章，取回转账支票回单。

（13）12月6日，填写"中华人民共和国税收通用完税证"，将未交增值税、应交城市维护建设税、应交个人所得税、应交教育费附加上交国库，具体金额见明细分类账各该账户的月初余额。税收通用完税证填写好后,到开户行办理手续,经税务机关、银行盖章后取得完税凭证联,并据以进行账务处理。

(14) 12月6日,收到律师事务所的"崎峰市服务业发票"发票联,经审核无误,以现金付讫。

(15) 12月7日,收到银行转来委托收款凭证的收款通知1张,系昌安公司应收账款90000元。

(16) 12月7日,收到银行转来委托收款凭证的付款通知2张,系应付昌平公司商业票据到期款90000元、大兴公司商业汇票到期款200000元。

(17) 12月8日,收到崎峰市电视台的"崎峰市服务业发票"发票联,经审核无误,据以填写转账支票(崎峰市电视台开户行:中国工商银行崎峰市支行,账号:823653676658),付广告费,并到银行办理转账手续,经银行盖章,取回转账支票回单。

(18) 12月8日,丰润公司委托债券发行公司发行5年期债券,按面值的10%溢价发行。现债券公司已发行债券面值600000元,实收金额660000元,款项今日全部交来,当即送存银行。据以填写"收据"及"进账单",到银行办理手续后据"收据"记账联及"进账单"回单进行账务处理。

(19) 12月9日,收到债券公司的"崎峰市服务业发票"发票联,经审核无误,据以填写转账支票(债券公司开户行:中国工商银行崎峰市支行,账号:825533667788),付手续费,并到银行办理转账手续,经银行盖章,取回转账支票回单。

(20) 12月10日,收到本公司职工丰收"费用报销领款单",经审核无误,以现金付讫。

(21) 12月10日,收到房地产管理所的"崎峰市服务业发票"发票联,经审核无误,以现金付讫。

(22) 12月10日,收到崎峰市汽车运输公司的"崎峰市公路、内河货物运输业统一发票"发票联,经审核无误,据以填写"转账支票"(崎峰市汽车运输公司开户行:中国工商银行崎峰市支行,账号:823653675588),付运费,并到银行办理转账手续,经银行盖章,取回"转账支票"回单。

(23) 12月10日,收到保险公司的"保险公司失业保险金收据",经审核无误,以现金支票付讫。

(24) 12月10日,签发"现金支票",到银行办理取款手续,提回现金4200元备用。根据"现金支票"存根作账务处理。

(25) 12月10日,收到孙红等3人的"费用报销领款单",经审核无误,以现金付讫。

(26) 12月10日,收到司法局的"崎峰市行政事业单位收款收据"经审核无误，据以填写转账支票（司法局开户行：中国工商银行崎峰市支行，账号：825634221668），付诉讼费，并到银行办理转账手续，经银行盖章，取回转账支票回单。

（27）12月11日，收到周源的"借款单"，经审核无误，以现金付讫。

（28）12月11日，收到工程队的"崎峰市建筑安装业统一发票"，经审核无误，如数签发"现金支票"，交郭进到银行取款。

（29）12月12日，收到证券公司的"收据"，经审核无误，据以填写转账支票（证券公司开户行：中国工商银行崎峰市支行，账号：825634211698），付债券及手续费，并到银行办理转账手续，经银行盖章，取回转账支票回单。

（30）12月13日，收到"工资结算汇总表"，根据实发工资总额签发"现金支票"，从银行提取现金，当即发放完毕。

（31）12月13日，收到业务员送来的增值税专用发票的第二、三、四联，据以填写"委托收款凭证"（应收昌安公司款），持委托收款凭证和增值税专用发票第二、三联到银行办理托收手续，经银行盖章后，将退回的"委托收款凭证"回单与"增值税专用发票"记账联一并作账务处理。

（32）12月14日，收到业务科"管理费用支出汇总表"（所附单据38张略），经审核无误，以现金付讫。

（33）12月14日，收到崎峰市工学院的"收据"，经审核无误，开出"现金支票"付讫。

（34）12月15日，收到职工食堂购买炊具的发票，经审核无误，以现金付讫。

（35）12月16日，收到银行转来"委托收款凭证"的收款通知联，系昌安公司应收款。

（36）12月16日，收到"市税务局印花税票发售统一发票"，经审核无误，以现金付讫。

（37）12月16日，收到保险公司收取员工养老保险金的"收据"，经审核无误，据以填写"转账支票"（保险公司开户行：中国工商银行崎峰市支行，账号：8256342172238），付保险金，并到银行办理转账手续，经银行盖章，取回"转账支票"回单。

（38）12月17日，收到新达建筑公司"崎峰市建筑安装业统一发票"的发票联，经审核无误，据以填写"转账支票"（新达建筑公司开户行：中国工商银行崎峰市支行，账号：825625671350），付工程款，并到银行办理转账手续，经银行盖章，取回"转账支票"回单。

（39）12月17日，根据"综合奖金结算汇总表"（实际还应有按人头的奖金发放表，此处略），签发"现金支票"提回现金，当即发放完毕。

(40) 12月18日，收到立新设计院的"崎峰市服务业务发票"发票联，经审核无误，以现金付讫。

(41) 12月18日，收到业务员送来的达亿公司"转账支票"的收账通知联及本公司的固定资产销售的"崎峰市商业普通发票"的会计记账联，经审核无误进行账务处理。

(42) 12月19日，收到丰利公司出售设备的"崎峰市商业普通发票"发票联及本公司业务员送来的"固定资产验收单"，经审核无误，据以填写"转账支票"付设备款，并到银行办理转账手续，经银行盖章，取回"转账支票"回单。

(43) 12月19日，收到周源的"旅差费报销单"（所附单据略）和交来的现金560元，开出"收据"收讫。收据金额按周源原借支数填写。

(44) 12月19日，收到业务科的"业务招待费汇总表"及所附19张单据（单据略），经审核无误后，当即签发"现金支票"补足其备用金。

(45) 12月19日，收到黄红的"费用报销领款单"，经审核无误，以现金付讫。

(46) 12月19日，收到业务员送来的仓库租金收入"进账单"回单及"崎峰市服务业发票"记账联。

(47) 12月20日，收到业务员送来的"为民五金公司发票"和"物品领用单"，经审核无误后签发"现金支票"，从银行提回现金5700元，除支付灭火器款外，其余备用。

(48) 12月20日，收到业务员送来的众生公司"转账支票"的收账通知联及本公司收取技术转让收入的"崎峰市商业普通发票"记账联。

(49) 12月21日，收到购买书籍的"崎峰市文化教育、体育业发票"发票联，经审核无误，以现金付讫。

(50) 12月21日，收到达亿公司的"崎峰市商业普通发票"发票联，经审核无误后签发"转账支票"支付技术转让费。到银行办理转账手续，经银行盖章后，拿回转账支票回单。

(51) 12月21日，收到汽车修配厂的"崎峰市商业普通发票"发票联，经审核无误后以现金付讫。

(52) 12月23日，收到自来水厂发票，审核无误后填写"转账支票"支付水费，到银行办理转账手续，经银行盖章后，拿回转账支票回单（自来水厂开户行：中国工商银行崎峰市支行，账号：865235217658）。

同时根据定额耗用量分配本月水费，定额耗用量如下：动力车间630吨，机修车间610吨，基本生产车间2860吨，公司管理部门1500吨，据以编制"水费分配表"。

根据"自来水厂发票"发票联、"转账支票"存根和"水费分配表"进行账务处理。

(53) 12月23日，收到业务科的"管理费用支出汇总表"及所附32张单据（单据略），经审核无误后，当即签发"现金支票"补足其备用金。

(54) 12月24日，收到电力局的"增值税专用发票"发票联，审核无误后填写"转账支票"支付电费，到银行办理转账手续，经银行盖章后，拿回转账支票回单（电力局开户行：中国工商银行崎峰市支行，账号：865235217666）。

同时根据表14-2所列定额耗用量资料编制"外购动力费分配表"：

表14-2

产品名称	定额耗用量	车间部门	定额耗用量
K-1产品	11000度	动力车间	600度
K-2产品	11500度	机修车间	1000度
K-3产品	12000度	基本生产车间	800度
K-4产品	12500度	管理部门	7600度

根据电力局的发票联、"转账支票"存根和"外购动力费分配表"进行账务处理。

(55) 12月24日，收到新世纪商厦的"崎峰市服务业发票"发票联，经审核无误后以现金付讫。

(56) 12月24日，为购进口设备，向开户行买入5000美元，以中国人民银行公布的人民币汇率中间价作为即期汇率，当日的即期汇率1美元=7.72元人民币，银行当日美元卖出价为1美元=8.10元人民币。签发"转账支票"支付人民币，填写"进账单"购入美元。到银行办理相关手续，根据"转账支票"存根和"进账单"作账务处理。

(57) 12月25日，签发"现金支票"，到银行办理取款手续，提回现金6600元备用。根据"现金支票"存根作账务处理。

(58) 12月25日，收到物价检查所"罚款没收专用收据"，以现金支付罚款。

(59) 12月25日，收到养路费征收站的"交通车辆养路费收据"，经审核无误，以现金付讫（2台东风汽车为送货用车，养路费为800元，1台小车的养路费为400元）。

(60) 12月26日，收到"副食商店销售发票"发票联，经审核后以现金付讫。

(61) 12月26日，收到通达搬运公司的"崎峰市交通运输业发票"发票联，经审核无误后以现金付讫。

(62) 12月26日，收到周源的"借款单"经审核无误后以现金付讫。

(63) 12月26日，收到业务员送来的"固定资产验收单"及购买进口设备的"商业发票"，经审核无误后填写"信汇"凭证，到银行办理美元汇兑手续，取回"信汇"回单。当日的即期汇率1美元＝7.85元人民币。

(64) 12月27日，收到本公司业务员送来销售商品给达亿公司、达昌公司和昌安公司的"增值税专用发票"记账联和3张"商业承兑汇票"。

(65) 12月27日，收到业务员送来的"专利申报表"和专利局的"崎峰市行政事业单位收款收据"发票联，审核无误后填写"转账支票"支付专利注册登记费，到银行办理转账手续，经银行盖章后，拿回转账支票回单（专利局开户行：中国工商银行崎峰市支行，账号：865235367685）。

(66) 12月27日，收到昌平公司、丰利公司、大兴公司业务员送来的增值税专用发票第二、三联，经审核无误后分别填写为期2个月的"商业承兑汇票"3份，其中第一联经各收款人盖章签名后收回，在第二联的付款人盖章处盖上财务专用章，在负责经办处均签上名，填好后将第二联分别交昌平公司、丰利公司、大兴公司业务员。

同时收到顺达运输公司的"崎峰市公路、内河货物运输业统一发票"发票联，经审核无误后填写"转账支票"支付材料运费，到银行办理转账手续，经银行盖章后，拿回转账支票回单（顺达运输公司开户行：中国工商银行崎峰市支行，账号：865235367898）。

根据材料重量编制"材料采购费用分配表"。各种材料采购的重量：A-1材料6000千克，L-1材料10000千克，甲材料20000千克，乙材料20000千克，丙材料10000千克，丁材料10000千克。

根据"增值税专用发票"的发票联、"商业汇票"的留存联、"转账支票"存根联、"崎峰市公路、内河货物运输业统一发票"发票联、"材料采购费用分配表"，作账务处理。

(67) 12月30日，收到业务员送来的"增值税专用发票"的第二、三、四联，合同规定销货款采用委托收款结算方式，经审核无误后，据以填写"委托收款凭证"，持"委托收款凭证"和"增值税专用发票"第二、三联到银行办理托收手续，经银行盖章后，将退回的"委托收款凭证"回单与"增值税专用发票"的记账联一并作账务处理。

(68) 12月31日，到开户行拿回贷款计息凭证，进行账务处理（预计应

付利息 11000 元）。

(69) 12 月 31 日，到开户行拿回存款计息凭证，进行账务处理。

(70) 12 月 31 日，将账面价值为 100000 元的"交易性金融资产——基金"全部出售，实得现金 105000 元。填写"内部转账单"和"进账单"，将现金送存银行（全为百元券）。

(71) 12 月 31 日的即期汇率 1 美元 = 8.05 元人民币，调整当期产生的汇兑差额。

14.2 丰润公司记账员岗位实操

开设有关账户。丰润公司 2002 年 11 月 30 日明细账期末资料如下：

其他货币资金——外埠存款	12000（借）
交易性金融资产——股票（成本）	100000（借）
交易性金融资产——债券（成本）	90000（借）
交易性金融资产——基金（成本）	100000（借）
应收票据——昌安公司	90000（借）
应收票据——达昌公司	100000（借）
应收票据——达亿公司	90000（借）
应收账款——昌安公司	110000（借）
应收账款——达昌公司	100000（借）
应收账款——达亿公司	110000（借）
坏账准备	1280（贷）
其他应收款——周源	1200（借）
其他应收款——代扣水电费	12000（借）
材料采购——原材料	54850（借）
原材料——原料及主要材料	400000（借）
原材料——其他材料	100000（借）
周转材料——包装物	20000（借）
周转材料——低值易耗品	60000（借）
材料成本差异——原材料	5000（借）
材料成本差异——包装物	200（贷）
材料成本差异——低值易耗品	600（借）
库存商品——K-1 产品	180000（借）
库存商品——K-2 产品	600000（借）
库存商品——K-3 产品	640000（借）

库存商品——K-4产品	1000000（借）
长期股权投资——股票投资（德源公司）	150000（借）
持有至到期投资——成本	100000（借）
持有至到期投资——利息调整	10000（借）
持有至到期投资——应计利息	10000（借）
固定资产——生产用固定资产	1450000（借）
固定资产——非生产用固定资产	600000（借）
固定资产——不需用固定资产	100000（借）
固定资产——出租固定资产	150000（借）
累计折旧	650000（贷）
工程物资——专用材料	200000（借）
工程物资——专用设备	400000（借）
在建工程——机床大修工程	60000（借）
在建工程——设备安装工程	380000（借）
固定资产清理——报废	5000（借）
无形资产——专利权	377000（借）
无形资产——专有技术	360000（借）
研发支出——资本化支出	23000（借）
长期待摊费用——固定资产大修费用	43000（借）
待处理财产损溢——待处理固定资产损溢	2000（借）
生产成本——基本生产成本（K-1产品）	11700（借）
生产成本——基本生产成本（K-2产品）	13500（借）
生产成本——基本生产成本（K-3产品）	15600（借）
生产成本——基本生产成本（K-4产品）	17500（借）
短期借款——生产周转借款	1500000（贷）
应付票据——大兴公司	200000（贷）
应付票据——昌平公司	90000（贷）
应付票据——丰利公司	100000（贷）
应付账款——大兴公司	100000（贷）
应付账款——昌平公司	110000（贷）
应付账款——丰利公司	100000（贷）
应付职工薪酬——职工教育经费	4000（贷）
应付职工薪酬——职工福利	1600（贷）
应付职工薪酬——社会保险费	8400（贷）
应交税费——未交增值税	50000（贷）

应交税费——应交所得税　　　　　　　　　　45000（借）
应交税费——应交城市维护建设税　　　　　　3000（贷）
应交税费——应交个人所得税　　　　　　　　2500（贷）
应交税费——应交教育费附加　　　　　　　　1000（贷）
应付利息　　　　　　　　　　　　　　　　　23000（贷）
长期借款——基建借款　　　　　　　　　　1300000（贷）
长期应付款——应付设备款　　　　　　　　 100000（贷）
应付债券——面值　　　　　　　　　　　　 300000（贷）
应付债券——利息调整　　　　　　　　　　　10000（贷）
应付债券——应计利息　　　　　　　　　　　20000（贷）
实收资本——国家投资　　　　　　　　　　1500000（贷）
实收资本——德源公司　　　　　　　　　　 100000（贷）
实收资本——其他　　　　　　　　　　　　1163970（贷）
资本公积——资本溢价　　　　　　　　　　 270000（贷）
资本公积——其他　　　　　　　　　　　　　90000（贷）
盈余公积——法定盈余公积　　　　　　　　 540000（贷）
利润分配——未分配利润　　　　　　　　　　60000（贷）
本年利润　　　　　　　　　　　　　　　　400000（贷）

原材料明细账 2002 年 11 月 30 日期末资料见表 14-3：

表 14-3

	品名	数量（千克）	计划单价（元）	金额（元）
原料及主要材料	甲材料	10000	4.06	40600
	乙材料	10000	2.93	29300
	丙材料	10000	5.04	50400
	丁材料	10000	6.07	60700
	L-1 材料	12000	9.80	117600
	A-1 材料	10000	10.14	101400
	小　计			400000
	其他材料			100000
	合　计			500000

材料采购明细账 2002 年 11 月 30 日期末资料如表 14-4 所示：

表 14-4　　　　　　　　　　　　　　　　　　　　　　　　　　　　　单位：元

供货单位	项目	借方			贷方			备 注
		买价	运杂费	合计	计划成本	差异	合计	
昌平公司	甲材料	8000	150	8150				
	乙材料	8000	150	8150				
昌安公司	丙材料	9000	150	9150				
	丁材料	9000	150	9150				
丰利公司	L-1 材料	10000	100	10100				
大兴公司	A-1 材料	10000	150	10150				
合 计		54000	850	54850				

库存商品明细账 2002 年 11 月 30 日期末资料如表 14-5 所示：

表 14-5

商品名称	单位	数量	单位成本（元）	金额（元）
K-1 商品	千克	20000	9	180000
K-2 商品	件	40000	15	600000
K-3 商品	件	40000	16	640000
K-4 商品	件	50000	20	1000000
合 计				2420000

生产成本明细账 2002 年 11 月 30 日期末在产品成本资料如表 14-6 所示：

表 14-6

产品名称	数量	成本项目（元）			
		直接材料	直接人工	制造费用	合计
K-1 产品	2600 千克	6000	3000	2700	11700
K-2 产品	1800 件	7000	3500	3000	13500
K-3 产品	1950 件	8000	4000	3600	15600
K-4 产品	1750 件	9000	4500	4000	17500
合 计					58300

按下列要求开设明细账：

（1）下列账户使用三栏式账页（有期初余额的账户结转期初余额，没有

期初余额的账户设户后待记发生额）：
其他货币资金——外埠存款
其他货币资金——存出投资款
交易性金融资产——股票（成本）
交易性金融资产——股票（公允价值变动）
交易性金融资产——债券（成本）
交易性金融资产——基金（成本）
应收票据——昌安公司
应收票据——达昌公司
应收票据——达亿公司
应收账款——昌安公司
应收账款——达昌公司
应收账款——达亿公司
坏账准备
其他应收款——周源
其他应收款——业务科
其他应收款——代扣水电费
原材料——原料及主要材料
原材料——其他材料
周转材料——包装物
周转材料——低值易耗品——在库
材料成本差异——原材料
材料成本差异——包装物
材料成本差异——低值易耗品
长期股权投资——股票投资（德源公司）
持有至到期投资——成本
持有至到期投资——利息调整
持有至到期投资——应计利息
固定资产——生产用固定资产
固定资产——非生产用固定资产
固定资产——不需用固定资产
固定资产——出租固定资产
累计折旧
工程物资——专用材料
工程物资——专用设备

在建工程——机床大修工程
在建工程——设备安装工程
在建工程——生产车间扩建工程
固定资产清理——报废
固定资产清理——出售不需用固定资产
无形资产——专利权
无形资产——专有技术
研发支出——资本化支出
累计摊销
长期待摊费用——固定资产大修费用
待处理财产损溢——待处理固定资产损溢
递延所得税资产
短期借款——生产周转借款
应付票据——大兴公司
应付票据——昌平公司
应付票据——丰利公司
应付账款——大兴公司
应付账款——昌平公司
应付账款——丰利公司
应付职工薪酬——工资
应付职工薪酬——职工福利
应付职工薪酬——社会保险费
应付职工薪酬——住房公积金
应付职工薪酬——工会经费
应付职工薪酬——职工教育经费
应付职工薪酬——非货币性福利
应交税费——未交增值税
应交税费——应交营业税
应交税费——应交所得税
应交税费——应交城市维护建设税
应交税费——应交个人所得税
应交税费——应交教育费附加
应付利息
应付股利
长期借款——基建借款

长期应付款——应付设备款
应付债券——面值
应付债券——利息调整
应付债券——应计利息
递延所得税负债
实收资本——国家投资
实收资本——德源公司
实收资本——其他
资本公积——资本溢价
资本公积——其他
盈余公积——法定盈余公积
利润分配——提取法定盈余公积
利润分配——应付现金股利
利润分配——未分配利润
本年利润
主营业务收入——K-1产品
主营业务收入——K-2产品
主营业务收入——K-3产品
主营业务收入——K-4产品
其他业务收入
投资收益
公允价值变动损益
营业外收入
主营业务成本——K-1产品
主营业务成本——K-2产品
主营业务成本——K-3产品
主营业务成本——K-4产品
营业税金及附加
其他业务成本
资产减值损失
营业外支出
所得税费用

（2）下列账户使用多栏式账页（有期初余额的账户结转期初余额，没有期初余额的账户设户后待记发生额）：

应交税费——应交增值税

材料采购——原材料
生产成本——基本生产成本（K-1 产品）
生产成本——基本生产成本（K-2 产品）
生产成本——基本生产成本（K-3 产品）
生产成本——基本生产成本（K-4 产品）
生产成本——辅助生产成本——机修车间
生产成本——辅助生产成本——动力车间
制造费用——基本生产车间
销售费用
财务费用
管理费用

（3）下列账户使用数量金额式账页（有期初余额的账户结转期初余额，没有期初余额的账户设户后待记发生额）：

库存商品——K-1 产品
库存商品——K-2 产品
库存商品——K-3 产品
库存商品——K-4 产品
原材料——原料及主要材料——甲材料
原材料——原料及主要材料——乙材料
原材料——原料及主要材料——丙材料
原材料——原料及主要材料——丁材料
原材料——原料及主要材料——L-1 材料
原材料——原料及主要材料——A-1 材料

办理记账业务：

（1）12月4日，收到业务员送来的材料入库验收单，留待月末汇总进行收料的账务处理。

（2）12月9日，收到固定资产折旧计算表，经审核无误进行账务处理。

（3）12月9日，收到业务员交来本公司换出商品的增值税专用发票的记账联，换入材料的增值税发票的抵扣联与发票联及材料入库验收单的会计记账联，经审核无误进行非货币性交易的账务处理。

（4）12月12日，收到杜豪、方矩的"物品领用单"，经审核无误进行账务处理。

（5）12月18日，收到固定资产报废单，经审核无误进行账务处理。

（6）12月20日，收到业务员送来的材料入库验收单，留待月末汇总进行收料的账务处理。

(7) 12月20日，报废固定资产清理完毕，根据"固定资产清理——报废清理"账户余额编制"内部转账单"，结转清理损益。

(8) 12月27日，收到业务员送来的材料入库验收单（留待月末汇总进行收料的账务处理）。

(9) 12月28日，本月应摊销专利权40000元，应摊销专有技术30000元，应摊销固定资产大修费20000元，据以编制"无形资产、长期待摊费用分摊表"，经审核无误进行账务处理。

(10) 12月29日，收到"报废低值易耗品汇总表"及"材料入库验收单"（会计记账联），经审核无误进行账务处理。

(11) 12月29日，据前面留存的"材料入库验收单"登记"材料采购"明细账（横线登记式明细账）的贷方发生额，并计算入库材料成本差异，据此编制"本月已付款的入库材料汇总表"。

(12) 12月30日本月生产产品领用包装物的计划成本汇总如下（根据领料单汇总，因为领料单不便一一列出，故略去）：

K-1产品领用2300元

K-2产品领用2600元

K-3产品领用2700元

K-4产品领用2400元

据"周转材料——包装物"与"材料成本差异——包装物"账户资料计算材料成本差异率、领用材料应分摊的差异额及领用材料实际成本，据计算结果编制"领用包装物汇总表"，经审核无误进行账务处理。

(13) 12月30日本月领用低值易耗品的计划成本汇总如下（根据领料单汇总，因为领料单不便一一列出，故略去）：

基本生产车间领用12000元

动力车间领用800元

机修车间领用1200元

公司管理部门领用1600元

据"周转材料——低值易耗品"与"材料成本差异——低值易耗品"账户资料计算材料成本差异率、领用材料应分摊的差异额及领用材料实际成本，据计算结果编制"领用低值易耗品汇总表"，经审核无误进行账务处理。

(14) 12月31日，收到"车间产品耗用工时汇总表"，结合"工资结算汇总表"与"奖金发放表"先编制"基本生产车间生产工人工资分配表"，后编制"应付职工薪酬分配表"，经审核无误进行账务处理。

(15) 12月31日，收到业务员送来的"发料凭证汇总表"及其"发料单"（略），根据"发料单"上所载明的用途及下列材料耗用资料编制"发凭证分配汇总表"。据"原材料——原料及主要材料"各数量金额式明细账及"材料成本差异——原材料"账户资料计算材料成本差异率、领用材料应分摊的差异额及领用材料实际成本。

材料耗用的计划成本汇总如下（表14-7）：

表14-7   单位：元

产品、车间、部门	主要材料	其他材料	备 注
K-1产品	140000		
K-2产品	150000		
K-3产品	146000		
K-4产品	160000		
基本生产车间一般耗用		3000	列入物料消耗
动力车间	8000	4000	
机修车间	11300	3000	
公司管理部门		4000	列入公司经费
销售部门		3000	列入包装费
车间扩建工程	16000	33000	按17%转出进项税额

经审核无误进行账务处理（注：材料成本差异率精确至小数点后四位）。

(16) 12月31日，原作待处理的盘亏设备净值2000元，经批准转销。据以编制"内部转账单"，经审核无误进行账务处理。

(17) 12月31日，收到"辅助生产情况表"，结合"生产成本——辅助生产成本——动力车间"和"生产成本——辅助生产成本——机修车间"账户资料，采取直接分配法分配辅助生产费用，编制"辅助生产费用分配表"（分配率精确至小数点后四位），经审核无误进行账务处理。

(18) 12月31日，根据工时记录（生产K-1产品11000工时，生产K-2产品12000工时，生产K-3产品12000工时，生产K-4产品12000工时）和"制造费用——基本生产车间"账户资料编制"制造费用分配表"（分配率精确至小数点后四位），经审核无误进行账务处理。

(19) 12月31日，收到"生产情况报告表"和"产品入库汇总表"，结合基本生产成本明细账资料，据以编制"生产成本计算表"（分别按四种产品进行计算），单位成本保留到分。经审核无误进行账务处理。

(20) 12月31日，根据本月商品销售数量及"库存商品"明细账的加权平均单位成本，编制"产品销售汇总表"，结转产品销售成本。

(21) 12月31日，"交易性金融资产——股票"的公允价值为220000元，依据"交易性金融资产——股票——成本"及"交易性金融资产——股票——公允价值变动"明细账户资料计算本期公允价值变动金额，据以填制"内部转账单"，经审核无误进行账务处理。

(22) 12月31日，按应收款项百分比法计提坏账准备，提取比例为3%，依据"应收账款"、"其他应收款"、"预付账款"及"坏账准备"明细账资料分析计算本期应计提的坏账准备金，据以编制"内部转账单"，经审核无误进行账务处理。

(23) 12月31日，依据"应交税费——应交增值税"明细账资料分析填写"增值税纳税申报表"，计算出未交增值税额，经审核无误进行账务处理。

(24) 12月31日，依据"其他业务收入"和"固定资产"明细账及"增值税纳税申报表"资料，计算应交营业税、应交房产税、应交城市维护建设税、应交教育费附加，编制"地方税收综合纳税（费）申报表"，经审核无误进行账务处理。

(25) 12月31日，依据"持有至到期投资"明细账期初资料计算本年利息收入，并进行利息调整（按票面利率10%，实际利率6%计算），据以填制"内部转账单"，经审核无误进行账务处理（本月发生数暂不计算利息）。

(26) 12月31日，依据"应付债券"明细账期初资料计算本年利息费用（为安装工程而发行债券），并进行利息调整，按票面利率8%，实际利率6%计算，据以填制"内部转账单"，经审核无误进行账务处理（本月发生数暂不计算利息）。

(27) 12月31日，结平"待处理财产损溢"账户。

(28) 12月31日，将损益类账户的本月净发生额结转"本年利润"账户。

(29) 12月31日，编制"利润表"初稿，据以编制"暂时性差异计算表"、"所得税纳税申报表"（所得税税率：33%），经审核无误进行账务处理。

(30) 12月31日，将"所得税费用"账户发生额转入"本年利润"账户。

(31) 12月31日，进行利润分配。法定盈余公积按净利润（"本年利润"账户年末余额）的10%分配，应付现金股利按"未分配利润"明细账期初余额加上本年净利润，减去本年提取的法定盈余公积后的30%分配。

(32) 12月31日，将"本年利润"、"利润分配——提取盈余公积"、"利润分配——应付现金股利"账户余额转入"利润分配——未分配利润"账户。

14.3 丰润公司财务科长岗位实操

开设总账。根据下列资料开设总账账户,每个账户占一页。丰润公司2002年11月30日总账期末资料如下:

库存现金	1000（借）
银行存款	299000（借）
其他货币资金	12000（借）
交易性金融资产	290000（借）
应收票据	280000（借）
应收账款	320000（借）
坏账准备	1280（贷）
其他应收款	13200（借）
材料采购	54850（借）
原材料	500000（借）
周转材料	80000（借）
材料成本差异	5400（借）
库存商品	2420000（借）
长期股权投资	150000（借）
持有至到期投资	120000（借）
固定资产	2300000（借）
累计折旧	650000（贷）
工程物资	600000（借）
在建工程	440000（借）
固定资产清理	5000（借）
无形资产	737000（借）
研发支出	23000（借）
累计摊销	
长期待摊费用	43000（借）
待处理财产损溢	2000（借）
递延所得税资产	
生产成本	58300（借）
制造费用	
短期借款	1500000（贷）
应付票据	390000（贷）

应付账款　　　　　　　　　　　　310000（贷）
应付职工薪酬　　　　　　　　　　14000（贷）
应交税费　　　　　　　　　　　　11500（贷）
应付利息　　　　　　　　　　　　23000（贷）
应付股利
其他应付款
长期借款　　　　　　　　　　　1300000（贷）
长期应付款　　　　　　　　　　 100000（贷）
应付债券　　　　　　　　　　　 330000（贷）
递延所得税负债
实收资本　　　　　　　　　　　2763970（贷）
资本公积　　　　　　　　　　　 360000（贷）
盈余公积　　　　　　　　　　　 540000（贷）
利润分配　　　　　　　　　　　　60000（贷）
本年利润　　　　　　　　　　　 400000（贷）
主营业务收入
其他业务收入
投资收益
公允价值变动损益
营业外收入
主营业务成本
营业税金及附加
其他业务成本
销售费用
管理费用
财务费用
资产减值损失
营业外支出
所得税费用

处理日常总账业务：

（1）复核上旬会计凭证，根据审核无误的上旬记账凭证编制记账凭证汇总表，并据以登记总账，结出账户余额，与出纳员所经管的日记账核对，如有不符，查明原因，予以更正；与记账员所经管的明细账进行核对，如有不符，查明原因，予以更正。

（2）复核中旬会计凭证，根据审核无误的中旬记账凭证编制记账凭证汇

总表，并据以登记总账，结出账户余额，与出纳员所经管的日记账核对，如有不符，查明原因，予以更正；与记账员所经管的明细账进行核对，如有不符，查明原因，予以更正。

(3) 复核下旬会计凭证，根据审核无误的下旬记账凭证编制记账凭证汇总表，并据以登记总账，结出账户余额，与出纳员所经管的日记账核对，如有不符，查明原因，予以更正；与记账员所经管的明细账进行核对，如有不符，查明原因，予以更正。

(4) 编制总账账户余额试算平衡表。

(5) 办理年结。

编制会计报表：

(1) 编制资产负债表，以12月份月初数作为年初数。

(2) 编制利润表，以12月份损益作为全年损益。

(3) 编制现金流量表，以12月份月初数作为年初数，以12月份现金流量作为全年现金流量。

14.4 丰润公司业务员岗位实操

按要求填制和传递2002年12月份凭证：

(1) 12月1日，周源出差返回公司报账，出差相关内容如下：周源出差联系业务推销产品，2002年11月24日从崎峰市乘火车至武汉市（当日到达），车票288元，在武汉市期间住宿费100元，2002年11月26日从武汉乘火车至郑州（次日到达），车票168元，在郑州期间住宿费304元，29日从郑州乘火车回崎峰市（次日到达），火车票204元，出差补助每天18元，据以填写"旅差费报销单"（经理邱成东在单上签字：同意报销），并持单以周源的名义向财务科出纳处报账（出差前已预支1200元）。

(2) 12月1日，销售给BA公司K-4商品9000件，销售给BB公司K-4商品7000件，销售给BC公司K-4商品8000件，销售给BD公司K-4商品7000件，K-4商品每件售价29元，增值税税率17%，价税款均已收讫。据以填写"增值税专用发票"，款项全部存入银行，填写"进账单"，送银行办理进账手续后取回"进账单"回单。将"进账单"回单连同"增值税专用发票"的记账联送财务科记账员（开户行：中国工商银行崎峰市支行，账号：823653676514）。

(3) 12月2日，以业务科向东方的名义填写"领款单"，领款金额3300元，领款单填写好后到财务科找出纳员领款，作为业务科的备用金。

(4) 12月3日，以三峡证券营业部的名义填写"三峡证券营业部成交过户交割单"1张,内容如下:本交割单系丰润公司购买股票,成交编号为13582,股东账户为53657893,股东名称为丰润公司,申请编号为682,公司代码为M239,申报时间为10点50分28秒,成交时间为10点50分45秒,实收金额为151227元,资金余额为98773元;证券代码为635278,成交数量17000股,成交价格8.84元,佣金440元,印花税490元,附加费17元。填好后送丰润公司出纳员。

(5) 12月4日,表14-8所列材料全部入库,据以填写"材料入库验收单":

表14-8

供货单位	材料名称	数量(千克)	单位买价(元)	运杂费(元)	计划单价(元)
昌平公司	甲材料	2000	4.00	150	4.06
	乙材料	3200	2.50	150	2.93
昌安公司	丙材料	1800	5.00	150	5.04
	丁材料	1800	5.00	150	6.07
丰利公司	L-1材料	1000	10.00	100	9.80
大兴公司	A-1材料	1000	10.00	150	10.14

将填写好的"材料入库验收单"记账联送本公司记账员。

(6) 12月5日,以中财保险股份有限公司的名义填写"机动车辆保险单"和"保费收据"各一张,填写内容如下:被保险人为丰润公司,投保险种为车辆损失险、第三责任险、盗抢险、玻璃险、他人恶意险等;车辆型号为皇冠(普);发动机号36756954;牌号为A-355689;非营业用车;座位为5座;保险价值33万元,保险金额33万元;基本保费250元;车辆损失险费率0.8%;第三责任险最高赔偿限额为24万元;第三责任险保费为2200元;盗抢险保费据表计算;玻璃险保费为50元;他人恶意险保费为100元;保险期限自2002年12月5日零时起至2003年12月5日24时止。地址:十字街58号;电话:8666688;邮政编码:438000;总经理:刘峰。填好后将"机动车辆保险单"正本和"保费收据"发票联送丰润公司记账员。

(7) 12月6日,以崎峰市第一律师事务所王宏的名义填写"崎峰市服务业发票",收取丰润公司本月律师顾问费1200元,持其发票联找丰润公司出纳员收款。

(8) 12月8日,崎峰市电视台收取丰润公司广告费19000元,代电视台填写"崎峰市服务业发票",持其发票联找丰润公司出纳员收款。

(9) 12月9日,债券公司应向丰润公司收取债券印刷费及手续费6000元,代填写"崎峰市服务业发票",并持其第二联到丰润公司财务科结算。

(10) 12月9日,根据下述资料编制"固定资产折旧表"(采用平均年限

法），编制完成后将其送丰润公司记账员。

11月30日，固定资产资料如表14-9所示：

表14-9

部门	固定资产类型	固定资产原值（元）	预计净残值（元）	预计使用年限
基本车间	房屋	250000	15000	40
	机床加工设备	260000	10000	10
	专用电子设备	300000	15000	10
	其他专用设备	200000	8000	20
机修车间	房屋	100000	5000	40
	机床加工设备	50000	2500	10
	其他专用设备	40000	2000	20
动力车间	房屋	100000	5000	40
	内燃发电机组	100000	5000	20
	其他专用设备	50000	2000	20
管理部门	房屋	600000	30000	40
	不需用设备	100000	20000	10
出租	仓库	150000	8000	10

（11）12月9日，丰润公司与众健公司进行非货币交易，交易内容如下：

丰润公司向众健公司销售K-3商品1212件，每件售价25元；向众健公司购进乙材料10000千克，每千克价格3.03元。增值税税率均为17%，据以填写销售K-3商品的"增值税专用发票"和购进乙材料的"材料入库验收单"（材料已如数入库，乙材料的计划单位成本见记账员岗位的数量金额式明细账），填写好后先持销售商品的增值税专用发票的第二、三联到众健公司业务处换取购进材料的增值税专用发票的第二、三联；后将销售商品的"增值税专用发票"的记账联和购进材料的"增值税专用发票"的第二、三联及"材料入库验收单"一并送交丰润公司记账员。

（12）12月10日，以公司职工丰收的名义填写"费用报销领款单"，到财务科领取独生子女费170元。

（13）12月10日，代房地产管理所开具"崎峰市服务业发票"，应收取丰润公司办公用房租金1100元。制单人：张选。持发票联到丰润公司财务科结算。

（14）12月10日，以崎峰市汽车队的名义开具"崎峰市公路、内河货物运输统一发票"，应收取丰润公司销货运费6800元。制单人：王平。持发票联到丰润公司财务科结算。

（15）12月10日，丰润公司向保险公司交纳职工失业保险金1400元（保险公司开户行：中国工商银行崎峰市支行，账号：823653998822），以保险公司的名义开具"保险公司失业保险金收据"，持发票联到丰润公司财务科结算。

（16）12月10日，业务科孙红、赵启、陆凤等3人领取本年度烤火费，每人80元，经理宋峰登签字：同意付款。代填写"费用报销领款单"，到财务科出纳处领款。

（17）12月10日，代司法局开具"崎峰市行政事业单位收款收据"，应收取丰润公司公证费用1300元。收款人：游咏。持发票联到丰润公司财务科结算。

（18）12月11日，生产技术科周源去省城开生产技术会，经领导同意借款2000元。据以填写"借款单"，持单向财务科出纳员借款。

（19）12月11日，支付生产车间扩建工程款9000元，经公司经理签字同意付款，由郭进统一领款，据以填写"崎峰市建筑安装业统一发票"，持发票联到财务科出纳处办理领款，取得出纳员签发的"现金支票"到银行取款。

（20）12月12日，业务员杜豪、方柜各领计算器一个，单价140元，合计金额280元。经理宋峰登审批：同意领用，一次摊销。据以填写"物品领用单"并将其送交财务科记账员。

（21）12月12日，丰润公司向证券公司购买1年期债券800000元，手续费1600元，以证券公司名义开出"收据"，持收据第二联到丰润公司财务科结算。

（22）12月13日，根据表14-10所列资料编制"工资结算汇总表"（因工资结算原始资料比较复杂，实际工作中的工资发放表是根据岗位将每个人的工资计算出来加以汇总的，而表中资料直接以汇总的形式给出）。

表14-10 单位：元

车间、部门、类型	职工人数	标准工资	应扣工资		津贴	代扣款项			
			事假	病假		水电费	住房公积金	个人所得税	个人承担社保
基本生产车间生产工人	290	280000	1500	300	28000	9350	11000	50	2360
基本生产车间管理人员	11	10500			1200	363	450	20	102
援外工程人员	3	3100			1400	65			20
在建工程人员	24	23000			2500	792	900		250
机修车间人员	6	5800			500	198	230		65
动力车间人员	4	3900			380	132	160		35
公司管理人员	33	35000			3400	1000	1300	32	350
医务人员	4	3850			400	130	120		35
6个月以上长病人员	1	1100		220	5	35	40		25

工资结算汇总表编制好后送交财务科出纳员。

（23）12月13日，销售给昌安公司K-1商品10000千克，每千克售价13.80元，K-2商品10000件，每件售价21.60元，增值税税率17%，据以填写"增值税专用发票"后将其第二、三、四联交丰润公司财务科出纳员办理收款手续。

（24）12月14日，业务科各种费用支出汇总情况如下：差旅费320元（18张原始凭证）；办公费250元（15张原始凭证）；其他费用110元（5张原始凭证）；经核对，编制"管理费用支出汇总表"，持表到财务科报账。

（25）12月14日，张庆旺等8名职工参加崎峰市工学院短期培训，支付学杂费3600元，以工学院名义开出"收据"，持第二联（付款人联）找丰润公司财务科出纳员办理领款，取得出纳员签发的"现金支票"到银行取款。

（26）12月15日，丰润公司职工食堂向为民日杂公司购铁锅一口，计70元；盘子50个，每个2.60元，计130元，合计200元。以为民日杂公司名义开具"为民日杂公司销售发票"，持发票联向丰润公司财务科出纳员报账（在发票备注上填写：列入职工福利）。

（27）12月16日，丰润公司向税务局购买20张5元券印花税票，30张2元券印花税票，30张1元券印花税票，以税务局名义开具"市税务局印花税票发售统一发票"，持发票联向丰润公司财务科出纳员报账。

（28）12月16日，崎峰市保险公司向丰润公司收取员工养老保险金7000元，以保险公司名义开具"收据"，并持"收据"（付款人联）向丰润公司财务科结算。

（29）12月17日，丰润公司应付的车间扩建工程包工款220000元，以新达建筑公司的名义填写"崎峰市建筑安装业统一发票"，持发票联到丰润公司财务科办理结算。

（30）12月17日，本月综合奖金结算汇总资料如下（表14-11）：

表14-11

车间、部门	奖金（元）
基本生产车间生产工人	29000
基本生产车间管理人员	1100
机修车间人员	600
动力车间人员	400
公司管理人员	3300
医务人员	400

据以编制"综合奖金结算汇总表",持表向财务科出纳员领取奖金。

（31）12月18日,丰润公司应付立新设计院产品设计费1000元,以立新设计院的名义填写"崎峰市服务业发票",持发票联到丰润公司财务科办理结算。

（32）12月18日,销售给达亿公司不需用丙设备一台,原始价值70000元,已提折20000元,协商作价53000元。据以填写"崎峰市商业普通发票",持其发票联到达亿公司财务科收款,要求达亿公司出纳员签发"转账支票",并与其一同去银行办理转账手续,取得银行盖章的"转账支票"的收账通知联后,将"转账支票"的收账通知联及"崎峰市商业普通发票"记账联送交本公司财务科出纳员。

（33）12月18日,一栋仓库290平方米,预计使用28年,已使用26年,原值95000元,已提折旧82000元,因重建提前报废。使用部门的意见：因陈旧要求报废；技术鉴定小组意见：情况属实；固定资产管理部门意见：同意转入清理；主管部门审批意见：同意报废重建。据以填写"固定资产报废单"后将其会计记账联送财务科记账员。

（34）12月19日,向丰利公司购进丁设备一台,交易价50000元,经验收交基本生产车间使用,据以填写"固定资产验收单",将其第二联送财务科出纳员。

（35）12月19日,周源12月11日去省城参加工业生产技术会,12月18日返回,往返汽车票均为45元,住宿费700元,会议费用150元,其他费用380元,每天补助15元。以周源的名义填写"差旅费报销单",经理宋峰登在单上签字：同意报销。持单向财务科出纳员报账（原借支2000元）。

（36）12月19日,业务科与业务往来单位洽谈业务,接待、就餐、补助及接车费共计金额2111元,单据19张。据以填写"业务招待费汇总表",经理宋峰登在单上签字：同意报销。持单向财务科出纳员报账,取得出纳员签发的"现金支票"后到银行提取现金。

（37）12月19日,报废固定资产的清理人员黄红等5人应领取清理费用500元,以黄红的名义填写"费用报销领款单",经理宋峰登在单上签字：同意付款。持单向财务科出纳员领款。

（38）12月19日,丰润公司向崎南公司收取仓库租金4900元,据以开出"崎峰市服务业发票",收到现金4900元,当即填写"进账单"到开户行办理进账手续,收到银行盖章的"进账单"回单后,将"崎峰市服务业发票"的发票联及"进账单"回单送交本公司出纳员。

（39）12月20日,仓库清理残料如下：红砖70000块,每块0.20元,计14000元,其他材料5200元,合计19200元。材料全部入库作重建仓库用,据以编制"材料入库单",并将其记账联送财务科记账员。

(40) 12月20日,丰润公司向为民五金公司购买灭火器7个,单价100元,计700元。灭火器购回后当即由仓库领用。先以为民五金公司名义开具"为民五金公司发票",再以仓库保管员陈诚名义填写"物品领用单"(经理宋峰登在单上签字:同意领用,一次摊销),最后将"为民五金公司发票"的发票联和"物品领用单"送财务科出纳员,并要求领款、领物。

(41) 12月20日,向众生公司转让技术,收取技术转让费17000元,据以填写"崎峰市商业普通发票",持其发票联到众生公司财务科收款,要求众生公司出纳员签发"转账支票",并与其一同去银行办理转账手续,取得银行盖章的"转账支票"的收账通知联后,将"转账支票"的收账通知联及"崎峰市商业普通发票"记账联送交本公司财务科出纳员。

(42) 12月21日,向会计局购买《新会计准则》等书籍,付款180元,以会计局的名义填写"崎峰市文化教育、体育业发票",并持其发票联到财务科报账。

(43) 12月21日,丰润公司的汽车送汽车修配厂修理,具体修配项目如下:汽车补胎236元,汽车轮胎充气46元,车轮拆装38元。以汽车修配厂名义开具"崎峰市服务业发票",将"崎峰市服务业发票"的发票联送交本公司出纳员。

(44) 12月23日,丰润公司的水表记录是:本月止码为63265,上月止码为57105,实用水6160吨,每吨单价1元。以自来水厂名义开具"自来水厂水费发票",持其发票联到丰润公司财务科结算。

(45) 12月23日,业务科用备用金开支下列各种费用:差旅费1020元(11张原始凭证);办公费980元(18张原始凭证);修理费1200元(3张原始凭证);经核对全部报销,编制"管理费用支出汇总表",持单到财务科报账。

(46) 12月24日,丰润公司电表的起码是136582,止码是199282,实用电62700度,每度单价0.50元,以电力局的名义填写"增值税专用发票"(电费增值税税率13%),持发票联到丰润公司财务科结算。

(47) 12月24日,丰润公司参加本市商品展销会,应付新世界商厦商品展位租用费1100元,以新世界商厦的名义填写"崎峰市服务业发票",持发票联到丰润公司财务科结算。

(48) 12月25日,物价检查所对丰润公司商品销售情况进行检查,发现部分商品违反国家价格政策,罚款1680元,以物价检查所名义填写"罚款没收专用收据",持单到丰润公司财务科结算。

(49) 12月25日,养路费征收站向丰润公司收取汽车养路费用1200元,以养路费征收站的名义填写"交通车辆养路费收据"（2台东风汽车为送货用车，养路费为800元，2台小车的养路费400元），持单到丰润公司财务科结算。

（50）12月26日，看望住院职工张卫国，从副食品商店购买2袋奶粉，每袋18元，苹果4公斤，每公斤4.50元，据以填写"副食商店销售发票"，经理宋峰登签字：在福利费列支，持发票联到丰润公司财务科结算。

（51）12月26日，通达搬运公司为丰润公司装卸货物，应收取装卸费1300元，以通达公司的名义开具"崎峰市交通运输业发票"，持发票联到丰润公司财务科结算。

（52）12月26日，周源出差预支差旅费1100元，据以填写"借款单"，持单向财务科出纳借款。

（53）12月26日，本公司向美国H公司购入先进设备一台，交易价4000美元，以H公司名义填写"商业发票"，以本公司设备科名义填写"固定资产验收单"（设备交管理部门使用）。"商业发票"与"固定资产验收单"交本公司出纳员（引进先进设备，减免关税及增值税；境内外运杂费均由供货方承担）。

（54）12月27日，丰润公司自行开发一项实用新型专利成功，先根据下列资料填写"专利申报表"：申请单位：丰润公司；专利项目：实用新型专利；技术开发费：23000元；注册登记费：3500元；单位意见：同意申报；专利局审批：同意注册。再以专利局名义填写"崎峰市行政事业单位收款收据"，收取丰润公司专利注册登记费3500元，然后持"专利申报表"和"崎峰市行政事业单位收款收据"到丰润公司财务科结算。

（55）12月27日，丰润公司销售给昌安公司K-3商品10000件，每件售价23元；销售给达昌公司K-1商品5000千克，每千克售价14元；销售给达亿公司K-1商品4800千克，每千克售价14元；增值税税率均为17%，据以分别填写"增值税专用发票"后持"增值税专用发票"的第二、三联到达昌公司、达亿公司、昌安公司财务科结算，要求各公司出纳员根据购销合同填写"商业承兑汇票"，经付款人（各购货公司）承兑后取得"商业承兑汇票"的第二联，并在商业承兑汇票第一联的收款人盖章处盖上本公司财务专用章（由本公司出纳员盖章），在负责、经办处均签名，将"增值税专用发票"的记账联和"商业承兑汇票"的第二联送交丰润公司出纳员。

（56）12月27日，顺达运输公司为丰润公司运输购入的材料，应收运费7600元。以顺达运输公司的名义开具"崎峰市公路、内河货物运输业统一发票"，持发票联到丰润公司财务科结算。

（57）12月27日，外购材料全部验收入库。据表14-12所列资料填写

"材料入库验收单",将其记账联送财务科记账员。

表 14-12

供货单位	材料名称	数量(千克)	买价(元)	运杂费(元)	计划单价(元)
大兴公司	A-1 材料	6000	60000	600	9.80
丰利公司	L-1 材料	10000	100000	1000	10.14
昌平公司	甲材料	20000	80000	2000	4.06
	乙材料	20000	60000	2000	2.93
	丙材料	10000	50000	1000	5.04
	丁材料	10000	60000	1000	6.07

(58) 12 月 29 日,各部门报废低值易耗品(领用时均一次摊销),本月收回残值如下:基本生产车间 560 元,动力车间 70 元,机修车间 80 元,行政管理部门 190 元。报废材料均已入库(计划价按照 900 元计算)。据以编制"报废低值易耗品汇总表"和"材料入库验收单",并将其送财务科记账员。

(59) 12 月 30 日,销售给昌安公司 K-2 商品 10000 件,每件售价 22 元,K-3 商品 10000 件,每件售价 23 元,增值税税率 17%,据以填写"增值税专用发票",将"增值税专用发票"第二、三、四联送本公司出纳员。

(60) 12 月 31 日,基本生产车间生产 K-1 产品耗用 7300 工时,生产 K-2 产品耗用 7600 工时,生产 K-3 产品耗用 7500 工时,生产 K-4 产品耗用 8220 工时,据以编制"产品耗用工时汇总表",并将表送财务科记账员。

(61) 12 月 31 日,本月发出材料汇总资料如表 14-13 所示:

表 14-13

材料名称	数量(千克)	计划单价(元)	计划总价(元)
甲材料	30000	4.06	121800
乙材料	30000	2.93	87900
丙材料	20000	5.04	100800
丁材料	20000	6.07	121400
L-1 材料	10000	9.80	98000
A-1 材料	10000	10.14	101400
小 计			631300
其他材料			50000

据以编制"发料凭证汇总表",并将表送财务科记账员。

(62) 12月31日,辅助生产车间本月提供劳务总量资料如表14-14所示:

表14-14

项 目	机修车间服务量（工时）	动力车间供电量（度）
K-1 产品耗用	——	8000
K-2 产品耗用	——	8000
K-3 产品耗用	——	10000
K-4 产品耗用	——	10000
基本生产车间耗用	1610	1000
行政管理部门耗用	100	5000
车间扩建工程耗用	290	8000
动力车间耗用	80	——
机修车间耗用	——	900
合 计	2080	50900

据以编制"辅助生产情况表",并将表送财务科记账员。

(63) 12月31日,本月产品生产及入库情况如表14-15所示:

表14-15

产品名称	月初在产品	本月投产	本月完工入库	月末在产品	在产品完工程度	投料方式
K-1 产品	2600 千克	28576 千克	29000 千克	2176 千克	50%	逐步投料
K-2 产品	1800 件	18622 件	18000 件	2422 件	50%	逐步投料
K-3 产品	1950 件	16872 件	17000 件	1822 件	50%	逐步投料
K-4 产品	1750 件	14468 件	15000 件	1218 件	50%	逐步投料

代基本生产车间编制"生产情况报告表",代成品仓库编制"产品入库汇总表",将填写好的两张表送财务科记账员。

15 丰利公司会计实操

15.1 丰利公司出纳员岗位实操

开设有关日记账。丰利公司 2002 年 11 月 30 日有关账户余额如下：

库存现金日记账　　　　　　1000（借）

银行存款日记账　　　　　　300000（借）

丰利公司及往来公司相关情况如表 15-1 所示：

表 15-1

开户行：中国工商银行江泽市支行		开户行：中国工商银行崎峰市支行	
公司名称	账　号	公司名称	账　号
大兴公司	1156674356321	达亿公司	823653676513
大华公司	1156674356322	丰润公司	823653676514
昌平公司	1156674356327	丰利公司	823653676515
昌安公司	1156674356328	众生公司	823653676516
		众健公司	823653676517

办理如下出纳业务：

凡出纳业务，在业务办理完毕后，编制记账凭证，据以登记库存现金和银行存款日记账，并将记账凭证连同所附原始凭证一并转交记账员记账。

（1）12 月 1 日，收到冯春"旅差费报销单"（所附单据略），经审核无误，报销费用 1256 元，按原预支额 1200 元开出"收据"，当即补付现金 56 元，并在差旅费报销单上填写"付现金 56 元"。

（2）12 月 1 日，收到业务员送来的"进账单"回单及"增值税专用发票"的记账联，进行账务处理。

（3）12 月 1 日，收到开户银行转来丰润公司和达亿公司"转账支票"的收账通知联。

（4）12 月 1 日，填写"信汇"凭证 3 张，分别支付应付大兴公司账款

180000元、应付大华公司账款120000元和应付昌平公司账款90000元。填好结算凭证后去开户银行办理相关手续，取回"信汇"凭证回单，审核无误后进行账务处理。

（5）12月2日，填写"转账支票"1张，转出投资款170000元，存入三峡证券营业部账户（三峡证券营业部开户行：中国工商银行崎峰市支行，账号：123456786789）准备用于购买股票。到银行办理转账手续，取回回单。

（6）12月2日，填写"现金支票"1张，提取现金5000元备用，到开户银行办理支款手续。

（7）12月2日，收到业务科向齐规的"领款单"，经审核无误，当即支付现金3000元，作为业务科的备用金（在领款单上注明"现金付讫"）。

（8）12月3日，收到"三峡证券营业部成交过户交割单"，购入股票划作交易性金融资产。

（9）12月3日，将专夹留存的10月3日签发的商业承兑汇票第二联取出（曾在10月3日发生销货业务时，已填写3份"商业承兑汇票"：签发日期为2002年10月3日，承兑期2个月，应收丰润公司货款100000元，应收达亿公司货款110000元，应收昌安公司货款110000元），依据到期的3张"商业汇票"分别办理收款手续。

① 应收丰润公司和达亿公司到期票据款，持"商业汇票"第二联去丰润公司、达亿公司，要求丰润公司和达亿公司出纳员签发"转账支票"，并到银行办理转账手续，收到开户行转回的"转账支票"收账通知联。

② 应收昌安公司到期票据款，填写"委托收款"凭证后，持"委托收款凭证"和"商业承兑汇票"第二联到开户银行办理委托收款手续，银行盖章后，取回"委托收款"凭证回单。

（10）12月5日，收到开户行转来昌安公司"信汇"凭证收款通知联。

（11）12月5日，收到中财保险股份有限公司机动车辆保险单（正本）和保费收据第一联，经审核无误，据以填写转账支票（中财保险股份有限公司开户行：中国工商银行崎峰市支行，账号：823653676538），并到银行办理转账手续，经银行盖章，取回转账支票回单。

（12）12月6日，填写"中华人民共和国税收通用完税证"，将未交增值税、应交城市维护建设税、应交个人所得税、应交教育费附加上交国库，具体金额见明细分类账各该账户的月初余额。税收通用完税证填写好后，到开户行办理手续，经税务机关、银行盖章后取得完税凭证联，并据以进行账务处理。

（13）12月6日，收到律师事务所的"崎峰市服务业发票"发票联，经审核无误，以现金付讫。

（14）12月7日，收到银行转来"委托收款凭证"的收款通知1张，系昌安公司应收账款 110000 元。

（15）12 月 7 日，收到银行转来"委托收款凭证"的付款通知 3 张，系应付昌平公司商业票据到期款 110000 元、大兴公司商业汇票到期款 150000 元、大华公司票据到期款 100000 元。

（16）12 月 8 日，收到崎峰市电视台的"崎峰市服务业发票"发票联，经审核无误，据以填写转账支票（崎峰市电视台开户行：中国工商银行崎峰市支行，账号：823653676658），付广告费，并到银行办理转账手续，经银行盖章，取回转账支票回单。

（17）12 月 8 日，丰利公司委托债券发行公司发行 5 年期债券，按面值的 10% 溢价发行。现债券公司已发行债券面值 800000 元，实收金额 880000 元，款项今日全部交来，当即送存银行。据以填写"收据"及"进账单"，到银行办理手续后据"收据"记账联及"进账单"回单进行账务处理。

（18）12 月 9 日，收到债券公司的"崎峰市服务业发票"发票联，经审核无误，据以填写转账支票（债券公司开户行：中国工商银行崎峰市支行，账号：825533667788），付手续费，并到银行办理转账手续，经银行盖章，取回转账支票回单。

（19）12 月 10 日，收到本公司职工王达"费用报销领款单"，经审核无误，以现金付讫。

（20）12 月 10 日，收到房地产管理所的"崎峰市服务业发票"发票联，经审核无误，以现金付讫。

（21）12 月 10 日，收到崎峰市汽车运输公司的"崎峰市公路、内河货物运输业统一发票"发票联，经审核无误，据以填写"转账支票"（崎峰市汽车运输公司开户行：中国工商银行崎峰市支行，账号：823653675588），付运费，并到银行办理转账手续，经银行盖章，取回"转账支票"回单。

（22）12 月 10 日，收到保险公司的"保险公司失业保险金收据"，经审核无误，以现金支票付讫。

（23）12 月 10 日，签发"现金支票"，到银行办理取款手续，提回现金 5000 元备用。根据"现金支票"存根作账务处理。

（24）12 月 10 日，收到黎华等 3 人的"费用报销领款单"，经审核无误，以现金付讫。

（25）12 月 10 日，收到司法局的"崎峰市行政事业单位收款收据"经审核无误，据以填写转账支票（司法局开户行：中国工商银行崎峰市支行，账号：825634221668），付诉讼费，并到银行办理转账手续，经银行盖章，取回转账支票回单。

（26）12 月 11 日，收到冯春的"借款单"，经审核无误，以现金付讫。

(27) 12月11日，收到工程队的"崎峰市建筑安装业统一发票"，经审核无误，如数签发"现金支票"，交苏亮到银行取款。

(28) 12月12日，收到证券公司的"收据"，经审核无误，据以填写转账支票（证券公司开户行：中国工商银行崎峰市支行，账号：825634211698），付债券及手续费，并到银行办理转账手续，经银行盖章，取回转账支票回单。

(29) 12月13日，收到"工资结算汇总表"，根据实发工资总额签发"现金支票"，从银行提取现金，当即发放完毕。

(30) 12月13日，收到业务员送来的增值税专用发票的第二、三、四联，据以填写"委托收款凭证"（应收昌安公司款），持委托收款凭证和增值税专用发票第二、三联到银行办理托收手续，经银行盖章后，将退回的"委托收款凭证"回单与"增值税专用发票"记账联一并作账务处理。

(31) 12月14日，收到业务科"管理费用支出汇总表"（所附单据48张略），经审核无误，以现金付讫。

(32) 12月14日，收到崎峰市工学院的"收据"，经审核无误，开出"现金支票"付讫。

(33) 12月15日，收到职工食堂购买炊具的发票，经审核无误，以现金付讫。

(34) 12月16日，收到银行转来"委托收款凭证"的收款通知联，系昌安公司应收款。

(35) 12月16日，收到"市税务局印花税票发售统一发票"，经审核无误，以现金付讫。

(36) 12月16日，收到保险公司收取员工养老保险金的"收据"，经审核无误，据以填写"转账支票"（保险公司开户行：中国工商银行崎峰市支行，账号：8256342172238），付保险金，并到银行办理转账手续，经银行盖章，取回"转账支票"回单。

(37) 12月17日，收到新达建筑公司"崎峰市建筑安装业发票"的发票联，经审核无误，据以填写"转账支票"（新达建筑公司开户行：中国工商银行崎峰市支行，账号：825625671350），付工程款，并到银行办理转账手续，经银行盖章，取回"转账支票"回单。

(38) 12月17日，根据"综合奖金结算汇总表"（实际还应有按人头的奖金发放表，此处略），签发"现金支票"提回现金，当即发放完毕。

(39) 12月18日，收到立新设计院的"崎峰市服务业务发票"发票联，经审核无误，以现金付讫。

(40) 12月18日，收到众生公司出售设备的"崎峰市商业普通发票"发票联及本公司业务员送来的"固定资产验收单"，经审核无误，据以填写"转账支票"付设备款,并到银行办理转账手续,经银行盖章,取回"转账支票"回单。

(41) 12月19日,收到业务员送来的丰润公司"转账支票"的收账通知联及本公司的固定资产销售的"崎峰市商业普通发票"的会计记账联,经审核无误进行账务处理。

(42) 12月19日,收到冯春的"旅差费报销单"(所附单据略)和交来的现金530元,开出"收据"收讫。收据金额按原借支数填写。

(43) 12月19日,收到业务科的"业务招待费汇总表"及所附17张单据(单据略),经审核无误后,当即签发"现金支票"补足其备用金。

(44) 12月19日,收到朱锋的"费用报销领款单",经审核无误,以现金付讫。

(45) 12月19日,收到业务员送来的仓库租金收入"进账单"回单及"崎峰市服务业发票"记账联。

(46) 12月20日,收到业务员送来的"为民五金公司发票"和"物品领用单",经审核无误后签发"现金支票",从银行提回现金5600元,除支付灭火器款外,其余备用。

(47) 12月20日,收到业务员送来的众健公司"转账支票"的收账通知联及本公司收取技术转让收入的"崎峰市商业普通发票"记账联。

(48) 12月21日,收到购买书籍的"崎峰市文化教育、体育业发票"发票联,经审核无误,以现金付讫。

(49) 12月21日,收到众生公司的"崎峰市商业普通发票"发票联,经审核无误后签发"转账支票"支付技术转让费。到银行办理转账手续,经银行盖章后,拿回转账支票回单。

(50) 12月21日,收到汽车修配厂的"崎峰市商业普通发票"发票联,经审核无误后以现金付讫。

(51) 12月23日,收到自来水厂发票,审核无误后填写"转账支票"支付水费,到银行办理转账手续,经银行盖章后,拿回转账支票回单(自来水厂开户行:中国工商银行崎峰市支行,账号:865235217658)。

同时根据定额耗用量分配本月水费,定额耗用量如下:动力车间560吨,机修车间520吨,基本生产车间2800吨,公司管理部门1370吨,据以编制"水费分配表"。

根据"自来水厂发票"发票联、"转账支票"存根和"水费分配表"进行账务处理。

(52) 12月23日,收到业务科的"管理费用支出汇总表"及所附39张单据(单据略),经审核无误后,当即签发"现金支票"补足其备用金。

(53) 12月24日,收到电力局的"增值税专用发票"发票联,审核无误后填写"转账支票"支付电费,到银行办理转账手续,经银行盖章后,拿回转账支票回单(电力局开户行:中国工商银行崎峰市支行,账号:865235217666)。

同时根据表 15-2 所列定额耗用量资料编制"外购动力费分配表":

表 15-2

产品名称	定额耗用量	车间部门	定额耗用量
L-1 产品	10000 度	动力车间	600 度
L-2 产品	11000 度	机修车间	900 度
L-3 产品	10800 度	基本生产车间	800 度
L-4 产品	10200 度	管理部门	7700 度

根据电力局的发票联、"转账支票"存根和"外购动力费分配表"进行账务处理。

(54) 12 月 24 日,收到新世纪商厦的"崎峰市服务业发票"发票联,经审核无误后以现金付讫。

(55) 12 月 24 日,为购进口设备,向开户行买入 5000 美元,以中国人民银行公布的人民币汇率中间价作为即期汇率,当日的即期汇率 1 美元 = 7.72 元人民币,银行当日美元卖出价为 1 美元 = 8.10 元人民币。签发"转账支票"支付人民币,填写"进账单"购入美元。到银行办理相关手续,根据"转账支票"存根和"进账单"作账务处理。

(56) 12 月 25 日,签发"现金支票",到银行办理取款手续,提回现金 7000 元备用。根据"现金支票"存根作账务处理。

(57) 12 月 25 日,收到物价检查所"罚款没收专用收据",以现金支付罚款。

(58) 12 月 25 日,收到养路费征收站的"交通车辆养路费收据",经审核无误,以现金付讫(2 台东风汽车为送货用车,养路费为 700 元,1 台小车的养路费为 300 元)。

(59) 12 月 26 日,收到"副食商店销售发票"发票联,经审核后以现金付讫。

(60) 12 月 26 日,收到业务员送来的"固定资产验收单"及购买进口设备的"商业发票",经审核无误后填写"信汇"凭证,到银行办理美元汇兑手续,取回"信汇"回单。当日的即期汇率 1 美元 = 7.85 元人民币。

(61) 12 月 26 日,收到通达搬运公司的"崎峰市交通运输业发票"发票联,经审核无误后以现金付讫。

(62) 12月26日，收到冯春的"借款单"经审核无误后以现金付讫。

(63) 12月27日，收到本公司业务员送来销售商品给达亿公司、丰润公司和昌安公司的"增值税专用发票"记账联和3张"商业承兑汇票"。

(64) 12月27日，收到业务员送来的"专利申报表"和专利局的"崎峰市行政事业单位收款收据"发票联，审核无误后填写"转账支票"支付专利注册登记费，到银行办理转账手续，经银行盖章后，拿回转账支票回单（专利局开户行：中国工商银行崎峰市支行，账号：865235367685）。

(65) 12月27日，收到昌平公司、大华公司、大兴公司业务员送来的增值税专用发票第二、三联，经审核无误后分别填写为期2个月的"商业承兑汇票"三份，其中第一联经各收款人盖章签名后收回，在第二联的付款人盖章处盖上财务专用章，在负责经办处均签上名，填好后将第二联分别交昌平公司、大华公司、大兴公司业务员。

同时收到顺达运输公司的"崎峰市公路、内河货物运输业统一发票"发票联，经审核无误后填写"转账支票"支付材料运费，到银行办理转账手续，经银行盖章后，拿回转账支票回单（顺达运输公司开户行：中国工商银行崎峰市支行，账号：865235367898）。

根据材料重量编制"材料采购费用分配表"。各种材料采购的重量：A-1材料6000千克，B-1材料9000千克，甲材料15000千克，乙材料20000千克，丙材料12000千克，丁材料15000千克。

根据"增值税专用发票"的发票联、"商业汇票"的留存联、"转账支票"存根联、"崎峰市公路、内河货物运输业统一发票"发票联、"材料采购费用分配表"，作账务处理。

(66) 12月30日，收到业务员送来的"增值税专用发票"的第二、三、四联，合同规定销货款采用委托收款结算方式，经审核无误后，据以填写"委托收款凭证"，持"委托收款凭证"和"增值税专用发票"第二、三联到银行办理托收手续，经银行盖章后，将退回的"委托收款凭证"回单与"增值税专用发票"的记账联一并作账务处理。

(67) 12月31日，到开户行拿回贷款计息凭证，进行账务处理（预计应付利息11000元）。

(68) 12月31日，到开户行拿回存款计息凭证，进行账务处理。

(69) 12月31日，将账面价值为80000元的"交易性金融资产——基金"全部出售，实得现金84000元。填写"内部转账单"和"进账单"，将现金送存银行（全为百元券）。

(70) 12月31日的即期汇率1美元＝8.05元人民币，调整当期产生的汇兑差额。

15.2 丰利公司记账员岗位实操

开设有关账户。丰利公司2002年11月30日明细账期末资料如下：

其他货币资金——外埠存款	10000（借）
交易性金融资产——股票（成本）	100000（借）
交易性金融资产——债券（成本）	90000（借）
交易性金融资产——基金（成本）	80000（借）
应收票据——达亿公司	110000（借）
应收票据——丰润公司	100000（借）
应收票据——昌安公司	110000（借）
应收账款——达亿公司	90000（借）
应收账款——丰润公司	100000（借）
应收账款——昌安公司	120000（借）
坏账准备	1240（贷）
其他应收款——冯春	1200（借）
其他应收款——代扣水电费	13000（借）
材料采购——原材料	50660（借）
原材料——原料及主要材料	368000（借）
原材料——其他材料	92000（借）
周转材料——包装物	21000（借）
周转材料——低值易耗品	56000（借）
材料成本差异——原材料	4600（借）
材料成本差异——包装物	210（贷）
材料成本差异——低值易耗品	560（借）
库存商品——L-1产品	280000（借）
库存商品——L-2产品	484000（借）
库存商品——L-3产品	552000（借）
库存商品——L-4产品	1000000（借）
长期股权投资——股票投资（兴隆公司）	200000（借）
持有至到期投资——成本	100000（借）
持有至到期投资——利息调整	10000（借）
持有至到期投资——应计利息	15000（借）
固定资产——生产用固定资产	1370000（借）
固定资产——非生产用固定资产	600000（借）

固定资产——不需用固定资产	160000（借）
固定资产——出租固定资产	150000（借）
累计折旧	640000（贷）
工程物资——专用材料	350000（借）
工程物资——专用设备	361000（借）
在建工程——机床大修工程	60000（借）
在建工程——设备安装工程	370000（借）
固定资产清理——报废	4600（借）
无形资产——专利权	353000（借）
无形资产——专有技术	350000（借）
研发支出——资本化支出	27000（借）
长期待摊费用——固定资产大修费用	42000（借）
待处理财产损溢——待处理固定资产损溢	1800（借）
生产成本——基本生产成本（L-1 产品）	9500（借）
生产成本——基本生产成本（L-2 产品）	11700（借）
生产成本——基本生产成本（L-3 产品）	13500（借）
生产成本——基本生产成本（L-4 产品）	15600（借）
短期借款——生产周转借款	1800000（贷）
应付票据——大兴公司	150000（贷）
应付票据——大华公司	100000（贷）
应付票据——昌平公司	110000（贷）
应付账款——大兴公司	180000（贷）
应付账款——大华公司	120000（贷）
应付账款——昌平公司	90000（贷）
应付职工薪酬——职工教育经费	3000（贷）
应付职工薪酬——职工福利	4100（贷）
应付职工薪酬——社会保险费	8400（贷）
应交税费——未交增值税	40000（贷）
应交税费——应交所得税	40000（借）
应交税费——应交城市维护建设税	3000（贷）
应交税费——应交个人所得税	2000（贷）
应交税费——应交教育费附加	1000（贷）
应付利息	20000（贷）
长期借款——基建借款	1240000（贷）
长期应付款——应付设备款	950000（贷）

应付债券——面值 280000（贷）
应付债券——利息调整 20000（贷）
应付债券——应计利息 10000（贷）
实收资本——国家投资 1400000（贷）
实收资本——德源公司 100000（贷）
实收资本——其他 840770（贷）
资本公积——资本溢价 300000（贷）
资本公积——其他 120000（贷）
盈余公积——法定盈余公积 570000（贷）
利润分配——未分配利润 50000（贷）
本年利润 450000（贷）

原材料明细账2002年11月30日期末资料如表15-3所示：

表15-3

	品名	数量（千克）	计划单价（元）	金额（元）
原料及主要材料	甲材料	12000	4.20	50400
	乙材料	10000	3.06	30600
	丙材料	10000	4.95	49500
	丁材料	10000	6.04	60400
	A-1材料	10000	9.80	98000
	B-1材料	10000	7.91	79100
	小 计			368000
其他材料				92000
合 计				460000

材料采购明细账2002年11月30日期末资料如表15-4所示：

表15-4 单位：元

供货单位	项目	借方			贷方			备注
		买价	运杂费	合计	计划成本	差异	合计	
昌平公司	甲材料	7000	100	7100				
	乙材料	7000	100	7100				
昌安公司	丙材料	8000	110	8110				
	丁材料	8000	110	8110				
大兴公司	A-1材料	10000	120	10120				
大华公司	B-1材料	10000	120	10120				
合 计		50000	660	50660				

库存商品明细账 2002 年 11 月 30 日期末资料如表 15-5 所示：

表 15-5

商品名称	单位	数量	单位成本（元）	金额（元）
L-1 商品	千克	40000	7	280000
L-2 商品	件	44000	11	484000
L-3 商品	件	46000	12	552000
L-4 商品	件	50000	20	1000000
合　计				2316000

生产成本明细账 2002 年 11 月 30 日期末在产品成本资料如表 15-6 所示：

表 15-6

产品名称	数量	成本项目（元）			
		直接材料	直接人工	制造费用	合计
L-1 产品	2715 千克	5000	2500	2000	9500
L-2 产品	2126 件	6000	3000	2700	11700
L-3 产品	2260 件	7000	3500	3000	13500
L-4 产品	1560 件	8000	4000	3600	15600
合　计					50300

按下列要求开设明细账：

（1）下列账户使用三栏式账页（有期初余额的账户结转期初余额，没有期初余额的账户设户后待记发生额）：

其他货币资金——外埠存款

其他货币资金——存出投资款

交易性金融资产——股票（成本）

交易性金融资产——股票（公允价值变动）

交易性金融资产——债券（成本）

交易性金融资产——基金（成本）

应收票据——达亿公司

应收票据——丰润公司

应收票据——昌安公司

应收账款——达亿公司

应收账款——丰润公司

应收账款——昌安公司

坏账准备

其他应收款——冯春
其他应收款——业务科
其他应收款——代扣水电费
原材料——原料及主要材料
原材料——其他材料
周转材料——包装物
周转材料——低值易耗品——在库
材料成本差异——原材料
材料成本差异——包装物
材料成本差异——低值易耗品
长期股权投资——股票投资（兴隆公司）
持有至到期投资——成本
持有至到期投资——利息调整
持有至到期投资——应计利息
固定资产——生产用固定资产
固定资产——非生产用固定资产
固定资产——不需用固定资产
固定资产——出租固定资产
累计折旧
工程物资——专用材料
工程物资——专用设备
在建工程——机床大修工程
在建工程——设备安装工程
在建工程——生产车间扩建工程
固定资产清理——报废
固定资产清理——出售不需用固定资产
无形资产——专利权
无形资产——专有技术
研发支出——资本化支出
累计摊销
长期待摊费用——固定资产大修费用
待处理财产损溢——待处理固定资产损溢
递延所得税资产
短期借款——生产周转借款
应付票据——大兴公司

应付票据——大华公司
应付票据——昌平公司
应付账款——大兴公司
应付账款——大华公司
应付账款——昌平公司
应付职工薪酬——工资
应付职工薪酬——职工福利
应付职工薪酬——社会保险费
应付职工薪酬——住房公积金
应付职工薪酬——工会经费
应付职工薪酬——职工教育经费
应付职工薪酬——非货币性福利
应交税费——未交增值税
应交税费——应交营业税
应交税费——应交所得税
应交税费——应交城市维护建设税
应交税费——应交个人所得税
应交税费——应交教育费附加
应付利息
应付股利
长期借款——基建借款
长期应付款——应付设备款
应付债券——面值
应付债券——利息调整
应付债券——应计利息
递延所得税负债
实收资本——国家投资
实收资本——德茂公司
实收资本——其他
资本公积——资本溢价
资本公积——其他
盈余公积——法定盈余公积
利润分配——提取法定盈余公积
利润分配——应付现金股利
利润分配——未分配利润

本年利润
主营业务收入——L-1 产品
主营业务收入——L-2 产品
主营业务收入——L-3 产品
主营业务收入——L-4 产品
其他业务收入
投资收益
公允价值变动损益
营业外收入
主营业务成本——L-1 产品
主营业务成本——L-2 产品
主营业务成本——L-3 产品
主营业务成本——L-4 产品
营业税金及附加
其他业务成本
资产减值损失
营业外支出
所得税费用

（2）下列账户使用多栏式账页（有期初余额的账户结转期初余额，没有期初余额的账户设户后待记发生额）：

应交税费——应交增值税
材料采购——原材料
生产成本——基本生产成本（L-1 产品）
生产成本——基本生产成本（L-2 产品）
生产成本——基本生产成本（L-3 产品）
生产成本——基本生产成本（L-4 产品）
生产成本——辅助生产成本——机修车间
生产成本——辅助生产成本——动力车间
制造费用——基本生产车间
销售费用
财务费用
管理费用

（3）下列账户使用数量金额式账页（有期初余额的账户结转期初余额，没有期初余额的账户设户后待记发生额）：

库存商品——L-1 产品

库存商品——L-2 产品
库存商品——L-3 产品
库存商品——L-4 产品
原材料——原料及主要材料——甲材料
原材料——原料及主要材料——乙材料
原材料——原料及主要材料——丙材料
原材料——原料及主要材料——丁材料
原材料——原料及主要材料——A-1 材料
原材料——原料及主要材料——B-1 材料

办理记账业务：

(1) 12 月 4 日，收到业务员送来的材料入库验收单（留待月末汇总进行收料的账务处理）。

(2) 12 月 9 日，收到固定资产折旧计算表，经审核无误进行账务处理。

(3) 12 月 9 日，收到业务员交来本公司换出商品的增值税专用发票的记账联，换入材料的增值税发票的抵扣联与发票联及材料入库验收单的会计记账联，经审核无误进行非货币性交易的账务处理。

(4) 12 月 12 日，收到柴园、曾方的"物品领用单"，经审核无误进行账务处理。

(5) 12 月 18 日，收到固定资产报废单，经审核无误进行账务处理。

(6) 12 月 20 日，收到业务员送来的工程物资入库验收单。

(7) 12 月 20 日，报废固定资产清理完毕，根据"固定资产清理——报废清理"账户余额编制"内部转账单"，结转清理损益。

(8) 12 月 27 日，收到业务员送来的材料入库验收单（留待月末汇总进行收料的账务处理）。

(9) 12 月 28 日，本月应摊销专利权 38000 元，应摊销专有技术 35000 元，应摊销基本生产车间固定资产大修费 21000 元，据以编制"无形资产、长期待摊费用分摊表"，经审核无误进行账务处理。

(10) 12 月 29 日，收到"报废低值易耗品汇总表"及"材料入库验收单"（会计记账联），经审核无误进行账务处理。

(11) 12 月 29 日，据前面留存的"材料入库验收单"登记"材料采购"明细账（横线登记式明细账）的贷方发生额，并计算入库材料成本差异，据此编制"本月已付款的入库材料汇总表"。

(12) 12 月 30 日本月生产产品领用包装物的计划成本汇总如下（根据领料单汇总，因为领料单不便一一列出，故略去）：

L-1 产品领用 2600 元
L-2 产品领用 2800 元

L-3 产品领用 2900 元
L-4 产品领用 2700 元

据"周转材料——包装物"与"材料成本差异——包装物"账户资料计算材料成本差异率、领用材料应分摊的差异额及领用材料实际成本，据计算结果编制"领用包装物汇总表"，经审核无误进行账务处理。

(13) 12 月 30 日本月领用低值易耗品的计划成本汇总如下（根据领料单汇总，因为领料单不便一一列出，故略去）：

基本生产车间领用 12000 元
动力车间领用 1200 元
机修车间领用 1600 元
公司管理部门领用 2400 元

据"周转材料——低值易耗品"与"材料成本差异——低值易耗品"账户资料计算材料成本差异率、领用材料应分摊的差异额及领用材料实际成本，据计算结果编制"领用低值易耗品汇总表"，经审核无误进行账务处理。

(14) 12 月 31 日，收到"车间产品耗用工时汇总表"，结合"工资结算汇总表"与"奖金发放表"先编制"基本生产车间生产工人工资分配表"，后编制"应付职工薪酬分配表"，经审核无误进行账务处理。

(15) 12 月 31 日，收到业务员送来的"发料凭证汇总表"及其"发料单"（略），根据"发料单"上所载明的用途及下列材料耗用资料编制"发料凭证分配汇总表"。据"原材料——原料及主要材料"各数量金额式明细账及"材料成本差异——原材料"账户资料计算材料成本差异率、领用材料应分摊的差异额及领用材料实际成本。

材料耗用的计划成本汇总如下（表 15-7）：

表 15-7　　　　　　　　　　　　　　　　　　　　单位：元

产品、车间、部门	主要材料	其他材料	备　注
L-1 产品	130000		
L-2 产品	140000		
L-3 产品	145000		
L-4 产品	150000		
基本生产车间一般耗用		3000	列入物料消耗
动力车间	6600	7000	
机修车间	5000	5000	
公司管理部门		3000	列入公司经费
销售部门		2000	列入包装费
车间扩建工程	27000	30000	按 17% 转出进项税额

经审核无误进行账务处理（注：材料成本差异率精确至小数点后四位）。

（16）12月31日，原作待处理的盘亏设备净值1800元，经批准转销。据以编制"内部转账单"，经审核无误进行账务处理。

（17）12月31日，收到"辅助生产情况表"，结合"生产成本——辅助生产成本——动力车间"和"生产成本——辅助生产成本——机修车间"账户资料，采取直接分配法分配辅助生产费用，编制"辅助生产费用分配表"（分配率精确至小数点后四位），经审核无误进行账务处理。

（18）12月31日，根据工时记录（生产L-1产品12000工时，生产L-2产品12000工时，生产L-3产品13000工时，生产L-4产品13660工时）和"制造费用——基本生产车间"账户资料编制"制造费用分配表"（分配率精确至小数点后四位），经审核无误进行账务处理。

（19）12月31日，收到"生产情况报告表"和"产品入库汇总表"，结合基本生产成本明细账资料，据以编制"生产成本计算表"（分别按四种产品进行计算），单位成本保留到分。经审核无误进行账务处理。

（20）12月31日，根据本月商品销售数量及"库存商品"明细账的加权平均单位成本，编制"产品销售汇总表"，结转产品销售成本。

（21）12月31日，"交易性金融资产——股票"的公允价值为220000元，依据"交易性金融资产——股票——成本"及"交易性金融资产——股票——公允价值变动"明细账户资料计算本期公允价值变动金额，据以填制"内部转账单"，经审核无误进行账务处理。

（22）12月31日，按应收款项百分比法计提坏账准备，提取比例为3%，依据"应收账款"、"其他应收款"、"预付账款"及"坏账准备"明细账资料分析计算本期应计提的坏账准备金，据以编制"内部转账单"，经审核无误进行账务处理。

（23）12月31日，依据"应交税费——应交增值税"明细账资料分析填写"增值税纳税申报表"，计算出未交增值税额，经审核无误进行账务处理。

（24）12月31日，依据"其他业务收入"和"固定资产"明细账及"增值税纳税申报表"资料，计算应交营业税、应交房产税、应交城市维护建设税、应交教育费附加，编制"地方税收综合纳税（费）申报表"，经审核无误进行账务处理。

（25）12月31日，依据"持有至到期投资"明细账期初资料计算本年利息收入，并进行利息调整（按票面利率10%，实际利率6%计算），据以填制"内部转账单"，经审核无误进行账务处理（本月发生数暂不计算利息）。

（26）12月31日，依据"应付债券"明细账期初资料（为安装工程而发行债券）计算本年利息费用，并进行利息调整，按票面利率9%，实际利率

6%计算,据以填制"内部转账单",经审核无误进行账务处理(本月发生数暂不计算利息)。

(27) 12月31日,结平"待处理财产损溢"账户。

(28) 12月31日,将损益类账户的本月净发生额结转"本年利润"账户。

(29) 12月31日,编制"利润表"初稿,据以编制"暂时性差异计算表"、"所得税纳税申报表"(所得税税率:33%),经审核无误进行账务处理。

(30) 12月31日,将"所得税费用"账户发生额转入"本年利润"账户。

(31) 12月31日,进行利润分配。法定盈余公积按净利润("本年利润"账户年末余额)的10%分配,应付现金股利按"未分配利润"明细账期初余额加上本年净利润,减去本年提取的法定盈余公积后的30%分配。

(32) 12月31日,将"本年利润"、"利润分配——提取盈余公积"、"利润分配——应付现金股利"账户余额转入"利润分配——未分配利润"账户。

15.3 丰利公司财务科长岗位实操

开设总账。根据下列资料开设总账账户,每个账户占一页。丰利公司2002年11月30日总账期末资料如下:

库存现金	1000(借)
银行存款	300000(借)
其他货币资金	10000(借)
交易性金融资产	270000(借)
应收票据	320000(借)
应收账款	310000(借)
坏账准备	1240(贷)
其他应收款	14200(借)
材料采购	50660(借)
原材料	460000(借)
周转材料	76000(借)
材料成本差异	4950(借)
库存商品	2316000(借)
长期股权投资	200000(借)
持有至到期投资	125000(借)
固定资产	2280000(借)

累计折旧	640000（贷）
工程物资	711000（借）
在建工程	430000（借）
固定资产清理	4600（借）
无形资产	703000（借）
研发支出	27000（借）
累计摊销	
长期待摊费用	42000（借）
待处理财产损溢	1800（借）
递延所得税资产	
生产成本	50300（借）
制造费用	
短期借款	1800000（贷）
应付票据	360000（贷）
应付账款	390000（贷）
应付职工薪酬	15500（贷）
应交税费	6000（贷）
应付利息	20000（贷）
应付股利	
其他应付款	
长期借款	1240000（贷）
长期应付款	95000（贷）
应付债券	310000（贷）
递延所得税负债	
实收资本	2340770（贷）
资本公积	420000（贷）
盈余公积	570000（贷）
利润分配	50000（贷）
本年利润	450000（贷）
主营业务收入	
其他业务收入	
投资收益	
公允价值变动损益	
营业外收入	
主营业务成本	

营业税金及附加
其他业务成本
销售费用
管理费用
财务费用
资产减值损失
营业外支出
所得税费用

处理日常总账业务：

（1）复核上旬会计凭证，根据审核无误的上旬记账凭证编制记账凭证汇总表，并据以登记总账，结出账户余额，与出纳员所经管的日记账核对，如有不符，查明原因，予以更正；与记账员所经管的明细账进行核对，如有不符，查明原因，予以更正。

（2）复核中旬会计凭证，根据审核无误的中旬记账凭证编制记账凭证汇总表，并据以登记总账，结出账户余额，与出纳员所经管的日记账核对，如有不符，查明原因，予以更正；与记账员所经管的明细账进行核对，如有不符，查明原因，予以更正。

（3）复核下旬会计凭证，根据审核无误的下旬记账凭证编制记账凭证汇总表，并据以登记总账，结出账户余额，与出纳员所经管的日记账核对，如有不符，查明原因，予以更正；与记账员所经管的明细账进行核对，如有不符，查明原因，予以更正。

（4）编制总账账户余额试算平衡表。

（5）办理年结。

编制会计报表：

（1）编制资产负债表，以12月份月初数作为年初数。

（2）编制利润表，以12月份损益作为全年损益。

（3）编制现金流量表，以12月份月初数作为年初数，以12月份现金流量作为全年现金流量。

15.4 丰利公司业务员岗位实操

按要求填制和传递2002年12月份凭证：

（1）12月1日，冯春出差返回公司报账，出差相关内容如下：冯春出差联系业务推销产品，2002年11月25日从崎峰市乘火车至北京市（当日到达），车票360元，在北京市期间住宿费200元，2002年11月28日从北京乘火车至天津（次日到达），车票30元，在天津期间住宿费150元，29日从天津乘火车回崎峰市（次日到达），火车票408元，出差补助每天18元，据以填写"旅差费报销单"（经理张文斌在单上签字：同意报销），并持单以冯春的名义向财务科出纳处报账（出差前已预支1200元）。

(2) 12月1日，销售给MB公司L-4商品7500件，销售给MC公司L-4商品8000件，销售给MD公司L-4商品7500件，销售给ME公司L-4商品7000件，L-4商品每件售价29元，增值税税率17%，价税款均已收讫。据以填写"增值税专用发票"，款项全部存入银行，填写"进账单"，送银行办理进账手续后取回"进账单"回单。将"进账单"回单连同"增值税专用发票"的记账联送财务科记账员（开户行：中国工商银行崎峰市支行，账号：823653676515）。

(3) 12月2日，以业务科齐规的名义填写"领款单"，领款金额3000元，领款单填写好后到财务科找出纳员领款，作为业务科的备用金。

(4) 12月3日，以三峡证券营业部的名义填写"三峡证券营业部成交过户交割单"1张，内容如下：本交割单系丰利公司购买股票，成交编号为13583，股东账户为53657894，股东名称为丰利公司，申请编号为683，公司代码为M240，申报时间为10点50分29秒，成交时间为10点50分45秒，实收金额为89100元，资金余额为80900元；证券代码为635278，成交数量10000股，成交价格8.85元，佣金280元，印花税310元，附加费10元。填好后送丰利公司出纳员。

(5) 12月4日，表15-8所列材料全部入库，据以填写"材料入库验收单"：

表15-8

供货单位	材料名称	数量（千克）	单位买价（元）	运杂费（元）	计划单价（元）
昌平公司	甲材料	1750	4.00	100	4.20
	乙材料	2500	2.80	100	3.06
昌安公司	丙材料	1600	5.00	110	4.95
	丁材料	1600	5.00	110	6.04
大兴公司	A-1材料	1000	10.00	120	9.80
大华公司	B-1材料	1250	8.00	120	7.91

将填写好的"材料入库验收单"记账联送本公司记账员。

(6) 12月5日，以中财保险股份有限公司的名义填写"机动车辆保险单"和"保费收据"各一张，填写内容如下：被保险人为丰利公司，投保种为车辆损失险、第三责任险、盗抢险、玻璃险、他人恶意险等；车辆型号为皇冠（普）；发动机号 367508；牌号为 A-35567；非营业用车；座位为 5 座；保险价值 34 万元，保险金额 34 万元；基本保费 250 元；车辆损失险费率 0.8%；第三责任险最高赔偿限额为 23 万元；第三责任险保费为 2100 元；盗抢险保费据表计算；玻璃险保费为 50 元；他人恶意险保费为 100 元；保险期限自 2002 年 12 月 5 日零时起至 2003 年 12 月 5 日 24 时止。地址：十字街 58 号；电话：8666688；邮政编码：438000；总经理：刘峰。填好后将"机动车辆保险单"正本和"保费收据"发票联送丰利公司记账员。

（7）12 月 6 日，以崎峰市第一律师事务所王宏的名义填写"崎峰市服务业发票"，收取丰利公司本月律师顾问费 960 元，持其发票联找丰利公司出纳员收款。

（8）12 月 8 日，崎峰市电视台收取丰利公司广告费 20000 元，代电视台填写"崎峰市服务业发票"，持其发票联找丰利公司出纳员收款。

（9）12 月 9 日，债券公司应向丰利公司收取债券印刷费及手续费 8000 元，代填写"崎峰市服务业发票"，并持其第二联到丰利公司财务科结算。

（10）12 月 9 日，根据下述资料编制"固定资产折旧表"（采用平均年限法），编制完成后将其送丰利公司记账员。

11 月 30 日，固定资产资料如表 15-9 所示：

表 15-9

部门	固定资产类型	固定资产原值（元）	预计净残值（元）	预计使用年限
基本车间	房屋	250000	15000	40
	机床加工设备	220000	10000	10
	专用电子设备	300000	15000	10
	其他专用设备	200000	8000	20
机修车间	房屋	100000	5000	40
	机床加工设备	50000	2500	10
	其他专用设备	10000	2000	20
动力车间	房屋	100000	5000	40
	内燃发电机组	100000	5000	20
	其他专用设备	40000	2000	20
管理部门	房屋	600000	30000	40
	不需用设备	160000	20000	10
出租	仓库	150000	8000	10

（11）12 月 9 日，丰利公司与众健公司进行非货币交易，交易内容如下：

丰利公司向众健公司销售 L-2 商品 2525 件，每件售价 20 元；向众健公司购进乙材料 10000 千克，每千克价格 5.05 元。增值税税率均为 17%，据以填写销售 L-2 商品的"增值税专用发票"和购进乙材料的"材料入库验收单"（材料已如数入库，乙材料的计划单位成本见记账员岗位的数量金额式明细账），填写好后先持销售商品的增值税专用发票的第二、三联到众健公司业务处换取购进材料的增值税专用发票的第二、三联；后将销售商品的"增值税专用发票"的记账联和购进材料的"增值税专用发票"的第二、三联及"材料入库验收单"一并送交丰利公司记账员。

（12）12 月 10 日，以公司职工王达的名义填写"费用报销领款单"，到财务科领取独生子女费 180 元。

（13）12 月 10 日，代房地产管理所开具"崎峰市服务业发票"，应收取丰利公司办公用房租金 1000 元。制单人：张选。持发票联到丰利公司财务科结算。

（14）12 月 10 日，以崎峰市汽车队的名义开具"崎峰市公路、内河货物运输统一发票"，应收取丰利公司销货运费 8500 元。制单人：王平。持发票联到丰利公司财务科结算。

（15）12 月 10 日，丰利公司向保险公司交纳职工失业保险金 1400 元（保险公司开户行：中国工商银行崎峰市支行，账号：823653998822），以保险公司的名义开具"保险公司失业保险金收据"，持发票联到丰利公司财务科结算。

（16）12 月 10 日，业务科黎华、王敬、姚文华等 3 人领取本年度烤火费，每人 90 元，经理雷扉签字：同意付款。代填写"费用报销领款单"，到财务科出纳处领款。

（17）12 月 10 日，代司法局开具"崎峰市行政事业单位收款收据"，应收取丰利公司公证费用 1100 元。收款人：游咏。持发票联到丰利公司财务科结算。

（18）12 月 11 日，生产技术科冯春去省城开生产技术会，经领导同意借款 2000 元。据以填写"借款单"，持单向财务科出纳员借款。

（19）12 月 11 日，支付生产车间扩建工程款 8600 元，经公司经理签字同意付款，由苏亮统一领款，据以填写"崎峰市建筑安装业统一发票"，持发票联到财务科出纳处办理领款，取得出纳员签发的"现金支票"到银行取款。

（20）12 月 12 日，业务员柴园、曾方各领计算器一个，单价 145 元，合计金额 290 元。经理张文斌审批：同意领用，一次摊销。据以填写"物品领用单"并将其送交财务科记账员。

（21）12 月 12 日，丰利公司向证券公司购买 1 年期债券 900000 元，手续费1800元，以证券公司名义开出"收据"，持收据第二联到丰利公司财务科结算。

（22）12月13日，根据表15-10所列资料编制"工资结算汇总表"（因工资结算原始资料比较复杂，实际工作中的工资发放表是根据岗位将每个人的工资计算出来加以汇总的，而表中资料直接以汇总的形式给出）。

表15-10 单位：元

车间、部门、类型	职工人数	标准工资	应扣工资		津贴	代扣款项			
			事假	病假		水电费	住房公积金	个人所得税	个人承担社保
基本生产车间生产工人	290	251000	1600	310	26770	10220	9000	35	3220
基本生产车间管理人员	12	13200			1600	500	460	20	140
援外工程人员	2	2600			2200		200		25
在建工程人员	20	21000			3000	700	500		240
机修车间人员	6	6800			610	180	180		65
动力车间人员	5	5200			500	140	120		50
公司管理人员	33	38000			3500	1100	1000	50	350
医务人员	3	3300			290	100	100		35
6个月以上长病人员	2	2100		560	10	60	60		20

工资结算汇总表编制好后送交财务科出纳员。

（23）12月13日，销售给昌安公司L-1商品10000千克，每千克售价9.80元，L-2商品10000件，每件售价15.80元，增值税税率17%，据以填写"增值税专用发票"后将其第二、三、四联交丰利公司财务科出纳员办理收款手续。

（24）12月14日，业务科各种费用支出汇总情况如下：差旅费360元（19张原始凭证）；办公费210元（17张原始凭证）；其他费用220元（12张原始凭证）；经核对，编制"管理费用支出汇总表"，持表到财务科报账。

（25）12月14日，韩风等7名职工参加崎峰市工学院短期培训，支付学杂费2900元，以工学院名义开出"收据"，持第二联（付款人联）找丰利公司财务科出纳员办理领款，取得出纳员签发的"现金支票"到银行取款。

（26）12月15日，丰利公司职工食堂向为民日杂公司购碗40个，单价3元，计120元；盘子40个，每个2.50元，计100元，合计220元。以为民日杂公司名义开具"为民日杂公司销售发票"，持发票联向丰利公司财务科出纳员报账（在发票备注上填写：列入职工福利）。

（27）12月16日，丰利公司向税务局购买30张5元券印花税票，20张2

元券印花税票，30张1元券印花税票，以税务局名义开具"市税务局印花税票发售统一发票"，持发票联向丰利公司财务科出纳员报账。

（28）12月16日，崎峰市保险公司向丰利公司收取员工养老保险金7000元，以保险公司名义开具"收据"，并持"收据"（付款人联）向丰利公司财务科结算。

（29）12月17日，丰利公司应付的车间扩建工程包工款200000元，以新达建筑公司的名义填写"崎峰市建筑安装业统一发票"，持发票联到丰利公司财务科办理结算。

（30）12月17日，本月综合奖金结算汇总资料如下（表15-11）：

表15-11

车间、部门	奖金（元）
基本生产车间生产工人	28000
基本生产车间管理人员	1200
机修车间人员	600
动力车间人员	500
公司管理人员	3300
医务人员	300

据以编制"综合奖金结算汇总表"，持表向财务科出纳员领取奖金。

（31）12月18日，丰利公司应付立新设计院产品设计费1460元，以立新设计院的名义填写"崎峰市服务业发票"，持发票联到丰利公司财务科办理结算。

（32）12月18日，向众生公司购进丁设备一台，交易价41000元，经验收交基本生产车间使用，据以填写"固定资产验收单"，将其第二联送财务科出纳员。

（33）12月18日，一栋仓库300平方米，预计使用25年，已使用23年，原值80000元，已提折旧70000元，因重建提前报废。使用部门的意见：因陈旧要求报废；技术鉴定小组意见：情况属实；固定资产管理部门意见：同意转入清理；主管部门审批意见：同意报废重建。据以填写"固定资产报废单"后将其会计记账联送财务科记账员。

（34）12月19日，销售给丰润公司不需用丁设备一台，原始价值62000元，已提折旧16000元，协商作价50000元。据以填写"崎峰市商业普通发票"，持其发票联到丰润公司财务科收款，要求丰润公司出纳员签发"转账支票",并与其一同去银行办理转账手续,取得银行盖章的"转账支票"的收账通联后,将"转账支票"的收账通知联及"崎峰市商业普通发票"记账联送交本公司财务科出纳员。

(35) 12月19日,冯春12月11日去省城参加工业生产技术会,12月18日返回,往返汽车票均为45元,住宿费用700元,会议费用150元,其他费用410元,每天补助15元。以冯春的名义填写"差旅费报销单",经理张文斌在单上签字:同意报销。持单向财务科出纳员报账(原借支2000元)。

(36) 12月19日,业务科与业务往来单位洽谈业务,接待、就餐、补助及接车费共计金额2100元,单据17张。据以填写"业务招待费汇总表",经理雷迅在单上签字:同意报销。持单向财务科出纳员报账,取得出纳员签发的"现金支票"后到银行提取现金。

(37) 12月19日,报废固定资产的清理人员朱锋等5人应领取清理费用480元,以朱锋的名义填写"费用报销领款单",经理雷迅在单上签字:同意付款。持单向财务科出纳员领款。

(38) 12月19日,丰利公司向崎南公司收取仓库租金5600元,据以开出"崎峰市服务业发票",收到现金5600元,当即填写"进账单"到开户行办理进账手续,收到银行盖章的"进账单"回单后,将"崎峰市服务业发票"的发票联及"进账单"回单送交本公司出纳员。

(39) 12月20日,仓库清理残料如下:红砖60000块,每块0.20元,计12000元,其他材料3800元,合计15800元。材料全部入库作重建仓库用,据以编制"材料入库单",并将其记账联送财务科记账员。

(40) 12月20日,丰利公司向为民五金公司购买灭火器6个,单价100元,计600元。灭火器购回后当即由仓库领用。先以为民五金公司名义开具"为民五金公司发票",再以仓库保管员章法名义填写"物品领用单"(经理雷迅在单上签字:同意领用,一次摊销),最后将"为民五金公司发票"的发票联和"物品领用单"送财务科出纳员,并要求领款、领物。

(41) 12月20日,向众健公司转让技术,收取技术转让费15000元,据以填写"崎峰市商业普通发票",持其发票联到众健公司财务科收款,要求众健公司出纳员签发"转账支票",并与其一同去银行办理转账手续,取得银行盖章的"转账支票"的收账通知联后,将"转账支票"的收账通知联及"崎峰市商业普通发票"记账联送交本公司财务科出纳员。

(42) 12月21日,向会计局购买《新会计准则》等书籍,付款200元,以会计局的名义填写"崎峰市文化教育、体育业发票",并持其发票联到财务科报账。

(43) 12月21日,丰利公司的汽车送汽车修配厂修理,具体修配项目如下：汽车补胎190元，汽车轮胎充气60元，车轮拆装50元。以汽车修配厂名义开具"崎峰市服务业发票"，将"崎峰市服务业发票"的发票联送交本公司出纳员。

（44）12月23日，丰利公司的水表记录是：本月止码为63657，上月止码为57882，实用水5775吨，每吨单价1元。以自来水厂名义开具"自来水厂水费发票"，持其发票联到丰利公司财务科结算。

（45）12月23日，业务科用备用金开支下列各种费用：差旅费1000元（15张原始凭证）；办公费1200元（21张原始凭证）；修理费1150元（3张原始凭证）；经核对全部报销，编制"管理费用支出汇总表"，持单到财务科报账。

（46）12月24日，丰利公司电表的起码是134655，止码是191855，实用电57200度，每度单价0.50元，以电力局的名义填写"增值税专用发票"（电费增值税税率为13%），持发票联到丰利公司财务科结算。

（47）12月24日，丰利公司参加本市商品展销会，应付新世界商厦商品展位租用费900元，以新世界商厦的名义填写"崎峰市服务业发票"，持发票联到丰利公司财务科结算。

（48）12月25日，物价检查所对丰利公司商品销售情况进行检查，发现部分商品违反国家价格政策，罚款1750元，以物价检查所名义填写"罚款没收专用收据"，持单到丰利公司财务科结算。

（49）12月25日，养路费征收站向丰利公司收取汽车养路费用1000元，以养路费征收站的名义填写"交通车辆养路费收据"（2台东风汽车为送货用车，养路费为600元，2台小车的养路费400元），持单到丰利公司财务科结算。

（50）12月26日，看望住院职工韩月东，从副食品商店购买2袋奶粉，每袋10元，苹果4公斤，每公斤6元，据以填写"副食商店销售发票"，经理雷迅签字：在福利费列支，持发票联到丰利公司财务科结算。

（51）12月26日，通达搬运公司为丰利公司装卸货物，应收取装卸费1322元，以通达公司的名义开具"崎峰市交通运输业发票"，持发票联到丰利公司财务科结算。

（52）12月26日，冯春出差预支差旅费1500元，据以填写"借款单"，持单向财务科出纳借款。

（53）12月26日，本公司向美国H公司购入先进设备一台，交易价4000美元，以H公司名义填写"商业发票"，以本公司设备科名义填写"固定资产验收单"（设备交管理部门使用）。"商业发票"与"固定资产验收单"交本公司出纳员（引进先进设备，减免关税及增值税；境内外运杂费均由供货方承担)。

(54) 12月27日,丰利公司自行开发一项实用新型专利成功,先根据下列资料填写"专利申报表":申请单位:丰利公司;专利项目:实用新型专利;技术开发费:27000元;注册登记费:3500元;单位意见:同意申报;专利局审批:同意注册。再以专利局名义填写"崎峰市行政事业单位收款收据",收取丰利公司专利注册登记费3500元,然后持"专利申报表"和"崎峰市行政事业单位收款收据"到丰利公司财务科结算。

(55) 12月27日,丰利公司销售给达亿公司L-1商品10000千克,每千克售价10元;销售给丰润公司L-1商品10000千克,每千克售价10元;销售给昌安公司L-3商品10000件,每件售价17元;增值税税率均为17%,据以分别填写"增值税专用发票"后持"增值税专用发票"的第二、三联到丰润公司、达亿公司、昌安公司财务科结算,要求各公司出纳员根据购销合同填写"商业承兑汇票",经付款人(各购货公司)承兑后取得"商业承兑汇票"的第二联,并在商业承兑汇票第一联的收款人盖章处盖上本公司财务专用章(由本公司出纳员盖章),在负责、经办处均签名,将"增值税专用发票"的记账联和"商业承兑汇票"的第二联送交丰利公司出纳员。

(56) 12月27日,顺达运输公司为丰利公司运输购入的材料,应收运费7700元。以顺达运输公司的名义开具"崎峰市公路、内河货物运输业统一发票",持发票联到丰利公司财务科结算。

(57) 12月27日,外购材料全部验收入库。据表15-12所列资料填写"材料入库验收单",将其记账联送财务科记账员。

表15-12

供货单位	材料名称	数量(千克)	买价(元)	运杂费(元)	计划单价(元)
大兴公司	A-1材料	6000	60000	600	9.80
大华公司	B-1材料	9000	72000	900	7.91
昌平公司	甲材料	15000	60000	1500	4.20
	乙材料	20000	60000	2000	3.06
	丙材料	12000	60000	1200	4.95
	丁材料	15000	90000	1500	6.04

(58) 12月29日,各部门报废低值易耗品(领用时均一次摊销),本月收回残值如下:基本生产车间460元,动力车间58元,机修车间62元,行政管理部门120元。报废材料均已入库(计划价按照700元计算)。据以编制"报废低值易耗品汇总表"和"材料入库验收单",并将其送财务科记账员。

(59) 12 月 30 日，销售给昌安公司 L-2 商品 15000 件，每件售价 16 元，L-3 商品 15000 件，每件售价 17 元，增值税税率 17%，据以填写"增值税专用发票"，将"增值税专用发票"第二、三、四联送本公司出纳员。

(60) 12 月 31 日，基本生产车间生产 L-1 产品耗用 6800 工时，生产 L-2 产品耗用 6900 工时，生产 L-3 产品耗用 7000 工时，生产 L-4 产品耗用 6886 工时，据以编制"产品耗用工时汇总表"，并将表送财务科记账员。

(61) 12 月 31 日，本月发出材料汇总资料如表 15-13 所示：

表 15-13

材料名称	数量（千克）	计划单价（元）	计划总价（元）
甲材料	25000	4.20	105000
乙材料	30000	3.06	91800
丙材料	22000	4.95	108900
丁材料	20000	6.04	120800
L-1 材料	10000	9.80	98000
A-1 材料	10000	7.91	79100
小　计			603600
其他材料			50000

据以编制"发料凭证汇总表"，并将表送财务科记账员。

(62) 12 月 31 日，辅助生产车间本月提供劳务总量资料如表 15-14 所示：

表 15-14

项　目	机修车间服务量（工时）	动力车间供电量（度）
L-1 产品耗用	——	7000
L-2 产品耗用	——	8000
L-3 产品耗用	——	10000
L-4 产品耗用	——	10000
基本生产车间耗用	2600	1000
行政管理部门耗用	200	5000
车间扩建工程耗用	200	9000
动力车间耗用	60	——
机修车间耗用	——	900
合　计	3060	50900

据以编制"辅助生产情况表"，并将表送财务科记账员。

(63) 12月31日，本月产品生产及入库情况如表15-15所示：

表15-15

产品名称	月初在产品	本月投产	本月完工入库	月末在产品	在产品完工程度	投料方式
L-1产品	2715千克	34981千克	35000千克	2696千克	50%	逐步投料
L-2产品	2126件	23618件	23000件	2744件	50%	逐步投料
L-3产品	2260件	22252件	22000件	2512件	50%	逐步投料
L-4产品	1560件	13882件	13000件	2442件	50%	逐步投料

代基本生产车间编制"生产情况报告表"，代成品仓库编制"产品入库汇总表"，将填写好的两张表送财务科记账员。

16 众生公司会计实操

16.1 众生公司出纳员岗位实操

开设有关日记账。众生公司2002年11月30日有关账户余额如下：
　　库存现金日记账　　　　　　1500（借）
　　银行存款日记账　　　　　290000（借）
众生公司及往来公司相关情况如表16-1所示：

表16-1

开户行：中国工商银行江泽市支行		开户行：中国工商银行崎峰市支行	
公司名称	账　号	公司名称	账　号
大兴公司	115674356321	宏源公司	823653676510
大华公司	115674356322	宏盛公司	823653676511
兴隆公司	115674356323	达昌公司	823653676512
兴盛公司	115674356324	达亿公司	823653676513
德源公司	115674356325	丰润公司	823653676514
德茂公司	115674356326	丰利公司	823653676515
		众生公司	823653676516

办理如下出纳业务：
　　凡出纳业务，在业务办理完毕后，编制记账凭证，据以登记库存现金和银行存款日记账，并将记账凭证连同所附原始凭证一并转交记账员记账。
　　（1）12月1日，收到周全和林涛的"借款单"各一张，经审核无误，签发5000元的"现金支票"交给两人到开户行取款，留下"借款单"和"现金支票"存根进行账务处理。

(2) 12月1日，收到业务员送来的"进账单"回单及"增值税专用发票"的记账联进行账务处理。

(3) 12月1日，填写"信汇"凭证3张，分别支付应付兴隆公司账款90000元、应付大兴公司账款200000元和应付大华公司账款90000元。填好结算凭证后去开户银行办理相关手续，取回"信汇"凭证回单，审核无误后进行账务处理。

(4) 12月2日，填写"转账支票"1张，转出投资款200000元，存入三峡证券营业部账户（三峡证券营业部开户行：中国工商银行崎峰市支行，账号：123456786789）准备用于购买股票。到银行办理转账手续，取回回单。

(5) 12月2日，填写"现金支票"1张，提取现金6000元备用，到开户银行办理支款手续。

(6) 12月2日，收到采购办事处洪波的"领款单"，经审核无误，当即支付现金3500元，作为采购办事处的备用金（在领款单上注明"现金付讫"）。

(7) 12月3日，收到"三峡证券营业部成交过户交割单"，购入股票划作交易性金融资产。

(8) 12月3日，将专夹留存的10月3日签发的商业承兑汇票第二联取出（曾在10月3日发生销货业务时，已填写3份"商业承兑汇票"：签发日期为2002年10月3日，承兑期2个月，应收兴盛公司货款100000元，应收德茂公司货款100000元，应收德源公司货款100000元），依据到期的3张"商业汇票"填写3份"委托收款"凭证后，到开户银行办理委托收款手续，取回"委托收款"凭证回单。

(9) 12月5日，收到开户行转来兴盛公司、德茂公司和德源公司"信汇"凭证收款通知。

(10) 12月5日，收到中财保险股份有限公司机动车辆保险单（正本）和保费收据第一联，经审核无误，据以填写转账支票（中财保险股份有限公司开户行：中国工商银行崎峰市支行，账号：823653676538），并到银行办理转账手续，经银行盖章，取回转账支票回单。

(11) 12月6日，填写"中华人民共和国税收通用完税证"，将未交增值税、应交城市维护建设税、应交个人所得税、应交教育费附加上交国库，具体金额见明细分类账各该账户的月初余额。税收通用完税证填写好后，到开户行办理手续，经税务机关、银行盖章后取得完税凭证联，并据以进行账务处理。

(12) 12月6日，收到律师事务所的"崎峰市服务业发票"发票联，经审核无误，以现金付讫。

(13) 12月7日，收到银行转来委托收款凭证的收款通知3张，系兴盛公司（100000元）、德茂公司（100000元）和德源公司（100000元）应收款。

（14）12月7日，收到银行转来委托收款凭证的付款通知3张，系应付大兴公司、大华公司和兴隆公司的商业汇票到期款。

（15）12月8日，收到崎峰市电视台的"崎峰市服务业发票"发票联，经审核无误，据以填写转账支票（崎峰市电视台开户行：中国工商银行崎峰市支行，账号：823653676658），付广告费，并到银行办理转账手续，经银行盖章，取回转账支票回单。

（16）12月8日，本公司（众生公司）委托债券发行公司发行5年期债券，按面值的10%溢价发行。现债券公司已发行债券面值500000元，实收金额550000元，款项今日全部交来，当即送存银行。据以填写"收据"及"进账单"，到银行办理手续后据"收据"记账联及"进账单"回单进行账务处理。

（17）12月9日，收到债券公司的"崎峰市服务业发票"发票联，经审核无误，据以填写转账支票（债券公司开户行：中国工商银行崎峰市支行，账号：823653677788），付手续费，并到银行办理转账手续，经银行盖章，取回转账支票回单。

（18）12月10日，收到职工周源的"费用报销领款单"，经审核无误，以现金付讫。

（19）12月10日，收到房地产管理所的"崎峰市服务业发票"发票联，经审核无误，以现金付讫。

（20）12月10日，收到崎峰市汽车运输公司的"崎峰市公路、内河货物运输业统一发票"发票联，经审核无误，据以填写转账支票（崎峰市汽车运输公司开户行：中国工商银行崎峰市支行，账号：823653675588），付运费，并到银行办理转账手续，经银行盖章，取回转账支票回单。

（21）12月10日，收到保险公司的"保险公司失业保险金收据"，经审核无误，以现金支票付讫。

（22）12月10日，签发"现金支票"，到银行办理取款手续，提回现金5000元备用。根据"现金支票"存根作账务处理。

（23）12月10日，收到王致等3人的"费用报销领款单"，经审核无误，以现金付讫。

（24）12月10日，收到司法局的"崎峰市行政事业单位收款收据"，经审核无误，据以填写转账支票（司法局开户行：中国工商银行崎峰市支行，账号：823653671688），付诉讼费，并到银行办理转账手续，经银行盖章，取回转账支票回单。

（25）12月10日，收到各零售部销售商品的送存款的"进账单"回单。

(26) 12月11日，收到商品采购供应站的"崎峰市服务业发票"，经审核无误，以现金付讫。

(27) 12月11日，收到大楼承建单位韩国韩的"崎峰市建筑安装业统一发票"，经审核无误，签发"现金支票"，交其到银行取款。

(28) 12月12日，收到证券公司的"收据"，经审核无误，据以填写转账支票（证券公司开户行：中国工商银行崎峰市支行，账号：8236542l1698），付债券及手续费，并到银行办理转账手续，经银行盖章，取回转账支票回单。

(29) 12月13日，收到"工资表"，根据实发工资总额签发"现金支票"，从银行提取现金，当即发放完毕。

(30) 12月13日，收到周全、林涛的"旅差费报销单"（所附单据略），经审核无误，分别开出"收据"，林涛多余款未交，补付周全现金120元。

(31) 12月14日，收到业务科"管理费用支出汇总表"（所附单据49张略），经审核无误，以现金付讫。

(32) 12月14日，收到崎峰市商学院的"收据"，经审核无误，开出"现金支票"付讫。

(33) 12月15日，收到银行转来"委托收款凭证"的付款通知3张及"增值税专用发票"的发票联和抵扣联，系付大兴公司、大华公司、兴隆公司货款。

(34) 12月15日，收到职工食堂购买炊具发票，经审核无误，以现金付讫。

(35) 12月16日，收到"市税务局印花税票发售统一发票"，经审核无误，以现金付讫。

(36) 12月16日，收到保险公司收取员工养老保险金的"收据"，经审核无误，据以填写转账支票（保险公司开户行：中国工商银行崎峰市支行，账号：8236534217238），付保险金，并到银行办理转账手续，经银行盖章，取回转账支票回单。

(37) 12月17日，根据"综合奖金结算汇总表"（实际还应有按人头的奖金发放表，此处略），签发"现金支票"提回现金，当即发放完毕。

(38) 12月18日，收到业务员送来的丰利公司转账支票的收账通知联及本公司的固定资产销售的"崎峰市商业普通发票"的会计记账联，经审核无误进行账务处理。

(39) 12月19日，收到众健公司出售设备的"崎峰市服务业普通发票"发票联及本公司业务员送来的"固定资产验收单"，经审核无误，据以填写"转账支票"付设备款，并到银行办理转账手续，经银行盖章，取回转账支票回单。

(40) 12月19日，收到采购办事处的"业务招待费汇总表"及所附20张单据（单据略），经审核无误后，当即签发"现金支票"补足其备用金。

(41) 12月19日，收到张勇的"费用报销领款单"，经审核无误，以现金付讫。

(42) 12月19日，收到业务员送来的仓库租金收入"进账单"回单及"崎峰市服务业发票"记账联。

(43) 12月20日，收到业务员送来的"为民五金公司发票"和"物品领用单"，经审核无误后以现金付讫。

(44) 12月20日，收到丰润公司的"崎峰市商业普通发票"发票联，经审核无误后签发"转账支票"支付技术转让费。到银行办理转账手续，经银行盖章后，拿回转账支票回单。

(45) 12月21日，收到购买书籍的"崎峰市文化教育、体育业发票"发票联，经审核无误，以现金付讫。

(46) 12月21日，收到业务员送来的丰利公司"转账支票"的收账通知联及本公司收取技术转让收入的"崎峰市商业普通发票"记账联。

(47) 12月21日，收到汽车修配厂的"崎峰市商业普通发票"发票联，经审核无误后以现金付讫。

(48) 12月23日，收到自来水厂发票，审核无误后填写"转账支票"支付水费，到银行办理转账手续，经银行盖章后，拿回转账支票回单（自来水厂开户行：中国工商银行崎峰市支行，账号：8652355217658）。

(49) 12月23日，收到采购办事处的"管理费用支出汇总表"及所附35张单据（单据略），经审核无误后，开出"收据"冲销其备用金，将收据第二联交报账人。

(50) 12月24日，收到电力局的"增值税专用发票"发票联，审核无误后填写"转账支票"支付电费，到银行办理转账手续，经银行盖章后，拿回转账支票回单（电力局开户行：中国工商银行崎峰市支行，账号：8652355217666）。

同时根据耗用量分配本月电费，耗用量资料如下：大楼建设工程17000度，其他应收款（代扣职工水电费）9500度，公司管理部门11500度，据以编制"外购动力费分配表"。

根据电力局的发票联、"转账支票"存根和"外购动力费分配表"进行账务处理。

(51) 12月24日，收到新世纪商厦的"崎峰市服务业发票"发票联，经审核无误后以现金付讫。

(52) 12月24日，为购进口设备，向开户行买入5000美元，以中国人民银行公布的人民币汇率中间价作为即期汇率,当日的即期汇率1美元=7.72元人民币,银行当日美元卖出价为1美元=8.10元人民币。签发"转账支票"支付人民币,填写"进账单"购入美元。到银行办理相关手续,根据"转账支票"存根和"进账单"作账务处理。

(53) 12月25日,签发"现金支票",到银行办理取款手续,提回现金6500元备用。根据"现金支票"存根作账务处理。

(54) 12月25日,收到物价检查所"罚款没收专用收据",以现金支付罚款。

(55) 12月25日,收到养路费征收站的"交通车辆养路费收据",经审核无误,以现金付讫(货车的养路费为700元,小车的养路费400元)。

(56) 12月26日,收到"副食商店销售发票"发票联,经审核无误后以现金付讫。

(57) 12月26日,收到通达搬运公司的"崎峰市交通运输业发票"发票联,经审核无误后以现金付讫。

(58) 12月26日,收到业务员送来的"固定资产验收单"及购买进口设备的"商业发票",经审核无误后填写"信汇"凭证,到银行办理美元汇兑手续,取回"信汇"回单。当日的即期汇率1美元=7.85元人民币。

(59) 12月26日,收到周全的"借款单",经审核无误后以现金付讫。

(60) 12月27日,收到业务员送来的"专利申报表"和专利局的"崎峰市行政事业单位收款收据"发票联,审核无误后填写"转账支票"支付专利注册登记费,到银行办理转账手续,经银行盖章后,拿回"转账支票"回单(专利局开户行:中国工商银行崎峰市支行,账号:865235527898)。

(61) 12月27日,收到本公司业务员送来销售商品给兴盛公司、德源公司和德茂公司的"增值税专用发票"记账联和3张商业承兑汇票。

(62) 12月27日,收到大兴公司、大华公司、兴隆公司业务员送来的"增值税专用发票"第二、三联,经审核无误后分别填写为期2个月的"商业承兑汇票"3份,其中第一联经各收款人盖章签名后收回,在第二联的付款人盖章处盖上财务专用章,在负责经办处均签上名,填好后将第二联分别交大兴公司、大华公司、兴隆公司业务员。

同时收到通达运输公司的"崎峰市公路、内河货物运输业统一发票"发票联,经审核无误后填写"转账支票"支付运费,到银行办理转账手续,经银行盖章后,拿回"转账支票"回单(通达运输公司开户行:中国工商银行崎峰市支行,账号:865235367898)。

根据"增值税专用发票"的发票联、"商业汇票"的留存联,"转账支票"存根联、"崎峰市公路、内河货物运输业统一发票"发票联作账务处理。

(63) 12月29日，收到各零售部送存银行销货款的"进账单"回单。

(64) 12月30日，收到工会的"收据"第二联，经审核无误后签发"现金支票"付讫，根据"现金支票"存根作账务处理。

(65) 12月30日，收到职工食堂的"收据"第二联，经审核无误后签发"现金支票"付讫，根据"现金支票"存根作账务处理。

(66) 12月30日，收到业务员送来的"增值税专用发票"的第二、三、四联，合同规定销货款采用委托收款结算方式，经审核无误后，据以填写"委托收款凭证"，持"委托收款凭证"和"增值税专用发票"第二、三联到银行办理托收手续，经银行盖章后，将退回的"委托收款凭证"回单与"增值税专用发票"的记账联一并作账务处理。

(67) 12月31日，到开户行拿回贷款计息凭证，进行账务处理（预计应付利息15000元）。

(68) 12月31日，到开户行拿回存款计息凭证，进行账务处理。

(69) 12月31日，将账面价值为100000元的"交易性金融资产——基金"全部出售，实得现金105000元。填写"内部转账单"和"进账单"，将现金送存银行（全为百元券）。

(70) 12月31日的即期汇率1美元=8.05元人民币，调整当期产生的汇兑差额。

16.2 众生公司记账员岗位实操

开设有关账户。众生公司2002年11月30日明细账期末资料如下：

其他货币资金——外埠存款	13000（借）
交易性金融资产——股票（成本）	120000（借）
交易性金融资产——债券（成本）	110000（借）
交易性金融资产——基金（成本）	100000（借）
应收票据——兴盛公司	100000（借）
应收票据——德茂公司	100000（借）
应收票据——德源公司	100000（借）
应收账款——兴盛公司	90000（借）
应收账款——德茂公司	120000（借）
应收账款——德源公司	120000（借）
坏账准备	1320（贷）
其他应收款——采购办事处	20000（借）
其他应收款——代扣水电费	8000（借）

在途材料——大兴公司	20000	（借）
周转材料——低值易耗品——在用	40000	（借）
周转材料——低值易耗品——在库	30000	（借）
周转材料——低值易耗品——摊销	20000	（贷）
库存商品——A类商品	146700	（借）
库存商品——B类商品	153000	（借）
库存商品——C类商品	150400	（借）
库存商品——D类商品	147900	（借）
库存商品——E类商品	149200	（借）
库存商品——F类商品	155800	（借）
库存商品——G类商品	152600	（借）
库存商品——H类商品	157700	（借）
库存商品——I类商品	158600	（借）
库存商品——J类商品	165300	（借）
库存商品——K类商品	149400	（借）
库存商品——L类商品	155100	（借）
库存商品——M类商品	1290000	（借）
库存商品——一零售部	600000	（借）
库存商品——二零售部	650000	（借）
库存商品——三零售部	600000	（借）
商品进销差价——一零售部	180000	（贷）
商品进销差价——二零售部	195000	（贷）
商品进销差价——三零售部	180000	（贷）
长期股权投资——股票投资（大华公司）	200000	（借）
持有至到期投资——成本	100000	（借）
持有至到期投资——利息调整	6000	（借）
持有至到期投资——应计利息	10000	（借）
固定资产——生产用固定资产	1350000	（借）
固定资产——非生产用固定资产	500000	（借）
固定资产——不需用固定资产	160000	（借）
固定资产——出租固定资产	150000	（借）
累计折旧	580000	（贷）
工程物资——专用材料	500000	（借）
在建工程——大楼建设工程	600000	（借）
固定资产清理——报废	10000	（借）

无形资产——专利权	172000（借）
研发支出——资本化支出	28000（借）
长期待摊费用——仓库大修费用	64000（借）
待处理财产损溢——待处理流动资产损溢	15000（借）
短期借款——经营周转借款	1600000（贷）
应付票据——大兴公司	160000（贷）
应付票据——大华公司	100000（贷）
应付票据——兴隆公司	100000（贷）
应付账款——大兴公司	200000（贷）
应付账款——大华公司	90000（贷）
应付账款——兴隆公司	90000（贷）
应付职工薪酬——职工教育经费	4000（贷）
应付职工薪酬——职工福利	3200（贷）
应付职工薪酬——社会保险费	9000（贷）
应交税费——未交增值税	30000（贷）
应交税费——应交所得税	20000（借）
应交税费——应交城市维护建设税	2500（贷）
应交税费——应交个人所得税	2000（贷）
应交税费——应交教育费附加	1000（贷）
应付利息	25000（贷）
长期借款——基建借款	1000000（贷）
长期应付款——应付设备款	110000（贷）
应付债券——面值	500000（贷）
应付债券——利息调整	10000（贷）
应付债券——应计利息	20000（贷）
实收资本——国家投资	2076180（贷）
实收资本——昌盛公司	100000（贷）
实收资本——其他	1500000（贷）
资本公积——资本溢价	260000（贷）
资本公积——其他	100000（贷）
盈余公积——法定盈余公积	700000（贷）
利润分配——未分配利润	60000（贷）
本年利润	240000（贷）

库存商品三级账 2002 年 11 月 30 日期末资料如表 16-2 所示：

表 16-2

类别	品名	数量	单位成本（元）	金额（元）
A类商品	A-1 商品	2500 千克	10	25000
	A-2 商品	2000 件	24	48000
	A-3 商品	1300 件	29	37700
	A-4 商品	1000 件	36	36000
B类商品	B-1 商品	4000 千克	8	32000
	B-2 商品	2000 件	22	44000
	B-3 商品	1400 件	26	36400
	B-4 商品	1400 件	29	40600
C类商品	C-1 商品	2000 千克	15	30000
	C-2 商品	1800 件	23	41400
	C-3 商品	1700 件	22	37400
	C-4 商品	1600 件	26	41600
D类商品	D-1 商品	3000 千克	10	30000
	D-2 商品	1800 件	23	41400
	D-3 商品	1500 件	24	36000
	D-4 商品	1500 件	27	40500
E类商品	E-1 商品	3000 千克	12	36000
	E-2 商品	1600 件	22	35200
	E-3 商品	1500 件	23	34500
	E-4 商品	1500 件	29	43500
F类商品	F-1 商品	3000 千克	13	39000
	F-2 商品	2500 件	16	40000
	F-3 商品	2300 件	17	39100
	F-4 商品	1300 件	29	37700
G类商品	G-1 商品	4000 千克	10	40000
	G-2 商品	1500 件	24	36000
	G-3 商品	1400 件	29	40600
	G-4 商品	1000 件	36	36000
H类商品	H-1 商品	3500 千克	11	38500
	H-2 商品	1800 件	22	39600
	H-3 商品	1500 件	26	39000
	H-4 商品	1400 件	29	40600
I类商品	I-1 商品	3000 千克	12	36000
	I-2 商品	1800 件	23	41400
	I-3 商品	1800 件	22	39600
	I-4 商品	1600 件	26	41600

续表

类　别	品　名	数　量	单位成本（元）	金额（元）
J类商品	J-1 商品	4000 千克	13	52000
	J-2 商品	1600 件	23	36800
	J-3 商品	1500 件	24	36000
	J-4 商品	1500 件	27	40500
K类商品	K-1 商品	2000 千克	14	28000
	K-2 商品	2000 件	22	44000
	K-3 商品	1600 件	23	36800
	K-4 商品	1400 件	29	40600
L类商品	L-1 商品	4000 千克	10	40000
	L-2 商品	2500 件	16	40000
	L-3 商品	2200 件	17	37400
	L-4 商品	1300 件	29	37700
M类商品	甲商品	120000 千克	2.4	288000
	乙商品	120000 千克	1.8	216000
	丙商品	130000 千克	3.0	390000
	丁商品	110000 千克	3.6	396000

按下列要求开设明细账：

（1）下列账户使用三栏式账页（有期初余额的账户结转期初余额，没有期初余额的账户设户后待记发生额）：

其他货币资金——外埠存款

其他货币资金——存出投资款

交易性金融资产——股票（成本）

交易性金融资产——股票（公允价值变动）

交易性金融资产——债券（成本）

交易性金融资产——基金（成本）

应收票据——兴盛公司

应收票据——德茂公司

应收票据——德源公司

应收账款——兴盛公司

应收账款——德茂公司

应收账款——德源公司
坏账准备
其他应收款——采购办事处
其他应收款——周全
其他应收款——林涛
其他应收款——代扣水电费
在途物资——大兴公司
在途物资——大华公司
在途物资——兴隆公司
周转材料——低值易耗品——在用
周转材料——低值易耗品——在库
周转材料——低值易耗品——摊销
库存商品——A类商品
库存商品——B类商品
库存商品——C类商品
库存商品——D类商品
库存商品——E类商品
库存商品——F类商品
库存商品——G类商品
库存商品——H类商品
库存商品——I类商品
库存商品——J类商品
库存商品——K类商品
库存商品——L类商品
库存商品——M类商品
库存商品——一零售部
库存商品——二零售部
库存商品——三零售部
商品进销差价——一零售部
商品进销差价——二零售部
商品进销差价——三零售部
长期股权投资——股票投资（大华公司）
持有至到期投资——成本
持有至到期投资——利息调整
持有至到期投资——应计利息

固定资产——经营用固定资产
固定资产——非经营用固定资产
固定资产——不需用固定资产
固定资产——出租固定资产
累计折旧
工程物资——专用材料
工程物资——专用设备
在建工程——大楼建设工程
固定资产清理——报废
固定资产清理——出售不需用固定资产
无形资产——专利权
研发支出——资本化支出
累计摊销
长期待摊费用——仓库大修费用
待处理财产损溢——待处理流动资产损溢
递延所得税资产
短期借款——经营周转借款
应付票据——大兴公司
应付票据——大华公司
应付票据——兴隆公司
应付账款——大兴公司
应付账款——大华公司
应付账款——兴隆公司
应付职工薪酬——工资
应付职工薪酬——职工福利
应付职工薪酬——社会保险费
应付职工薪酬——住房公积金
应付职工薪酬——工会经费
应付职工薪酬——职工教育经费
应付职工薪酬——非货币性福利
应交税费——未交增值税
应交税费——应交营业税
应交税费——应交所得税
应交税费——应交城市维护建设税
应交税费——应交个人所得税

应交税费——应交教育费附加
应付利息
应付股利
长期借款——基建借款
长期应付款——应付设备款
应付债券——面值
应付债券——利息调整
应付债券——应计利息
递延所得税负债
实收资本——国家投资
实收资本——昌平公司
实收资本——其他
资本公积——资本溢价
资本公积——其他
盈余公积——法定盈余公积
利润分配——提取法定盈余公积
利润分配——应付现金股利
利润分配——未分配利润
本年利润
主营业务收入——A类商品
主营业务收入——B类商品
主营业务收入——C类商品
主营业务收入——D类商品
主营业务收入——E类商品
主营业务收入——F类商品
主营业务收入——G类商品
主营业务收入——H类商品
主营业务收入——I类商品
主营业务收入——J类商品
主营业务收入——K类商品
主营业务收入——L类商品
主营业务收入——M类商品
主营业务收入——一零售部
主营业务收入——二零售部
主营业务收入——三零售部

其他业务收入

投资收益

公允价值变动损益

营业外收入

主营业务成本——A类商品

主营业务成本——B类商品

主营业务成本——C类商品

主营业务成本——D类商品

主营业务成本——E类商品

主营业务成本——F类商品

主营业务成本——G类商品

主营业务成本——H类商品

主营业务成本——I类商品

主营业务成本——J类商品

主营业务成本——K类商品

主营业务成本——L类商品

主营业务成本——M类商品

主营业务成本——一零售部

主营业务成本——二零售部

主营业务成本——三零售部

营业税金及附加

其他业务成本

资产减值损失

营业外支出

所得税费用

（2）下列账户使用多栏式账页（有期初余额的账户结转期初余额，没有期初余额的账户设户后待记发生额）：

应交税费——应交增值税

销售费用

财务费用

管理费用

（3）下列账户使用数量金额式账页（有期初余额的账户结转期初余额，没有期初余额的账户设户后待记发生额）：

库存商品——A-1商品

库存商品——A-2商品

库存商品——A-3 商品
库存商品——A-4 商品
库存商品——B-1 商品
库存商品——B-2 商品
库存商品——B-3 商品
库存商品——B-4 商品
库存商品——C-1 商品
库存商品——C-2 商品
库存商品——C-3 商品
库存商品——C-4 商品
库存商品——D-1 商品
库存商品——D-2 商品
库存商品——D-3 商品
库存商品——D-4 商品
库存商品——E-1 商品
库存商品——E-2 商品
库存商品——E-3 商品
库存商品——E-4 商品
库存商品——F-1 商品
库存商品——F-2 商品
库存商品——F-3 商品
库存商品——F-4 商品
库存商品——G-1 商品
库存商品——G-2 商品
库存商品——G-3 商品
库存商品——G-4 商品
库存商品——H-1 商品
库存商品——H-2 商品
库存商品——H-3 商品
库存商品——H-4 商品
库存商品——I-1 商品
库存商品——I-2 商品
库存商品——I-3 商品
库存商品——I-4 商品
库存商品——J-1 商品

库存商品——J-2 商品
库存商品——J-3 商品
库存商品——J-4 商品
库存商品——K-1 商品
库存商品——K-2 商品
库存商品——K-3 商品
库存商品——K-4 商品
库存商品——L-1 商品
库存商品——L-2 商品
库存商品——L-3 商品
库存商品——L-4 商品
库存商品——甲商品
库存商品——乙商品
库存商品——丙商品
库存商品——丁商品

办理记账业务：

(1) 12月4日，收到业务员送来的"验收单"，按买价进行账务处理。

(2) 12月9日，收到"固定资产折旧计算表"，经审核无误进行账务处理。

(3) 12月9日，收到业务员交来本公司换出商品的"增值税专用发票"的记账联、换入商品的"增值税专用发票"的抵扣联与发票联及"验收单"的会计记账联，经审核无误进行非货币性交易的账务处理。

(4) 12月10日，收到业务员送来的"商品内部调拨单"，经审核无误进行账务处理。

(5) 12月12日，收到韩风、夏雨的"物品领用单"，经审核无误进行账务处理。

(6) 12月13日，收到一零售部"商品调价单"，进行账务处理。

(7) 12月17日，收到业务员送来的"验收单"，按买价进行账务处理。

(8) 12月18日，收到固定资产报废单，经审核无误进行账务处理。

(9) 12月20日，收到业务员送来的材料入库验收单，经审核无误进行账务处理。

(10) 12月20日，报废固定资产清理完毕，根据"固定资产清理——报废清理"账户余额编制"内部转账单"，结转清理损益。

(11) 12月27日，收到业务员送来的验收单，进行账务处理。

(12) 12月28日，本月应摊销专利权36000元，应摊销仓库大修费25000

元,据以编制"无形资产、长期待摊费用分摊表",经审核无误进行账务处理。

(13) 12月28日,收到业务员送来的"商品内部调拨单",经审核无误进行账务处理。

(14) 12月29日,收到"低值易耗品报废单",经审核无误进行账务处理。

(15) 12月31日,根据本月"工资表"与"综合奖金结算汇总表"编制"应付职工薪酬分配表",经审核无误进行账务处理。

(16) 12月31日,公司经理批示:批发仓库短少的商品15000元,挂账已久,查不清原因,同意报损。据以编制"内部转账单"并进行账务处理。

(17) 12月31日,收到一、二、三零售部的"商品溢余短缺报告单",进行账务处理。

(18) 12月31日,"交易性金融资产——股票"的公允价值为220000元,依据"交易性金融资产——股票——成本"及"交易性金融资产——股票——公允价值变动"明细账户资料计算本期公允价值变动金额,据以填制"内部转账单",经审核无误进行账务处理。

(19) 12月31日,按应收款项百分比法计提坏账准备,提取比例为3%,依据"应收账款"、"其他应收款"、"预付账款"及"坏账准备"明细账资料分析计算本期应计提的坏账准备金,据以编制"内部转账单",经审核无误进行账务处理。

(20) 12月31日,根据本月商品销售数量及"库存商品"明细账,采用先进先出法计算批发业务的已销商品进价成本,根据计算结果编制"商品销售成本计算单",并作结转产品销售成本账务处理。

(21) 12月31日,分步计算零售业务的已销商品应分摊的进销差价,根据计算结果编制"商品进销差价计算表",并作出账务处理(进销差价率精确到小数点后四位)。

(22) 12月31日,依据"应交税费——应交增值税"明细账资料分析填写"增值税纳税申报表",计算出未交增值税额,经审核无误进行账务处理。

(23) 12月31日,依据"其他业务收入"和"固定资产"明细账及"增值税纳税申报表"资料,计算应交营业税、应交房产税、应交城市维护建设税、应交教育费附加,编制"地方税收综合纳税(费)申报表",经审核无误进行账务处理。

(24) 12月31日,依据"持有至到期投资"明细账期初资料计算本年利息收入,并进行利息调整(按票面利率10%,实际利率9%计算),据以填制

"内部转账单",经审核无误进行账务处理(本月发生数暂不计算利息)。

(25) 12月31日,依据"应付债券"明细账期初资料计算本年利息费用,并进行利息调整,按票面利率9%、实际利率8%计算,(为大楼建设工程而发行债券)据以填制"内部转账单",经审核无误进行账务处理(本月发生数暂不计算利息)。

(26) 12月31日,结平"待处理财产损溢"账户。

(27) 12月31日,将损益类账户的本月净发生额结转"本年利润"账户。

(28) 12月31日,编制"利润表"初稿,据以编制"暂时性差异计算表"、"所得税纳税申报表"(所得税税率:33%),经审核无误进行账务处理。

(29) 12月31日,将"所得税费用"账户发生额转入"本年利润"账户。

(30) 12月31日,进行利润分配。法定盈余公积按净利润("本年利润"账户年末余额)的10%分配,应付现金股利按"未分配利润"明细账期初余额加上本年净利润,减去本年提取的法定盈余公积后的30%分配。

(31) 12月31日,将"本年利润"、"利润分配——提取盈余公积"、"利润分配——应付现金股利"账户余额转入"利润分配——未分配利润"账户。

16.3 众生公司财务科长岗位实操

开设总账。根据下列资料开设总账账户,每个账户占一页。众生公司2002年11月30日总账期末资料如下:

库存现金	1500	(借)
银行存款	290000	(借)
其他货币资金	13000	(借)
交易性金融资产	330000	(借)
应收票据	300000	(借)
应收账款	330000	(借)
坏账准备	1320	(贷)
其他应收款	28000	(借)
在途物资	20000	(借)
周转材料	50000	(借)
库存商品	4981700	(借)
商品进销差价	555000	(贷)
长期股权投资	200000	(借)

持有至到期投资	116000（借）
固定资产	2160000（借）
累计折旧	580000（贷）
工程物资	500000（借）
在建工程	600000（借）
固定资产清理	10000（借）
无形资产	172000（借）
研发支出	28000（借）
累计摊销	
长期待摊费用	64000（借）
待处理财产损溢	15000（借）
递延所得税资产	
短期借款	1600000（贷）
应付票据	360000（贷）
应付账款	380000（贷）
应付职工薪酬	16200（贷）
其他应付款	
应交税费	15500（贷）
应付利息	25000（贷）
应付股利	
长期借款	1000000（贷）
长期应付款	110000（贷）
应付债券	530000（贷）
递延所得税负债	
实收资本	3676180（贷）
资本公积	360000（贷）
盈余公积	700000（贷）
利润分配	60000（贷）
本年利润	240000（贷）
主营业务收入	
其他业务收入	
投资收益	
公允价值变动损益	
营业外收入	
主营业务成本	

营业税金及附加
其他业务成本
销售费用
管理费用
财务费用
资产减值损失
营业外支出
所得税费用

处理日常总账业务：

（1）复核上旬会计凭证，根据审核无误的上旬记账凭证编制记账凭证汇总表，并据以登记总账，结出账户余额，与出纳员所经管的日记账核对，如有不符，查明原因，予以更正；与记账员所经管的明细账进行核对，如有不符，查明原因，予以更正。

（2）复核中旬会计凭证，根据审核无误的中旬记账凭证编制记账凭证汇总表，并据以登记总账，结出账户余额，与出纳员所经管的日记账核对，如有不符，查明原因，予以更正；与记账员所经管的明细账进行核对，如有不符，查明原因，予以更正。

（3）复核下旬会计凭证，根据审核无误的下旬记账凭证编制记账凭证汇总表，并据以登记总账，结出账户余额，与出纳员所经管的日记账核对，如有不符，查明原因，予以更正；与记账员所经管的明细账进行核对，如有不符，查明原因，予以更正。

（4）编制总账账户余额试算平衡表。

（5）办理年结。

编制会计报表：

（1）编制资产负债表，以12月份月初数作为年初数。

（2）编制利润表，以12月份损益作为全年损益。

（3）编制现金流量表，以12月份月初数作为年初数，以12月份现金流量作为全年现金流量。

16.4 众生公司业务员岗位实操

按要求填制和传递2002年12月份凭证：

（1）12月1日，周全因要去北京出差需借支2000元，林涛因要去大连出差需借支3000元，分别以周全和林涛的名义填写"借款单"各一张，经理万友明在借款单上签字：同意借支。持单以周全和林涛的名义向财务科出纳员借款。并将出纳员开出的现金支票送到开户银行提取现金。

（2）12月1日，销售商品一批，资料如下（表16-3）：

表16-3

购货单位	品　名	数　量	单价（元）	购货单位	品　名	数　量	单价（元）
AA公司	A-1商品	1500千克	13	AI公司	G-1商品	2000千克	13
	A-2商品	1200件	31		G-2商品	1000件	31
	A-3商品	1000件	37		G-3商品	1000件	38
AB公司	A-4商品	700件	46	AJ公司	G-4商品	600件	46
	B-1商品	2000千克	10		H-1商品	2000千克	14
	B-2商品	1000件	28		H-2商品	1000件	28
AC公司	B-3商品	1000件	33	AK公司	H-3商品	1000件	34
	B-4商品	1000件	38		H-4商品	1000件	38
	C-1商品	1000千克	20		I-1商品	2000千克	15
AD公司	C-2商品	1000件	30	AM公司	I-2商品	1000件	30
	C-3商品	1000件	28		I-3商品	1000件	28
	C-4商品	1000件	34		I-4商品	1000件	34
AE公司	D-1商品	2000千克	13	AL公司	J-1商品	2000千克	17
	D-2商品	1000件	30		J-2商品	1000件	30
	D-3商品	1000件	31		J-3商品	1000件	31
AF公司	D-4商品	1000件	35	AN公司	J-4商品	1000件	35
	E-1商品	2000千克	15		K-1商品	2000千克	17
	E-2商品	1000件	28		K-2商品	1000件	28
AG公司	E-3商品	1000件	30	AO公司	K-3商品	1000件	30
	E-4商品	1000件	38		K-4商品	1000件	38
	F-1商品	2000千克	17		L-1商品	2000千克	13
AH公司	F-2商品	1500件	21	AP公司	L-2商品	1500件	21
	F-3商品	1500件	22		L-3商品	1200件	22
	F-4商品	1000件	38		L-4商品	1000千克	38

增值税税率17%，价税款均已收讫。据以填写"增值税专用发票"，款项全部存入银行，填写"进账单"，送银行办理进账手续后取回"进账单"回单。将"进账单"回单连同"增值税专用发票"的记账联送财务科记账员

（开户行：中国工商银行崎峰市支行，账号：823653676516）。

（3）12月2日，以采购办事处洪波的名义填写"领款单"，领款金额3500元，领款单填写好后到财务科找出纳员领款，作为采购办事处的备用金。

（4）12月3日，以三峡证券营业部的名义填写"三峡证券营业部成交过户交割单"1张，内容如下：本交割单系众生公司购买股票，成交编号为12688，股东账户为33665895，股东名称为众生公司，申请编号为585，公司代码N251，申报时间为10点50分55秒，成交时间为10点51分25秒，实收金额为133645元，资金余额为66355元；证券代码为635278，成交数量15000股，成交价格8.85元，佣金420元，印花税460元，附加费15元。填写好后送财务科出纳员。

（5）12月4日，向大兴公司购进的A-1商品2000千克，每千克买价20元，商品全部验收入库，据以填写"验收单"，将其会计记账联送账务科记账员。

（6）12月5日，以中财保险股份有限公司的名义填写"机动车辆保险单"和"保费收据"各一张，填写内容如下：被保险人为众生公司；投保险种为车辆损失险、第三责任险、盗抢险、玻璃险、他人恶意险等；车辆型号为丰田（普）；发动机号为625538；牌号为A-36579；非营业用车；座位为5座；保险价值35万元，保险金额35万元；基本保费250元；车辆损失险费率0.8%；第三责任险最高赔偿限额为25万元；第三责任险保费为2100元；盗抢险保费据表计算；玻璃险保费为50元；他人恶意险保费为100元；保险期限自2002年12月5日零时起至2003年12月5日24时止。地址：十字街58号；电话：8666789；邮政编码：456000；总经理：刘峰。填好后将"机动车辆保险单"正本和"保费收据"发票联送本公司记账员。

（7）12月6日，以崎峰市第一律师事务所王宏的名义填写"崎峰市服务业发票"，收取本公司本月律师顾问费用1300元，持其发票联找本公司出纳员收款。

（8）12月8日，崎峰市电视台收取本公司广告费25000元代电视台填写"崎峰市服务业发票"，持其发票联向众生公司出纳员收款。

（9）12月9日，债券公司应向众生公司收取债券印刷费及手续费5000元。代填写"崎峰市服务业发票"，并持其第二联到众生公司财务科结算。

（10）12月9日，根据下述资料编制"固定资产折旧表"（采用平均年限法），编制完成后将其送交本公司记账员。

11月30日，固定资产资料如表16-4所示：

表 16-4

部　　门	固定资产类型	固定资产原值（元）	预计净残值（元）	预计使用年限
经营部门	房屋	500000	25000	40
	专用电子设备	150000	32500	10
	其他专用设备	350000	17500	20
管理部门	房屋	500000	25000	40
	不需用设备	160000	20000	10
出租	仓库	150000	10000	10

（11）12月9日，众生公司分别与宏源公司、宏盛公司、达昌公司进行非货币交易，交易内容如下：

众生公司向宏源公司销售甲商品10000千克，每千克售价4.08元；向宏源公司购进G-2商品1700件，每件进价24元；向宏盛公司销售乙商品10000千克，每千克售价3.03元；向宏盛公司购进H-3商品1212件，每件进价25元；向达昌公司销售丙商品10000千克，每千克售价5.05元，向达昌公司购进I-3商品2525件，每件进价20元。增值税税率均为17%，据以填写销售商品的"增值税专用发票"和购进商品的"验收单"，（保管员：兰领）填写好后先持销售商品的增值税专用发票的第二、三联到宏源、宏盛、达昌公司业务处换取购进商品的增值税专用发票的第二、三联；后将销售商品的"增值税专用发票"的记账联和购进商品的"增值税专用发票"的第二、三联及"验收单"一并送交本公司记账员。

（12）12月10日，以公司职工周源的名义填写"费用报销领款单"，到财务科领取独生子女费160元。

（13）12月10日，代房地产管理所开具"崎峰市服务业发票"，应收取众生公司办公用房租金1200元。制单人：张选。持发票联到众生公司财务科结算。

（14）12月10日，以崎峰市汽车队的名义开具"崎峰市公路、内河货物运输统一发票"，应收取众生公司销货运费12000元。制单人：王平。持发票联到众生公司财务科结算。

（15）12月10日，众生公司向保险公司交纳职工失业保险金1500元（保险公司开户行：中国工商银行崎峰市支行，账号：8236534788），以保险公司的名义开具"保险公司失业保险金收据"，持发票联到本公司财务科结算。

（16）12月10日，业务科王致用、余新国、周候等3人领取本年度烤火费，每人100元，经理周志国签字：同意付款。代填写"费用报销领款单"，到财务科出纳处领款。

(17) 12月10日，代司法局开具"崎峰市行政事业单位收款收据"，应收取众生公司公证费用1200元。收款人：游咏。持发票联到众生公司财务科结算。

(18) 12月10日，从批发仓库调给各零售部商品如下（表16-5）：

表16-5

调入部门	商品名称	数 量	单位进价（元）	零售价（元）
一零售部	A-2 商品	500 件	24	40
	B-1 商品	1000 千克	8	13
	C-2 商品	500 件	23	38
	D-2 商品	500 件	23	38
二零售部	E-2 商品	500 件	22	37
	F-1 商品	1000 千克	13	22
	G-2 商品	1000 件	24	40
	H-3 商品	1000 件	26	43
三零售部	I-3 商品	1000 件	22	37
	J-1 商品	1000 千克	13	22
	K-2 商品	800 件	22	37
	L-1 商品	1000 千克	10	17

据以分别填写"商品内部调拨单"并将其送交财务科记账员。

(19) 12月10日，各零售部将零售款送存银行（表16-6）。开户行：中国工商银行崎峰市支行，账号：823653676516。

表16-6

部门	经办人	面值	数量	部门	经办人	面值	数量	部门	经办人	面值	数量
一零售部	杨梅	100元	900张	二零售部	张跃	100元	800张	三零售部	郑龙	100元	1000张
	杨梅	50元	400张		张跃	50元	1000张		郑龙	50元	1000张
	杨梅	10元	1000张		张跃	10元	500张		郑龙	10元	210张
	杨梅	5元	410张		张跃	5元	612张				
	杨梅	2元	400张								

据以上资料填写"进账单"，持单到银行办理进账手续，取回回单交财务科出纳员。

(20) 12月11日，代商品采购供应站开出"崎峰市服务业发票"，应收众生公司俞吉参加商品交易会的住宿及会务费计 580 元，持收据向众生公司财务科结账。

（21）12 月 11 日，大楼建设工程的承建单位向众生公司收取工程款 120000 元，领款人：韩国韩。据以填写"崎峰市建筑安装业统一发票"，持发票联到财务科出纳处办理领款，取得出纳员签发的"现金支票"到银行取款。

（22）12 月 12 日，业务员韩风、夏雨各领计算器一个，单价 155 元，合计金额 310 元。经理周志国审批：同意领用，一次摊销。据以填写"物品领用单"并将其送交财务科记账员。

（23）12 月 12 日，众生公司向证券公司购买 1 年期债券 1300000 元，手续费 2600 元，以证券公司名义开出"收据"，持收据第二联到众生公司财务科结算。

（24）12 月 13 日，根据下列资料分别编制"工资表"。

经营人员工资计算资料（表 16-7）：

表 16-7　　　　　　　　　　　　　　　　　　　　　　　　　单位：元

姓　名	月标准工资	津贴	水电费	公积金	个人所得税	个人承担社保
李元勋	1220	97	50	20		50
张启明	1220	97	50	20		50
陆咏	960	87	48	15		40
方兰	960	87	46	15		40
王为等 240 人	225000	15230	6616	3000	2470.50	2010

管理人员工资计算资料（表 16-8）：

表 16-8　　　　　　　　　　　　　　　　　　　　　　　　　单位：元

姓　名	月标准工资	津贴	水电费	公积金	个人所得税	个人承担社保
周志国	1360	207	50	30		55
赵芳	1220	167	48	20		50
王旁	1220	167	39	20		50
李双仁	1220	157	53	20		50
袁方等 36 人	33600	3005	1000	1100	430.50	830

"工资表"编制好后送交财务科出纳员。

(25) 12月13日，周全出差武汉联系业务，返回公司报账，出差相关内容如下：2002年12月1日从崎峰市乘火车至武汉（当日到达），火车票260元，在武汉期间住宿费1300元，2002年12月12日晚从武汉乘火车返回，于12月13日上午到达，返程票300元；林涛12月1日从崎峰市乘火车至大连（当日到达），火车票380元，在大连期间住宿费1500元，2002年12月12日从大连乘火车回崎峰市（次日到达），火车票400元，出差补助每天20元，据以分别填写"旅差费报销单"（经理周志国在单上签字：同意报销），并持单以周全与林涛的名义向财务科出纳处报账（出差前周全已预支2000元、林涛已预支3000元）。

(26) 12月13日，一零售部库存C-2商品400件，每件零售价由原来的25元调至24元，据以填写"商品调价单"将其记账联送众生公司财务科记账员。

(27) 12月14日，业务科各种费用支出汇总情况如下：差旅费398元（21张原始凭证）；办公费260元（18张原始凭证）；其他费用160元（10张原始凭证）；经核对，编制"管理费用支出汇总表"，持表到财务科报账。

(28) 12月14日，张敬等6名职工参加崎峰市商学院短期培训，支付学杂费3400元，以商学院名义开出"收据"，持第二联（付款人联）找众生公司财务科出纳员办理领款，取得出纳员签发的"现金支票"到银行取款。

(29) 12月15日，众生公司职工食堂向为民日杂公司购买铁锅1个，计80元；盘子30个，单价3元，计90元；合计170元。以为民日杂公司名义开具"为民日杂公司销售发票"，持发票联向众生公司财务科出纳员报账（在发票备注上填写：列入职工福利）。

(30) 12月16日，众生公司向税务局购买25张5元券印花税票，25张2元券印花税票，25张1元券印花税票，以税务局名义开具"市税务局印花税票发售统一发票"，持发票联向众生公司财务科出纳员报账。

(31) 12月16日，崎峰市保险公司向众生公司收取员工养老保险金7500元，以保险公司名义开具"收据"，并持"收据"（付款人联）向众生公司财务科结算。

(32) 12月17日，向大兴公司购进A-2商品5000件，每件买价23.80元；A-4商品5000件，每件买价35.80元；向大华公司购进B-1商品5000千克，每千克买价7.80元；B-2商品5000件，每件买价21.80元；向兴隆公司购进C-1商品2000千克，每千克买价14.80元；C-2商品3000件，每件买价22.60元；以上商品均已到达，如数验收入库。据以填写"验收单"，将验收单的会计记账联送财务科记账员。

(33) 12月17日，本月综合奖金结算汇总资料如下：经营人员奖金20400

元,管理人员奖金4000元。据以编制"综合奖金结算汇总表",持表向财务科出纳员领取奖金。

(34) 12月18日,销售给丰利公司不需用丁设备一台,原始价值6万元,已提折旧20000元,协商作价41000元。据以填写"崎峰市商业普通发票",持其发票联到丰利公司财务科收款,要求丰利公司出纳员签发"转账支票",并与其一同去银行办理转账手续,取得银行盖章的"转账支票"的收账通知联后,将"转账支票"的收账通知联及"崎峰市商业普通发票"记账联送交本公司财务科出纳员。

(35) 12月18日,一栋仓库300平方米,预计使用30年,已使用28年,原值105000元,已提折旧90000元,因重建提前报废。使用部门的意见:因陈旧要求报废;技术鉴定小组意见:情况属实;固定资产管理部门意见:同意转入清理;主管部门审批意见:同意报废重建。据以填写"固定资产报废单"后将其会计记账联送财务科记账员。

(36) 12月19日,向众健公司购进丁设备一台,交易价38000元,经验收交三零售部使用,据以填写"固定资产验收单",将其第二联送财务科出纳员。

(37) 12月19日,采购办事处与业务往来单位洽谈业务,接待、就餐、补助及接送车费共计金额2200元,单据20张。据以填写"业务招待费汇总表",经理周志国在单上签字:同意报销。持单向财务科出纳员报账,取得出纳员签发的"现金支票"后到银行提取现金。

(38) 12月19日,报废固定资产的清理人员张勇等5人应领取清理费用600元,以张勇的名义填写"费用报销领款单",经理周志国在单上签字:同意付款。持单向财务科出纳员领款。

(39) 12月19日,众生公司向峰北公司收取仓库租金5200元,据以开出"崎峰市服务业发票",收到现金5200元,当即填写"进账单"到开户行办理进账手续,收到银行盖章的"进账单"回单,将"崎峰市服务业发票"的发票联及"进账单"回单送交本公司出纳员。

(40) 12月20日,仓库清理残料如下:红砖100000块,每块0.20元,计20000元,其他材料7000元,合计27000元。材料全部入库作重建仓库用,据以编制"材料入库单",并将其记账联送财务科记账员。

(41) 12月20日,众生公司向为民五金公司购买灭火器五个,单价100元,计500元。灭火器购回后当即由仓库领用。先以为民五金公司名义开具"为民五金公司发票",再以仓库保管员杨立名义填写"物品领用单"(经理周志国在单上签字:同意领用,一次摊销),最后将"为民五金公司发票"的发票联和"物品领用单"送财务科出纳员,并要求领款、领物。

(42) 12月21日，向丰利公司转让技术，收取技术转让费18000元，据以填写"崎峰市商业普通发票"，持其发票联到丰利公司财务科收款，要求丰利公司出纳员签发"转账支票"，并与其一同去银行办理转账手续，取得银行盖章的"转账支票"的收账通知联后，将"转账支票"的收账通知联及"崎峰市商业普通发票"记账联送交本公司财务科出纳员。

(43) 12月21日，向会计局购买《新会计准则》等书籍，付款190元，以会计局的名义填写"崎峰市文化教育、体育业发票"，并持其发票联到财务科报账。

(44) 12月21日，众生公司汽车送汽车修配厂修理，具体修配项目如下：汽车补胎256元，汽车轮胎充气50元，车轮拆装62元。以汽车修配厂名义开具"崎峰市服务业发票"，将"崎峰市服务业发票"的发票联送交本公司财务科结算。

(45) 12月23日，众生公司的水表记录是：本月止码为65769，上月止码为63159，实用水2610吨，每吨单价1元。以自来水厂名义开具"自来水厂水费发票"持其发票联到众生公司财务科结算。

(46) 12月23日，采购办事处用备用金开支下列各种费用：招待费3800元17张原始凭证）；修理费5200元（16张原始凭证）；经核对全部报销，编制"管理费用支出汇总表"，持表到财务科报账。

(47) 12月24日，众生公司电表的起码是135679，止码是173679，实用电38000度，每度单价0.50元，以电力局的名义填写"增值税专用发票"（电费增值税税率13%），持发票联到众生公司财务科结算。

(48) 12月24日，众生公司参加本市商品展销会，应付崎峰新世纪商厦商品展位租用费1100元，以新世纪商厦的名义填写"崎峰市服务业发票"，持发票联到众生公司财务科结算。

(49) 12月25日，物价检查所对众生公司商品销售情况进行检查，发现部分商品违反国家价格政策，罚款1800元，以物价检查所名义填写"罚款没收专用收据"，持单到众生公司财务科收取罚款。

(50) 12月25日，养路费征收站向众生公司收取汽车养路费用1100元，以养路费征收站的名义填写"交通车辆养路费收据"（2台东风汽车为送货用车，养路费为700元，2台小车的养路费400元），持单到众生公司财务科结算。

(51) 12月26日，看望住院职工罗建勋，从副食品商店购买两袋奶粉，每袋12元，苹果4公斤，每公斤4元，据以填写"副食商店销售发票"经理周志国签字：在福利费列支，持发票联到众生公司财务科结算。

(52) 12月26日，通达搬运公司为众生公司装卸货物，应收取商品装卸费1300元，以通达公司的名义开具"崎峰市交通运输业发票"，持发票联到众生公司财务科结算。

（53）12月26日，周全出差预支差旅费1000元，据以填写"借款单"，持单向财务科出纳员借款。

（54）12月26日，本公司向美国H公司购入先进设备一台，交易价4000美元，以H公司名义填写"商业发票"，以本公司设备科名义填写"固定资产验收单"（设备交管理部门使用）。"商业发票"与"固定资产验收单"交本公司出纳员（引进先进设备，减免关税及增值税；境内外运杂费均由供货方承担）。

（55）12月27日，众生公司自行开发一项实用新型专利成功，先根据下列资料填写"专利申报表"：申请单位：众生公司；专利项目：实用新型专利；技术开发费：28000元；注册登记费：3300元；单位意见：同意申报；专利局审批：同意注册。再以专利局名义填写"崎峰市行政事业单位收款收据"，收取众生公司专利注册登记费3300元，然后持"专利申报表"和"崎峰市行政事业单位收款收据"到众生公司财务科结算，要求支付注册登记费。

（56）12月27日，众生公司销售商品一批（表16-9）：

表16-9

购买单位	甲商品		乙商品		丙商品		丁商品	
	单价（元）	数量（千克）	单价（元）	数量（千克）	单价（元）	数量（千克）	单价（元）	数量（千克）
兴盛公司	4	20000	3	20000	5	11000	6	10000
德源公司	4	20000	3	20000	5	10000	6	10000
德茂公司	4	15000	3	20000	5	12000	6	15000

增值税税率均为17%，据以分别填写"增值税专用发票"后持"增值税专用发票"的第二、三联到兴盛公司、德源公司、德茂公司财务科结算，要求各公司出纳员根据购销合同填写"商业承兑汇票"，经付款人（各购货公司）承兑后取得"商业承兑汇票"的第二联，并在商业承兑汇票第一联的收款人盖章处盖上本公司财务专用章（由本公司出纳员盖章），在负责、经办处均签名，将"增值税专用发票"的记账联和"商业承兑汇票"的第二联送交本公司出纳员。

（57）12月27日，顺达运输公司为众生公司运输购入的商品，应收运费7300元。以顺达运输公司的名义开具"崎峰市公路、内河货物运输业统一发票"，持发票联到众生公司财务科结算。

(58) 12月27日，外购商品全部验收入库。据表16-10所列资料填写"验收单"，将其记账联送财务科记账员。

表16-10

供货单位	商品名称	数量（件）	单位进价（元）	合计金额（元）
大兴公司	A-3商品	10000	29	290000
大华公司	B-2商品	10000	22	220000
兴隆公司	C-3商品	10000	23	230000

(59) 12月28日，从批发仓库调给各零售部商品如下（表16-11）：

表16-11

调入部门	商品名称	数量	单位进价（元）	零售价（元）
一零售部	A-2商品	5000件	23.80	34.00
	A-3商品	5000件	29.00	41.00
二零售部	A-4商品	5000件	35.80	51.00
	B-1商品	5000千克	7.80	11.00
三零售部	B-2商品	5000件	22.00	31.60
	C-2商品	5000件	23.00	33.00

据以分别填写"商品内部调拨单"并将其送交财务科记账员。

(60) 12月29日，各零售部将零售款送存银行（表16-12）。开户行：中国工商银行江泽市支行，账号：115674356327。

表16-12

部门	经办人	面值	数量	部门	经办人	面值	数量	部门	经办人	面值	数量
一零售部	杨梅	100元	2000张	二零售部	张跃	100元	2000张	三零售部	郑龙	100元	1500张
	杨梅	50元	2600张		张跃	50元	1500张		郑龙	50元	1600张
	杨梅	10元	2100张		张跃	20元	1460张		郑龙	20元	1370张

据以上资料填写"进账单"，持单到银行办理进账手续，取回回单交财务科出纳员。

(61) 12月29日，众生公司报废低值易耗品资料如下：文件柜三个，成本1600元，已摊销800元；办公桌4张，成本1000元，已摊销500元；其他物品成本700元，已摊销700元。据以编制"低值易耗品报废表"（备注栏里注明五五摊销或一次摊销），经理周志国在单上签字：同意报废。将其送财务科记账员。

（62）12月30日，众生公司支付本公司工会委员会工会经费3250元，以本公司工会委员会的名义开出"收据"，持收据第二联向众生公司财务科出纳员收款，收到出纳员签发的"现金支票"到银行提取现金。

（63）12月30日，公司支付职工食堂代扣伙食费4291元。以职工食堂名义填写"收据"，持收据第二联向众生公司财务科出纳员收款，收到出纳员签发的"现金支票"到银行提取现金。

（64）12月30日，销售给兴盛公司甲商品30000千克，每千克售价4元；销售给德源公司丙商品26000千克，每千克售价5元；销售给德茂公司丁商品20000千克，每千克售价6元；增值税税率17%，分别填写"增值税专用发票"，将其第二、三、四联送财务科记账员。

（65）12月31日，各零售部盘点商品情况如下（表16-13）：

表16-13

部　　门	实际结存	账面结存	进销差价率	备　　注
一零售部	572220元	（明细账余额）	30%	公司经理周志国批示：按进价记入当期损益
二零售部	640760元	（明细账余额）	30%	
三零售部	616600元	（明细账余额）	30%	

据以分别填写"商品溢余短缺报告单"，将其会计记账联送财务科记账员。

17 众健公司会计实操

17.1 众健公司出纳员岗位实操

开设有关日记账。众健公司2002年11月30日有关账户余额如下：
库存现金日记账　　　　　1000（借）
银行存款日记账　　　　　301000（借）
众健公司及往来公司相关情况如表17-1所示：

表17-1

开户行：中国工商银行江泽市支行		开户行：中国工商银行崎峰市支行	
公司名称	账　号	公司名称	账　号
大兴公司	115674356321	宏源公司	823653676510
大华公司	115674356322	宏盛公司	823653676511
兴隆公司	115674356323	达昌公司	823653676512
兴盛公司	115674356324	达亿公司	823653676513
德源公司	115674356325	丰润公司	823653676514
德茂公司	115674356326	丰利公司	823653676515
		众健公司	823653676517

办理如下出纳业务：
凡出纳业务，在业务办理完毕后，编制记账凭证，据以登记库存现金和银行存款日记账，并将记账凭证连同所附原始凭证一并转交记账员记账。

(1) 12月1日，收到熊锋、赵明的"借款单"各一张，经审核无误，签发5000元的"现金支票"交给两人到开户行取款，留下"借款单"和"现金支票"存根进行账务处理。

(2) 12月1日，收到业务员送来的"进账单"回单及"增值税专用发票"的记账联进行账务处理。

（3）12月1日，填写"信汇"凭证3张，分别支付应付兴盛公司账款120000元、应付德源公司账款110000元和应付德茂公司账款110000元。填好结算凭证后去开户银行办理相关手续，取回"信汇"凭证回单，审核无误后进行账务处理。

（4）12月2日，填写"转账支票"1张，转出投资款220000元，存入三峡证券营业部账户（三峡证券营业部开户行：中国工商银行崎峰市支行，账号：123456786789）准备用于购买股票。到银行办理转账手续，取回回单。

（5）12月2日，填写"现金支票"1张，提取现金6500元备用，到开户银行办理支款手续。

（6）12月2日，收到采购办事处伍兴的"领款单"，经审核无误，当即支付现金4000元，作为采购办事处的备用金（在领款单上注明"现金付讫"）。

（7）12月3日，收到"三峡证券营业部成交过户交割单"，购入股票划作交易性金融资产。

（8）12月3日，将专夹留存的10月3日签发的商业承兑汇票第二联取出（曾在10月3日发生销货业务时，已填写3份"商业承兑汇票"：签发日期为2002年10月3日，承兑期2个月，应收大兴公司货款250000元，应收大华公司货款100000元，应收兴隆公司货款100000元），依据到期的3张"商业汇票"填写3份"委托收款"凭证后，到开户银行办理委托收款手续，取回"委托收款"凭证回单。

（9）12月5日，收到开户行转来大兴公司、大华公司和兴隆公司"信汇"凭证收款通知。

（10）12月5日，收到中财保险股份有限公司机动车辆保险单（正本）和保费收据第一联，经审核无误，据以填写转账支票（中财保险股份有限公司开户行：中国工商银行崎峰市支行，账号：823653676538），并到银行办理转账手续，经银行盖章，取回转账支票回单。

（11）12月6日，填写"中华人民共和国税收通用完税证"，将未交增值税、应交城市维护建设税、应交个人所得税、应交教育费附加上交国库，具体金额见明细分类账各该账户的月初余额。税收通用完税证填写好后，到开户行办理手续，经税务机关、银行盖章后取得完税凭证联，并据以进行账务处理。

（12）12月6日，收到律师事务所的"崎峰市服务业发票"发票联，经审核无误，以现金付讫。

（13）12月7日，收到银行转来委托收款凭证的收款通知3张，系大兴公司、大华公司和兴隆公司应收款。

（14）12月7日，收到银行转来委托收款凭证的付款通知3张，系应付兴盛公司、德源公司和德茂公司的商业汇票到期款。

(15) 12月8日，收到崎峰市电视台的"崎峰市服务业发票"发票联，经审核无误，据以填写转账支票（崎峰市电视台开户行：中国工商银行崎峰市支行，账号：823653676658），付广告费，并到银行办理转账手续，经银行盖章，取回转账支票回单。

(16) 12月8日，本公司（众健公司）委托债券发行公司发行5年期债券，按面值的10%溢价发行。现债券公司已发行债券面值600000元，实收金额660000元，款项今日全部交来，当即送存银行。据以填写"收据"及"进账单"，到银行办理手续后据"收据"记账联及"进账单"回单进行账务处理。

(17) 12月9日，收到债券公司的"崎峰市服务业发票"发票联，经审核无误，据以填写转账支票（债券公司开户行：中国工商银行崎峰市支行，账号：823653677788），付手续费，并到银行办理转账手续，经银行盖章，取回转账支票回单。

(18) 12月10日，收到职工袁海的"费用报销领款单"，经审核无误，以现金付讫。

(19) 12月10日，收到房地产管理所的"崎峰市服务业发票"发票联，经审核无误，以现金付讫。

(20) 12月10日，收到崎峰市汽车运输公司的"崎峰市公路、内河货物运输业统一发票"发票联，经审核无误，据以填写转账支票（崎峰市汽车运输公司开户行：中国工商银行崎峰市支行，账号：823653675588），付运费，并到银行办理转账手续，经银行盖章，取回转账支票回单。

(21) 12月10日，收到保险公司的"保险公司失业保险金收据"，经审核无误，以现金支票付讫。

(22) 12月10日，签发"现金支票"，到银行办理取款手续，提回现金4000元备用。根据"现金支票"存根作账务处理。

(23) 12月10日，收到叶中华等3人的"费用报销领款单"，经审核无误，以现金付讫。

(24) 12月10日，收到司法局的"崎峰市行政事业单位收款收据"，经审核无误，据以填写转账支票（司法局开户行：中国工商银行崎峰市支行，账号：823653671688），付诉讼费，并到银行办理转账手续，经银行盖章，取回转账支票回单。

(25) 12月10日，收到各零售部销售商品的送存款"进账单"回单。

(26) 12月11日，收到商品采购供应站的"崎峰市服务业发票"，经审核无误，以现金付讫。

（27）12月11日，收到大楼承建单位韩叶贤的"崎峰市建筑安装业统一发票"，经审核无误，签发"现金支票"，交其到银行取款。

（28）12月12日，收到证券公司的"收据"，经审核无误，据以填写转账支票（证券公司开户行：中国工商银行崎峰市支行，账号：823654211698），付债券及手续费，并到银行办理转账手续，经银行盖章，取回转账支票回单。

（29）12月13日，收到"工资表"，根据实发工资总额签发"现金支票"，从银行提取现金，当即发放完毕。

（30）12月13日，收到熊锋、赵明的"旅差费报销单"（所附单据略），经审核无误，分别开出"收据"，赵明多余款未交，补付熊锋现金100元。

（31）12月14日，收到业务科"管理费用支出汇总表"（所附单据49张略），经审核无误，以现金付讫。

（32）12月14日，收到崎峰市商学院的"收据"，经审核无误，开出"现金支票"付讫。

（33）12月15日，收到银行转来"委托收款凭证"的付款通知3张及"增值税专用发票"的发票联和抵扣联，系付兴盛公司、德源公司、德茂公司货款。

（34）12月15日，收到职工食堂购买炊具发票，经审核无误，以现金付讫。

（35）12月16日，收到"市税务局印花税票发售统一发票"，经审核无误，以现金付讫。

（36）12月16日，收到保险公司收取员工养老保险金的"收据"，经审核无误，据以填写转账支票（保险公司开户行：中国工商银行崎峰市支行，账号：8236534217238），付保险金，并到银行办理转账手续，经银行盖章，取回转账支票回单。

（37）12月17日，根据"综合奖金结算汇总表"（实际还应有按人头的奖金发放表，此处略），签发"现金支票"提回现金，当即发放完毕。

（38）12月18日，收到业务员送来的众生公司转账支票的收账通知联及本公司的固定资产销售的"崎峰市商业普通发票"的会计记账联，经审核无误进行账务处理。

（39）12月19日，收到宏源公司出售设备的"崎峰市服务业普通发票"发票联及本公司业务员送来的"固定资产验收单"，经审核无误，据以填写"转账支票"付设备款，并到银行办理转账手续，经银行盖章，取回转账支票回单。

（40）12月19日，收到采购办事处的"业务招待费汇总表"及所附16张单据（单据略），经审核无误后，当即签发"现金支票"补足其备用金。

(41) 12月19日，收到刘平报销领款单"，经审核无误，以现金付讫。

(42) 12月19日，收到业务员送来的仓库租金收入"进账单"回单及"崎峰市服务业发票"记账联。

(43) 12月20日，收到业务员送来的"为民五金公司发票"和"物品领用单"，经审核无误后以现金付讫。

(44) 12月20日，收到丰利公司的"崎峰市商业普通发票"发票联，经审核无误后签发"转账支票"支付技术转让费。到银行办理转账手续，经银行盖章后，拿回转账支票回单。

(45) 12月21日，收到购买书籍的"崎峰市文化教育、体育业发票"发票联，经审核无误，以现金付讫。

(46) 12月21日，收到业务员送来的宏源公司"转账支票"的收账通知联及本公司收取技术转让收入的"崎峰市商业普通发票"记账联。

(47) 12月21日，收到汽车修配厂的"崎峰市商业普通发票"发票联，经审核无误后以现金付讫。

(48) 12月23日，收到自来水厂发票，审核无误后填写"转账支票"支付水费，到银行办理转账手续，经银行盖章后，拿回转账支票回单（自来水厂开户行：中国工商银行崎峰市支行，账号：8652355217658）。

(49) 12月23日，收到采购办事处的"管理费用支出汇总表"及所附35张单据（单据略），经审核无误后，开出"收据"冲销其备用金，将收据第二联交报账人。

(50) 12月24日，收到电力局的"增值税专用发票"发票联，审核无误后填写"转账支票"支付电费，到银行办理转账手续，经银行盖章后，拿回转账支票回单（电力局开户行：中国工商银行崎峰市支行，账号：8652355217666）。

同时根据耗用量分配本月电费，耗用量资料如下：大楼建设工程16500度，其他应收款（代扣职工水电费）9500度，公司管理部门11000度，据以编制"外购动力费分配表"。

根据电力局的发票联、"转账支票"存根和"外购动力费分配表"进行账务处理。

(51) 12月24日，收到新世纪商厦的"崎峰市服务业发票"发票联，经审核无误后，签发2000元"现金支票"，从银行提回现金，除支付1500元商品展位租金外，其余500元现金备用。

(52) 12月24日，为购进口设备，向开户行买入5000美元，以中国人民银行公布的人民币汇率中间价作为即期汇率，当日的即期汇率1美元＝7.72元人民币，银行当日美元卖出价为1美元＝8.10元人民币。签发"转账支票"

支付人民币，填写"进账单"购入美元。到银行办理相关手续，根据"转账支票"存根和"进账单"作账务处理。

（53）12月25日，签发"现金支票"，到银行办理取款手续，提回现金6500元备用。根据"现金支票"存根作账务处理。

（54）12月25日，收到物价检查所"罚款没收专用收据"，以现金支付罚款。

（55）12月25日，收到养路费征收站的"交通车辆养路费收据"，经审核无误，以现金付讫（货车的养路费为800元，小车的养路费400元）。

（56）12月26日，收到"副食商店销售发票"发票联，经审核无误后以现金付讫。

（57）12月26日，收到通达搬运公司的"崎峰市交通运输业发票"发票联，经审核无误后以现金付讫。

（58）12月26日，收到赵明的"借款单"，经审核无误后以现金付讫。

（59）12月26日，收到业务员送来的"固定资产验收单"及购买进口设备的"商业发票"，经审核无误后填写"信汇"凭证，到银行办理美元汇兑手续，取回"信汇"回单。当日的即期汇率1美元=7.85元人民币。

（60）12月27日，收到业务员送来的"专利申报表"和专利局的"崎峰市行政事业单位收款收据"发票联，审核无误后填写"转账支票"支付专利注册登记费，到银行办理转账手续，经银行盖章后，拿回"转账支票"回单（专利局开户行：中国工商银行崎峰市支行，账号：865235527898）。

（61）12月27日，收到本公司业务员送来销售商品给大兴公司、大华公司和兴隆公司的"增值税专用发票"记账联和3张商业承兑汇票。

（62）2月27日，收到兴盛公司、德源公司、德茂公司业务员送来的"增值税专用发票"第二、三联，经审核无误后分别填写为期2个月的"商业承兑汇票"3份，其中第一联经各收款人盖章签名后收回，在第二联的付款人盖章处盖上财务专用章，在负责经办处均签上名，填好后将第二联分别交兴盛公司、德源公司、德茂公司业务员。

同时收到通达运输公司的"崎峰市公路、内河货物运输业统一发票"发票联，经审核无误后填写"转账支票"支付运费，到银行办理转账手续，经银行盖章后，拿回"转账支票"回单（通达运输公司开户行：中国工商银行崎峰市支行，账号：865235367898）。

根据"增值税专用发票"的发票联、"商业汇票"的留存联，"转账支票"存根联、"崎峰市公路、内河货物运输业统一发票"发票联作账务处理。

（63）12月29日，收到各零售部送存银行销货款的"进账单"回单。

（64）12月30日，收到工会的"收据"第二联，经审核无误后签发"现金支票"付讫,根据"现金支票"存根作账务处理。

(65) 12月30日,收到职工食堂的"收据"第二联,经审核无误后签发"现金支票"付讫,根据"现金支票"存根作账务处理。

(66) 12月30日,收到业务员送来的"增值税专用发票"的第二、三、四联,合同规定销货款采用委托收款结算方式,经审核无误后,据以填写"委托收款凭证",持"委托收款凭证"和"增值税专用发票"第二、三联到银行办理托收手续,经银行盖章后,将退回的"委托收款凭证"回单与"增值税专用发票"的记账联一并作账务处理。

(67) 12月31日,到开户行拿回贷款计息凭证,进行账务处理(预计应付利息15000元)。

(68) 12月31日,到开户行拿回存款计息凭证,进行账务处理。

(69) 12月31日,将账面价值为90000元的"交易性金融资产——基金"全部出售,实得现金94500元。填写"内部转账单"和"进账单",将现金送存银行(全为百元券)。

(70) 12月31日的即期汇率1美元=8.05元人民币,调整当期产生的汇兑差额。

17.2 众健公司记账员岗位实操

开设有关账户。众健公司2002年11月30日明细账期末资料如下:

其他货币资金——外埠存款	12000(借)
交易性金融资产——股票(成本)	80000(借)
交易性金融资产——债券(成本)	100000(借)
交易性金融资产——基金(成本)	90000(借)
应收票据——大兴公司	250000(借)
应收票据——大华公司	100000(借)
应收票据——兴隆公司	100000(借)
应收账款——大兴公司	90000(借)
应收账款——大华公司	150000(借)
应收账款——兴隆公司	110000(借)
坏账准备	1400(贷)
其他应收款——采购办事处	20000(借)
其他应收款——代扣水电费	11000(借)
在途材料——兴盛公司	20000(借)
周转材料——低值易耗品——在用	60000(借)

周转材料——低值易耗品——在库	15000（借）
周转材料——低值易耗品——摊销	30000（贷）
库存商品——A类商品	166600（借）
库存商品——B类商品	155600（借）
库存商品——C类商品	152200（借）
库存商品——D类商品	152200（借）
库存商品——E类商品	140500（借）
库存商品——F类商品	154100（借）
库存商品——G类商品	156600（借）
库存商品——H类商品	149300（借）
库存商品——I类商品	146900（借）
库存商品——J类商品	152400（借）
库存商品——K类商品	146900（借）
库存商品——L类商品	149700（借）
库存商品——M类商品	1260000（借）
库存商品——一零售部	600000（借）
库存商品——二零售部	550000（借）
库存商品——三零售部	500000（借）
商品进销差价——一零售部	180000（贷）
商品进销差价——二零售部	165000（贷）
商品进销差价——三零售部	150000（贷）
长期股权投资——股票投资（大兴公司）	200000（借）
持有至到期投资——成本	120000（借）
持有至到期投资——利息调整	10000（借）
持有至到期投资——应计利息	20000（借）
固定资产——生产用固定资产	1370000（借）
固定资产——非生产用固定资产	500000（借）
固定资产——不需用固定资产	150000（借）
固定资产——出租固定资产	130000（借）
累计折旧	500000（贷）
工程物资——专用材料	480000（借）
在建工程——大楼建设工程	560000（借）
固定资产清理——报废	15000（借）
无形资产——专利权	178000（借）

研发支出——资本化支出	22000（借）
长期待摊费用——仓库大修费用	56600（借）
待处理财产损溢——待处理流动资产损溢	12000（借）
短期借款——经营周转借款	1500000（贷）
应付票据——兴盛公司	110000（贷）
应付票据——德源公司	120000（贷）
应付票据——德茂公司	100000（贷）
应付账款——兴盛公司	120000（贷）
应付账款——德源公司	110000（贷）
应付账款——德茂公司	110000（贷）
应付职工薪酬——职工教育经费	3500（贷）
应付职工薪酬——职工福利	2000（贷）
应付职工薪酬——社会保险费	8500（贷）
应交税费——未交增值税	30000（贷）
应交税费——应交所得税	20000（借）
应交税费——应交城市维护建设税	2000（贷）
应交税费——应交个人所得税	1900（贷）
应交税费——应交教育费附加	1200（贷）
应付利息	25000（贷）
长期借款——基建借款	900000（贷）
长期应付款——应付设备款	90000（贷）
应付债券——面值	500000（贷）
应付债券——利息调整	30000（贷）
应付债券——应计利息	50000（贷）
实收资本——国家投资	2600000（贷）
实收资本——昌安公司	100000（贷）
实收资本——其他	1106100（贷）
资本公积——资本溢价	260000（贷）
资本公积——其他	110000（贷）
盈余公积——法定盈余公积	570000（贷）
利润分配——未分配利润	10000（贷）
本年利润	490000（贷）

库存商品三级账 2002 年 11 月 30 日期末资料如表 17-2 所示：

表 17-2

类　别	品　名	数　量	单位成本（元）	金额（元）
A 类商品	A-1 商品	4000 千克	10	40000
	A-2 商品	1600 件	24	38400
	A-3 商品	1800 件	29	52200
	A-4 商品	1000 件	36	36000
B 类商品	B-1 商品	5000 千克	8	40000
	B-2 商品	1900 件	22	41800
	B-3 商品	1500 件	26	39000
	B-4 商品	1200 件	29	34800
C 类商品	C-1 商品	2600 千克	15	39000
	C-2 商品	1600 件	23	36800
	C-3 商品	1700 件	22	37400
	C-4 商品	1500 件	26	39000
D 类商品	D-1 商品	4000 千克	10	40000
	D-2 商品	1800 件	23	41400
	D-3 商品	1600 件	24	38400
	D-4 商品	1200 件	27	32400
E 类商品	E-1 商品	3000 千克	12	36000
	E-2 商品	1600 件	22	35200
	E-3 商品	1500 件	23	34500
	E-4 商品	1200 件	29	43800
F 类商品	F-1 商品	3000 千克	13	39000
	F-2 商品	2500 件	16	40000
	F-3 商品	2200 件	17	37400
	F-4 商品	1300 件	29	37700
G 类商品	G-1 商品	3800 千克	10	38000
	G-2 商品	1600 件	24	38400
	G-3 商品	1400 件	29	40600
	G-4 商品	1100 件	36	39600
H 类商品	H-1 商品	3000 千克	11	33000
	H-2 商品	1800 件	22	39600
	H-3 商品	1500 件	26	39000
	H-4 商品	1300 件	29	37700
I 类商品	I-1 商品	3000 千克	12	36000
	I-2 商品	1500 件	23	34500
	I-3 商品	1700 件	22	37400
	I-4 商品	1500 件	26	39000

续表

类　别	品　名	数　量	单位成本（元）	金额（元）
J类商品	J-1 商品	3000 千克	13	36000
	J-2 商品	1500 件	23	34500
	J-3 商品	1600 件	24	38400
	J-4 商品	1500 件	27	40500
K类商品	K-1 商品	2500 千克	14	35000
	K-2 商品	1700 件	22	37400
	K-3 商品	1600 件	23	36800
	K-4 商品	1300 件	29	37700
L类商品	L-1 商品	3800 千克	10	38000
	L-2 商品	2500 件	16	40000
	L-3 商品	2000 件	17	34000
	L-4 商品	1300 件	29	37700
M类商品	甲商品	120000 千克	2.4	288000
	乙商品	140000 千克	1.8	252000
	丙商品	120000 千克	3.0	360000
	丁商品	100000 千克	3.6	360000

按下列要求开设明细账：

（1）下列账户使用三栏式账页（有期初余额的账户结转期初余额，没有期初余额的账户设户后待记发生额）：

其他货币资金——外埠存款

其他货币资金——存出投资款

交易性金融资产——股票（成本）

交易性金融资产——股票（公允价值变动）

交易性金融资产——债券（成本）

交易性金融资产——基金（成本）

应收票据——大兴公司

应收票据——大华公司

应收票据——兴隆公司

应收账款——大兴公司

应收账款——大华公司

应收账款——兴隆公司
坏账准备
其他应收款——采购办事处
其他应收款——熊锋
其他应收款——赵明
其他应收款——代扣水电费
在途物资——兴盛公司
在途物资——德源公司
在途物资——德茂公司
周转材料——低值易耗品——在用
周转材料——低值易耗品——在库
周转材料——低值易耗品——摊销
库存商品——A类商品
库存商品——B类商品
库存商品——C类商品
库存商品——D类商品
库存商品——E类商品
库存商品——F类商品
库存商品——G类商品
库存商品——H类商品
库存商品——I类商品
库存商品——J类商品
库存商品——K类商品
库存商品——L类商品
库存商品——M类商品
库存商品——一零售部
库存商品——二零售部
库存商品——三零售部
商品进销差价——一零售部
商品进销差价——二零售部
商品进销差价——三零售部
长期股权投资——股票投资（大兴公司）
持有至到期投资——成本
持有至到期投资——利息调整
持有至到期投资——应计利息

固定资产——经营用固定资产
固定资产——非经营用固定资产
固定资产——不需用固定资产
固定资产——出租固定资产
累计折旧
工程物资——专用材料
工程物资——专用设备
在建工程——大楼建设工程
固定资产清理——报废
固定资产清理——出售不需用固定资产
无形资产——专利权
研发支出——资本化支出
累计摊销
长期待摊费用——仓库大修费用
待处理财产损溢——待处理流动资产损溢
递延所得税资产
短期借款——经营周转借款
应付票据——兴盛公司
应付票据——德源公司
应付票据——德茂公司
应付账款——兴盛公司
应付账款——德源公司
应付账款——德茂公司
应付职工薪酬——工资
应付职工薪酬——职工福利
应付职工薪酬——社会保险费
应付职工薪酬——住房公积金
应付职工薪酬——工会经费
应付职工薪酬——职工教育经费
应付职工薪酬——非货币性福利
应交税费——未交增值税
应交税费——应交营业税
应交税费——应交所得税
应交税费——应交城市维护建设税
应交税费——应交个人所得税

应交税费——应交教育费附加
应付利息
应付股利
长期借款——基建借款
长期应付款——应付设备款
应付债券——面值
应付债券——利息调整
应付债券——应计利息
递延所得税负债
实收资本——国家投资
实收资本——昌安公司
实收资本——其他
资本公积——资本溢价
资本公积——其他
盈余公积——法定盈余公积
利润分配——提取法定盈余公积
利润分配——应付现金股利
利润分配——未分配利润
本年利润
主营业务收入——A类商品
主营业务收入——B类商品
主营业务收入——C类商品
主营业务收入——D类商品
主营业务收入——E类商品
主营业务收入——F类商品
主营业务收入——G类商品
主营业务收入——H类商品
主营业务收入——I类商品
主营业务收入——J类商品
主营业务收入——K类商品
主营业务收入——L类商品
主营业务收入——M类商品
主营业务收入——一零售部
主营业务收入——二零售部
主营业务收入——三零售部

其他业务收入
投资收益
公允价值变动损益
营业外收入
主营业务成本——A类商品
主营业务成本——B类商品
主营业务成本——C类商品
主营业务成本——D类商品
主营业务成本——E类商品
主营业务成本——F类商品
主营业务成本——G类商品
主营业务成本——H类商品
主营业务成本——I类商品
主营业务成本——J类商品
主营业务成本——K类商品
主营业务成本——L类商品
主营业务成本——M类商品
主营业务成本——一零售部
主营业务成本——二零售部
主营业务成本——三零售部
营业税金及附加
其他业务成本
资产减值损失
营业外支出
所得税费用

（2）下列账户使用多栏式账页（有期初余额的账户结转期初余额，没有期初余额的账户设户后待记发生额）：

应交税费——应交增值税
销售费用
财务费用
管理费用

（3）下列账户使用数量金额式账页（有期初余额的账户结转期初余额，没有期初余额的账户设户后待记发生额）：

库存商品——A-1商品
库存商品——A-2商品

库存商品——A-3 商品
库存商品——A-4 商品
库存商品——B-1 商品
库存商品——B-2 商品
库存商品——B-3 商品
库存商品——B-4 商品
库存商品——C-1 商品
库存商品——C-2 商品
库存商品——C-3 商品
库存商品——C-4 商品
库存商品——D-1 商品
库存商品——D-2 商品
库存商品——D-3 商品
库存商品——D-4 商品
库存商品——E-1 商品
库存商品——E-2 商品
库存商品——E-3 商品
库存商品——E-4 商品
库存商品——F-1 商品
库存商品——F-2 商品
库存商品——F-3 商品
库存商品——F-4 商品
库存商品——G-1 商品
库存商品——G-2 商品
库存商品——G-3 商品
库存商品——G-4 商品
库存商品——H-1 商品
库存商品——H-2 商品
库存商品——H-3 商品
库存商品——H-4 商品
库存商品——I-1 商品
库存商品——I-2 商品
库存商品——I-3 商品
库存商品——I-4 商品
库存商品——J-1 商品

库存商品——J-2 商品
库存商品——J-3 商品
库存商品——J-4 商品
库存商品——K-1 商品
库存商品——K-2 商品
库存商品——K-3 商品
库存商品——K-4 商品
库存商品——L-1 商品
库存商品——L-2 商品
库存商品——L-3 商品
库存商品——L-4 商品
库存商品——甲商品
库存商品——乙商品
库存商品——丙商品
库存商品——丁商品

办理记账业务：

(1) 12月4日，收到业务员送来的"验收单"，按买价进行账务处理。

(2) 12月9日，收到"固定资产折旧计算表"，经审核无误进行账务处理。

(3) 12月9日，收到业务员交来本公司换出商品的"增值税专用发票"的记账联、换入商品的"增值税专用发票"的抵扣联与发票联及"验收单"的会计记账联，经审核无误进行非货币性交易的账务处理。

(4) 12月10日，收到业务员送来的"商品内部调拨单"，经审核无误进行账务处理。

(5) 12月12日，收到欧阳春、上官秋的"物品领用单"，经审核无误进行账务处理。

(6) 12月13日，收到三零售部"商品调价单"，进行账务处理。

(7) 12月17日，收到业务员送来的"验收单"，按买价进行账务处理。

(8) 12月18日，收到固定资产报废单，经审核无误进行账务处理。

(9) 12月20日，收到业务员送来的材料入库验收单，经审核无误进行账务处理。

(10) 12月20日，报废固定资产清理完毕，根据"固定资产清理——报废清理"账户余额编制"内部转账单"，结转清理损益。

(11) 12月27日，收到业务员送来的验收单，进行账务处理。

(12) 12月28日，本月应摊销专利权30000元，应摊销仓库大修费28000

元,据以编制"无形资产、长期待摊费用分摊表",经审核无误进行账务处理。

(13) 12月28日,收到业务员送来的"商品内部调拨单",经审核无误进行账务处理。

(14) 12月29日,收到"低值易耗品报废单",经审核无误进行账务处理。

(15) 12月31日,根据本月"工资表"与"综合奖金结算汇总表"编制"应付职工薪酬分配表",经审核无误进行账务处理。

(16) 12月31日,公司经理批示:批发仓库短少的商品12000元,挂账已久,查不清原因,同意报损。据以编制"内部转账单"并进行账务处理。

(17) 12月31日,收到一、二、三零售部的"商品溢余短缺报告单",进行账务处理。

(18) 12月31日,"交易性金融资产——股票"的公允价值为220000元,依据"交易性金融资产——股票——成本"及"交易性金融资产——股票——公允价值变动"明细账户资料计算本期公允价值变动金额,据以填制"内部转账单",经审核无误进行账务处理。

(19) 12月31日,按应收款项百分比法计提坏账准备,提取比例为3%,依据"应收账款"、"其他应收款"、"预付账款"及"坏账准备"明细账资料分析计算本期应计提的坏账准备金,据以编制"内部转账单",经审核无误进行账务处理。

(20) 12月31日,根据本月商品销售数量及"库存商品"明细账,采用先进先出法计算批发业务的已销商品进价成本,根据计算结果编制"商品销售成本计算单",并作结转产品销售成本账务处理。

(21) 12月31日,分步计算零售业务的已销商品应分摊的进销差价,根据计算结果编制"商品进销差价计算表",并作出账务处理(进销差价率精确到小数点后四位)。

(22) 12月31日,依据"应交税费——应交增值税"明细账资料分析填写"增值税纳税申报表",计算出未交增值税额,经审核无误进行账务处理。

(23) 12月31日,依据"其他业务收入"和"固定资产"明细账及"增值税纳税申报表"资料,计算应交营业税、应交房产税、应交城市维护建设税、应交教育费附加,编制"地方税收综合纳税(费)申报表",经审核无误进行账务处理。

(24) 12月31日,依据"持有至到期投资"明细账期初资料计算本年利息收入,并进行利息调整(按票面利率10%,实际利率8%计算),据以填制"内部转账单",经审核无误进行账务处理(本月发生数暂不计算利息)。

(25) 12月31日，依据"应付债券"明细账期初资料计算本年利息费用（为大楼建设工程而发行债券），并进行利息调整，按票面利率10%，实际利率6%计算，据以填制"内部转账单"，经审核无误进行账务处理（本月发生数暂不计算利息）。

(26) 12月31日，结平"待处理财产损溢"账户。

(27) 12月31日，将损益类账户的本月净发生额结转"本年利润"账户。

(28) 12月31日，编制"利润表"初稿，据以编制"暂时性差异计算表"、"所得税纳税申报表"（所得税税率：33%），经审核无误进行账务处理。

(29) 12月31日，将"所得税费用"账户发生额转入"本年利润"账户。

(30) 12月31日，进行利润分配。法定盈余公积按净利润（"本年利润"账户年末余额）的10%分配，应付现金股利按"未分配利润"明细账期初余额加上本年净利润，减去本年提取的法定盈余公积后的30%分配。

(31) 12月31日，将"本年利润"、"利润分配——提取盈余公积"、"利润分配——应付现金股利"账户余额转入"利润分配——未分配利润"账户。

17.3 众健公司财务科长岗位实操

开设总账。根据下列资料开设总账账户，每个账户占一页。众健公司2002年11月30日总账期末资料如下：

库存现金	1000	（借）
银行存款	301000	（借）
其他货币资金	12000	（借）
交易性金融资产	270000	（借）
应收票据	450000	（借）
应收账款	350000	（借）
坏账准备	1400	（贷）
其他应收款	31000	（借）
在途物资	20000	（借）
周转材料	45000	（借）
库存商品	4733000	（借）
商品进销差价	495000	（贷）
长期股权投资	200000	（借）
持有至到期投资	150000	（借）

固定资产	2150000（借）
累计折旧	500000（贷）
工程物资	480000（借）
在建工程	560000（借）
固定资产清理	15000（借）
无形资产	178000（借）
研发支出	22000（借）
累计摊销	
长期待摊费用	56600（借）
待处理财产损溢	12000（借）
递延所得税资产	
短期借款	1500000（贷）
应付票据	330000（贷）
应付账款	340000（贷）
应付职工薪酬	14000（贷）
其他应付款	
应交税费	15100（贷）
应付利息	25000（贷）
应付股利	
长期借款	900000（贷）
长期应付款	90000（贷）
应付债券	580000（贷）
递延所得税负债	
实收资本	3806100（贷）
资本公积	370000（贷）
盈余公积	570000（贷）
利润分配	10000（贷）
本年利润	490000（贷）
主营业务收入	
其他业务收入	
投资收益	
公允价值变动损益	
营业外收入	
主营业务成本	
营业税金及附加	

其他业务成本

销售费用

管理费用

财务费用

资产减值损失

营业外支出

所得税费用

处理日常总账业务：

（1）复核上旬会计凭证，根据审核无误的上旬记账凭证编制记账凭证汇总表，并据以登记总账，结出账户余额，与出纳员所经管的日记账核对，如有不符，查明原因，予以更正；与记账员所经管的明细账进行核对，如有不符，查明原因，予以更正。

（2）复核中旬会计凭证，根据审核无误的中旬记账凭证编制记账凭证汇总表，并据以登记总账，结出账户余额，与出纳员所经管的日记账核对，如有不符，查明原因，予以更正；与记账员所经管的明细账进行核对，如有不符，查明原因，予以更正。

（3）复核下旬会计凭证，根据审核无误的下旬记账凭证编制记账凭证汇总表，并据以登记总账，结出账户余额，与出纳员所经管的日记账核对，如有不符，查明原因，予以更正；与记账员所经管的明细账进行核对，如有不符，查明原因，予以更正。

（4）编制总账账户余额试算平衡表。

（5）办理年结。

编制会计报表：

（1）编制资产负债表，以12月份月初数作为年初数。

（2）编制利润表，以12月份损益作为全年损益。

（3）编制现金流量表，以12月份月初数作为年初数，以12月份现金流量作为全年现金流量。

17.4 众健公司业务员岗位实操

按要求填制和传递2002年12月份凭证：

（1）12月1日，熊锋因要去武汉市出差需借支2000元，赵明因要去上海出差需借支3000元，分别以熊锋、赵明的名义填写"借款单"各一张，经理方成林在借款单上签字：同意借支。持单以熊锋和赵明的名义向财务科出纳员借款。并将出纳员开出的"现金支票"送到开户银行提取现金。

（2）12月1日，销售商品一批，资料如下（表17-3）：

表17-3

购货单位	品 名	数 量	单价（元）	购货单位	品 名	数 量	单价（元）
BA 公司	A-1 商品	2000 千克	13	BI 公司	G-1 商品	2000 千克	13
	A-2 商品	1000 件	31		G-2 商品	1000 件	31
	A-3 商品	1200 件	38		G-3 商品	1000 件	38
BB 公司	A-4 商品	700 件	46	BJ 公司	G-4 商品	800 件	46
	B-1 商品	3000 千克	10		H-1 商品	2000 千克	14
	B-2 商品	1000 件	28		H-2 商品	1000 件	28
BC 公司	B-3 商品	1000 件	34	BK 公司	H-3 商品	1000 件	34
	B-4 商品	1000 件	38		H-4 商品	1000 件	38
BD 公司	C-1 商品	1500 千克	20	BM 公司	I-1 商品	2000 千克	15
	C-2 商品	1000 件	30		I-2 商品	1000 件	30
	C-3 商品	1000 件	28		I-3 商品	1000 件	28
	C-4 商品	1000 件	34		I-4 商品	1000 件	34
BE 公司	D-1 商品	2000 千克	13	BL 公司	J-1 商品	2000 千克	17
	D-2 商品	1000 件	30		J-2 商品	1000 件	30
	D-3 商品	1000 件	31		J-3 商品	1000 件	31
BF 公司	D-4 商品	800 件	35	BN 公司	J-4 商品	1000 件	35
	E-1 商品	1500 千克	15		K-1 商品	1500 千克	18
	E-2 商品	1000 件	28		K-2 商品	1000 件	28
BG 公司	E-3 商品	1000 件	30	BO 公司	K-3 商品	1000 件	30
	E-4 商品	1000 件	38		K-4 商品	1000 件	38
BH 公司	F-1 商品	2000 千克	17	BP 公司	L-1 商品	2000 千克	13
	F-2 商品	1500 件	21		L-2 商品	1500 件	21
	F-3 商品	1200 件	22		L-3 商品	1000 件	22
	F-4 商品	1000 件	38		L-4 商品	1000 千克	38

增值税税率17%，价税款均已收讫。据以填写"增值税专用发票"，款项全部存入银行，填写"进账单"，送银行办理进账手续后取回"进账单"回单。将"进账单"回单连同"增值税专用发票"的记账联送财务科记账员（开户行：中国工商银行崎峰市支行，账号：823653676517）。

（3）12月2日，以采购办事处伍兴的名义填写"领款单"，领款金额4000元，领款单填写好后到财务科找出纳员领款，作为采购办事处的备用金。

（4）12月3日，以三峡证券营业部的名义填写"三峡证券营业部成交过户交割单"1张，内容如下：本交割单系众健公司购买股票，成交编号为12689，股东账户为33665899，股东名称为众健公司，申请编号为586，公司代码N252，申报时间为10点53分20秒，成交时间为10点55分25秒，实收金额为142686元，资金余额为77314元；证券代码为635278，成交数量16000股，成交价格8.86元，佣金430元，印花税480元，附加费16元。填写好后送财务科出纳员。

（5）12月4日，向兴盛公司购进的D-1商品2000千克，每千克买价10元，商品全部验收入库，据以填写"验收单"，将其会计记账联送账务科记账员。

（6）12月5日，以中财保险股份有限公司的名义填写"机动车辆保险单"和"保费收据"各一张，填写内容如下：被保险人为众健公司；投保险种为车辆损失险、第三责任险、盗抢险、玻璃险、他人恶意险等；车辆型号为丰田（普）；发动机号为625544；牌号为A-36522；非营业用车；座位为5座；保险价值36万元，保险金额36万元；基本保费250元；车辆损失险费率0.8%；第三责任险最高赔偿限额为24万元；第三责任险保费为2200元；盗抢险保费据表计算；玻璃险保费为50元；他人恶意险保费为100元；保险期限自2002年12月5日零时起至2003年12月5日24时止。地址：十字街58号；电话：8666789；邮政编码：456000；总经理：刘峰。填好后将"机动车辆保险单"正本和"保费收据"发票联送本公司记账员。

（7）12月6日，以崎峰市第一律师事务所王宏的名义填写"崎峰市服务业发票"，收取本公司本月律师顾问费用1200元，持其发票联找本公司出纳员收款。

（8）12月8日，崎峰市电视台收取众健公司广告费26000元代电视台填写"崎峰市服务业发票"，持其发票联众健公司出纳员收款。

（9）12月9日，债券公司应向众健公司收取债券印刷费及手续费6000元。代填写"崎峰市服务业发票"，并持其第二联到众健公司财务科结算。

（10）12月9日，根据下述资料编制"固定资产折旧表"（采用平均年限法），编制完成后将其送交本公司记账员。

11月30日，固定资产资料如表17-4：

表17-4

部　　门	固定资产类型	固定资产原值（元）	预计净残值（元）	预计使用年限
经营部门	房屋	500000	25000	40
	专用电子设备	520000	32500	10
	其他专用设备	350000	17500	20
管理部门	房屋	500000	25000	40
	不需用设备	150000	2000	10
出　　租	仓库	130000	10000	10

(11) 12月9日，众健公司分别与达亿公司、丰润公司、丰利公司进行非货币交易，交易内容如下：

众健公司向达亿公司销售甲商品10000千克，每千克售价4.04元；向达亿公司购进J-2商品1616件，每件进价25元；向丰润公司销售乙商品10000千克，每千克售价3.03元；向丰润公司购进K-3商品1212件，每件进价25元；向丰利公司销售丙商品10000千克，每千克售价5.05元，向丰利公司购进L-3商品2525件，每件进价20元。增值税税率均为17%，据以填写销售商品的"增值税专用发票"和购进商品的"验收单"，（保管员：兰领）填写好后先持销售商品的增值税专用发票的第二、三联到达亿、丰润、丰利公司业务处换取购进商品的增值税专用发票的第二、三联；后将销售商品的"增值税专用发票"的记账联和购进商品的"增值税专用发票"的第二、三联及"验收单"一并送交本公司记账员。

(12) 12月10日，以公司职工袁海的名义填写"费用报销领款单"，到财务科领取独生子女费170元。

(13) 12月10日，代房地产管理所开具"崎峰市服务业发票"，应收取众健公司办公用房租金1100元。制单人：张选。持发票联到众健公司财务科结算。

(14) 12月10日，以崎峰市汽车队的名义开具"崎峰市公路、内河货物运输统一发票"，应收取众健公司销货运费11000元。制单人：王平。持发票联到众健公司财务科结算。

(15) 12月10日，众健公司向保险公司交纳职工失业保险金1400元（保险公司开户行：中国工商银行崎峰市支行，账号：8236534788），以保险公司的名义开具"保险公司失业保险金收据"，持发票联到本公司财务科结算。

(16) 12月10日，业务科叶中华、蔡军、韩天启等3人领取本年度烤火费,每人90元,经理吴发签字:同意付款。代填写"费用报销领款单",到财务科出纳处领款。

(17) 12月10日,代司法局开具"崎峰市行政事业单位收款收据",应收取众健公司公证费用1100元。收款人:游咏。持发票联到众健公司财务科结算。

(18) 12月11日,从批发仓库调给各零售部商品如下(表17-5):

表17-5

调入部门	商品名称	数量	单位进价(元)	零售价(元)
一零售部	A-1 商品	50 千克	10	17
	B-2 商品	500 件	22	37
	C-3 商品	500 件	22	37
	D-1 商品	1000 千克	10	17
二零售部	E-1 商品	1000 千克	12	20
	F-3 商品	500 件	17	28
	G-1 商品	1000 千克	10	17
	H-2 商品	500 件	22	37
三零售部	I-3 商品	500 件	22	37
	J-2 商品	1000 件	23	38
	K-3 商品	1000 件	23	38
	L-3 商品	1000 件	17	28

据以分别填写"商品内部调拨单"并将其送交财务科记账员。

(19) 12月10日,各零售部将零售款送存银行(表17-6)。开户行:中国工商银行崎峰市支行,账号:823653676517。

表17-6

部门	经办人	面值	数量	部门	经办人	面值	数量	部门	经办人	面值	数量
一零售部	成业	100元	800张	二零售部	张功	100元	1000张	三零售部	李树	100元	1000张
	成业	50元	400张		张功	50元	300张		李树	50元	700张
	成业	20元	600张		张功	20元	500张		李树	20元	500张
	成业	10元	500张		张功	10元	370张		李树	10元	125张

据以上资料填写"进账单",持单到银行办理进账手续,取回回单交财务

科出纳员。

(20) 12月11日，代商品采购供应站开出"崎峰市服务业发票"，应收众健公司郑志参加商品交易会的住宿及会务费计600元，持收据向众健公司财务科结账。

(21) 12月11日，大楼建设工程的承建单位向众健公司收取工程款100000元，领款人：叶贤。据以填写"崎峰市建筑安装业统一发票"，持发票联到财务科出纳处办理领款，取得出纳员签发的"现金支票"到银行取款。

(22) 12月12日，业务员欧阳春、上官秋各领计算器一个，单价165元，合计金额330元。经理周吴发审批：同意领用，一次摊销。据以填写"物品领用单"并将其送交财务科记账员。

(23) 12月12日，众健公司向证券公司购买1年期债券1500000元，手续费3000元，以证券公司名义开出"收据"，持收据第二联到众健公司财务科结算。

(24) 12月13日，根据下列资料分别编制"工资表"。

经营人员工资计算资料（表17-7）：

表17-7　　　　　　　　　　　　　　　　　　　　　　　　单位：元

姓　名	月标准工资	津贴	水电费	公积金	个人所得税	个人承担社保
金松	1220	97	50	50		35
杨月	1220	97	50	50		35
刘乐	960	87	48	35		20
秋天	960	87	46	35		20
夏日等300人	285000	21810	8816	4500	3340.50	8080

管理人员工资计算资料（表17-8）：

表17-8　　　　　　　　　　　　　　　　　　　　　　　　单位：元

姓　名	月标准工资	津贴	水电费	公积金	个人所得税	个人承担社保
吴发	1360	207	50	55		40
习惯	1220	167	48	50		35
区劲	1220	167	39	50		35
李兵	1220	157	53	50		35
成功等35人	34000	3025	1800	1000	451.50	1950

"工资表"编制好后送交财务科出纳员。

(25) 12月13日,熊锋出差武汉联系业务,返回公司报账,出差相关内容如下:2002年12月1日从崎峰市乘火车至武汉(当日到达),火车票260元,在武汉期间住宿费1300元,2002年12月12日晚从武汉乘火车返回,于12月13日上午到达,返程票280元;赵明12月1日从崎峰市乘火车至上海(当日到达),火车票280元,在上海期间住宿费1500元,2002年12月12日从上海乘火车回崎峰市(次日到达)火车票320元,出差补助每天20元,据以分别填写"旅差费报销单"(经理周吴发在单上签字:同意报销),并持单以熊锋和赵明的名义向财务科出纳处报账(出差前熊锋已预支2000元、赵明已预支3000元)。

(26) 12月13日,一零售部库存 C-2 商品700件,每件零售价由原来的25元调至24元,据以填写"商品调价单"将其记账联送众健公司财务科记账员。

(27) 12月14日,业务科各种费用支出汇总情况如下:差旅费388元(25张原始凭证);办公费280元(18张原始凭证);其他费用200元(10张原始凭证);经核对,编制"管理费用支出汇总表",持表到财务科报账。

(28) 12月14日,方星等6名职工参加崎峰市商学院短期培训,支付学杂费3200元,以商学院名义开出"收据",持第二联(付款人联)找众健公司财务科出纳员办理领款,取得出纳员签发的"现金支票"到银行取款。

(29) 12月15日,众健公司职工食堂向为民日杂公司购买铁锅2个,计120元;盘子4个,单价2.50元,计100元合计220元。以为民日杂公司名义开具"为民日杂公司销售发票",持发票联向众健公司财务科出纳员报账(在发票备注上填写:列入职工福利)。

(30) 12月16日,众健公司向税务局购买20张5元券印花税票,30张2元券印花税票,20张1元券印花税票,以税务局名义开具"市税务局印花税票发售统一发票",持发票联向众健公司财务科出纳员报账。

(31) 12月16日,崎峰市保险公司向众健公司收取员工养老保险金7100元,以保险公司名义开具"收据",并持"收据"(付款人联)向众健公司财务科结算。

(32) 12月17日,向兴盛公司购进D-1商品5000千克,每千克买价9.80元;D-3商品5000件,每件买价23.80元;向德源公司购进E-1商品5000千克,每千克买价11.80元;E-3商品5000件,每件买价22.80元;向德茂公司购进F-1商品5000千克,每千克买价12.80元;F-3商品5000件,每件买价16.80元;以上商品均已到达,如数验收入库。据以填写"验收单",将验收单的会计记账联送财务科记账员。

（33）12月17日，本月综合奖金结算汇总资料如下：经营人员奖金30400元，管理人员奖金3900元。据以编制"综合奖金结算汇总表"，持表向财务科出纳员领取奖金。

（34）12月18日，向宏源公司购进甲设备一台，交易价45000元，经验收交二零售部使用，据以填写"固定资产验收单"，将其第二联送财务科出纳员。

（35）12月18日，一栋仓库280平方米，预计使用30年，已使用29年，原值90000元，已提折旧83000元，因重建提前报废。使用部门的意见：因陈旧要求报废；技术鉴定小组意见：情况属实；固定资产管理部门意见：同意转入清理；主管部门审批意见：同意报废重建。据以填写"固定资产报废单"后将其会计记账联送财务科记账员。

（36）12月19日，销售给众生公司不需用丁设备一台，原始价值52000元，已提折旧16000元，协商作价38000元。据以填写"崎峰市商业普通发票"，持其发票联到众生公司财务科收款，要求众生公司出纳员签发"转账支票"，并与其一同去银行办理转账手续，取得银行盖章后"转账支票"的收账通知联后，将"转账支票"的收账通知联及"崎峰市商业普通发票"记账联送交本公司财务科出纳员。

（37）12月19日，采购办事处与业务往来单位洽谈业务，接待、就餐、补助及接送车费共计金额1590元，单据16张。据以填写"业务招待费汇总表"，经理吴发在单上签字：同意报销。持向财务科出纳员报账，取得出纳员签发的"现金支票"后到银行提取现金。

（38）12月19日，报废固定资产的清理人员刘平等5人应领取清理费用560元，以刘平的名义填写"费用报销领款单"，经理吴发在单上签字：同意付款。持单向财务科出纳员领款。

（39）12月19日，众健公司向峰虹公司收取仓库租金5300元，据以开出"崎峰市服务业发票"，收到现金5300元，当即填写"进账单"到开户行办理进账手续，收到银行盖章的"进账单"回单，将"崎峰市服务业发票"的发票联及"进账单"回单送交本公司出纳员。

（40）12月20日，仓库清理残料如下：红砖90000块，每块0.20元，计18000元，其他材料5300元，合计23300元。材料全部入库作重建仓库用，据以编制"材料入库单"，并将其记账联送财务科记账员。

（41）12月20日，众健公司向为民五金公司购买灭火器6个，单价100元，计600元。灭火器购回后当即由仓库领用。先以为民五金公司名义开具"为民五金公司发票"，再以仓库保管员余新德名义填写"物品领用单"（经理吴发在单上签字：同意领用，一次摊销），最后将"为民五金公司发票"的发票联和"物品领用单"送财务科出纳员,并要求领款、领物。

(42) 12月21日,向宏德公司转让技术,收取技术转让费16000元,据以填写"崎峰市商业普通发票",持其发票联到宏德公司财务科收款,要求宏德公司出纳员签发"转账支票",并与其一同去银行办理转账手续,取得银行盖章的"转账支票"的收账通知联后,将"转账支票"的收账通知联及"崎峰市普通发票"记账联送交本公司财务科出纳员。

(43) 12月21日,向会计局购买《新会计准则》等书籍,付款198元,以会计局的名义填写"崎峰市文化教育、体育业发票",并持其发票联到财务科报账。

(44) 12月21日,众健公司汽车送汽车修配厂修理,具体修配项目如下:汽车补胎268元,汽车轮胎充气36元,车轮拆装52元。以汽车修配厂名义开具"崎峰市商业服务业发票",将"崎峰市服务业发票"的发票联送交本公司财务科结算。

(45) 12月23日,众健公司的水表记录是:本月止码为36783,上月止码为34538,实用水2200吨,每吨单价1元。以自来水厂名义开具"自来水厂水费发票"持其发票联到众健公司财务科结算。

(46) 12月23日,采购办事处用备用金开支下列各种费用:招待费3700元12张原始凭证);修理费5600元(18张原始凭证);经核对全部报销,编制"管理费用支出汇总表",持表到财务科报账。

(47) 12月24日,众健公司电表的起码是215367,止码是252367,实用电37000度,每度单价0.50元,以电力局的名义填写"增值税专用发票"(电费增值税税率为13%),持发票联到众健公司财务科结算。

(48) 12月24日,众健公司参加本市商品展销会,应付崎峰新世纪商厦商品展位租用费1500元,以新世纪商厦的名义填写"崎峰市服务业发票",持发票联到众健公司财务科结算。

(49) 12月25日,物价检查所对众健公司商品销售情况进行检查,发现部分商品违反国家价格政策,罚款1700元,以物价检查所名义填写"罚款没收专用收据",持单到众健公司财务科收取罚款。

(50) 12月25日,养路费征收站向众健公司收取汽车养路费用1200元,以养路费征收站的名义填写"交通车辆养路费收据"(2台东风汽车为送货用车,养路费为800元,2台小车的养路费400元),持单到众健公司财务科结算。

(51) 12月26日,看望住院职工涂展雄,从副食品商店购买两袋奶粉,每袋15元,苹果5公斤,每公斤4元,据以填写"副食商店销售发票"经理吴发签字:在福利费列支,持发票联到众健公司财务科结算。

(52) 12月26日，通达搬运公司为众健公司装卸货物，应收取商品装卸费1200元，以通达公司的名义开具"崎峰市交通运输业发票"，持发票联到众健公司财务科结算。

(53) 12月26日，赵明出差预支差旅费1300元，据以填写"借款单"，持单向财务科出纳借款。

(54) 12月26日，本公司向美国H公司购入先进设备一台，交易价4000美元，以H公司名义填写"商业发票"，以本公司设备科名义填写"固定资产验收单"（设备交管理部门使用）。"商业发票"与"固定资产验收单"交本公司出纳员（引进先进设备，减免关税及增值税；境内外运杂费均由供货方承担）。

(55) 12月27日，众健公司自行开发一项实用新型专利成功，先根据下列资料填写"专利申报表"：申请单位：众健公司；专利项目：实用新型专利；技术开发费：22000元；注册登记费：3700元；单位意见：同意申报；专利局审批：同意注册。再以专利局名义填写"崎峰市行政事业单位收款收据"，收取众健公司专利注册登记费3700元，然后持"专利申报表"和"崎峰市行政事业单位收款收据"到众健公司财务科结算，要求支付注册登记费。

(56) 12月27日，众健公司销售商品一批（表17-9）：

表17-9

购买单位	甲商品		乙商品		丙商品		丁商品	
	单价（元）	数量（千克）	单价（元）	数量（千克）	单价（元）	数量（千克）	单价（元）	数量（千克）
大兴公司	4	15000	3	15000	5	16000	6	15000
大华公司	4	20000	3	20000	5	10000	6	10000
兴隆公司	4	15000	3	15000	5	14000	6	15000

增值税税率均为17%，据以分别填写"增值税专用发票"后持"增值税专用发票"的第二、三联到大兴公司、大华公司、兴隆公司财务科结算，要求各公司出纳员根据购销合同填写"商业承兑汇票"，经付款人（各购货公司）承兑后取得"商业承兑汇票"的第二联，并在商业承兑汇票第一联的收款人盖章处盖上本公司财务专用章（由本公司出纳员盖章），在负责、经办处均签名，将"增值税专用发票"的记账联和"商业承兑汇票"的第二联送交本公司出纳员。

(57) 12月27日，通达运输公司为众健公司运输购入的商品，应收运费7500元。以通达运输公司的名义开具"崎峰市公路、内河货物运输业统一发票",持发票联到众健司财务科结算。

(58) 12月27日,外购商品全部验收入库。据下列资料填写"验收单"(表17-10),将其记账联送财务科记账员。

表 17-10

供货单位	商品名称	数量（件）	单位进价（元）	合计金额（元）
兴盛公司	D-2 商品	10000	23	230000
德源公司	E-2 商品	10000	23	230000
德茂公司	F-2 商品	10000	16	160000

(59) 12月28日,从批发仓库调给各零售部商品如下（表17-11）：

表 17-11

调入部门	商品名称	数量	单位进价（元）	零售价（元）
一零售部	D-1 商品	5000 千克	9.80	14.00
	D-2 商品	5000 件	23.00	33.00
二零售部	E-2 商品	5000 件	23.00	33.00
	E-3 商品	5000 件	22.80	33.00
三零售部	F-2 商品	5000 件	16.00	23.00
	F-3 商品	5000 件	16.80	24.00

据以分别填写"商品内部调拨单"并将其送交财务科记账员。

(60) 12月29日,各零售部将零售款送存银行（表17-12）。开户行：中国工商银行江泽市支行,账号：115674356327。

表 17-12

部门	经办人	面值	数量	部门	经办人	面值	数量	部门	经办人	面值	数量
一零售部	成业	100元	1500张	二零售部	张功	100元	1800张	三零售部	李树	100元	1600张
	成业	50元	1200张		张功	50元	1600张		李树	50元	1000张
	成业	20元	2000张		张功	20元	1625张		李树	20元	1200张
	成业	10元	740张								

据以上资料填写"进账单",持单到银行办理进账手续,取回回单交财务科出纳员。

(61) 12月29日,众健公司报废低值易耗品资料如下：文件柜3个,成本 2000 元，已摊销 1000 元；办公桌 5 张，成本 1500 元，已摊销 750 元；其他物品成本 650 元，已摊销 650 元。据以编制"低值易耗品报废表"（备注栏注明五五摊销或一次摊销），经理吴发在单上签字：同意报废。将其送财务科记账员。

（62）12 月 30 日，众健公司支付本公司工会委员会工会经费 3270 元，以本公司工会委员会的名义开出"收据"，持收据第二联向众健公司财务科出纳员收款，收到出纳员签发的"现金支票"到银行提取现金。

（63）12 月 30 日，公司支付职工食堂代扣伙食费 5691 元。以职工食堂名义填写"收据"，持收据第二联向众健公司财务科出纳员收款，收到出纳员签发的"现金支票"到银行提取现金。

（64）12 月 30 日，销售给大兴公司甲商品 30000 千克，每千克售价 4 元；销售给大华公司乙商品 40000 千克，每千克售价 3 元；销售给兴隆公司丙商品 20000 千克，每千克售 56 元；增值税税率 17%，分别填写"增值税专用发票"，将其第二、三、四联送财务科记账员。

（65）12 月 31 日，各零售部盘点商品情况如下（表 17-13）：

表 17-13

部门	实际结存	账面结存	进销差价率	备注
一零售部	548520 元	（明细账余额）	30%	公司经理吴发批示：按进价记入当期损益
二零售部	530500 元	（明细账余额）	30%	
三零售部	474550 元	（明细账余额）	30%	

据以分别填写"商品溢余短缺报告单"，将其会计记账联送财务科记账员。

18 银行结算业务的岗位实操

18.1 中国工商银行江泽市支行结算业务实操

开设活期存款账。2002年11月30日活期存款余额如下(括号内数字为账号):

吸收存款——大兴公司(115674356321)	300000	(贷方)
吸收存款——大华公司(115674356322)	301000	(贷方)
吸收存款——兴隆公司(115674356323)	298000	(贷方)
吸收存款——兴盛公司(115674356324)	306000	(贷方)
吸收存款——德源公司(115674356325)	310000	(贷方)
吸收存款——德茂公司(115674356326)	299000	(贷方)
吸收存款——昌平公司(115674356327)	301000	(贷方)
吸收存款——昌安公司(115674356328)	300000	(贷方)

办理2002年12月份结算业务(受理业务后,办理业务手续,据以编制记账凭证,登记以上八个公司的活期存款明细账,其他单位的只编分录不登账,月末以活期存款明细账代对账单提供给开户单位对账):

(1) 12月1日,收到昌平公司和昌安公司支取现金的现金支票,审核无误支付现金。

(2) 12月1日,收到大兴公司、大华公司、兴隆公司、兴盛公司、德源公司、德茂公司、昌平公司、昌安公司"进账单",按规定办理有关手续(假定现金点收无误)。

(3) 12月1日,收到大兴公司转账支票和信汇凭证,按规定办理有关手续(信汇凭证第三联和第四联放专夹保管,意为邮寄在途,待5日以邮局名义转送中国工商银行崎峰市支行)。

(4) 12月1日,收到大华公司转账支票和信汇凭证,按规定办理有关手续(信汇凭证第三联和第四联放专夹保管,意为邮寄在途,待5日以邮局名义转送中国工商银行崎峰市支行)。

(5) 12月1日,收到兴隆公司转账支票和信汇凭证,按规定办理有关手续（信汇凭证第三联和第四联放专夹保管，意为邮寄在途，待5日以邮局名义转送中国工商银行崎峰市支行）。

（6）12月1日，收到兴盛公司转账支票和信汇凭证，按规定办理有关手续（信汇凭证第三联和第四联放专夹保管，意为邮寄在途，待5日以邮局名义转送中国工商银行崎峰市支行）。

（7）12月1日，收到德源公司转账支票和信汇凭证，按规定办理有关手续（信汇凭证第三联和第四联放专夹保管，意为邮寄在途，待5日以邮局名义转送中国工商银行崎峰市支行）。

（8）12月1日，收到德茂公司转账支票和信汇凭证，按规定办理有关手续（信汇凭证第三联和第四联放专夹保管，意为邮寄在途，待5日以邮局名义转送中国工商银行崎峰市支行）。

（9）12月1日，收到昌平公司转账支票和信汇凭证，按规定办理有关手续（信汇凭证第三联和第四联放专夹保管，意为邮寄在途，待5日以邮局名义转送中国工商银行崎峰市支行）。

（10）12月1日，收到昌安公司转账支票和信汇凭证，按规定办理有关手续（信汇凭证第三联和第四联放专夹保管，意为邮寄在途，待5日以邮局名义转送中国工商银行崎峰市支行）。

（11）12月2日，收到大兴公司、大华公司、兴隆公司、兴盛公司、德源公司、德茂公司、昌平公司、昌安公司转账支票，办理有关手续（亚洲证券营业部系本行开户，账号为235673625588，但本实操未设该单位，故转账支票的收账通知联留存）。

（12）12月2日，收到大兴公司、大华公司、兴隆公司、兴盛公司、德源公司、德茂公司、昌平公司、昌安公司现金支票，经审核无误支付现金（模拟现金支付过程，并不实际支付现金）。

（13）12月3日，收到大兴公司委托收款凭证及所附商业承兑汇票第二联各3张，按规定办理有关手续，将第一联加盖业务公章后退大兴公司，第二联专夹保管，第三联凭证上加盖带有银行行号的结算专用章，将第三、四、五联结算凭证连同商业承兑汇票第二联暂时单独存放（意为邮寄在途，待7日以邮局名义送交中国工商银行崎峰市支行）。

（14）12月3日，收到大华公司委托收款凭证，其处理与（13）题同；收到大兴公司转账支票，按规定办理有关手续。

（15）12月3日，收到兴隆公司委托收款凭证，其处理与（13）题同；收到大华公司转账支票，按规定办理有关手续。

（16）12月3日，收到兴盛公司委托收款凭证，其处理与（13）题同；收到兴隆公司、兴盛公司转账支票，按规定办理有关手续。

(17) 12月3日，收到德源公司委托收款凭证，其处理与（13）题同；收到德源公司转账支票，按规定办理有关手续。

(18) 12月3日，收到德茂公司、昌平公司和昌安公司委托收款凭证，其处理与（13）题同。

(19) 12月5日，将专夹保管的信汇凭证第三、四联，以12月1日的名义编制"联行邮划贷方报单"，一起装入联行专用信封，以邮局名义送中国工商银行崎峰市支行。

(20) 12月5日，收到邮局送来的中国工商银行崎峰市支行的联行专用信封，予以拆封，以第三联信汇凭证和另编转账借方传票办理转账，第四联信汇凭证加盖转讫章后作收账通知送交收款人。

(21) 12月5日，收到大兴公司、大华公司、兴隆公司、兴盛公司、德源公司、德茂公司、昌平公司、昌安公司的转账支票，按规定办理有关手续。

(22) 12月6日，收到大兴公司、大华公司、兴隆公司、兴盛公司、德源公司、德茂公司、昌平公司、昌安公司的中华人民共和国税收缴款书，按规定办理有关手续，根据第二联作账务处理。

(23) 12月7日，将12月3日收到的大兴公司、大华公司、兴隆公司、兴盛公司、德源公司、德茂公司、昌平公司、昌安公司的委托收款凭证第三、四、五联和商业承兑汇票第二联从专夹中抽出，以邮局名义送交中国工商银行崎峰市支行。

(24) 12月7日，收到邮局转来宏源公司、宏盛公司、达昌公司、达亿公司、丰利公司、丰润公司、众生公司、众健公司的委托收款凭证第三、四、五联和商业承兑汇票第二联，将委托收款凭证第三、四联专夹保管，将第五联委托收款凭证加盖业务公章，连同商业承兑汇票第二联当即送交各付款公司。

(25) 12月7日，假定上述委托收款凭证付款期满，从专夹中抽出委托收款凭证第三、四联，其中第三联留作本行作账务处理。第四联随邮划贷方报单（此处略）以邮局名义送交中国工商银行崎峰市支行。

(26) 12月7日，收到邮局转来的崎峰市工商银行邮划贷方报单（略）和所附第四联委托收款凭证（系大兴公司、大华公司、兴隆公司、兴盛公司、德源公司、德茂公司、昌平公司、昌安公司的托收款），将专夹留存的第二联与其核对相符后作账务处理，同时将第四联委托收款凭证加盖转讫章送交收款人。

(27) 12月8日，收到大兴公司、大华公司、兴隆公司、兴盛公司、德源公司、德茂公司、昌平公司、昌安公司的转账支票，按规定办理有关手续（江泽市电视台在本行开户，账号为115674356672）。

(28) 12月8日，收到大兴公司、大华公司、兴隆公司、兴盛公司、德源公司、德茂公司、昌平公司、昌安公司的进账单，按规定办理有关手续。

(29) 12月9日，收到大兴公司、大华公司、兴隆公司、兴盛公司、德源公司、德茂公司、昌平公司、昌安公司的转账支票，按规定办理有关手续（债券公司在本行开户，账号为115676283355）。

(30) 12月10日，收到大兴公司、大华公司、兴隆公司、兴盛公司、德源公司、德茂公司、昌平公司、昌安公司的转账支票，按规定办理有关手续（江泽市汽车队在本行开户，账号为115674356698）。

(31) 12月10日，收到大兴公司、大华公司、兴隆公司、兴盛公司、德源公司、德茂公司、昌平公司、昌安公司的现金支票，按规定办理有关手续。

(32) 12月10日，收到大兴公司、大华公司、兴隆公司、兴盛公司、德源公司、德茂公司、昌平公司、昌安公司的转账支票，按规定办理有关手续（司法局在本行开户，账号为115674356989）。

(33) 12月10日，收到昌平公司、昌安公司的进账单，按规定办理有关手续。

(34) 12月11日，收到大兴公司、大华公司、兴隆公司、兴盛公司、德源公司、德茂公司、昌平公司、昌安公司的现金支票，经审核无误，当即付清现金。

(35) 12月12日，收到大兴公司、大华公司、兴隆公司、兴盛公司、德源公司、德茂公司、昌平公司、昌安公司的转账支票，按规定办理有关手续（证券公司在本行开户，账号为115674356719）。

(36) 12月13日，收到大兴公司、大华公司、兴隆公司、兴盛公司、德源公司、德茂公司、昌平公司、昌安公司的现金支票，经审核无误，当即付清现金。

(37) 12月13日，收到大兴公司、大华公司、兴隆公司、兴盛公司、德源公司、德茂公司委托收款凭证及增值税专用发票，按规定办理有关手续，将委托收款凭证第一联加盖业务公章后退收款人，第二联委托收款凭证专夹保管，第三联委托收款凭证上加盖带有银行行号的结算专用章，将第三、四、五联委托收款凭证连同增值税专用发票第二、三联暂一并寄交付款人开户行（暂专夹保管，意为交邮局）。

(38) 12月14日，收到大兴公司、大华公司、兴隆公司、兴盛公司、德源公司、德茂公司、昌平公司、昌安公司的现金支票，经审核无误，当即付清现金。

(39) 12月15日，将专夹保管的委托收款凭证第三、四、五联连同增值税专用发票的第二、三联一并以邮局名义送交中国工商银行崎峰市支行。

(40) 12月15日，收到邮局送来的委托收款凭证的第三、四、五联及增值税发票的第二、三联,将委托收款凭证的第三、四联专夹保管,将委托收款凭证第五联连同增值税第二、三联分别送交昌平公司和昌安公司。

(41) 12月16日,假定上述委托收款凭证付款期满,从专夹中抽出委托收款凭证第三、四联,其中第三联留作本行作账务处理。第四联随邮划贷方报单(此处略)以邮局名义送交中国工商银行崎峰市支行。

(42) 12月16日,收到邮局转来的崎峰市工商银行邮划贷方报单(略)和所附第四联委托收款凭证(系大兴公司、大华公司、兴隆公司、兴盛公司、德源公司、德茂公司的托收款),将专夹留存的第二联与其核对相符后作账务处理,同时将第四联委托收款凭证加盖转讫章送交收款人(上述六家公司)。

(43) 12月16日,收到大兴公司、大华公司、兴隆公司、兴盛公司、德源公司、德茂公司、昌平公司、昌安公司的转账支票,按规定办理有关手续(江泽市保险公司在本行开户,账号为115674363789)。

(44) 12月17日,收到大兴公司、大华公司、兴隆公司、兴盛公司、德源公司、德茂公司的转账支票,按规定办理有关手续(长丰建筑公司在本行开户,账号为1156332785567)。

(45) 12月17日,收到大兴公司、大华公司、兴隆公司、兴盛公司、德源公司、德茂公司、昌平公司、昌安公司的现金支票,经审核无误,当即付清现金。

(46) 12月18日,收到大华公司、兴盛公司、德茂公司、昌安公司的转账支票,按规定办理有关手续。

(47) 12月19日,收到大兴公司、兴隆公司、德源公司、昌平公司的转账支票,按规定办理有关手续。

(48) 12月19日,收到大兴公司、大华公司、兴隆公司、兴盛公司、德源公司、德茂公司、昌平公司、昌安公司的现金支票,经审核无误,当即付清现金。

(49) 12月19日,收到大兴公司、大华公司、兴隆公司、兴盛公司、德源公司、德茂公司、昌平公司、昌安公司送存现金的进账单,在进账单回单上加盖银行印章后交存款人。

(50) 12月20日,收到大兴公司、大华公司、兴隆公司、兴盛公司、德源公司、德茂公司、昌平公司、昌安公司的现金支票,经审核无误,当即付清现金。

(51) 12月20日,收到大华公司、兴盛公司、昌平公司、昌安公司的转账支票,按规定办理有关手续。

(52) 12月21日,收到大兴公司、兴隆公司、德源公司、德茂公司的转账支票,按规定办理有关手续。

(53) 12月23日,收到大兴公司、大华公司、兴隆公司、兴盛公司、德源公司、德茂公司、昌平公司、昌安公司的转账支票,按规定办理有关手续(自来水厂在本行开户,账号为115674351125)。

(54) 12月24日,收到大兴公司、大华公司、兴隆公司、兴盛公司、德源公司、德茂公司、昌平公司、昌安公司的转账支票与进账单(购美元),按规定办理有关手续。

(55) 12月24日,收到大兴公司、大华公司、兴隆公司、兴盛公司、德源公司、德茂公司、昌平公司、昌安公司的转账支票,按规定办理有关手续(电力局在本行开户,账号为115674356211)。

(56) 12月25日,收到大兴公司、大华公司、兴隆公司、兴盛公司、德源公司、德茂公司、昌平公司、昌安公司的现金支票,经审核无误,当即付清现金。

(57) 12月26日,收到大兴公司、大华公司、兴隆公司、兴盛公司、德源公司、德茂公司、昌平公司、昌安公司的信汇凭证,经审核无误,按规定办理美元转汇相关手续。

(58) 12月27日,收到大兴公司、大华公司、兴隆公司、兴盛公司、德源公司、德茂公司、昌平公司、昌安公司的转账支票,按规定办理有关手续(专利局在本行开户,账号为115675363286)。

(59) 12月27日,收到大兴公司、大华公司、兴隆公司、兴盛公司、德源公司、德茂公司、昌平公司、昌安公司的转账支票,按规定办理有关手续(四通运输公司在本行开户,账号为115675363298)。

(60) 12月29日,收到昌平公司、昌安公司送存现金的进账单,经点收现金与进账单无误,按规定办理进账手续。

(61) 12月30日,收到昌平公司、昌安公司现金支票各两张,经审核无误,当即付清现金。

(62) 12月30日,收到大兴公司、大华公司、兴隆公司、兴盛公司、德源公司、德茂公司、昌平公司、昌安公司委托收款凭证及增值税专用发票,按规定办理有关手续,将委托收款凭证第一联加盖业务公章后退收款人,第二联委托收款凭证专夹保管,第三联委托收款凭证上加盖带有银行行号的结算专用章,将第三、四、五联委托收款凭证连同增值税专用发票第二、三联暂一并寄交付款人开户行(暂专夹保管,意为交邮局)

(63) 12月31日,根据各公司贷款积数计算应收利息;各公司2002年9月25日至12月25日的计息积数和利率如下(表18-1):

表 18-1

公司名称	计息积数	日利率	公司名称	计算积数	日利率
大兴公司	126100000	万分之二	德源公司	127300000	万分之二
大华公司	127200000	万分之二	德茂公司	126800000	万分之二
兴隆公司	128200000	万分之二	昌平公司	127500000	万分之二
兴盛公司	126500000	万分之二	昌安公司	127800000	万分之二

根据以上资料，分别填写"中国工商银行湖北省分行贷款计息凭证"，并将第一联送各贷款单位，根据其他联作账务处理。

(64) 12 月 31 日，根据各公司存款积数计算应付利息，各公司 2002 年 9 月 25 日至 12 月 25 日的计息积数和利率如下（表 18-2）：

表 18-2

公司名称	计息积数	日利率	公司名称	计算积数	日利率
大兴公司	90000000	万分之零点四	德源公司	93000000	万分之零点四
大华公司	91000000	万分之零点四	德茂公司	88000000	万分之零点四
兴隆公司	89000000	万分之零点四	昌平公司	102000000	万分之零点四
兴盛公司	95000000	万分之零点四	昌安公司	96000000	万分之零点四

根据以上资料，分别填写"中国工商银行湖北省分行存款计息凭证"，并将第三联送各存款单位，根据第一、二联作账务处理。

(65) 12 月 31 日，收到大兴公司、大华公司、兴隆公司、兴盛公司、德源公司、德茂公司、昌平公司、昌安公司送存现金的进账单，经点收现金与进账单无误，收妥现金，在进账单回单上加盖银行印章后交存款人，留下另一联进行账务处理。

18.2 中国工商银行崎峰市支行结算业务实操

开设活期存款账。2002 年 11 月 30 日活期存款余额如下（括号内数字为账号）：

  吸收存款——宏源公司（823653676510） 299900（贷方）
  吸收存款——宏盛公司（823653676511） 300000（贷方）
  吸收存款——达昌公司（823653676512） 290000（贷方）
  吸收存款——达亿公司（823653676513） 300000（贷方）
  吸收存款——丰润公司（823653676514） 299000（贷方）

吸收存款——丰利公司（823653676515） 　　　　300000（贷方）
吸收存款——众生公司（823653676516） 　　　　290000（贷方）
吸收存款——众健公司（823653676517） 　　　　301000（贷方）

办理2002年12月份结算业务（受理业务后，办理业务手续，据以编制记账凭证，登记以上八个公司的活期存款明细账，其他单位的只编分录不登账，月末以活期存款明细账代对账单提供给开户单位对账）：

（1）12月1日，收到众生公司和众健公司支取现金的现金支票，审核无误支付现金。

（2）12月1日，收到宏源公司、宏盛公司、达昌公司、达亿公司、丰润公司、丰利公司、众生公司、众健公司"进账单"，按规定办理有关手续（假定现金点收无误）。

（3）12月1日，收到宏源公司转账支票和信汇凭证，按规定办理有关手续（信汇凭证第三联和第四联放专夹保管，意为邮寄在途，待5日以邮局名义转送中国工商银行江泽市支行）。

（4）12月1日，收到宏盛公司转账支票和信汇凭证，按规定办理有关手续（信汇凭证第三联和第四联放专夹保管，意为邮寄在途，待5日以邮局名义转送中国工商银行江泽市支行）。

（5）12月1日，收到达昌公司转账支票和信汇凭证，按规定办理有关手续（信汇凭证第三联和第四联放专夹保管，意为邮寄在途，待5日以邮局名义转送中国工商银行江泽市支行）。

（6）12月1日，收到达亿公司转账支票和信汇凭证，按规定办理有关手续（信汇凭证第三联和第四联放专夹保管，意为邮寄在途，待5日以邮局名义转送中国工商银行江泽市支行）。

（7）12月1日，收到丰润公司转账支票和信汇凭证，按规定办理有关手续（信汇凭证第三联和第四联放专夹保管，意为邮寄在途，待5日以邮局名义转送中国工商银行江泽市支行）。

（8）12月1日，收到丰利公司转账支票和信汇凭证，按规定办理有关手续（信汇凭证第三联和第四联放专夹保管，意为邮寄在途，待5日以邮局名义转送中国工商银行江泽市支行）。

（9）12月1日，收到众生公司转账支票和信汇凭证，按规定办理有关手续（信汇凭证第三联和第四联放专夹保管，意为邮寄在途，待5日以邮局名义转送中国工商银行江泽市支行）。

（10）12月1日，收到众健公司转账支票和信汇凭证，按规定办理有关手续（信汇凭证第三联和第四联放专夹保管，意为邮寄在途，待5日以邮局名义转送中国工商银行江泽市支行）。

(11) 12月2日，收到宏源公司、宏盛公司、达昌公司、达亿公司、丰润公司、丰利公司、众生公司、众健公司转账支票，办理有关手续（三峡证券营业部系本行开户，账号为123456786789，但本实操未设该单位，故转账支票的收账通知联留存）。

(12) 12月2日，收到宏源公司、宏盛公司、达昌公司、达亿公司、丰润公司、丰利公司、众生公司、众健公司现金支票，经审核无误支付现金（模拟现金支付过程，并不实际支付现金）。

(13) 12月3日，收到宏源公司委托收款凭证及所附商业承兑汇票第二联各3张，按规定办理有关手续，将第一联加盖业务公章后退宏源公司，第二联专夹保管，第三联凭证上加盖带有银行行号的结算专用章，将第三、四、五联结算凭证连同商业承兑汇票第二联暂时单独存放（意为邮寄在途，待7日以邮局名义送交中国工商银行江泽市支行）。

(14) 12月3日，收到宏盛公司委托收款凭证，其处理与（13）题同；收到宏盛公司转账支票，按规定办理有关手续。

(15) 12月3日，收到达昌公司委托收款凭证，其处理与（13）题同；收到达昌公司转账支票，按规定办理有关手续。

(16) 12月3日，收到达亿公司委托收款凭证，其处理与（13）题同；收到达亿公司转账支票，按规定办理有关手续。

(17) 12月3日，收到丰润公司委托收款凭证，其处理与（13）题同；收到丰润公司转账支票，按规定办理有关手续。

(18) 12月3日，收到丰利公司、众生公司和众健公司委托收款凭证，其处理与（13）题同。

(19) 12月5日，将专夹保管的信汇凭证第三、四联，以12月1日的名义编制"联行邮划贷方报单"，一起装入联行专用信封，以邮局名义送中国工商银行江泽市支行。

(20) 12月5日，收到邮局送来的中国工商银行江泽市支行的联行专用信封，予以拆封，以第三联信汇凭证和另编转账借方传票办理转账，第四联信汇凭证加盖转讫章后作收账通知送交收款人。

(21) 12月5日，收到宏源公司、宏盛公司、达昌公司、达亿公司、丰润公司、丰利公司、众生公司、众健公司的转账支票，按规定办理有关手续。

(22) 12月6日，收到宏源公司、宏盛公司、达昌公司、达亿公司、丰润公司、丰利公司、众生公司、众健公司的中华人民共和国税收缴款书，按规定办理有关手续，根据第二联作账务处理。

(23) 12月7日，将12月3日收到的宏源公司、宏盛公司、达昌公司、达亿公司、丰润公司、丰利公司、众生公司、众健公司的委托收款凭证第三、

四、五联和商业承兑汇票第二联从专夹中抽出，以邮局名义送交中国工商银行江泽市支行。

（24）12月7日，收到邮局转来的大兴公司、大华公司、兴隆公司、兴盛公司、德源公司、德茂公司、昌平公司、昌安公司委托收款凭证第三、四、五联和商业承兑汇票第二联，将委托收款凭证第三、四联专夹保管，将第五联委托收款凭证加盖业务公章，连同商业承兑汇票第二联当即送交各付款公司。

（25）12月7日，假定上述委托收款凭证付款期满，从专夹中抽出委托收款凭证第三、四联，其中第三联留作本行作账务处理。第四联随邮划贷方报单（此处略）以邮局名义送交中国工商银行江泽市支行。

（26）12月7日，收到邮局转来的江泽市工商银行邮划贷方报单（略）和所附第四联委托收款凭证（系宏源公司、宏盛公司、达昌公司、达亿公司、丰润公司、丰利公司、众生公司、众健公司的托收款），将专夹留存的第二联与其核对相符后作账务处理，同时将第四联委托收款凭证加盖转讫章送交收款人。

（27）12月8日，收到宏源公司、宏盛公司、达昌公司、达亿公司、丰润公司、丰利公司、众生公司、众健公司的转账支票，按规定办理有关手续（崎峰市电视台在本行开户，账号为823653676658）。

（28）12月8日，收到宏源公司、宏盛公司、达昌公司、达亿公司、丰润公司、丰利公司、众生公司、众健公司的进账单，按规定办理有关手续。

（29）12月9日，收到宏源公司、宏盛公司、达昌公司、达亿公司、丰润公司、丰利公司、众生公司、众健公司的转账支票，按规定办理有关手续（债券公司在本行开户，账号为825533667788）。

（30）12月10日，收到宏源公司、宏盛公司、达昌公司、达亿公司、丰润公司、丰利公司、众生公司、众健公司的转账支票，按规定办理有关手续（崎峰市汽车队在本行开户，账号为823653675588）。

（31）12月10日，收到宏源公司、宏盛公司、达昌公司、达亿公司、丰润公司、丰利公司、众生公司、众健公司的现金支票，按规定办理有关手续。

（32）12月10日，收到宏源公司、宏盛公司、达昌公司、达亿公司、丰润公司、丰利公司、众生公司、众健公司的转账支票，按规定办理有关手续（司法局在本行开户，账号为825634221668）。

（33）12月10日，收到众生公司、众健公司的存入销货款的进账单，按规定办理有关手续。

（34）12月11日，收到宏源公司、宏盛公司、达昌公司、达亿公司、丰润公司、丰利公司、众生公司、众健公司的现金支票，经审核无误，当即付清现金。

(35) 12月12日,收到宏源公司、宏盛公司、达昌公司、达亿公司、丰润公司、丰利公司、众生公司、众健公司的转账支票,按规定办理有关手续(证券公司在本行开户,账号为825634211698)。

(36) 12月13日,收到宏源公司、宏盛公司、达昌公司、达亿公司、丰润公司、丰利公司、众生公司、众健公司的现金支票,经审核无误,当即付清现金。

(37) 12月13日,收到大宏源公司、宏盛公司、达昌公司、达亿公司、丰润公司、丰利公司、委托收款凭证及增值税专用发票,按规定办理有关手续,将委托收款凭证第一联加盖业务公章后退收款人,第二联委托收款凭证专夹保管,第三联委托收款凭证上加盖带有银行行号的结算专用章,将第三、四、五联委托收款凭证连同增值税专用发票第二、三联暂一并寄交付款人开户行(暂专夹保管,意为交邮局)。

(38) 12月14日,收到宏源公司、宏盛公司、达昌公司、达亿公司、丰润公司、丰利公司、众生公司、众健公司的现金支票,经审核无误0,当即付清现金。

(39) 12月15日,将专夹保管的委托收款凭证第三、四、五联连同增值税专用发票的第二、三联一并以邮局名义送交中国工商银行江泽市支行。

(40) 12月15日,收到邮局送来的委托收款凭证的第三、四、五联及增值税发票的第二、三联,将委托收款凭证的第三、四联专夹保管,将委托收款凭证第五联连同增值税第二、三联分别送交众生公司和众健公司。

(41) 12月16日,假定上述委托收款凭证付款期满,从专夹中抽出委托收款凭证第三、四联,其中第三联留作本行作账务处理。第四联随邮划贷方报单(此处略)以邮局名义送交中国工商银行江泽市支行。

(42) 12月16日,收到邮局转来的江泽市工商银行邮划贷方报单(略)和所附第四联委托收款凭证(系宏源公司、宏盛公司、达昌公司、达亿公司、丰润公司、丰利公司的托收款),将专夹留存的第二联与其核对相符后作账务处理,同时将第四联委托收款凭证加盖转讫章送交收款人(上述六家公司)。

(43) 12月16日,收到宏源公司、宏盛公司、达昌公司、达亿公司、丰润公司、丰利公司、众生公司、众健公司的转账支票,按规定办理有关手续(崎峰市保险公司在本行开户,账号为825634217238)。

(44) 12月17日,收到宏源公司、宏盛公司、达昌公司、达亿公司、丰润公司、丰利公司的转账支票,按规定办理有关手续(建筑公司在本行开户,账号为825625671350)。

(45) 12月17日,收到宏源公司、宏盛公司、达昌公司、达亿公司、丰润公司、丰利公司、众生公司、众健公司的现金支票,经审核无误,当即付清现金。

（46）12月18日，收到宏盛公司、达亿公司、丰利公司、众健公司的转账支票，按规定办理有关手续。

（47）12月19日，收到宏源公司、达昌公司、丰润公司、众生公司的转账支票，按规定办理有关手续。

（48）12月19日，收到宏源公司、宏盛公司、达昌公司、达亿公司、丰润公司、丰利公司、众生公司、众健公司的现金支票，经审核无误，当即付清现金。

（49）12月19日，收到宏源公司、宏盛公司、达昌公司、达亿公司、丰润公司、丰利公司、众生公司、众健公司送存现金的进账单，在进账单回单上加盖银行印章后交存款人。

（50）12月20日，收到宏源公司、宏盛公司、达昌公司、达亿公司、丰润公司、丰利公司、众生公司、众健公司的现金支票，经审核无误，当即付清现金。

（51）12月20日，收到宏盛公司、达亿公司、众生公司、众健公司的转账支票，按规定办理有关手续。

（52）12月21日，收到宏源公司、达昌公司、丰润公司、丰利公司的转账支票，按规定办理有关手续。

（53）12月23日，收到宏源公司、宏盛公司、达昌公司、达亿公司、丰润公司、丰利公司、众生公司、众健公司的转账支票，按规定办理有关手续（自来水厂在本行开户，账号为865235217658）。

（54）12月24日，收到宏源公司、宏盛公司、达昌公司、达亿公司、丰润公司、丰利公司、众生公司、众健公司的转账支票与进账单（购美元），按规定办理有关手续。

（55）12月24日，收到宏源公司、宏盛公司、达昌公司、达亿公司、丰润公司、丰利公司、众生公司、众健公司的转账支票，按规定办理有关手续（电力局在本行开户，账号为865235217666）。

（56）12月24日，收到众健公司的现金支票，经审核无误，以现金付讫。

（57）12月25日，收到宏源公司、宏盛公司、达昌公司、达亿公司、丰润公司、丰利公司、众生公司、众健公司的现金支票，经审核无误，当即付清现金。

（58）12月26日，收到宏源公司、宏盛公司、达昌公司、达亿公司、丰润公司、丰利公司、众生公司、众健公司的信汇凭证，经审核无误，按规定办理美元转汇相关手续。

（59）12月27日，收到宏源公司、宏盛公司、达昌公司、达亿公司、丰润公司、丰利公司、众生公司、众健公司的转账支票，按规定办理有关手续

(专利局在本行开户,账号为825635367658)。

(60) 12月27日,收到宏源公司、宏盛公司、达昌公司、达亿公司、丰润公司、丰利公司、众生公司、众健公司的转账支票,按规定办理有关手续(顺达运输公司在本行开户,账号为865235367898)。

(61) 12月29日,收到众生公司、众健公司送存现金的进账单,经点收现金与进账单无误,按规定办理进账手续。

(62) 12月30日,收到众生公司、众健公司现金支票各两张,经审核无误,当即付清现金。

(63) 12月30日,收到宏源公司、宏盛公司、达昌公司、达亿公司、丰润公司、丰利公司、众生公司、众健公司委托收款凭证及增值税专用发票,按规定办理有关手续,将委托收款凭证第一联加盖业务公章后退收款人,第二联委托收款凭证专夹保管,第三联委托收款凭证上加盖带有银行行号的结算专用章,将第三、四、五联委托收款凭证连同增值税专用发票第二、三联暂一并寄交付款人开户行(暂专夹保管,意为交邮局)。

(64) 12月31日,根据各公司贷款积数计算应收利息;各公司2002年9月25日至12月25日的计息积数和利率如下(表18-3):

表18-3

公司名称	计息积数	日利率	公司名称	计算积数	日利率
宏源公司	118000000	万分之二	丰润公司	126000000	万分之二
宏盛公司	123000000	万分之二	丰利公司	131000000	万分之二
达昌公司	125000000	万分之二	众生公司	132000000	万分之二
达亿公司	131000000	万分之二	众健公司	133000000	万分之二

根据以上资料,分别填写"中国工商银行湖北省分行贷款计息凭证",并将第一联送各贷款单位,根据其他联作账务处理。

(65) 12月31日,根据各公司存款积数计算应付利息,各公司2002年9月25日至12月25日的计息积数和利率如下(表18-4):

表18-4

公司名称	计息积数	日利率	公司名称	计算积数	日利率
宏源公司	92000000	万分之零点四	丰润公司	89000000	万分之零点四
宏盛公司	93500000	万分之零点四	丰利公司	95000000	万分之零点四
达昌公司	91000000	万分之零点四	众生公司	110000000	万分之零点四
达亿公司	92500000	万分之零点四	众健公司	105000000	万分之零点四

根据以上资料，分别填写"中国工商银行湖北省分行存款计息凭证"，并将第三联送各存款单位，根据第一、二联作账务处理。

(66) 12月31日，收到宏源公司、宏盛公司、达昌公司、达亿公司、丰润公司、丰利公司、众生公司、众健公司送存现金的进账单，经点收现金与进账单无误，收妥现金，在进账单回单上加盖银行印章后交存款人，留下另一联进行账务处理。

图书在版编目(CIP)数据

会计职业技能仿真训练/余浩主编.—武汉：武汉大学出版社,2008.2
(2015.8 重印)
高职高专"十一五"规划教材
　ISBN 978-7-307-06102-6

Ⅰ.会…　Ⅱ.余…　Ⅲ.会计—高等学校:技术学校—教材　Ⅳ.F23

中国版本图书馆 CIP 数据核字(2008)第 006657 号

责任编辑：柴　艺　　　责任校对：王　建　　　版式设计：詹锦玲

出版发行：武汉大学出版社　（430072　武昌　珞珈山）
　　　　　（电子邮件：cbs22@whu.edu.cn　网址：www.wdp.com.cn）
印刷：荆州市鸿盛印务有限公司
开本：720×1000　1/16　印张：32.5　字数：620 千字　插页：2
版次：2008 年 2 月第 1 版　　2015 年 8 月第 7 次印刷
ISBN 978-7-307-06102-6/F・1123　　　定价：47.00 元

版权所有，不得翻印；凡购我社的图书，如有质量问题，请与当地图书销售部门联系调换。

高职高专"十一五"规划教材

公共课书目

☆安全警示录——大学生安全教育读本
☆应用写作实训教程

经济类书目

财会系列：

☆财务管理教程
☆财务管理全程系统训练
☆税法教程
☆税法全程系统训练
☆企业涉税会计教程
☆企业涉税会计全程系统训练
☆成本会计教程
☆成本会计全程系统训练
☆中级会计教程
☆中级会计全程系统训练
☆初级会计教程
☆初级会计全程系统训练
☆电算化会计教程
☆电算化会计全程系统训练
☆会计职业技能仿真训练
☆会计职业技能综合实训
☆行业特殊业务会计教程
☆行业特殊业务会计教程全程系统训练
☆审计实务教程
☆审计实务全程系统训练

工商企业管理系列：

☆管理学
☆现代企业管理
☆生产与运作管理实务
☆会计基础与财务报表分析
☆经济学基础
☆现代质量管理实务

市场营销系列：

☆市场营销
☆市场营销实训教程
☆电子商务物流管理
☆电子商务概论
☆市场营销策划
☆网络营销
☆推销技术
☆国际贸易单证实务
☆国际贸易实务
☆国际结算

旅游系列：

☆旅游服务礼仪
☆旅游概论
☆旅游服务心理
☆旅游英语
☆导游业务
☆旅游法规实务
☆旅游市场营销
　旅游景区管理
☆旅行社管理与实务
☆餐厅服务与管理
☆饭店前厅客房服务与管理

物流系列：

☆货物学
☆物流基础

☆已出书